高等职业教育"互联网+"新形态教材

审计实务

(第三版)

主　编　周经纬　方文俊　陈伟玲
副主编　刘莲菲　陈升翠　王婷婷

微信扫一扫

南京大学出版社

图书在版编目(CIP)数据

审计实务 / 周经纬,方文俊,陈伟玲主编. —3 版.
—南京：南京大学出版社,2022.6
ISBN 978-7-305-25556-4

Ⅰ.①审… Ⅱ.①周… ②方… ③陈… Ⅲ.①审计学
—教材 Ⅳ.①F239.0

中国版本图书馆 CIP 数据核字(2022)第 051292 号

出版发行	南京大学出版社
社　　址	南京市汉口路 22 号　　邮　编　210093
出 版 人	金鑫荣
书　　名	审计实务
主　　编	周经纬　方文俊　陈伟玲
责任编辑	武　坦　　　　　　　编辑热线　025-83592315
照　　排	南京开卷文化传媒有限公司
印　　刷	常州市武进第三印刷有限公司
开　　本	787mm×1092mm　1/16　印张 19　字数 462 千
版　　次	2022 年 6 月第 3 版　2022 年 6 月第 1 次印刷
ISBN	978-7-305-25556-4
定　　价	49.80 元

网　　址：http://www.njupco.com
官方微博：http://weibo.com/njupco
微信服务号：njuyuexue
销售咨询热线：(025)83594756

* 版权所有,侵权必究
* 凡购买南大版图书,如有印装质量问题,请与所购
　图书销售部门联系调换

前 言

《审计实务》课程是财会相关专业的核心课程之一,开设目的在于让学生掌握从事审计工作所必需的基本理论、基本技能,是在学习财务会计、成本会计、财务管理、税法、经济法等之后的一门必修课,综合性强、应用性强,在会计专业人才培养课程体系中居重要地位。

注册会计师审计中所涉及的方法、技术在国家审计、内部审计均可通用,适用性广。因此,本教材介绍了注册会计师审计的基本理论、流程、技术、实务。为激发学生的学习兴趣,让学生真实感受审计工作,近距离走进审计行业,本教材援引了大量真实案例、工作底稿、行业资讯。

教材编写特点:项目导向、任务驱动。以真实的工作任务作为项目,以完成项目的典型工作过程作为任务,以任务引领知识、技能和方法,让学生在完成工作任务中学习知识,训练技能,获得实现目标所需要的职业能力。学做合一,本教材具有"互联网+"数字化资源的特色。教材内容力求与时俱进,根据财政部、税务总局最新的审计准则、会计准则、税收法规来重新修订教材内容、案例、习题及其他相关资源。

本教材由周经纬、方文俊、陈伟玲担任主编,刘莲菲、陈升翠、王婷婷担任副主编。

本教材编写过程中,参阅了大量相关教材、文献和网站,在此,谨向有关教材、文献和网络资料创编者致以诚挚的谢意。

由于时间仓促,编者水平有限,疏漏与不足之处难免,敬请广大读者与同仁批评指正。

编 者

2022 年 2 月

目 录

项目 1　审计基础理论 ·· 1

 任务 1.1　认识审计 ··· 2

 任务 1.2　注册会计师执业规范体系 ··· 4

 任务 1.3　注册会计师法律责任 ·· 11

 任务 1.4　审计证据 ·· 16

 任务 1.5　审计抽样 ·· 28

 任务 1.6　审计工作底稿 ·· 40

 项目小结 ··· 45

 技能训练 ··· 46

项目 2　审计过程 ·· 53

 任务 2.1　审计业务承接 ·· 54

 任务 2.2　了解被审计单位基本情况 ·· 62

 任务 2.3　审计风险模型 ·· 66

 任务 2.4　确定审计重要性 ··· 72

 任务 2.5　编制审计计划 ·· 76

 任务 2.6　审计实施阶段 ·· 79

 项目小结 ··· 84

 技能训练 ··· 85

项目 3　资产审计 ·· 93

 任务 3.1　货币资金审计 ·· 93

 任务 3.2　应收款项审计 ··· 111

 任务 3.3　存货审计 ··· 125

任务 3.4　固定资产审计 ………………………………………………………… 136

　　任务 3.5　无形资产审计 ………………………………………………………… 146

　　项目小结 ……………………………………………………………………………… 150

　　技能训练 ……………………………………………………………………………… 150

项目 4　负债审计 ……………………………………………………………………… 157

　　任务 4.1　借款审计 ……………………………………………………………… 158

　　任务 4.2　应付款项审计 ………………………………………………………… 164

　　任务 4.3　应付职工薪酬审计 …………………………………………………… 174

　　任务 4.4　应交税费审计 ………………………………………………………… 180

　　项目小结 ……………………………………………………………………………… 184

　　技能训练 ……………………………………………………………………………… 184

项目 5　所有者权益审计 ……………………………………………………………… 190

　　任务 5.1　股本及实收资本审计 ………………………………………………… 190

　　任务 5.2　资本公积审计 ………………………………………………………… 196

　　任务 5.3　盈余公积审计 ………………………………………………………… 199

　　任务 5.4　未分配利润审计 ……………………………………………………… 200

　　项目小结 ……………………………………………………………………………… 201

　　技能训练 ……………………………………………………………………………… 201

项目 6　收入费用审计 ………………………………………………………………… 205

　　任务 6.1　营业收入审计 ………………………………………………………… 205

　　任务 6.2　营业成本审计 ………………………………………………………… 218

　　任务 6.3　税金及附加审计 ……………………………………………………… 226

　　任务 6.4　期间费用审计 ………………………………………………………… 228

　　项目小结 ……………………………………………………………………………… 234

　　技能训练 ……………………………………………………………………………… 234

项目 7　利润表其他项目审计 ………………………………………………………… 241

　　任务 7.1　投资收益审计 ………………………………………………………… 241

　　任务 7.2　营业外收入审计 ……………………………………………………… 244

任务 7.3　营业外支出审计 ·· 245
　　任务 7.4　所得税费用审计 ·· 247
　　项目小结 ··· 248
　　技能训练 ··· 249

项目 8　企业财务报表审计 ·· 251
　　任务 8.1　资产负债表审计 ·· 254
　　任务 8.2　利润表审计 ·· 259
　　任务 8.3　现金流量表审计 ·· 263
　　项目小结 ··· 265
　　技能训练 ··· 265

项目 9　审计报告 ·· 270
　　任务 9.1　认识审计报告 ··· 271
　　任务 9.2　在审计报告中增加关键审计事项 ····························· 279
　　任务 9.3　审计报告意见类型 ··· 282
　　任务 9.4　强调事项段 ·· 288
　　项目小结 ··· 289
　　技能训练 ··· 289

参考文献 ··· 295

项目1 审计基础理论

了解审计的概念、分类、审计关系。
熟悉审计的特征、职能、对象和作用。
熟悉审计的总目标、具体目标。
掌握注册会计师审计准则。
掌握注册会计师审计责任。
掌握审计证据与审计工作底稿。
熟悉审计抽样。

了解审计产生和发展及其存在的动因。
理解并掌握审计的概念、分类、职能和作用。
理解审计目标及其与企业管理当局五项认定的关系。
理解独立性是审计的灵魂本质特征。
掌握注册会计师审计准则与审计责任。
掌握审计证据的收集方法,并学会编制审计工作底稿。
熟悉审计抽样方法。

关于"审计"的头版头条

(一)

会计师公会(香港会计师公会)公布,辖下一纪律委员会谴责及纪律处分德勤以及其3名合伙人黄宏禧、曾耀宗和吕志宏,指出他们在审计文化中国传播(01060,现称阿里影业)时,没有或忽略遵守专业准则。公会向他们处以罚款,其中德勤遭罚款15万元,另外三名答辩人则罚款6万元至8万元。另外,全部答辩人须共同缴付纪律程序费用及财务汇报局的费用合共12.19万元。

公会指出,德勤曾审计文化中国传播2010至2013年度的财务报表,并就每年的财务报表发表无保留的审计意见。公司在2010年的一项收购活动中使用错误的汇率,使其发行的可换股债券估值计算有误,引致上述4个年度的财务报表中关于商誉、出售子公司的收益、实际利息开支及汇兑差额出现错误陈述。

在审计期间,德勤确认上述明显而非轻微的错误,因而,没累计该等错误并将其传达到公司的管理层。德勤也没有要求管理层纠正该等错误陈述或要求管理层提供书面申述。

(二)

审计署2018年第四季度,继续组织对31个省(自治区、直辖市,以下统称省)、新疆生产建设兵团和38个中央部门、10户中央企业进行审计,围绕推动经济高质量发展和供给侧结构性改革,聚焦减税降费政策实施、三大攻坚战推进以及稳就业、稳金融、稳外贸、稳外资、稳投资、稳预期等政策措施贯彻落实,并对以往审计发现问题的整改情况进行了跟踪检查。审计抽查了1 627个单位、3 086个项目,涉及资金4 987.03亿元,其中中央财政资金254.4亿元。

对2018年前三季度政策落实跟踪审计中查出的问题,有关地区和部门认真落实整改主体责任,对相关责任人严肃追责问责,加强源头管理,修订和出台相关制度,有效促进政策措施贯彻落实。例如,20个地区通过清退违规收费、规范行政审批事项等,切实减轻企业负担;6个地区通过加强金融资产质量管理、盘活财政存量资金、规范财政资金管理等,促进防范化解风险;11个地区通过及时核发补贴、规范扶贫资金管理、完善住房及饮水设施等,促进扶贫政策落实;6个地区加强饮用水水源地保护工作,积极推进污染防治项目建设。

2018年第四季度政策落实跟踪审计发现,一些地区和部门在落实减税降费政策措施,贯彻稳就业、稳金融、稳外贸、稳外资、稳投资、稳预期要求,深化"放管服"改革,推进三大攻坚战等方面还存在一些突出问题。

"审计"两个字,就是这样出现在我们每天的新闻和生活中。可是,我们谁又能说清楚什么是"审计"呢?

任务1.1 认识审计

一、审计的含义

审计是在一定的经济关系下,基于经济监督的需要而产生的。我国著名的审计学家杨时展教授认为:"审计因受托责任的发生而发生,又因受托责任的发展而发展。"资源财产的所有权和经营管理权分离以及管理者内部分权制,是受托经济责任关系早期形成的基本根据,也是审计赖以存在和发展的社会条件;资源财产所有者对经营管理者无法直接监督,是审计产生和发展的直接动因;不断演进的受托责任关系,是审计产生和发展的客观基础。

审计活动涉及三方当事人,即审计委托方或授权人(第一关系人)、被审计方(第二关系人)和审计方(第三关系人)。这三方关系表现为:审计委托方将其财产授权给被审计方经营管理,被审计方则对委托方负有经济责任;审计方接受委托方的委托或授权,对被审计方进行审计,并出具审计报告,以此向审计委托方证实被审计方的履行情况以及存在的问题。这一审计关系如图1-1所示。

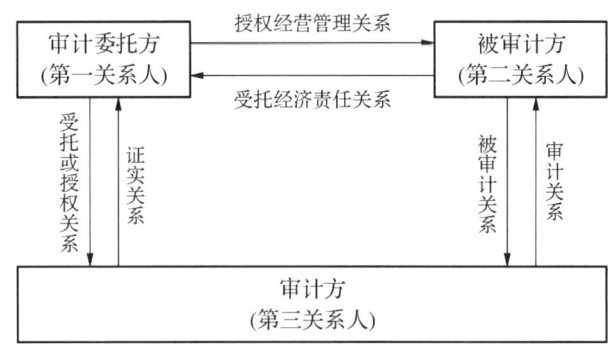

图1-1 审计关系

二、审计的分类

随着社会经济的飞速发展,审计工作在我们的经济生活中变得越来越重要,是我国市场经济发展中不可或缺的组成部分。目前的职业体系中,有注册会计师、政府审计人员、内部审计人员等三类。

做审计的就限于这三类人员吗?税务局不是也要到企业进行查账工作吗?确实,在英文中,税务局进行的检查也用审计(Audit)一词,税务审计也构成审计的一个分支,但在中国,税务人员根据一些涉税线索进行的查账活动,被称为税务稽查或税务检查。其他一些政府管理部门也有类似的监管检查活动,一般情况下不用审计一词来描述。所以,当前一般情况下,"审计"一词基本专指注册会计师、政府审计人员、内部审计人员所开展的业务活动。

注册会计师以会计师事务所为单位从事审计业务,其主要职责是根据委托方的要求对被审计的公司、企业和其他类型的组织所编制的财务报表表示审计意见,或接受委托进行其他类型的审计。人们在使用"审计师"一词时,有时是指执业的注册会计师,有时则是指注册会计师所在的会计师事务所。

审计署是国务院组成部门,受国务院委托每年向人大常委会报告工作。各级政府部门以及其他相关组织的财政财务收支信息及其反映的政府履职活动和经济活动都由审计署及各级地方审计组织进行审计。经过多年的实践,国家审计系统的审计范围和种类都得到了相应的发展,除传统的财政财务收支审计和合规合法性审计外,又逐步发展了经济责任审计、资源环境审计以及经营审计等。

内部审计师由各个公司或其他组织自行聘用,某些大型企业可能雇用上百名内部审计人员。内部审计师的职责因其所在组织的性质和要求不同而有较大差别。有的内部审计部门只有一两名员工,并与纪检检察部门合并办公,因而把大部分时间用于日常的合规性审计；有的内部审计部门拥有大量的员工，其担负的职责大多已超出了财务审计的范围；有的内部审计师参与经营审计或拥有评价计算机系统的专业知识。

审计按不同的标准有不同的分类，各种分类方法分别从不同的侧面反映了审计的本质、特征、内容和目的等，如表1-1所示。本教材主要介绍民间审计，也称为注册会计师审计或独立审计。

表1-1 审计的分类

分类标志	基本分类（体现审计本质）		其他分类					
	按主体分类	按目的和内容分类	按与被审计单位的关系分类	按审计范围分类	按施行时间分类	按执行地点分类	按可选择性分类	按审计的有偿性分类
种类	政府审计	会计报表审计	内部审计	全面和局部审计	事前、事中、事后审计	就地审计	强制审计	有偿审计
	内部审计	合规性审计	外部审计	综合和专题审计	定期和不定期审计	报送审计	任意审计	无偿审计
	民间审计	经营审计			期中和期末审计			

三、财务报表审计的总体目标

审计目标分为审计的总体目标和具体审计目标。审计的总体目标是指注册会计师为完成整体审计工作而达到的预期目的。具体审计目标是指注册会计师通过实施审计程序以确定管理层在财务报表中确认的各类交易、账户余额、披露层次认定是否恰当。

在执行财务报表审计工作时，注册会计师的总体目标是：① 对财务报表整体是否不存在由于舞弊或错误导致的重大错报获取合理保证，使得注册会计师能够对财务报表是否在所有重大方面按照适用的财务报告编制基础编制发表审计意见；② 按照审计准则的规定，根据审计结果对财务报表出具审计报告，并与管理层和治理层沟通。在任何情况下，如果不能获取合理保证，并且在审计报告中发表保留意见也不足以实现向预期使用者报告的目的，注册会计师应该按照审计准则的规定出具无法表示意见的审计报告，或者在法律法规允许的情况下终止审计业务或解除业务约定。

任务1.2 注册会计师执业规范体系

我国注册会计师执业规范体系包括《中华人民共和国注册会计师法》、中国注册会计师职业规范、中国注册会计师执业准则和会计师事务所质量控制准则。中国注册会计师执业准则又包括鉴证业务基本准则、审计准则、审阅准则、其他鉴证业务准则和相关服务准则,如图 1-2 所示。

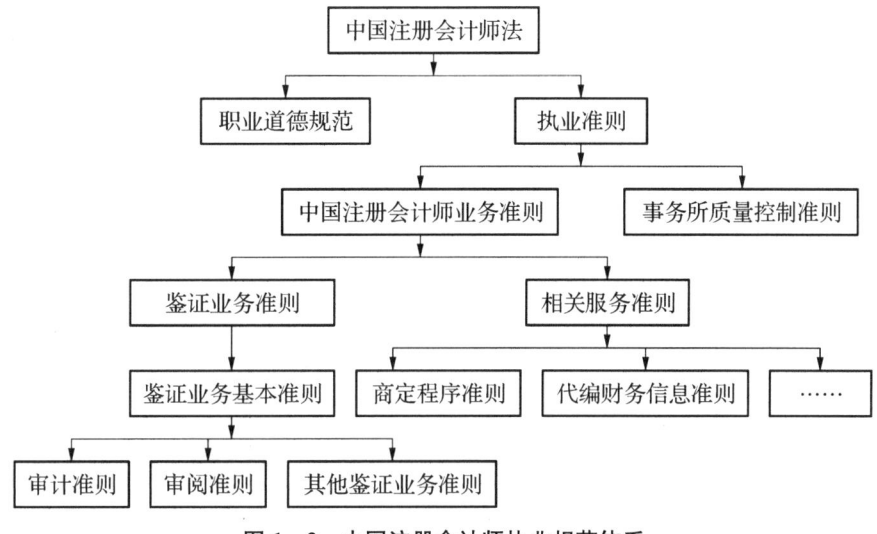

图 1-2　中国注册会计师执业规范体系

新修订的 18 项审计准则及应用指南发布

2019 年 2 月 20 日,财政部发出《关于印发〈中国注册会计师审计准则第 1101 号——注册会计师的总体目标和审计工作的基本要求〉等 18 项准则的通知》(财会〔2019〕5 号);3 月 29 日,中注协针对上述修订的审计准则发布 24 项应用指南。该批准则和应用指南将于 2019 年 7 月 1 日起施行。

本批发布的 18 项审计准则和 24 项应用指南均为修订,涉及利用内部审计人员的工作、应对违反法律法规行为、财务报表披露审计等三方面。本次修订,旨在满足资本市场改革与发展对高质量会计信息的需求,规范和指导注册会计师应对审计环境变化和利用内部审计人员的工作、应对违反法律法规行为、财务报表披露审计等三个方面审计实务的新发展,并保持中国审计准则与国际准则的持续全面趋同。

本次修订的主要内容如下:

一、关于利用内部审计人员的工作相关准则及应用指南。一是增加了注册会计师利用内部审计人员提供直接协助的情形;二是就注册会计师能否利用内部审计人员的工作,以及在什么领域、以何种程度利用内部审计人员的工作做出具体规定,为注册会计师提供职业判断框架,防止对内部审计人员工作的过度利用或不当利用。

二、关于应对违反法律法规行为相关准则及应用指南。主要是增加了注册会计师根据法律法规或相关职业道德守则,确定是否对外报告审计中发现的违反法律法规行为的要求,具体包括评价被审计单位应对违反法律法规行为的恰当性、注册会计师确定是否应采取进一步措施、与其他注册会计师沟通、对相关事项形成审计工作底稿等。

三、关于财务报表披露审计相关准则及应用指南。主要是对财务报表披露的范围进行界定,指导注册会计师在审计工作的各个环节,如何对财务报表披露进行专门考虑,以促进财务报表信息披露质量的提升。

(资料来源:中国注册会计师协会)

一、中国注册会计师鉴证业务准则

(一)鉴证业务的定义

鉴证业务是指注册会计师对鉴证对象信息提出结论,以增强除责任方之外的预期使用者对鉴证对象信息信任程度的业务。鉴证对象信息是按照标准对鉴证对象进行评价和计量的结果。

鉴证业务包括历史财务信息审计业务、历史财务信息审阅业务和其他鉴证业务。

注册会计师执行历史财务信息审计业务、历史财务信息审阅业务和其他鉴证业务时,应当遵守鉴证业务基本准则以及依据鉴证业务基本准则制定的审计准则、审阅准则和其他鉴证业务准则。

(二)鉴证业务准则框架

鉴证业务准则由鉴证业务基本准则统领,按照鉴证业务提供的保证程度和鉴证对象的不同,分为审计准则、审阅准则和其他鉴证业务准则。其中,审计准则是整个业务准则体系的核心。

1. 审计准则

审计准则用以规范注册会计师执行历史财务信息的审计业务。在提供审计服务时,注册会计师对所审信息是否不存在重大错报提供合理保证,并以积极方式提出结论。审计准则和会计准则在审计过程中的运用如图1-3所示。

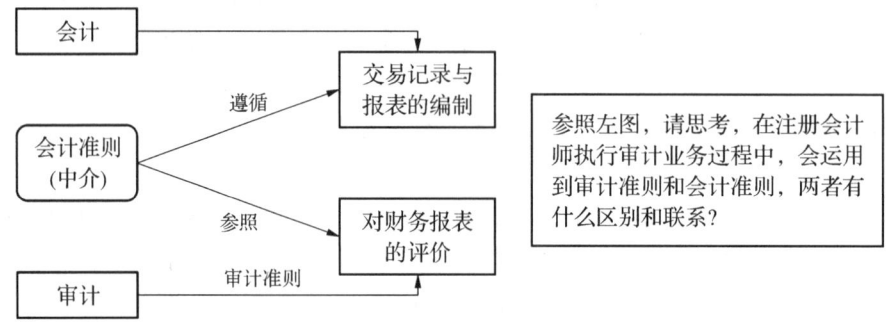

图1-3 审计准则和会计准则在审计过程中的运用

2. 审阅准则

审阅准则用以规范注册会计师执行历史财务信息的审阅业务。在提供审阅服务时，注册会计师对所审阅信息是否不存在重大错报提供有限保证，并以消极方式提出结论。

3. 其他鉴证业务准则

其他鉴证业务准则用以规范注册会计师执行历史财务信息审计或审阅以外的其他鉴证业务，根据鉴证业务的性质和业务约定书的要求，提供有限保证或合理保证。其他鉴证业务主要包括预测性财务信息的审核、内部控制鉴证等。

（三）鉴证业务范围

鉴证业务范围主要包括审计、审阅、其他鉴证业务。其中审计包括年报审计，验资，合并、分立清算审计，法律、行政法规规定的其他审计，企业内部控制审计。

其他鉴证业务包括系统鉴证、预测性财务信息审计。

（四）鉴证业务目标

鉴证业务的保证程度分为合理保证和有限保证。

1. 合理保证

合理保证的鉴证业务的目标是注册会计师将鉴证业务风险降至该业务环境下可接受的低水平，以此作为以积极方式提出结论的基础。例如，在历史财务信息审计中，要求注册会计师将审计风险降至可接受的低水平，对审计后的历史财务信息提供高水平保证（合理保证），在审计报告中对历史财务信息采用积极方式提出结论。这种业务属于合理保证的鉴证业务。

2. 有限保证

有限保证的鉴证业务的目标是注册会计师将鉴证业务风险降至该业务环境下可接受的水平，以此作为以消极方式提出结论的基础。例如，在历史财务信息审阅中，要求注册会计师将审阅风险降至该业务环境下可接受的水平（高于历史财务信息审计中可接受的低水平），对审阅后的历史财务信息提供低于高水平的保证（有限保证），在审阅报告中对历史财务信息采用消极方式提出结论。这种业务属于有限保证的鉴证业务。

二、会计师事务所质量控制准则

（一）质量控制准则的目的

会计师事务所质量控制准则旨在规范会计师事务所建立并保持有关财务信息审计和审阅、其他鉴证及相关服务业务的质量控制制度，明确会计师事务所及其人员的质量控制责任；适用于会计师事务所执行历史财务信息审计和审阅业务、其他鉴证业务及相关服务业务。

（二）质量控制准则的要素

会计师事务所的质量控制准则应当包括针对下列七项要素而制定的政策和程序：

(1) 对业务质量承担的领导责任。
(2) 职业道德规范。
(3) 客户关系和具体业务的接受与保持。
(4) 人力资源。
(5) 业务执行。
(6) 业务工作底稿。
(7) 监控。

三、中国注册会计师职业道德守则基本原则

为了规范中国注册会计师职业行为,提高职业道德水准,维护职业形象,中国注册会计师协会制定了《中国注册会计师职业道德守则》和《中国注册会计师协会非执业会员职业道德守则》。中国注册会计师协会会员包括注册会计师和非执业会员。非执业会员是指加入中国注册会计师协会但未取得中国注册会计师证书的人员,通常在工业、商业、服务业、公共部门、教育部门、非营利组织、监管机构或职业团体从事专业工作。中国注册会计师协会会员职业道德守则规定了职业道德基本原则和职业道德概念框架,会员应当遵守职业道德基本原则,并能够运用职业道德概念框架解决职业道德问题。

注册会计师为实现执业目标,必须遵守一系列前提或一般原则。这些基本原则包括下列职业道德基本原则:诚信、独立性、客观和公正、专业胜任能力和应有的关注、保密、良好职业行为。

(一) 诚信

诚信,是指诚实、守信。也就是说,一个人言行与内心思想一致,不虚假;能够履行与别人的约定而取得对方的信任。诚信原则要求注册会计师应当在所有的职业关系和商业关系中保持正直和诚实,秉公处事、实事求是。

注册会计师如果认为业务报告、申报资料或其他信息存在下列问题,则不得与这些有问题的信息发生牵连:

(1) 含有严重虚假或误导性的陈述。
(2) 含有缺乏充分根据的陈述或信息。
(3) 存在遗漏或含糊其词的信息。

注册会计师如果注意到已与有问题的信息发生牵连,应当采取措施消除牵连。在鉴证业务中,如果注册会计师依据执业准则出具了恰当的非标准业务报告,不被视为违反上述要求。

(二) 独立性

独立性,是指不受外来力量控制、支配,按照一定之规行事。在执行鉴证业务时,注册会计师必须保持独立性。在市场经济条件下,投资者主要依赖财务报表判断投资风险,在投资机会中做出选择。如果注册会计师不能与客户保持独立性,而是存在经济利益、关联关系,或屈从于外界压力,就很难取信于社会公众。

注册会计师执行审计和审阅业务以及其他鉴证业务时，应当从实质上和形式上保持独立性，不得因任何利害关系影响其客观性。

会计师事务所在承办审计和审阅业务以及其他鉴证业务时，应当从整体层面和具体业务层面采取措施，以保持会计师事务所和项目组的独立性。

【案例1-1】 ×银行拟公开发行股票，委托ABC会计师事务所审计其2020年度、2021年度和2022年度的会计报表。双方于2020年年底签订审计业务约定书。

假定ABC会计师事务所及其审计小组成员与×银行存在以下情况：

（1）ABC会计师事务所与×银行签订的审计业务约定书约定：审计费用为1 500 000元，×银行在ABC会计师事务所提交审计报告时支付50%的审计费用，剩余50%视股票能否上市决定是否支付。

（2）ABC会计师事务所的合伙人A注册会计师目前担任×银行的独立董事。

（3）审计小组成员C注册会计师自2020年以来一直协助×银行编制会计报表。

要求：请分别针对上述3种情况，判断ABC会计师事务所或相关注册会计师的独立性是否会受到损害，并简要说明理由。

【案例分析】

（1）将损害ABC会计师事务所的独立性。这种收费方式将诱导ABC会计师事务所为了收取剩余50%的审计费用而放弃审计原则，甚至帮助×银行粉饰其状况，使事务所与银行有了直接的经济利益关系，属于"对鉴证业务采取或有收费的方式"，违反职业道德。

（2）损害A注册会计师的独立性。因为A注册会计师既是ABC会计师事务所的合伙人，又是×银行的独立董事，会影响该注册会计师的独立性。

（3）损害C注册会计师的独立性。因为所审计的会计报表是由C注册会计师协助编制的，违反了"没有人能独立地评价自己的工作"的基本假定。

（三）客观和公正

客观，是指按照事物的本来面目去考察，不添加个人的偏见。公正，是指公平、正直、不偏袒。客观和公正原则要求注册会计师应当公正处事、实事求是，不得由于偏见、利益冲突或他人的不当影响而损害自己的职业判断。如果存在导致职业判断出现偏差，或对职业判断产生不当影响的情形，注册会计师不得提供相关专业服务。

（四）专业胜任能力和应有的关注

专业胜任能力和应有的关注原则要求注册会计师通过教育、培训和执业实践获取和保持专业胜任能力。注册会计师应当持续了解并掌握当前法律、技术和实务的发展变化，将专业知识和技能始终保持在应有的水平上，确保为客户提供具有专业水准的服务。

注册会计师作为专业人士，在许多方面都要履行相应的责任，保持和提高专业胜任能力就是其中的重要内容。专业胜任能力是指注册会计师具有专业知识、技能和经验，能够经济、有效地完成客户委托的业务。注册会计师如果不能保持和提高专业胜任能力，就难以完成客户委托的业务。

应有的关注,要求注册会计师遵守执业准则和职业道德规范的要求,勤勉尽责,认真、全面、及时地完成工作任务。在审计过程中,注册会计师应当保持职业怀疑态度,运用专业知识、技能和经验,获取和评价审计证据。同时,注册会计师应当采取措施以确保在其授权下工作的人员得到适当的培训和督导。在适当情况下,注册会计师应当使客户、工作单位和专业服务的其他使用者了解专业服务的固有局限性。

(五)保密

注册会计师能否与客户维持正常的关系,有赖于双方能否自愿而又充分地进行沟通和交流,不掩盖任何重要的事实和情况。只有这样,注册会计师才能有效地完成工作。注册会计师与客户的沟通,必须建立在为客户信息保密的基础上。这里所说的客户信息,通常是指涉密信息。一旦涉密信息被泄露或被利用,往往会给客户造成损失。因此,许多国家规定,在公众领域执业的注册会计师,在没有取得客户同意的情况下,不能泄露任何客户的涉密信息。

保密原则要求注册会计师应当对在职业活动中获知的涉密信息予以保密,不得有下列行为:

(1)未经客户授权或法律法规允许,向会计师事务所以外的第三方披露其所获知的涉密信息。

(2)利用所获知的涉密信息为自己或第三方谋取利益。

注册会计师在社会交往中应当履行保密义务。注册会计师应当警惕无意泄密的可能性,特别是警惕无意中向近亲属或关系密切的人员泄密的可能性。近亲属是指配偶、父母、子女、兄弟姐妹、祖父母、外祖父母、孙子女、外孙子女。

注册会计师在下列情况下可以披露涉密信息:

(1)法律法规允许披露,并且取得客户或工作单位的授权。

(2)根据法律法规的要求,为法律诉讼、仲裁准备文件或提供证据,以及向有关监管机构报告发现的违法行为。

(3)法律法规允许的情况下,在法律诉讼、仲裁中维护自己的合法权益。

(4)接受注册会计师协会或监管机构的执业质量检查,答复其询问和调查。

(5)法律法规、执业准则和职业道德规范规定的其他情形。

(六)良好职业行为

注册会计师应当遵守相关法律法规,避免发生任何损害职业声誉的行为。

注册会计师在向公众传递信息以及推介自己和工作时,应当客观、真实、得体,不得损害职业形象。

注册会计师应当诚实、实事求是,不得有下列行为:

(1)夸大宣传提供的服务、拥有的资质或获得的经验。

(2)贬低或无根据地比较其他注册会计师的工作。

【案例1-2】 李华新任建业会计师事务所的总经理,他曾经做过营销工作,此番出任,踌躇满志。李华上任后,一改从前建业创办人的稳健作风,以经营企业的策略和手段来经营会计师事务所,使事务所的业务快速扩展。

为了在 IPO 市场争得一席之地,李华适时聘请了在证监会任要职的王先生做顾问,并大肆宣传。据说建业会计师事务所在各地签约承接了约 80 家大中型极富发展潜力并欲上市的企业的审计业务。这些公司以前大都是中小型事务所的客户。好不容易花了数年甚至十余年培养的客户,忽然被建业抢走,那些中小型事务所对此极其不满。于是,指责建业会计师事务所缺乏职业道德之声,在业界此起彼落。

请问:

(1) 经营会计师事务所这一行业,是否如同经营其他的公司?是否能用广告或其他促销方式来扩大业务量?

(2) 招揽其他会计师事务所的长期客户是否合乎这一行业的职业道德?

【案例分析】

(1) 经营会计师事务所这一行业不能同经营其他的公司一样采用广告或其他促销方式来扩大业务量。我国《注册会计师法》第二十二条规定:"注册会计师不得对其能力进行广告宣传以招揽业务"。《注册会计师职业道德准则》规定:"会计师事务所不得在电台、电视台、报纸、杂志等新闻媒介上直接或间接地做诋毁同业或自我夸张、内容虚假、容易引起误解的广告,也不得向客户或其他组织散发具有上述倾向的函件。但会计师事务所与注册会计师名称或姓名、地址、电话、业务范围、开业、迁址之类的广告不在此限。"

(2) 招揽其他会计师事务所的长期客户不合乎会计师事务所这一行业的职业道德。注册会计师行业在客观上是一个竞争激烈的行业,注册会计师独立核算、自收自支,能否竞争到较多的客户,关系到一家事务所的生存。但注册会计师行业又是一个极需同业之间相互尊重、团结合作的行业,同业之间能否保持一种良好关系,关系到整个职业界在社会公众中的形象和声誉。注册会计师在业务中必须与同行保持良好的工作关系,不诋毁同行,不损害同行利益,不得以不正当的手段与同行争揽业务。

本案例中,建业会计师事务所采用聘请证券监管委员会高级官员做顾问的手段,招揽许多想进入股票市场的企业,而这些企业大多数是其他会计师事务所的常年客户,这样明显地损害了同行业的利益,而且使用的手段也是不正当的,因为我们可以看出,建业会计师事务所之所以能招揽到大批客户,是因为它极度宣传其有可能为客户提供上市便利的好处,这其中必然会有一些不符合法律规定的东西。建业会计师事务所不是以其优质的服务吸引客户,而是采取了具有内幕交易性质的非正当手段从同行那里抢客户,这也是对社会公众的不负责任。

任务 1.3 注册会计师法律责任

 案例导入

安徽省财政厅近日发布《关于 2017 年会计监督检查情况的通告》

中国会计视野讯 安徽省财政厅近日发布《关于 2017 年会计监督检查情况的通告》(财

监〔2018〕335号)通告全省2017年度会计信息质量和会计师事务所执业质量检查情况。

《通告》显示,会计信息质量共检查企业5户。检查发现,安徽省华信生物药业股份有限公司提供的财务报表合并了单位实际控制人投资的其他单位部分财务数据,导致报表资产和收入虚增;中建材(合肥)新能源有限公司收到的与资产相关的政府补助收入,计入当期损益,未按规定确认为递延收益;安徽天维仪表有限公司固定资产和无形资产计量不准确,部分记账凭证附件内容不完整且支出无审批手续;合肥川信财务管理有限公司部分收入未在单位账反映,办公地址和从业人数变更备案不及时;合肥易思诺财税服务有限公司部分收入未在单位账反映,部分会计凭证不规范。

针对检查发现的问题,省财政厅依法下达了处理决定。5户企业正按照要求进行整改。

会计师事务所执业质量检查共50户。检查发现:10家事务所违规设立12家分所;5家事务所地址变更未向省财政厅备案或未向所在地工商部门申请变更登记;8家事务所在财政部门备案股东和工商部门登记股东不一致;2家事务所在财政部门备案名称和工商部门登记名称不一致;27家事务所会计基础工作薄弱或会计核算不规范;部分事务所未建立风险导向审计理念,风险意识淡薄,未实施必要的审计程序,未获取充分适当的审计证据;有的事务所采用抄账式审计,只是对账簿数字进行简单的罗列、抄写和统计,按模板填表,没有明确的审计目标,没有审计记录、审计证据、审计说明;还有个别事务所甚至出报告无审计工作底稿。其中,无为华镰会计师事务所2015—2017年4月共出具审计报告782份,有774份无审计工作底稿,占比达98.9%;滁州时中会计师事务所2015—2017年4月共出具审计报告244份,有27份无审计工作底稿,占比11%;安徽智邦会计师事务所2016年对某公司2015年度财务报表进行审计,审计报告审定金额与被审计单位账面金额相差较大。

针对检查发现的问题,省财政厅依法进行了处理处罚。其中,对无为华镰会计师事务所予以撤销,滁州时中会计师事务所予以暂停经营业务6个月,安徽智邦会计师事务所予以暂停经营业务3个月、没收违法所得并处以2倍罚款的行政处罚;对朱世贵予以暂停执行业务12个月,王晓时、鲍家祥予以暂停执行业务6个月,蔡永杰予以暂停执行业务3个月,刘智勇予以警告的行政处罚;对池州实信、怀远经纬、安徽舒审、安徽中天谷多、安徽华徽、合肥安天诚等6家事务所下达关注函;对马鞍山成功、合肥德创、安徽明都、万国通宝、芜湖永信、安徽公信、六安新桥、黄山昊旺、安徽天民健、安徽安建、舒城安泰等11家事务所予以约谈。

注册会计师在被赋予越来越重大的社会监督职责的同时,也将对其工作结果负有越来越大的经济责任和法律责任。

一、导致注册会计师法律责任的原因

注册会计师会出现审计失败、面临审计风险,相关职业人员须承担审计责任。审计失败、审计风险会引起法律诉讼。审计责任会转化为法律责任。在前节讨论的基础上,我们来分析和介绍注册会计师的法律责任。对那些行为不当乃至动机不良的审计师来说,法律责任的存在无疑是一种重要的威慑力量。

注册会计师行为不当会给被审计单位或第三者造成损失责任,这些不当行为主要包括违约、过失和欺诈等。

（一）违约

违约是指合同的一方或几方未能达到合同条款的要求或未能履行合同条款规定的义务,违反了合同的约定。当违约给他人造成损失时,注册会计师就要负违约责任。例如,会计师事务所在约定的期限内,未能提交审计报告,或违反了与被审计单位订立的保密协议等,都属于违约行为。

（二）过失

过失是指在执业过程中,缺乏应有的职业谨慎,招致了工作失误的后果。评价注册会计师的过失,是以其他合格注册会计师在相同条件下保持的职业谨慎为标准的。当过失给他人造成损害时,注册会计师应负过失责任。通常将过失按其程度不同分为普通过失和重大过失。

普通过失通常是指注册会计师没有保持职业上应有的合理谨慎,没有完全遵循专业准则的要求,招致了一定程度的工作失误。比如,在实施存货监盘的审计程序中,未保持应有的合理谨慎,盘点过的存货在所有权、数量、质量等方面存在的问题未能查出,通常情况下其他合格注册会计师是不会出现这种失误的,这可视为一般过失。

重大过失,对于注册会计师而言,是指未保持基本的职业道德,对业务或某项工作不加思考,盲目行事,根本没有遵循专业准则或没有按专业准则的基本要求执行审计。比如,不实施存货监盘、未进行应收账款函证,不遵循审计准则进行审计,这些行为可视为重大过失。

（三）欺诈

欺诈是以欺骗或坑害他人为目的的一种故意行为,又称为注册会计师的舞弊行为。

欺诈与过失的最大不同之处在于欺诈的行为人具有不良动机、知道其行为是错误的,为达到舞弊目的仍然实施该错误行为。例如,如果注册会计师明知被审计单位财务报表存在重大错报,但为了配合他人操纵股价,或为了影响某些经济业务,故意出具无保留意见的审计报告,从而欺骗了报表使用者,那么这种行为就属于欺诈行为。

思考：过失和欺诈有何区别？承担的法律责任有何不同？

二、注册会计师法律责任的种类

在我国,注册会计师因违约、过失、欺诈给被审核单位或其他利害关系人造成损失的,按照有关法律和规定,可承担的法律责任包括民事责任、刑事责任、行政责任。这些责任可以单处,也可以并处。目前,我国的法律体系中,有五部法律对注册会计师的法律责任做出了规定,即《中华人民共和国注册会计师法》《中华人民共和国证券法》《中华人民共和国公司法》《关于惩治违反公司法的犯罪决定》和《中华人民共和国刑法》。

（一）民事责任

民事责任是指对委托人和第三方的赔偿责任。

【案例1-3】 民事责任典型案例

四川德阳市会计师事务所民事纠纷案是追究注册会计师民事责任的经典案件，尤其是最高人民法院56号函的签发，标志着中国注册会计师涉及民事法律责任的起源。1993年，四川德阳市东方贸易公司（简称贸易公司）和山西省某化工厂（简称化工厂）签订购销合同。化工厂发货以后，迟迟未收到货款，后来发现经办人将货物骗到后即逃之夭夭。化工厂一怒之下，一纸诉状，将贸易公司和其主管单位告上法庭。在审理过程中，法庭发现注册会计师的验资报告中有这样一段话："……上述情况属实。如果发现验资不实时，由我单位负责承担证明金额内的赔偿责任。"因此，在法院的建议下，化工厂将德阳市会计师事务所列为第三被告。最高人民法院据此颁发1996年56号法函，要求注册会计师承担赔偿责任。这也就是著名的56号函的起源。

56号函发布以后，案件再次审理，德阳市会计师事务所被追究连带责任，要求其承担民事责任，赔偿合同全部价款。

（二）刑事责任

刑事责任是指会计师事务所或注册会计师由于违反国家法律、法规，情节严重，触犯刑法，按照有关法律规定应承担的法律责任。

【案例1-4】 刑事责任典型案例

私营企业老板李某在工商局胡科长的陪同下来到某会计师事务所办理验资。会计师事务所负责人见工商局的胡科长亲自陪同，不敢怠慢，交代注册会计师小王从速办理。小王对李老板提供的验资资料，进行了一一审验。对其中最关键的材料——两张银行进账单，小王特别仔细地查验：进账金额分别为36万元和64万元，合计100万元，收款人系被审验单位，其用途为投资款，银行业务公章和工作人员私章一应俱全，无涂改痕迹。于是，小王当场就起草了验资报告。

后来，李老板由于搞非法传销，进了公安局的看守所。公安机关发现，其向事务所提供的两张银行进账单，金额是变造的，变造方法是：先向银行分别存入6万元和4万元现金，在填写银行进账单时预留空格，待银行盖章后，再在预留的空格处填补，由于笔迹相同，填补恰到好处，外人无法辨别。办案人员认为，注册会计师小王在验资时未向银行调查取证，仅凭李老板提供的经过变造的银行进账单，就草率地出具验资报告，属于严重不负责任，且已造成严重后果，根据刑法第二百二十九条第三款的规定，应当追究刑事责任。

【案例分析】

1995年全国人大常委会制定的《关于惩治违反公司法的犯罪的决定》，对包括注册会计师在内的中介组织人员的刑事责任做了具体的规定。这些规定都是针对故意犯罪而言的。刑法完善了对中介组织人员刑事责任的规定，除了保留故意犯罪及其刑事处罚的规定外,还第一次对过失犯罪及其刑事处罚做出了明确规定。"承担资产评估、验资、验证、会计、审计、法律服务等职责的中介组织的人员故意提供虚假证明文件,情节严重的,处五年以下有期徒刑或者拘役,并处罚金。前款规定的人员,索取他人财物或者非法收受他人财物,犯前款罪的,处五年以上十年以下有期徒刑,并处罚金。第一款规定的人员,严重不负责任,出具的证明文件有重大失实,造成严重后果的,处三年以下有期徒刑或者拘役,并处或者单处罚金。"这一条明文规定了两个罪名,即中介组织人员提供虚假证明文件罪和中介组织人员出具证明文件重大失实罪。这两个罪名的构成要件不同,刑事处罚也不一样。

案例中的注册会计师小王,出具了不实的验资报告,公安机关指控其涉嫌构成中介组织人员出具证明文件重大失实罪,依据的是修订后的《中华人民共和国刑法》。构成本罪必须符合四个要件:一是犯罪主体是中介组织人员;二是行为人在主观上具有过失,这是区分本罪与中介组织人员提供虚假证明文件罪最主要的区别;三是行为人在客观上出具的证明文件有重大失实,即证明文件的主要内容与事实不符;四是造成了严重后果,即有重大失实的证明文件给国家、集体和个人的利益造成了重大损失,这是区分罪与非罪的重要界限。注册会计师小王出具验资报告的行为,基本符合上述前三个要件。至于是否造成了严重后果,与本文内容关系不大,故不予讨论。

从以上案例可以看出,注册会计师应当树立充分的刑事法律意识,才能保证不会稀里糊涂地触犯刑律。修订后的刑法增加了注册会计师因过失而负刑事责任的规定,无疑是给注册会计师增加了一个"紧箍咒"。注册会计师应当认真学习刑法的有关条文,改变过去那种"重民轻刑",认为出了问题由事务所负责的不正确认识。

与民事责任不同,注册会计师的刑事责任不能由其所在的事务所替代或者免除,只要在法定追诉期内,即使离开了本行业也可将其"缉拿归案"。因此可以说,刑法离注册会计师并不那么遥远。

(三)行政责任

行政责任是指注册会计师由于行政违法行为而应承担的法律后果,其中包括警告、暂停营业、吊销注册会计师资格、撤销事务所营业执照、没收非法所得、罚款等。

【案例1-5】 行政责任典型案例

由于制度建设存在短板,资本市场违法犯罪成本较低,近年来发生了多起恶性财务造假案件。据了解,财务造假既有发行人、上市公司故意造假,也有部分审计、评估等中介机构未勤勉尽责,由"看门人"沦为"放水者"。上海检察机关办理的中恒通公司欺诈发行私募债券案就是一起典型案件。

中恒通公司由于流动资金不足,准备发行私募债券融资。对此,公司董事长、实际控制人、法定代表人、财务总监"一拍即合",算起了财务造假的"歪账"。通过伪造单据、虚构收入、出具虚假股东会决议等方式,虚增公司营业收入5.13亿余元、虚增利润总额1.31亿余元、虚增资本公积金6 555万余元、虚构银行授信额度500万元、隐瞒外债2 025万余元,并聘请利某达会计师事务所出具审计报告。

审计中,事务所现场负责人陈某某在缺少相关合同、出入库单等材料原件的情况下,直接将账外收入调整为营业收入,在未对股东大会决议内容核实、发行人也未提供相关材料的情况下直接将股东捐赠转成资本公积金,造成审计报告初稿严重失实。

之后,这份初稿又"一路绿灯"轻松通过事务所从分所到总所的层层复核,最终在正式报告上签名的注册会计师徐某、王某某,在没有参与项目前期工作,也没有对审计报告初稿审核的情况下,就直接签字。

中恒通公司凭借内容重大失实的审计报告,通过证券交易所备案获准发行中小企业私募债券,到期后因无力偿付债券本金和部分利息被破产重组,造成投资者1.5亿元损失。

检察机关分别以欺诈发行债券罪和出具证明文件重大失实罪对中恒通公司和利某达会计师事务所相关人员提起公诉,上海市第一中级人民法院分别于2017年11月和2018年1月以出具证明文件重大失实罪和欺诈发行债券罪对被告单位判处罚金,对被告人判处有期徒刑三年六个月至拘役六个月缓刑六个月并处罚金不等,二审均维持原判。

此后,上海检察机关又办理了两起类似案件。因此,这一现象引起了检察机关的高度重视。

上海市检察院认为,资本市场以充分的信息披露为核心,包括会计师事务所在内的中介机构诚实守信、勤勉尽责是重要制度安排,在当前科创板有序推进和新《证券法》全面推行注册制改革背景下,中介机构承担的责任更加重要。

任务1.4 审计证据

一、审计证据的概念

审计证据是实现审计目标的基础,它是指注册会计师为了得出审计结论、形成审计意见而使用的所有信息,包括财务报表依据的会计记录中含有的信息和其他信息(见图1-4)。注册会计师必须获取充分、适当的审计证据,以得出合理的审计结论,作为形成审计意见的基础。

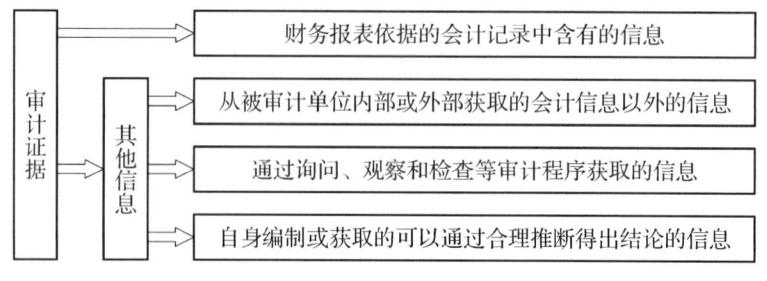

图1-4 审计证据类别

依据会计记录编制财务报表是被审计单位管理层的责任,注册会计师要做的是测试会计记录以获取审计证据。会计记录中含有的信息本身并不足以提供充分的审计证据作为对财务报表发表审计意见的基础,注册会计师还需要获取用作审计证据的其他信息。可用作审计证据的其他信息包括注册会计师从被审计单位内部或外部获取的会计记录以外的信息,通过询问、观察和检查等审计程序获取的信息,通过合理推断得出结论的信息。

审计证据按其外形特征可分为实物证据、书面证据、口头证据和环境证据四大类。

(一)实物证据

通过检查有形资产或观察等手段取得的、用以确定某些实物资产是否确实存在的证据。通过对库存现金、存货和固定资产等的监盘,可以取得这些资产的实物证据,以证实它们是否确实存在。实物证据并不能完全证实被审计单位对这些资产的所有权。

(二)书面证据

以书面文件形式存在的一类证据。这类证据是审计中获得的主要证据,包括与审计有关的各种原始凭证、会计记录、会议记录、各种合同、报告函件等。书面证据按来源可以分为外部证据和内部证据两类。外部证据是由被审计单位以外的机构或个人所编制的书面证据。一般来说,外部证据比内部证据更加可靠、证明力更强。

(三)口头证据

由被询问的人员口头回答所形成的一类证据。一般而言,口头证据本身并不足以证明事情的真相,但注册会计师可以根据口头证据挖掘一些重要线索,以有利于进一步的调查,最终有利于收集到更加可靠的证据,降低审计风险。

(四)环境证据

环境证据也称状况证据,是指那些对被审计单位产生影响的各种环境事件。环境证据可以收集多方面证实材料,如被审计单位所处行业的发展状况、竞争对于综合实力发生的变化、内部控制当前的运行情况、中高层管理人员的素质和管理水平等。

二、审计证据的特性和证据的证明力

注册会计师必须保持职业怀疑态度,运用职业判断,评价审计证据的充分性和适当性。审计证据的充分性是对审计证据数量的衡量;审计证据的适当性是对审计证据质量的衡量。审计证据的充分性与适当性密切相关,注册会计师所需获取的审计证据的数量不仅受到错报风险的影响,还受到审计证据质量的影响。错报风险越大,需要的审计证据可能越多;审计证据质量越高,需要的审计证据可能越少,仅仅获取更多的审计证据可能难以弥补其质量上的缺陷。

对审计证据质量的要求是审计证据的适当性,即审计证据在支持各类交易、账户余额、列报与披露的相关认定,或发现其中存在错报方面具有相关性和可靠性。充分、相关、可靠的证据还必须满足及时性的要求。因此,影响审计证据证明力的因素可以概括为三个,即充分性、适当性和及时性。

(一) 充分性

充分性要求注册会计师要取得足够数量的审计证据,证据数量主要以是否足以支持审计结论来衡量。取得多少审计证据首先以注册会计师选取的样本规模为基础。在审计业务中,确定样本规模要考虑几个因素,其中最重要的两个因素是注册会计师对错报的估计和客户内部控制的有效性。例如,如果注册会计师认为,客户记录固定资产的内部控制有效,则在审计固定资产的购置时,较小的样本规模就可以有较高水平的保证。

除了样本规模以外,所测试的具体项目也影响证据的充分性。样本中如果包含了总体中金额较大的项目、出现错报可能性较高的项目和总体中有代表性的项目,则该证据通常被认为是充分的。相比之下,如果样本中只包括总体中金额最大的项目,那么除非这些项目能够构成总体金额的绝大部分,否则,大多数注册会计师都会认为这样的样本证据是不充分的。

注册会计师判断审计证据是否充分、适当,应当考虑下列主要因素:① 审计风险;② 具体审计项目的重要程度;③ 注册会计师及其业务助理人员的审计经验;④ 审计过程中是否发现错误或舞弊;⑤ 审计证据的类型与获取途径。

(二) 适当性

1. 相关性

证据要有证明力,必须与注册会计师测试的审计目标相关。相关性只能结合具体审计目标来考虑。同一证据与某一目标相关,但与另一目标可能就不相关。大多数证据都与一个以上的目标相关,但并不是与所有的目标都相关。

在确定审计证据的相关性时,注册会计师通常考虑:① 特定的审计程序可能只为某些认定提供相关的审计证据,而与其他认定无关;② 针对同一项认定可以获取不同来源或不同性质的审计证据;③ 与某项认定相关的审计证据并不能替代与其他认定相关的审计证据。

2. 可靠性

可靠性是指证据的可信程度或值得信任的程度。证据可靠性越强,就越能使注册会计师相信财务报表的反映是公允的。证据的可靠性只与所选用的审计程序有关。扩大样本规模或选择不同的样本项目并不能提高证据的可靠性。可靠性只能通过选用审计程序来提高,审计证据的可靠性受到其来源和性质的影响,并取决于获取审计证据的具体环境。注册会计师通常按照下列原则考虑审计证据的可靠性:

(1) 从外部独立的来源获取的审计证据比从其他来源获取的审计证据更可靠。这是从提供证据者的独立性角度考虑的,从企业外部取得的证据要比从企业内部取得的证据更可靠。例如,从银行、律师或顾客那里取得的外部证据,一般认为比向客户提问所得到的答复更可靠。不过从外部来源获取证据时需要考虑证据提供者的资格。除非证据提供者具备提供证据的资格,否则,即使他是独立的,证据也不会可靠。据此还可以推论,如果注册会计师不具备评价证据的资格,那么即使是他直接取得的证据,也有可能不具可靠性。

(2) 内部控制有效时内部生成的审计证据比内部控制薄弱时内部生成的审计证据更可靠。例如,如果销售和开票业务的内部控制有效,那么注册会计师就能从销售发票和发货单中取得比控制不健全时更有证明力的证据。

(3) 直接获取的审计证据比间接获取或推论得出的审计证据更可靠。这是从注册会计师的直接认识的角度考虑的。注册会计师通过实物检查、观察、计算和文件检查等直接获得的证据比间接获得的信息更有证明力。

(4) 以文件记录形式(无论是纸质、电子或其他介质)存在的审计证据比口头形式的审计证据更可靠;从原件获取的审计证据比从传真或复印件获取的审计证据更可靠;客观证据比需要经过大量主观判断才能确定其是否正确的证据更可靠。

思考:1. 注册会计师在执行审计工作时,有义务鉴定文件记录的真伪吗?

2. 如果发现文件存在伪造或篡改迹象时,注册会计师应该如何处理?

3. 如果从不同来源获取的审计证据或不同性质的审计证据所指向的事情结论不一致,说明什么问题?注册会计师应该如何处理?

4. 已知存货监盘程序非常重要且不可替代,但是需要出差去外地,成本非常高昂,可以不去现场监盘吗?

审计工作极少涉及鉴定文件记录的真伪,但注册会计师需要考虑用作审计证据的信息的可靠性,并考虑与这些信息生成与维护相关的控制。

如果发现文件存在伪造或篡改迹象时,注册会计师应当考虑被审计单位存在舞弊的可能性,必要时利用专家的工作。如果针对某项认定从不同来源获取的审计证据或不同性质的审计证据能够相互印证,则与该项认定相关的审计证据具有更强的说服力。如果从不同来源获取的审计证据或不同性质的审计证据不一致,可能表明某项审计证据不可靠,注册会计师应当追加审计程序予以解决。

注册会计师还要考虑获取审计证据的成本与所获取信息的有用性之间的关系,但不应将获取审计证据的成本高低和难易程度作为减少不可替代的审计程序的理由。

(三) 及时性

审计证据的及时性主要是指收集证据的时间要求,也包含对审计证据所涵盖期间的要求。对资产负债表账户来说,证据的取得越是接近结账日,其证明力就越强。对利润表账户来说,从被审计的整个会计期间内选取样本所获得的证据,比仅从一部分期间内选取样本所获得的证据更有证明力。例如,从全年销售业务中随机选取的样本,比仅从上半年销售业务中选取的样本更有证明力。

证据的证明力只有在综合考虑了充分性、相关性、可靠性和及时性以后才能加以评价。大量的证据除非与所测试的审计目标相关,否则不会具有证明力。大量的相关证据如果不具备可靠性和及时性,也会缺乏证明力。

审计证据决策和影响审计证据证明力的因素之间存在着直接关系,如表1-2所示。

表1-2 审计证据决策与审计证据证明力的因素之关系

审计证据决策	影响审计证据证明力的因素
审计程序	适当性 • 相关性 • 可靠性——提供证据者的独立性 ——内部控制的有效性 ——证据的直接获取 ——存在形式、原件、客观
样本规模和选取样本项目	充分性 • 样本规模足够大和证据足够多 • 选取恰当的样本项目
时间安排	及时性 • 何时实施审计程序 • 审计所覆盖的期间

【案例1-6】 下面是某注册会计师在审计过程中所收集的书面证据:① 销售发票;② 明细账;③ 银行对账单;④ 应收票据;⑤ 有限责任公司章程;⑥ 采购合同;⑦ 董事会会议记录;⑧ 应收账款函证回函;⑨ 管理当局声明书;⑩ 货运提单复印件。

要求:

(1) 将上述书面审计证据按其来源划分为外部证据和内部证据。

(2) 为什么说外部证据的可靠性要大于内部证据?

(3) 外部证据之间是否存在可靠性的差异?

【案例分析】

(1) 外部证据有③④⑥⑧⑩;内部证据有①②⑤⑦⑨。

(2) 由于外部证据来自被审计单位以外的有关方面,虚构和篡改的可能性较小,又可向有关方面进行查证,因此一般具有较强证明力。内部证据是由被审计单位内部机构或职员编制或提供的证据。由于内部证据产生于单位内部,很可能被虚构和篡改,因此一般来说其可靠性不如外部证据。

(3) 外部证据又可分为由被审计单位以外有关方面编制并直接递交注册会计师的外部证据和被审计单位持有的由被审计单位以外有关方面编制的外部证据两种类型。前者如应收账款函证回函等;后者如银行对账单等。其中,前者的可靠性强于后者,因为前者是由独立于被审计单位以外的机构提供的,并且未经被审计单位有关职员之手,从而排除了伪造或更改证据的可能性。

三、获取审计证据时对认定的运用

(一) 认定的概念和类别

在更详细地阐述审计目标之前,首先需要了解管理层对财务报表的认定。管理层的认定是指被审计单位管理层对财务报表各组成要素的确认、计量、列报与披露做出的明确或隐含的表达。

例如,希格公司管理层提交的公司财务报表中列报固定资产共有100万元。对这一列报,管理层至少表达了这样几个方面的含义:① 在资产负债表日,该公司存在100万元的固定资产;② 这些固定资产的所有权归该公司所有;③ 这些固定资产的价值是100万元;④ 公司所有的固定资产就是这些,没有虚报、没有遗漏……而且,除非财务报表中另有揭示,否则管理层还隐含表达固定资产没有受到限制、可用于正常生产经营活动的意思。财务报表中的每一项资产、负债、所有者权益、收入和费用项目都有类似的认定。管理层的认定不仅适用于各账户余额,也同样适用于各类交易和财务报表的列报与披露。

按照风险导向审计的理念和方法,注册会计师需要将认定具体运用于各类交易、账户余额、列报与披露三个类别,并且作为评估重大错报风险以及设计与实施进一步审计程序的基础。目前认定层次的构成分为三个类别。

1. 与各类交易和事项相关的认定

注册会计师对所审计期间的各类交易和事项运用的认定通常分为下列种类:① 发生:记录的交易和事项已发生且与被审计单位有关;② 完整性:所有应当记录的交易和事项均已记录;③ 准确性:与交易和事项有关的金额及其他数据已恰当记录;④ 截止:交易和事项已记录于正确的会计期间;⑤ 分类:交易和事项已记录于恰当的账户。各类认定的含义及具体审计目标如表1-3所示。

表1-3 与各类交易和事项相关的各类认定与具体审计目标

认定的类别	各类认定的含义	具体审计目标 (注册会计师需要确认的事项)
发生	记录的交易和事项已发生,且与被审计单位有关	已记录的交易是真实的(多记)
完整性	所有应当记录的交易和事项均已记录	已发生的交易确实已经记录(少记)
准确性	与交易和事项有关的金额及其他数据已恰当记录	已记录的交易是按正确金额反映的
截止	交易和事项已记录于正确的会计期间	接近于资产负债表日的交易记录于恰当的期间(故事发生了,时间不对)
分类	交易和事项已记录于恰当的账户	被审计单位记录的交易经过适当分类(重分类)

【案例1-7】 注册会计师通常依据各类交易、账户余额和列报的相关认定确定审计目标,根据审计目标设计审计程序。表1-4给出了采购交易的审计目标,并列举了部分实质性程序。

表 1-4　管理层认定、审计目标与实质性程序的关系

相关认定	审计目标	实质性程序
发生	所记录的采购交易和事项已发生，且与被审计单位有关	1. 将采购明细账中记录的交易同购货发票、验收单和其他证明文件比较。 2. 追查存货的采购至存货永续盘存记录。 3. 检查购货发票、验收单、订货单和请购单的合理性和真实性
完整性	所有应当记录的采购交易均已记录	1. 从购货发票追查至采购明细账。 2. 从验收单追查至采购明细账
准确性	与采购交易有关的金额及其他数据已恰当记录	将采购明细账中记录的交易同购货发票、验收单和其他证明文件比较
截止	采购交易已记录于正确的会计期间	将验收单和购货发票上的日期与采购明细账中的日期进行比较
分类	采购交易和事项已记录于恰当的账户	根据购货发票反映的内容，比较会计科目表上的分类

2. 与账户余额相关的认定

注册会计师对期末账户余额运用的认定通常分为下列种类：① 存在：记录的资产、负债和所有者权益是存在的；② 权利和义务：记录的资产由被审计单位拥有或控制，记录的负债是被审计单位应当履行的偿还义务；③ 完整性：所有应当记录的资产、负债和所有者权益均已记录；④ 计价和分摊：资产、负债和所有者权益以恰当的金额包括在财务报表中，与之相关的计价或分摊调整已恰当记录。各类认定的含义及具体审计目标如表 1-5 所示。

表 1-5　与账户余额相关的各类认定与具体审计目标

认定的分类	各类认定的含义	具体审计目标 （注册会计师需要确认的事项）
存在	记录的资产、负债和所有者权益是存在的	记录的金额确实存在（多记）
权利和义务	记录的资产由被审计单位拥有或控制，记录的负债是被审计单位应当履行的偿还义务	资产归属于被审计单位，负债属于被审计单位的义务（权属问题）
完整性	所有应当记录的资产、负债和所有者权益均已记录	已存在的金额均已记录（少记）
计价和分摊	资产、负债和所有者权益以恰当的金额包括在财务报表中，与之相关的计价或分摊调整已恰当记录	资产、负债和所有者权益以恰当的金额包括在财务报表中，与之相关的计价或分摊调整已恰当记录（分析程序、重新计算）

3. 与列报与披露相关的认定

注册会计师对列报与披露运用的认定通常分为下列种类:① 发生及权利和义务:披露的交易、事项和其他情况已发生且与被审计单位相关;② 完整性:所有应当包括在财务报表中的披露均已包括;③ 分类和可理解性:财务信息已被恰当地列报和描述,且披露内容表述清楚;④ 准确性和计价:财务信息和其他信息已公允披露,且金额恰当。各类认定的含义及具体审计目标如表1-6所示。

表1-6 与列报与披露相关的认定与具体审计目标

认定的分类	各类认定的含义	具体审计目标 (注册会计师需要确认的事项)
发生及权利和义务	披露的交易、事项和其他情况已发生,且与被审计单位有关	发生的交易、事项,或与被审计单位有关的交易和事项包括在财务报表中
完整性	所有应当包括在财务报表中的披露均已包括	应当披露的事项包括在财务报表中
分类和可理解性	财务信息已被恰当地列报和描述,且披露内容表述清楚	财务信息已被恰当地列报和描述,且披露内容表述清楚
准确性和计价	财务信息和其他信息已公允披露,且金额恰当	财务信息和其他信息已公允披露,且金额恰当

列报的认定既与资产负债表有关,也与利润表有关,与列报相关的认定(发生及权利和义务、完整性、分类和可理解性、准确性和计价)既涉及资产负债表又涉及利润表。

(二)获取审计证据的审计程序

注册会计师要对获取的审计证据的内容、数量和质量做到心中有数。在此基础上,一定要明确为获取审计证据所应实施的审计程序,要充分运用各类交易、账户余额、列报与披露的认定,以作为评估重大错报风险、设计与执行审计程序的基础。注册会计师获取审计证据的程序区分为总体程序和具体方法,总体程序包括风险评估程序、控制测试和实质性程序。具体方法包括检查记录和文件、检查有形资产、观察、询问、函证、重新计算、重新执行和分析性程序。

为了及时获取充分、适当的审计证据,注册会计师在审计过程的不同阶段要实现的目标如下:

(1)风险评估程序,旨在了解被审计单位及其环境,包括内部控制,以评估财务报表层次和认定层次的重大错报风险。一般来说,风险评估程序本身并不足以为发表审计意见提供充分、适当的审计证据,注册会计师还需要实施进一步审计程序,包括在必要时或决定测试内部控制时实施的控制测试和实质性程序。

(2)控制测试,旨在测试内部控制在防止或发现并纠正认定层次重大错报方面的运行有效性。当存在下列情形时,控制测试是必要的:① 对风险的评估预期内部控制的运行是有效的,注册会计师应当实施控制测试以支持评估结果;② 当仅实施实质性程序不足以提供充分、适当的审计证据时,注册会计师应当实施控制测试,以获取内部控制运行有效性的审计证据。

(3) 实质性程序,旨在发现认定层次的重大错报。实质性程序包括对各类交易、账户余额、列报与披露的细节测试及实质性分析程序。注册会计师要针对重大错报风险的相关评估,包括实施风险评估程序的结果和在必要时实施控制测试的结果,计划和实施实质性程序。注册会计师对重大错报风险的评估是一种判断,并且内部控制存在固有局限性,无论评估的重大错报风险结果如何,注册会计师都必须针对重大的各类交易、账户余额、列报与披露实施实质性程序,以获取充分、适当的审计证据。

注册会计师可以采用下列具体方法和审计程序获取审计证据。

1. 检查

检查是指注册会计师对被审计单位内部或外部生成的,以纸质、电子或其他介质形式存在的记录和文件进行审查,或对资产进行实物审查。

检查记录或文件可提供可靠程度不同的审计证据,审计证据的可靠性取决于记录或文件的来源和性质。检查记录或文件是每一次审计业务中都广泛采用的审计程序,因为审计师可以以较低的成本取得这类证据。各种文件可以很容易地分为内部文件和外部文件。内部文件是在客户单位内部编制和使用的,并且从未经过外部人员之手的文件。外部文件是曾经过客户单位外部某些人员之手的文件,这些人员是该文件所记录的业务的一方当事人,该文件目前在被审计客户之手或随时可以取得。在某些情况下,外部文件产生于被审计客户单位外部,最后流入客户手中。

对资产实物进行检查可为其存在性提供可靠的审计证据,但不一定能够为权利和义务或计价认定提供可靠的审计证据。检查有形资产实物是验证资产确实存在的直接手段,检查结果被视为最可靠、最有用的审计证据。一般来说,检查有形资产是认定资产数量和规格的一种客观手段,在某些情况下,它还是评价资产状况和质量的一种常用方法。不过在许多情况下,注册会计师并没有能力去判断诸如陈旧或真实性之类的质量因素。

2. 观察

观察是利用感官去评价某些活动,它是指注册会计师察看相关人员正在从事的活动或执行的程序。观察提供的审计证据仅限于观察发生的时点,并且可能影响对相关人员从事活动或执行程序的真实情况的了解。在整个审计过程中,注册会计师有很多机会利用视觉、听觉、触觉以及嗅觉去感知和评价各种各样的事物。例如,注册会计师到车间参观,可以取得对设备和生产过程的总体印象。通过仔细察看设备的磨损情况,可以评价设备的新旧程度;通过观察生产线的运行速度和工人的工作效率,可以判断产品的生产状况;通过观看会计流程,可以确定会计人员履行其职责的情况。观察本身并不是充分的证据,但是通过观察有了初步印象以后,可以确定进一步收集证据的方向和类别,以便使用其他类型的佐证证据对观察的结果加以证实。

3. 询问

询问是指注册会计师以书面或口头方式,向被审计单位内部或外部的知情人员获取财务信息和非财务信息,并对答复进行评价的过程。知情人员对询问的答复可能为注册会计师提供尚未获悉的信息或佐证证据,也可能提供与已获悉信息存在重大差异的信息,注册会计师可以根据询问结果考虑修改审计程序或追加审计程序。尽管通过询问可以从客户那里获得大量的证据,但通常不能把询问结果作为结论,因为它有可能带有回答者的偏见。询问通常不足以发现认定层次存在的重大错报,也不足以测试内部控制运行的有效性,注册会计师还应当实施其他审计程序获取充分、适当的审计证据。

4. 函证

函证是指注册会计师为了印证影响财务报表认定的账户余额或其他信息,以被审计单位的名义向第三方发出询证函,获取和评价审计证据的过程。由于函证来自独立于被审计单位的第三方,因而是受到高度重视的一种常用取证手段。但是,进行函证要花费较高的成本,并可能会给被函证人带来一定的不便,因此,并不是在每一种可运用函证的情况下都运用函证。是否应当使用函证,取决于在当时情况下所要求的可靠性以及是否有可替代证据。一般来说,对于应收账款,只要可行且合理,注册会计师就必须进行抽样函证,因为应收账款通常是财务报表中的一个重要余额,而函证结果又是应收账款的一种高度可靠的证据。出于证据可靠性的考虑,注册会计师必须控制函证从编制、寄发到收到回函为止的整个过程。

【案例1-8】 旺盛零售公司是一家上市的美国大型零售折扣店。1972年,该公司为了掩盖其第一次重大经营损失的真相,将250万美元的损失改为150万美元的收益。其中102.6万美元是通过减少应付账款来实现的。执行该公司审计业务的会计师事务所由于执行了一些并无实效的审计程序,尤其执行了无效的函证程序,而导致审计失败。最后,该零售公司倒闭了,会计师事务所也难辞其咎,受到证券委员会的批评,并且在联邦法院处理此事之前,负责该公司审计的合伙人被暂停执业5个月。下面是审计人员执行函证程序过程中的一些细节,请加以评论。

(1)审计人员为了验证30万美元预付广告费的真实性,从1 100家广告商中抽取了24个样本,并向其中的4个广告商发函询证。

(2)审计人员为了印证17.7万美元的差价退款,从该公司提供的名单中,随意抽取几个供应商,通过电话函证进价过高是否真实。在15个电话函证的过程中,公司先同供应商联系并通话交谈,然后将电话交给审计人员。

(3)两位业务助理人员就贷项通知单询问公司员工时,得到了先后3个不同的解释,并且最终也未拿到书面证明文件,因此对贷项通知单的真实性提出质疑,在工作底稿中形成一份备忘录。负责公司审计工作的事务所合伙人认为函证已经搜集到了足够的证据,可以证实贷项通知单的真实性,不需要实施追加的审计程序。

(4)审计人员对从公司提供的广告商名单中选取的4家广告商发函询证,所收到的回函均指出所列示的预付广告费是错误的,审计人员没有查明差异的原因,确认了预付广告费的真实性和完整性。

【案例分析】

对于该零售公司通过篡改会计记录的方法减少应付账款102.6万美元,审计人员完全可以通过实施函证程序发现这一重大错误与舞弊,但为什么没有发现?分析其主要原因在于:审计人员没有严格控制函证程序,致使通过函证程序取得的证据并不可信。

（1）函证样本量抽取得过低，不能从充分性和适当性上代表总体，该案例中，审计人员为了验证30万美元预付广告费的真实性，从1 100家广告商中抽取了24个样本，并仅仅向4个广告商发函询证。如此低的抽样比例，即使4家广告商回函确认了预付广告费的真实性（事实并非如此），审计人员也不能由此推断1 100家预付广告费的真实性。

（2）函证程序由客户控制，无法保证通过函证取得可靠的证据。该案例中，审计人员为了印证17.7万美元的差价退款，从公司提供的名单中，随意抽取几个供应商，通过电话函证进价过高是否真实。在15个电话函证过程中，零售公司先同供应商联系并通话交谈后，才将电话交给审计人员。在这个过程中，向谁函证，是由客户提供名单圈定的，而不是根据审计的需要；函证中借助先与被函证者打电话确认的方式确认，既没有保证审计人员直接与被询证者沟通，也没有要求被询证者寄回书面确认函，增加了函证信息发生差错和被篡改的机会。

（3）对函证实施过程中存在的疑虑没有追加审计程序，降低了审计证据的质量。该案例中，两位业务人员就贷项通知单询问公司员工时，得到了先后3个不同的解释，并且最终也未拿到书面证明文件，因此对贷项通知单的真实性提出质疑，在工作底稿中形成一份备忘录。但作为负责公司审计工作的事务所合伙人却认为函证已经搜集到了足够的证据，可以证实贷项通知单的真实性，没有实施追加的审计程序以消除审计人员的疑虑。

（4）对回函结果不进行分析、评价。该案例中，审计人员对从公司提供的1 100家虚构的广告商名单中选取的4家广告商发函询证（这里暂且不提样本量过低的问题），所收到的回函均指出所列示的预付广告费是错误的，对此，审计人员在未进行任何分析评价、查明差异原因的情况下确认了预付广告费的真实性和完整性。

由此可见，在审计实务中，审计人员实施函证不能只是机械地发函、收函，必须实质性地控制函证的整个程序，这样才能减少审计风险。具体地讲要做到以下几点：

（1）抽取的样本要在充分性和适当性上足以代表总体，抽样比例不能过低。

（2）函证是为审计目的而设计的重要程序，应当由审计人员专业判断函证的对象、范围、方式，而不能听任客户的摆布。

（3）实施函证时无论采取什么方法，如先电话确认、以传真或电子邮件等先发出回函，都必须保证审计人员与被询证者的直接沟通，同时应当保证搜集到被询证者回函的原件。

（4）在审计人员通过其他程序发现问题时，一定要重新考虑函证程序的适当性，追加审计程序予以证实或消除。

（5）如果函证结果表明审计存在差异，审计人员应当对函证结果进行分析和评价，查明差异原因，并追加审计程序予以证实或消除。

5. 重新计算

重新计算是指注册会计师以人工方式或使用计算机辅助审计技术，对记录或文件中的数字的准确性进行核对。对计算的重复操作是指测试客户计算的正确性，重新计算销售发票单价与数量的乘积、存货计价中的加权平均单价，重新加总日记账与明细账中小计、合计、月结、过账等数据。

6. 重新执行

重新执行是指注册会计师以人工方式或使用计算机辅助审计技术,重新独立执行作为被审计单位内部控制组成部分的程序或控制。通过重新执行,弄清被审计单位内部控制制度是否健全,实际存在的内部控制运行是否有效。

7. 分析程序

分析程序是指注册会计师通过研究财务数据之间、非财务数据之间以及财务数据与非财务数据之间的内在关系,对财务信息做出评价。分析程序还包括调查与其他相关信息不一致或与预测数据严重偏离的波动和关系。分析程序利用比较和对照的方法来确定账户余额或其他数据是否合理。在所有审计业务的计划阶段和完成阶段,一般都必须实施分析程序。

在实施风险评估程序、控制测试或实质性程序时,注册会计师可根据需要单独或综合运用上述审计程序,以获取充分、适当的审计证据。审计程序的性质和实施时间可能受到财务数据和其他相关信息的生成和储存方式的影响,注册会计师需要提请被审计单位保存和提供某些信息以供查阅,或在信息可获得时执行审计程序。

某些会计数据和其他信息只能以电子形式存在或只能在某一时点或某一期间得到,注册会计师应当考虑这些特点对审计程序性质和时间的影响。当信息以电子形式存在时,注册会计师可以通过使用计算机辅助审计技术实施某些审计程序。

三个取证环节具体程序运用总结如表 1-7 所示。

表 1-7 审计程序及其在三个取证环节的运用

环 节	目 的	具体程序
风险评估程序	用来识别重大错报风险领域	询问、分析程序、观察和检查
控制测试	证明控制运行有效性	询问、观察、检查、重新执行和穿行测试(多种程序的组合)
实质性程序	直接证明认定	分析程序、函证、重新计算、检查记录或文件等

【案例 1-9】 注册会计师李华是华兴公司 2021 年度会计报表审计项目的主审计师,当他对华兴公司的会计报表进行分析性复核时,发现华兴公司的发达部、旺达部、广电一部、广电二部和广电三部等五个经营部上报的"利润总额"本年数均为零。觉得事情蹊跷,他分析了五个经营部历年经营情况以及市场中其他同类型经营部的一般利润水平,认为五个经营部上报的利润可能是虚假的,于是他指导外勤执业的注册会计师针对发达部等五个经营部的本年利润实施重点审计。经外勤注册会计师的重点取证,他发现五个经营部经营亏损挂账 2 764 万元。

要求:请从分析程序的运用出发分析这一案例。

【案例分析】

分析性复核是指注册会计师分析被审计单位重要的比率或趋势,包括调查这些比率或趋势的异常变动及其与预期数额和相关信息的差异。因此,在审计实务中,分析性程序可以直接作为实质性测试程序,以搜集与账户余额和各类交易相关的特殊认定的证据,但分析性程序取得的证据不可能构成直接证据或基本证据,需要注册会计师实施其他实质性测试程序对分析性复核程序得出的结果加以验证。也就是说,如果注册会计师仅仅机械地执行比率或趋势分析,不重视分析结果,不通过检查、函证、监盘、计算等实质性测试程序取得基础证据对分析性程序得出的结果加以证实或排除,分析性程序就无法发挥作用,审计风险也不会减少。该案例中,注册会计师李华通过分析性程序发现发达部等五个经营部利润为零存在疑点,循着这一线索,对五个经营部的本年利润实施重点审计,发现了华兴公司利用经营部调整利润、隐瞒亏损的事实。如果李华运用分析性复核程序发现疑问后,不实施其他实质性测试取得证据加以证实,审计风险会仍然存在。

思考: 管理层认定、审计目标、审计证据之间有什么关系?

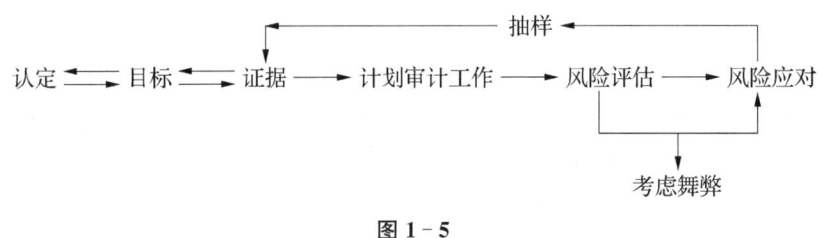

图 1-5

任务 1.5 审计抽样

一、审计抽样的概念和种类

企业规模的扩大和经营复杂程度的不断上升,使得注册会计师对每一笔交易进行检查日益变得既不可行,又十分没有必要。为了在合理的时间内能以合理的成本完成审计工作,审计抽样应运而生。审计抽样旨在帮助注册会计师确定实施审计程序的范围,以获取充分、适当的审计证据,得出合理的结论,作为形成审计意见的基础。本章讨论审计抽样方法。

(一)审计抽样的定义

1. 概念

审计抽样是指注册会计师对某类交易或账户余额中低于百分之百的项目实施审计程序,使所有抽样单元都有被选取的机会,这使得注册会计师能够获取和评价与被选取项目的某些特征有关的审计证据,以形成或帮助形成对从中抽取样本的总体的结论。

2. 三个基本特征

(1)对某类交易或账户余额中低于百分之百的项目实施审计程序。

(2)所有抽样单元都有被选取的机会。

(3)审计测试的目的是为了评价该账户余额或交易类型的某一特征。

3.适用范围

(1)当控制的运行留下轨迹时,注册会计师可以考虑使用审计抽样实施控制测试。

(2)在实施细节测试时,注册会计师可以使用审计抽样获取审计证据。

(二)抽样风险和非抽样风险

在获取审计证据时,注册会计师应当运用职业判断,评估重大错报风险,并设计进一步审计程序,以确保将审计风险降至可接受的低水平。在使用审计抽样时,审计风险既可能受到抽样风险的影响,又可能受到非抽样风险的影响。抽样风险和非抽样风险通过影响重大错报风险的评估和检查风险的确定而影响审计风险。

1.抽样风险

抽样风险是指注册会计师根据样本得出的结论,和对总体全部项目实施与样本同样的审计程序得出的结论存在差异的可能性。

(1)控制测试时的抽样风险。

情况一:信赖过度风险,即推断的控制有效性高于其实际有效性的风险。

实施控制测试时,注册会计师在100个样本项目中发现2个偏差,样本偏差率为2%,并由此认为控制有效运行。

但实际上,该总体的实际偏差率为8%,注册会计师本该做出控制未有效运行的结论。

用另一种说法,样本测试后评估的控制风险为30%,实际控制风险为70%,按照抽样结果确定的检查风险可以高,注册会计师需要执行的实质性程序可以少,需要收集的审计证据可以少,但是实际上要求进行更多的实质性程序,要求收集更多的审计证据,影响审计效果。

情况二:信赖不足风险,即推断的控制有效性低于其实际有效性的风险。

实施控制测试时,注册会计师在100个样本项目中发现8个偏差,样本偏差率为8%,并由此认为控制未有效运行。

但实际上,该总体的实际偏差率为2%,注册会计师本该做出控制有效运行的结论,但做出了控制未有效运行的结论。

用另一种说法,样本测试后评估的控制风险为80%,实际控制风险为40%,按照抽样结果确定的检查风险较低,注册会计师将执行的实质性程序多,收集的审计证据多,实际上没有必要,降低了审计效率。

控制测试时抽样风险的比较举例如表1-8所示。

表1-8 控制测试时抽样风险的比较举例

	样本偏差率	实际偏差率	控制风险的评估水平	控制风险的实际水平
信赖过度风险	2%	8%	30%	70%
信赖不足风险	8%	2%	80%	40%

(2) 细节测试时的抽样风险。

情况一：误受风险，即推断某一重大错报不存在而实际上存在的风险。

情况二：误拒风险，即推断某一重大错报存在而实际上不存在的风险。

抽样风险对审计工作的影响如表1-9所示。

表1-9 抽样风险对审计工作的影响

审计测试种类	影响审计效率	影响审计效果
控制测试	信赖不足风险	信赖过度风险
细节测试	误拒风险	误受风险

(3) 扩大样本规模降低抽样风险。

对特定样本而言，抽样风险与样本规模反方向变动，抽样风险只与被检查项目的数量有关，控制抽样风险的唯一途径就是控制样本规模。例如，总数有4 000个样本，审计抽样抽取了3 999个样本，可以有效降低抽样风险。

2. 非抽样风险

非抽样风险是指由于某些与样本规模无关的因素而导致注册会计师得出错误结论的可能性。

注册会计师即使对所有样本实施审计程序，仍然有可能未能发现重大错报或控制失效。在审计过程中，可能导致非抽样风险的原因包括下列情况：

(1) 注册会计师选择的总体不适合于测试目标。例如，注册会计师在测试销售收入完整性认定时将主营业务收入日记账界定为总体。

(2) 注册会计师未能适当地定义误差（包括控制偏差或错报），导致注册会计师未能发现样本中存在的偏差或错报。例如，注册会计师在测试现金支付授权控制的有效性时，未将签字人未得到适当授权的情况界定为控制偏差。

(3) 注册会计师选择了不适于实现特定目标的审计程序。例如，注册会计师依赖应收账款函证来揭露未入账的应收账款。

(4) 注册会计师未能适当地评价审计发现的情况。例如，注册会计师错误解读审计证据可能导致没有发现误差。注册会计师对所发现误差的重要性的判断有误，从而忽略了性质十分重要的误差，也可能导致得出不恰当的结论。

(5) 其他原因。非抽样风险是由人为错误造成的，因而可以降低、消除或防范。虽然在任何一种抽样方法中注册会计师都不能量化非抽样风险，但通过采取适当的质量控制政策和程序，对审计工作进行适当的指导、监督和复核，以及对注册会计师实务的适当改进，可以将非抽样风险降至可以接受的水平。注册会计师也可以通过仔细设计其审计程序尽量降低非抽样风险。

(三) 统计抽样和非统计抽样

注册会计师在运用审计抽样时，既可以使用统计抽样方法，也可以使用非统计抽样方法，这取决于注册会计师的职业判断。统计抽样，是指同时具备下列特征的抽样方法：① 随机选取样本项目；② 运用概率论评价样本结果，包括计量抽样风险。不同时具备前款提及的两个特征的抽样方法为非统计抽样。一方面，即使注册会计师严格按照随机原则选取样本，如果没有对样本结果进行统计评估，就不能认为使用了统计抽样；另一方面，基于非随机选样的统计评估是无效的。

注册会计师应当根据具体情况并运用职业判断，确定使用统计抽样或非统计抽样方法，以最有效率地获取审计证据。注册会计师在统计抽样与非统计抽样方法之间进行选择时主要考虑成本效益。统计抽样和非统计抽样的异同总结如表 1-10 所示。

表 1-10　统计抽样和非统计抽样的异同

类型 比较内容	统计抽样	非统计抽样
优点	1. 计量和精确控制抽样风险； 2. 高效设计样本； 3. 衡量已获得的审计证据的充分性； 4. 能定量评价样本的结果	1. 操作简单，使用成本低； 2. 适合定性分析
缺点	1. 增加培训注册会计师的成本； 2. 单个样本项目要符合统计要求	无法量化抽样风险
相同点	1. 在设计、实施和评价样本时都离不开职业判断； 2. 都是通过样本中发现的错报或偏差率推断总体的特征； 3. 运用得当，都可以收集充分和适当的审计证据； 4. 通过扩大样本量来降低抽样风险	

不管统计抽样还是非统计抽样，都要求注册会计师在设计、实施和评价样本时运用职业判断。另外，对选取的样本项目实施的审计程序通常与使用的抽样方法无关。

（四）统计抽样方法

1. 属性抽样

属性抽样是一种用来对总体中某一事件发生率得出结论的统计抽样方法。属性抽样在审计中最常见的用途是测试某一设定控制的偏差率，以支持注册会计师评估的控制有效性。在属性抽样中，设定控制的每一次发生或偏离都被赋予同样的权重，而不管交易的金额大小。

2. 变量抽样

变量抽样是一种用来对总体金额得出结论的统计抽样方法。变量抽样通常回答下列问题：金额是多少？账户是否存在错报？变量抽样在审计中的主要用途是进行细节测试，以确定记录金额是否合理。

一般而言，属性抽样得出的结论与总体发生率有关，而变量抽样得出的结论与总体的金额有关。但有一个例外，即统计抽样中的概率比例规模抽样（PPS 抽样），运用属性抽样的原理得出以金额表示的结论。

在使用审计抽样时，注册会计师的目标是，为得出有关抽样总体的结论提供合理的基础。注册会计师在控制测试和细节测试中使用审计抽样方法,主要分为三个阶段进行。第一阶段是样本设计阶段,旨在根据测试的目标和抽样总体,制订选取样本的计划。第二阶段是选取样本阶段,旨在按照适当的方法从相应的抽样总体中选取所需的样本,并对其实施检查,以确定是否存在误差。第三阶段是评价样本结果阶段,旨在根据对误差的性质和原因的分析,将样本结果推断至总体,形成对总体的结论。

两种统计抽样方法区别总结如表 1-11 所示。

表 1-11 属性抽样和变量抽样的区别

抽样方法	测试特征	测试环节
属性抽样	控制的偏差率	控制测试
变量抽样	错报金额	细节测试

二、统计抽样的基本步骤

(一) 样本设计阶段

在设计审计样本时,注册会计师应当考虑审计程序的目的和抽样总体的特征。也就是说,注册会计师首先应考虑拟实现的具体目标,并根据目标和总体的特点确定能够最好地实现该目标的审计程序组合,以及如何在实施审计程序时运用审计抽样。审计抽样中样本设计阶段的工作主要包括以下几个步骤。

1. 确定测试目标

审计抽样必须紧紧围绕审计测试的目标展开,因此确定测试目标是样本设计阶段的第一项工作。一般而言,控制测试是为了获取关于某项控制运行是否有效的证据,而细节测试的目的是确定某类交易或账户余额的金额是否正确,获取与存在的错报有关的证据。

2. 定义总体与抽样单元

(1) 定义总体。

在实施抽样之前,注册会计师必须仔细定义总体,确定抽样总体的范围。总体可以包括构成某类交易或账户余额的所有项目,也可以只包括某类交易或账户余额中的部分项目。例如,如果应收账款中没有单个重大项目,注册会计师直接对应收账款账面余额进行抽样,则总体包括构成应收账款期末余额的所有项目;如果注册会计师已使用选取特定项目的方法将应收账款中的单个重大项目挑选出来单独测试,只对剩余的应收账款余额进行抽样,则总体只包括构成应收账款期末余额的部分项目。

(2) 抽样单元。

抽样单元,是指构成总体的个体项目。抽样单元可能是实物项目(如支票簿上列示的支票信息,银行对账单上的贷方记录,销售发票或应收账款余额),也可能是货币单元。在定义抽样单元时,注册会计师应使其与审计测试目标保持一致。注册会计师在定义总体时通常都指明了适当的抽样单元。

(3) 分层。

如果总体项目存在重大的变异性,注册会计师可以考虑将总体分层。分层,是指将总体划分为多个子总体的过程,每个子总体由一组具有相同特征(通常为货币金额)的抽样单元组成。分层可以降低每一层中项目的变异性,从而在抽样风险没有成比例增加的前提下减小样本规模,提高审计效率。注册会计师应当仔细界定子总体,以使每一抽样单元只能属于一个层。

在实施细节测试时,注册会计师通常根据金额对总体进行分层。这使注册会计师能够将更多审计资源投向金额较大的项目,而这些项目最有可能包含高估错报。例如,为了函证应收账款,注册会计师可以将应收账款账户按其金额大小分为三层,如表 1-12 所示。

表 1-12 应收账款函证分层举例

金　　额	抽样方法
10 000 元以上	全部函证
5 000～10 000 元	选取 50% 样本进行函证
5 000 元以下	选取 10% 样本进行函证

同样,注册会计师也可以根据表明更高错报风险的特定特征对总体分层,例如,在测试应收账款计价中的坏账准备时,注册会计师可以根据账龄对应收账款余额进行分层。

分层后的每层构成一个子总体且可以单独检查。对某一层中的样本项目实施审计程序的结果,只能用于推断构成该层的项目。如果对整个总体得出结论,注册会计师应当考虑与构成整个总体的其他层有关的重大错报风险。例如,在对某一账户余额进行测试时,占总体数量 20% 的项目,其金额可能占该账户余额的 90%。注册会计师只能根据该样本的结果推断至上述 90% 的金额。对于剩余 10% 的金额,注册会计师可以抽取另一个样本或使用其他收集审计证据的方法,单独得出结论,或者认为其不重要而不实施审计程序。

如果注册会计师将某类交易或账户余额分成不同的层,需要对每层分别推断错报。在考虑错报对该类别的所有交易或账户余额的可能影响时,注册会计师需要综合考虑每层的推断错报。

3. 定义误差构成条件

注册会计师必须事先准确定义构成误差的条件,否则执行审计程序时就没有识别误差的标准。在控制测试中,误差是指控制偏差,注册会计师要仔细定义所要测试的控制及可能出现偏差的情况;在细节测试中,误差是指错报,注册会计师要确定哪些情况构成错报。

注册会计师定义误差构成条件时要考虑审计程序的目标。清楚地了解误差构成条件,对于确保在推断误差时将且仅将所有与审计目标相关的条件包括在内至关重要。

4. 确定审计程序

注册会计师必须确定能够最好地实现测试目标的审计程序组合。例如,如果注册会计师的审计目标是通过测试某一阶段的适当授权证实交易的有效性,审计程序就是检查特定人员已在某文件上签字以示授权的书面证据。注册会计师预计样本中每一张该文件上都有适当的签名。

(二) 选取样本阶段

1. 确定样本规模

样本规模是指从总体中选取样本项目的数量。在审计抽样中，如果样本规模过小，就不能反映出审计对象总体的特征，注册会计师就无法获取充分的审计证据，其审计结论的可靠性就会大打折扣，甚至可能得出错误的审计结论。因此，注册会计师应当确定足够的样本规模，以将抽样风险降至可接受的低水平。相反，如果样本规模过大，则会增加审计工作量，造成不必要的时间和人力上的浪费，加大审计成本，降低审计效率，从而失去审计抽样的意义。

表1-13列示了审计抽样中影响样本规模的因素，并分别说明了这些影响因素在控制测试和细节测试中的表现形式。

表1-13 影响样本规模的因素

影响因素	控制测试	细节测试	与样本规模的关系
可接受的抽样风险	可接受的信赖过度风险	可接受的误受风险	反向变动
可容忍误差	可容忍偏差率	可容忍错报	反向变动
预计总体误差	预计总体偏差率	预计总体错报	同向变动
总体变异性	—	总体变异性	同向变动
总体规模	总体规模	总体规模	影响很小

使用统计抽样方法时，注册会计师必须对影响样本规模的因素进行量化，并利用根据统计公式开发的专门的计算机程序或专门的样本量表来确定样本规模。在非统计抽样中，注册会计师可以只对影响样本规模的因素进行定性的估计，并运用职业判断确定样本规模。

2. 选取样本

不管使用统计抽样或非统计抽样，在选取样本项目时，注册会计师都应当使总体中的每个抽样单元都有被选取的机会。在统计抽样中，注册会计师选取样本项目时每个抽样单元被选取的概率是已知的。在非统计抽样中，注册会计师根据判断选取样本项目。由于抽样的目的是为注册会计师得出有关总体的结论提供合理的基础，因此，注册会计师通过选择具有总体典型特征的样本项目，从而选出有代表性的样本以避免偏向是很重要的。选取样本的基本方法，包括使用随机数表或计算机辅助审计技术选样、系统选样和随意选样。

(1) 使用随机数表或计算机辅助审计技术选样。

使用随机数表或计算机辅助审计技术选样又称随机数选样。使用随机数选样需以总体中的每一项目都有不同的编号为前提。注册会计师可以使用计算机生成的随机数，如电子表格程序、随机数码生成程序、通用审计软件程序等计算机程序产生的随机数,也可以使用随机数表获得所需的随机数。

随机数是一组从长期来看出现概率相同的数码,且不会产生可识别的模式。随机数表也称乱数表,它是由随机生成的从0~9共10个数字所组成的数表,每个数字在表中出现的次数是大致相同的,它们出现在表上的顺序是随机的。表1-14就是5位随机数表的一部分。

表1-14 随机数表(部分列示)

	1	2	3	4	5	6	7	8	9	10
1	32044	69037	29655	92114	81034	40582	01584	77184	85762	46505
2	23821	96070	82592	81642	08971	07411	09037	81530	56195	98425
3	82383	94987	66441	28677	95961	78346	37916	09416	42438	48432
4	68310	21792	71635	86089	38157	95620	96718	79554	50209	17705
5	94856	76940	22165	01414	01413	37 231	05509	37489	56459	52983
6	95000	61958	83430	98250	70030	05436	74814	45978	09277	13827
7	20764	64638	11359	32556	89822	02713	81293	52970	25080	33555
8	71401	17964	50940	95753	34905	93566	36318	79530	51105	26952
9	38464	75707	16750	61371	01523	69205	32122	03436	14489	02086
10	59442	59247	74955	82835	98378	83513	47870	20795	01352	89906

应用随机数表选样的步骤如下:

① 对总体项目进行编号,建立总体中的项目与表中数字的一一对应关系。一般情况下,编号可利用总体项目中原有的某些编号,如凭证号、支票号、发票号等。在没有事先编号的情况下,注册会计师需按一定的方法进行编号。例如,由40页、每页50行组成的应收账款明细表,可采用4位数字编号,前两位由01~40的整数组成,表示该记录在明细表中的页数,后两位数字由01~50的整数组成,表示该记录的行次。这样,编号0534表示第5页第34行的记录。所需使用的随机数的位数一般由总体项目数或编号位数决定,如前例中可采用4位随机数表,也可以使用5位随机数表的前4位数字或后4位数字。

② 确定连续选取随机数的方法。即从随机数表中选择一个随机起点和一个选号路线,随机起点和选号路线可以任意选择,但一经选定就不得改变。从随机数表中任选一行或一栏开始,按照一定的方向(上下左右均可)依次查找,符合总体项目编号要求的数字,即为选中的号码,与此号码相对应的总体项目即为选取的样本项目,一直到选足所需的样本量为止。例如,从前述应收账款明细表的2 000个记录中选择10个样本,总体编号规则如前所述,即前两位数字不能超过40,后两位数字不能超过50。例如,从表1-14第一行第一列开始,使用前4位随机数,逐行向右查找,则选中的样本为编号3204,0741,0903,0941,3815,2216,0141,3723,0550,3748的10个记录。

随机数选样不仅使总体中每个抽样单元被选取的概率相等,而且使相同数量的抽样单元组成的每种组合被选取的概率相等。这种方法在统计抽样和非统计抽样中均适用。由于统计抽样要求注册会计师能够计量实际样本被选取的概率,这种方法尤其适合于统计抽样。

(2) 系统选样。

系统选样也称等距选样,是指按照相同的间隔从审计对象总体中等距离地选取样本的一种选样方法。采用系统选样法,首先要计算选样间距,确定选样起点,然后再根据间距顺序地选取样本。选样间距的计算公式如下:

$$选样间距 = 总体规模 \div 样本规模$$

例如,如果销售发票的总体范围是652~3151,设定的样本量是125,那么选样间距为20[=(3152-652)÷125]。注册会计师必须从0~19中选取一个随机数作为抽样起点。如果随机选择的数码是9,那么第一个样本项目是发票号码为661(=652+9)的那一张,其余的124个项目是681(=661+20),701(=681+20),……依此类推,直至第3141号。

系统选样方法的主要优点是使用方便,比其他选样方法节省时间,并可用于无限总体。但是,使用系统选样方法要求总体必须是随机排列的,否则容易发生较大的偏差,造成非随机的、不具代表性的样本。如果测试项目的特征在总体内的分布具有某种规律性,则选择样本的代表性就可能较差。例如,应收账款明细表每页的记录均以账龄的长短按先后次序排列,则选中的200个样本可能多数是账龄相同的记录。

为克服系统选样法的这一缺点,可采用两种办法:一是增加随机起点的个数;二是在确定选样方法之前对总体特征的分布进行观察。如发现总体特征的分布呈随机分布,则采用系统选样法;否则,可考虑使用其他选样方法。

系统选样可以在非统计抽样中使用,在总体随机分布时也可适用于统计抽样。

【案例1-10】 在应付票据项目的审计中,为了确定应付票据余额所对应的业务是否真实,会计处理是否正确,注册会计师拟从Y公司应付票据备查簿中抽取若干笔应付票据业务,检查相关的合同、发票、货物验收单等资料,并检查会计处理的正确性。Y公司应付票据备查簿显示,应付票据项目在资产负债表日的余额为15 000 000元,由72笔应付票据业务构成。根据具体审计计划的要求,A和B注册会计师需从中选取6笔应付票据业务进行检查。

要求:

(1) 假定应付票据备查簿中记载的72项应付票据业务是随机排列的,A和B注册会计师采用系统选样法选取6项应付票据业务样本,并且确定随机起点为第7笔。请判断其余5项被选中的应付票据业务分别是哪几笔(要求列示计算过程)。

(2) 如果上述6笔应付票据业务的账面价值为1 400 000元,审计后认定的价值为1 680 000元,Y公司在资产负债表日应付票据账面总值为15 000 000元,并假定误差与账面价值成比例关系。请运用比率估计抽样法推断Y公司应付票据的总体实际价值。

【案例分析】

(1) 抽样间隔=总体容量÷样本规模=72÷6=12,选取的6笔应付票据业务分别为第7、第19、第31、第43、第55、第67笔业务。

实际价值与账面价值的比率＝1 680 000÷1 400 000＝1.2，Y公司应付票据的总体实际价值应推断为18 000 000元(＝15 000 000×1.2)。

(3) 随意选样。

在这种方法中，注册会计师选取样本不采用结构化的方法。尽管不使用结构化方法，注册会计师也要避免任何有意识的偏向或可预见性(如回避难以找到的项目，或总是选择或回避每页的第一个或最后一个项目)，从而试图保证总体中的所有项目都有被选中的机会。在使用统计抽样时，运用随意选样是不恰当的。

上述三种基本方法均可选出代表性样本。但随机数选样和系统选样属于随机基础选样方法，即对总体的所有项目按随机规则选取样本，因而可以在统计抽样中使用，当然也可以在非统计抽样中使用。而随意选样虽然也可以选出代表性样本，但是它属于非随机基础选样方法，因而不能在统计抽样中使用，只能在非统计抽样中使用。

3. 对样本实施审计程序

注册会计师应当针对选取的每个项目，实施适合具体目的的审计程序。对选取的样本项目实施审计程序旨在发现并记录样本中存在的误差。

如果审计程序不适用于选取的项目，注册会计师应当针对替代项目实施该审计程序。例如，如果在测试付款授权时选取了一张作废的支票，并确信支票已经按照适当程序作废因而不构成偏差，注册会计师需要适当选择一个替代项目进行检查。

注册会计师通常对每一样本项目实施适合于特定审计目标的审计程序。有时，注册会计师可能无法对选取的抽样单元实施计划的审计程序(如由于原始单据丢失等原因)。注册会计师对未检查项目的处理取决于未检查项目对评价样本结果的影响。如果注册会计师对样本结果的评价不会因为未检查项目可能存在错报而改变，就不需对这些项目进行检查。如果未检查项目可能存在的错报会导致该类交易或账户余额存在重大错报，注册会计师就要考虑实施替代程序，为形成结论提供充分的证据。例如，对应收账款的积极式函证没有收到回函时，注册会计师必须审查期后收款的情况，以证实应收账款的余额。注册会计师也要考虑无法对这些项目实施检查的原因是否会影响计划的重大错报风险评估水平或对舞弊风险的评估。如果未能对某个选取的项目实施设计的审计程序或适当的替代程序，注册会计师应当将该项目视为控制测试中对规定的控制的一项偏差，或细节测试中的一项错报。

(三) 评价样本结果

1. 分析样本误差

注册会计师应当调查识别出的所有偏差或错报的性质和原因，并评价其对审计程序的目的和审计的其他方面可能产生的影响。无论是统计抽样还是非统计抽样，对样本结果的定性评估和定量评估一样重要。即使样本的统计评价结果在可以接受的范围内，注册会计师也应对样本中的所有误差(包括控制测试中的控制偏差和细节测试中的金额错报)进行定性分析。

如果注册会计师发现许多误差具有相同的特征，如交易类型、地点、生产线或时期等，则应考虑该特征是不是引起误差的原因,是否存在其他尚未发现的具有相同特征的误差。此时,注册会计师应将具有该共同特征的全部项目划分为一层,并对层中的所有项目实施审计程序,以发现潜在的系统误差。同时,注册会计师仍需分析误差的性质和原因,考虑存在舞弊的可能性。如果将某一误差视为异常误差,注册会计师应当实施追加的审计程序,以高度确信该误差对总体误差不具有代表性。

在极其特殊的情况下,如果认为样本中发现的某项偏差或错报是异常误差,注册会计师应当对该项偏差或错报对总体不具有代表性获取高度保证。异常误差,是指对总体中的错报或偏差明显不具有代表性的错报或偏差。在获取这种高度保证时,注册会计师应当实施追加的审计程序,获取充分、适当的审计证据,以确定该项偏差或错报不影响总体的其余部分。

2. 推断总体误差

当实施控制测试时,注册会计师应当根据样本中发现的偏差率推断总体偏差率,并考虑这一结果对特定审计目标及审计的其他方面的影响。

当实施细节测试时,注册会计师应当根据样本中发现的错报金额推断总体错报金额,并考虑这一结果对特定审计目标及审计的其他方面的影响。

表 1-15 从样本推断总体的方法

	定 义	步骤及公式
均值估计法	单位均值估计法是通过样本的单位平均值估计总体平均值和总值的一种变量抽样方法	样本的单位平均值×总体容量=总体价值估计值
差异估计法	差异估计法是一种通过样本记录值与审计值的差异来推断总体记录值与审计值的差异,进而对总体记录值做出评价的变量抽样方法	样本项目差异的平均值×总体容量=总体差异的估计数
比率估计法	比率估计法是一种通过样本审计值与记录值的比率来推断总体审计值与记录值的比率,进而估计总体审计值并对原记录值的正确性做出评价的变量抽样法	比率=样本审定金额÷样本账面金额 总体审计值的估计=总体记录值×比率

3. 形成审计结论

注册会计师应当评价样本结果,以确定对总体相关特征的评估是否得到证实或需要修正。

表 1-16 形成审计结论

	控制测试	细节测试
统计抽样	总体偏差率上限与可容忍偏差率关系: ① 低于,可以接受; ② 大于或等于,不能接受; ③ 低于但接近,考虑是否接受总体,扩大测试范围	在统计抽样中,将调整后的推断总体错报与该类交易或账户余额的可容忍错报相比较,但必须考虑抽样风险。 ① 低于,不存在重大错报,可以接受; ② 大于或等于,存在重大错报,不可以接受

续 表

	控制测试	细节测试
非统计抽样	根据经验和职业判断,要求更加谨慎。样本偏差率与可容忍偏差率关系: ① 大于,不能接受; ② 低于但接近,不能接受; ③ 大大低于,可以接受; ④ 不大不小,考虑是否扩大样本规模	根据经验和职业判断,要求更加谨慎。 ① 大于,存在重大错报,不能接受; ② 低于但很接近,存在重大错报,不能接受; ③ 远远小于,不存在重大错报,可以接受; ④ 不大不小,考虑能否接受,考虑是否扩大细节测试范围

综上所述,审计抽样流程可以用图 1-6 表示。

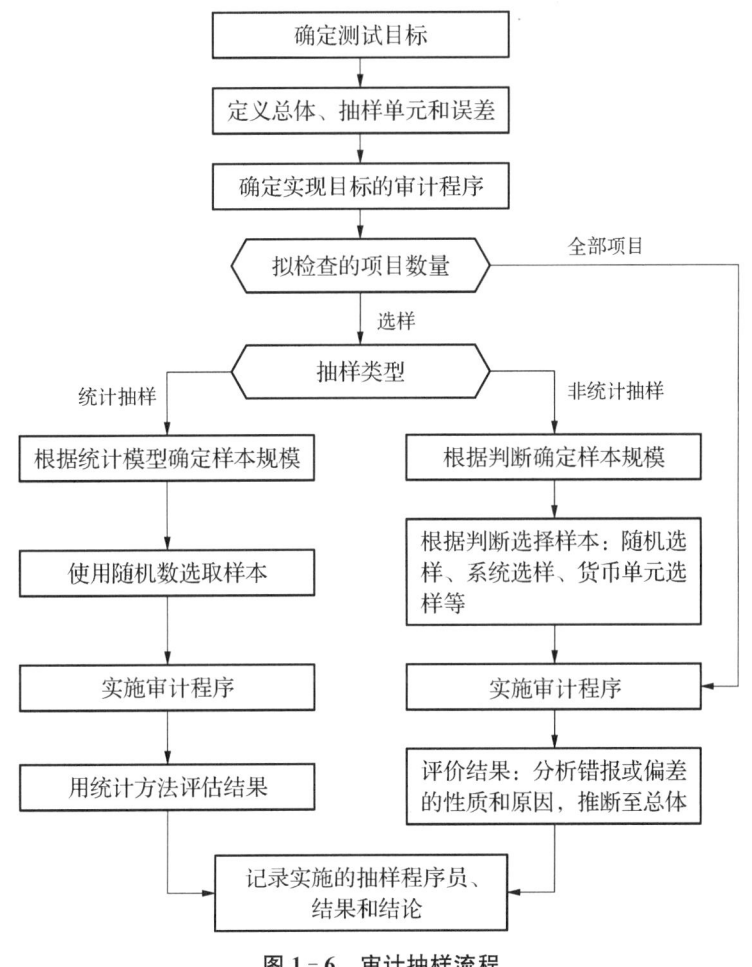

图 1-6 审计抽样流程

任务1.6 审计工作底稿

一、审计工作底稿简介

审计的重要组成部分或工作的主要内容是正确地编制工作底稿,记录所收集的审计证据、所发现的问题和所得出的结论。审计证据是形成审计工作底稿的重要组成部分,工作底稿也就成为审计证据的载体。

审计工作底稿可以以纸质、电子或其他介质形式存在。

审计工作底稿中可以使用各种审计标识,但使用标识时需要说明其含义,并保持前后一致。审计工作底稿要有索引编号及顺序编号,相关审计工作底稿之间,要保持清晰的勾稽关系。相互引用时,需交叉注明索引编号。

在审计报告日后,如果出现例外情况要求注册会计师实施新的或追加的审计程序,或导致注册会计师得出新的结论,注册会计师必须记录:遇到的例外情况;实施的新的或追加的审计程序,获取的审计证据以及得出的结论;对审计工作底稿做出变动及其复核的时间和人员。

(一)审计工作底稿的目的和作用

工作底稿的总体目的是帮助注册会计师合理地保证已按审计准则实施了恰当的审计,它要记录有关审计事项的未审情况、审计过程和经过审计后有关审计事项的审定情况。就其作用来说,有以下几个方面。

1. 为审计计划提供基础

注册会计师要恰当地计划本年度的审计工作,必须将必要的参考资料和了解到的各种情况归入工作底稿中,工作底稿要全面反映当年度的审计工作,从而为审计计划提供基础。工作底稿中包括各种与计划有关的信息,如内部控制描述、各审计单元的时间预算、审计项目详细要求和以前年度审计结果等。

2. 为整个审计工作建立连接纽带

审计项目组的工作分工、在规定的时间内执行规定的审计程序、形成系统的支持性证据并最终得出结论,这些环节都需要通过审计工作底稿建立连接纽带。因此,审计工作底稿可以将审计项目组各个成员的工作有机地连接起来。

3. 为收集的证据和测试的结果提供记录

工作底稿是证明注册会计师已经按独立审计准则实施了恰当审计工作的主要手段,它可以成为解脱或减轻其审计责任的依据。在必要时,注册会计师必须能够证明:审计是经过妥善计划和恰当监督的,所收集的审计证据是充分、适当的。

4. 为形成审计结论、发表审计意见提供依据

审计工作底稿可以为确定恰当的审计意见类型提供直接的数据。工作底稿为帮助注

册会计师在特定情况下形成专业判断归集了各种证据,为确定适当的审计意见类型提供了重要信息来源。工作底稿中的数据可用来评价审计范围的充分性和财务报表的公允性。因此,工作底稿成为审计结论和审计意见的直接依据。

5. 为审计质量控制和质量检查提供基础

为保证审计质量,事务所的合伙人或其他管理者要对审计项目组中的各层次人员进行督导,对他们的工作进行复核。督导人员在评价审计结论所依据的证据是否具有充分证明力时,工作底稿是基本的参考资料。监管机构进行审计质量检查,主要是对审计工作底稿进行检查,所以审计工作底稿为审计质量控制和质量检查提供了基础。

6. 为未来审计业务提供有价值的参考资料

审计工作底稿就是审计工作的总结材料,可以为以后的审计工作提供有价值的参考资料。因为审计业务有一定的连续性,不同年度的审计、前后各期的审计都有一定的联系和共同点,所以各年度形成的审计工作底稿对以后年度审计业务具有参考和备查作用。

除了直接与审计报告有关的目的之外,工作底稿还有其他间接的作用。有时它可以作为事务所为客户提供其他服务的依据。比如为客户提供纳税筹划服务、专项审计服务等,也可以成为为客户编制提交给政府监管部门的文件或报告的依据。此外,工作底稿还是培训工作人员的有用参考资料,许多事务所在内部培训中经常利用工作底稿作为培训教材,这样对以后各期的审计工作计划和协调十分有利。

(二)审计工作底稿的内容和分类

注册会计师按照独立审计准则的要求,要收集和编制如下常用的审计工作底稿:

(1)总体审计策略。
(2)具体审计计划。
(3)分析表,主要是指对被审计单位财务信息执行分析程序的记录。例如,记录对被审计单位本年各月收入与上一年度的同期数据进行比较的情况,记录对差异的分析等。
(4)问题备忘录,一般是指对某一事项或问题的概要的汇总记录。在问题备忘录中,注册会计师通常记录该事项或问题的基本情况、执行的审计程序或具体审计步骤,以及得出的审计结论。例如,有关存货监盘审计程序或审计过程中发现问题的备忘录。
(5)重大事项概要。
(6)询证函回函。
(7)管理层声明书。
(8)核对表,一般是指会计师事务所内部使用的、为便于核对某些特定审计工作或程序的完成情况的表格。
(9)有关重大事项的往来信件(包括电子邮件)。
(10)对被审计单位文件记录的摘要或复印件。
(11)业务约定书。

(12) 管理建议书。

(13) 项目组内部或项目组与被审计单位举行的会议记录。

(14) 与其他人士(如其他注册会计师、律师、专家等)的沟通文件及错报汇总表等。

审计工作底稿一般分为综合类工作底稿、业务类工作底稿和备查类工作底稿。

综合类工作底稿是指注册会计师在审计计划和审计报告阶段，为规划、控制和总结整个审计工作并发表审计意见所形成的审计工作底稿，主要包括审计业务约定书、审计计划、未审计财务报表、试算平衡表、审计差异调整表、被审计单位声明书、审计报告底稿、管理建议书、审计总结以及注册会计师对整个审计工作进行组织管理的所有记录和资料。

业务类工作底稿是指注册会计师在审计实施阶段执行具体审计程序所形成的审计工作底稿，主要包括注册会计师对某一业务循环审计过程中或项目审计过程中进行符合性测试或实质性测试所做的记录和收集的资料，如某一业务循环的内部控制调查表、符合性测试工作表，各资产、负债、权益、收入、费用等项目实质性测试的工作底稿等。业务类工作底稿通常是在审计外勤工作中完成的。

备查类工作底稿是指注册会计师在审计过程中形成的、对审计工作仅具有备查作用的审计工作底稿，主要包括被审计单位设立组建方面的文件、营业执照、公司章程、组织结构和人员构成、各类合同和协议、各级管理层的会议记录、相关内部控制的制度文件等。

(三) 工作底稿的基本内容

注册会计师编制的审计工作底稿一般包括下列基本内容：被审计单位名称；审计项目名称；审计项目时点或期间；审计过程记录；审计标识及其说明；审计结论；索引号及页次；编制者姓名及编制日期；复核者姓名及复核日期；其他应说明事项。

表1-17列示了一个审计工作底稿的基本内容。

表1-17 审计工作底稿
预付账款实质性程序

被审计单位：S公司　　　　　　　　索引号：6105
项目：预付账款　　　　　　　　　　财务报表截止日/期间：2021年12月31日
编制：Ma　　　　　　　　　　　　　复核：Fu
日期：2022年1月9日　　　　　　　 日期：2022年1月10日

一、审计目标与认定对应关系表

审计目标	财务报表认定				
	发生	完整性	权利和义务	计价和分摊	列报
A. 资产负债表中记录的预付账款是存在的	√				
B. 所有应当记录的预付账款均已记录		√			

续 表

审计目标	财务报表认定				
	发生	完整性	权利和义务	计价和分摊	列报
C. 记录的预付账款由被审计单位拥有或控制			√		
D. 预付账款以恰当的金额包括在财务报表中,与之相关的计价调整恰当记录				√	
E. 预付账款已按照企业会计准则的规定在财务报表中做出恰当列报					√

二、审计目标与审计程序对应关系表

审计目标	可供选择的审计程序	计划及实施的审计程序	
		索引号	执行人
D	获取或编制预付账款明细单: (1)复核加计是否正确,并与总账数和明细账合计数核对是否相符,结合坏账准备科目与报表数核对是否相符; (2)结合应付账款明细账审计,查核有无重复付款或将同一笔已付清的账款在预付账款和应付账款两个科目中同时挂账的情况; (3)分析出现贷方余额的项目,查明原因,必要时建议进行重新分类调整; (4)对期末预付账款余额与上期期末余额进行比较,解释其波动原因	6105-2	
ABD	分析预付账款账龄及余额构成以确定: (1)该笔款项是否根据有关购货合同支付; (2)检查一年以上预付账款未核销的原因及发生坏账的可能性,检查不符合预付账款性质的或因供货单位破产、撤销等原因无法再收到所购货物的是否已转入其他应收款		

二、审计工作底稿的归档与保管

(一)审计档案的分类

注册会计师在审计工作过程中和结束后要对审计工作底稿进行分类整理,最终形成审计档案。对每一具体审计业务,注册会计师都将审计工作底稿归整为审计档案。审计档案分为永久性档案和当期档案。永久性档案是指那些记录内容相对稳定,具有长期使用价值,并对以后审计工作具有重要影响和直接作用的审计档案。当期档案是指那些记录内容经常变化,供当期审计使用和下期审计参考的审计档案。

1. 永久性档案

永久性档案包括某一客户与审计有关的历史性或连续性的资料。这些档案为审计中需要年复一年持续关注的事项提供了方便的信息来源。永久性档案通常由以下内容构成：

（1）重要的公司文件的摘录或复印件，如公司成立或组建的相关文件、公司章程、债券契约、合同或协议等。合同或协议既包括与其他公司或组织之间的合同或协议，如租赁合同、采购协议等，也包括与职工或其他个人之间的合同或协议，如退休金计划、认股权证等。这些文件在其有效期内都是很重要的档案。

（2）以前年度的各种账户分析表。这些分析表具有连续使用的价值，对以后年度的审计具有可比性，包括长期投资、商誉、固定资产、长期负债、股东权益等账户的分析表。在永久性档案中记录这些信息，可以使注册会计师能够在保持以前年度审计结果可供复核和比较的同时，把精力集中在分析本年度余额的变动上。

（3）与调查内部控制和评价控制风险有关的资料。这些资料包括组织系统图、业务流程图、内控调查表和其他与内部控制有关的文件和资料，其中有些文件资料是注册会计师在审计过程中记录的内部控制中的控制点和薄弱环节的内容。

（4）以前年度分析性测试结果。这些数据包括注册会计师计算的各种比率、因素分析的结果、构成比例等，还有某些反映动态或趋势变化的数据，如账户的全年余额或每月余额。这些信息可以帮助注册会计师确定本年度发生异常变动的账户，从而进行更广泛的审查。

有些会计师事务所将分析性测试结果与调查内部机制和评价控制风险的资料列为当期档案，而不列为永久性档案，这部分事务所认为这些工作每年都要做，会有不同的结果，因而应属于当期档案。

2. 当期档案

当期档案包括被审计年度当年应用和形成的工作底稿。每一个客户都有一套永久性档案，每一年的审计都有一套当期档案。当期档案中主要包括以下内容：

（1）审计工作计划。审计工作计划是当期审计工作实施的指南，是审计项目组成员之间进行协调与综合的依据。每一名注册会计师都会随着审计的进展，在审计工作计划中标注已完成的审计程序并注明完成日期。在审计工作底稿中包括设计完善并认真实施的审计工作计划，是实施了高质量审计的一个有力证据。

（2）一般性资料。这些工作底稿所包括的本期资料是概括性的，一般不用来证明具体的财务报表余额。这类工作底稿主要包括与客户管理层的讨论记录和往来函件、董事会会议记录的摘录或复印件、与律师往来的函件、与其他注册会计师往来的函件、与内部审计师沟通的记录、未列入永久性档案的合同或协议的摘录、与客户的会谈纪要、工作底稿复核意见和一般性结论等。

（3）试算表及账户余额核实工作底稿。财务报表是以总账和相关明细账为基础编制的，因此，总账和相关明细账中记录的金额就是审计的重点。在结账日后，注册会计师一般会尽早向客户索取包括总账和相关明细账账户余额的年末余额表，这就是工作底稿试算表。根据试算表工作底稿,开始进行账户余额的实质性测试并取得和积累支持性证据。

3. 审计工作底稿的所有权与保管

在审计过程中所编制和收集的工作底稿,包括由客户代替注册会计师编制的工作底稿,都是事务所的财产。也就是说,审计工作底稿的所有权属于接受委托进行审计的会计师事务所。任何其他人,包括客户在内,只有在法庭持工作底稿作为法律证据传讯时,才有法定权力去审查工作底稿。在审计完成后,工作底稿要由会计师事务所保留,以供将来参考。

审计业务完成后工作底稿要尽快归档,对历史财务信息的审计形成的工作底稿的归档,期限为业务报告日后60天内。根据独立审计准则的规定,审计档案的保管年限如下:

(1) 当期档案自审计报告签发之日起至少保存10年。

(2) 永久性档案应长期保存。

(3) 不再继续审计的被审计单位,永久性档案的保管年限与最近一年当期档案的保管年限相同。对于保管期限届满的审计档案,会计师事务所可以决定将其销毁。销毁时,应当按照规定履行必要的手续。

4. 审计工作底稿的保密与查阅

在审计过程中,注册会计师可以获取客户大量的机密信息,未经客户允许,注册会计师不得披露他在执业时所获取的任何机密信息。如果注册会计师将这些信息泄露给客户外部人员或不应接触这些信息的雇员,则违反了职业行为规范和审计准则,由此给客户带来损失的还会引来法律诉讼。

由于下列情况需要查阅审计工作底稿的,不属于泄密:① 取得客户的授权;② 根据法律法规的要求,会计师事务所为法律诉讼准备文件或提供证据,以及向监管机构报告发现的违反法规行为;③ 法院、检察院及其他部门依法查阅,并按规定办理了必要手续;④ 接受注册会计师协会和监督机构依法进行的质量检查。

因审计工作需要,并经委托人同意,在下列情况下,不同会计师事务所的注册会计师可以要求查阅审计工作底稿:① 被审计单位更换会计师事务所;② 审计合并会计报表;③ 联合审计;④ 会计师事务所认为合理的其他情况。

项目小结

本章主要阐述审计的基本理论知识。审计是社会经济发展到一定阶段的产物,并随着社会经济的发展而发展。审计是由独立的专门机构或人员接受委托或根据授权,对国家行政、事业单位和企业单位及其他经济组织的会计报表和其他资料及其所反映的经济活动,进行审计并发表意见。审计活动中涉及三方关系人,即审计委托方或授权人、被审计方、审计方。审计按不同的标准有不同的分类,各种分类方法分别从不同侧面反映了审计的本质、特征、内容和目的等。审计具有独立性、权威性、公正性等特征。审计目标包括总目标和具体目标。我国审计监督体系由政府审计、内部审计和民间审计（注册会计师审计）三部分组成，本项目侧重阐述民间审计。注册会计师执行审计业务应当遵循职业规范。注册会计师审计执业时，应遵循独立审计准则、质量控制准则、职业道德准则和职业后续教育准则，从而尽量避免法律诉讼。会计师事务所在承接审计业务时，应和审计委托方签订审计业务约定书，区分会计责任和审计责任。注册会计师形成任何审计结论和意见都必须以合理的证据作为基础，并形成审计工作底稿，根据审计工作底稿的性质和作用，可将其分为综合类工作底稿、业务类工作底稿和备查类工作底稿三类。审计抽样是指注册会计师在实施审计程序时，从审计对象总体中选取一定数量的样本进行测试，并根据测试的结果，推断审计对象总体特征的一种方法。注册会计师在进行控制测试和实质性测试时一般都采用此种方法。

技能训练

一、单项选择题

1. 注册会计师审计产生的直接原因是（　　）。
   A. 合伙企业制度的产生　　　　　　B. 股份制企业制度的形成
   C. 资本市场的发展　　　　　　　　D. 所有权和经营权的分离

2. （　　）是国家的最高审计机关，对国务院各部门、经济实体、金融机构、各省以及接受中央财政拨款的单位的财政收支进行审计监督。
   A. 审计厅　　　　　　　　　　　　B. 审计局
   C. 审计部　　　　　　　　　　　　D. 审计署

3. 关于注册会计师过失的以下说法中，不正确的是（　　）。
   A. 过失是指在一定条件下，注册会计师缺少应具有的合理谨慎
   B. 普通过失是指注册会计师没有完全遵循专业准则的要求
   C. 重大过失是指注册会计师没有按执业准则的基本要求执行审计
   D. 注册会计师一旦出现过失就要承担民事侵权赔偿损失

4. 注册会计师接受委托对 2021 年甲公司财务报表进行了审计，下列选项中属于"鉴证对象"的是（　　）。
   A. 甲公司 2021 年财务报表
   B. 甲公司 2021 年 12 月 31 日的财务状况和该年度的经营成果和现金流量
   C. 甲公司 2021 年度的财务状况、经营成果和现金流量
   D. 甲公司 2021 年利润表

5. 注册会计师执行的下列业务中，保证程度最高的是（　　）。
   A. 财务报表审计　　　　　　　　　B. 代编财务信息
   C. 财务报表审阅　　　　　　　　　D. 对财务信息执行的商定程序

6. 下列有关注册会计师审计责任的描述中，正确的是（　　）。
   A. 注册会计师应当在审计报告中清楚地表达对会计报表整体的意见，对出具的审计报告负责

B. 注册会计师应当在审计报告中清楚地表达对会计报表的意见,并对审计报告负责

C. 注册会计师应当在审计报告中清楚地表达对会计报表的意见,并对会计报表负责

D. 注册会计师对审计报告负责就意味着对会计报表负责

7. 注册会计师发现被审计单位将2021年12月31日已经发生的一笔赊销收入记在了2022年1月3日的营业收入账上的确凿审计证据,则注册会计师最关注与这笔业务有关的认定是( )。

A. 分类   B. 准确性

C. 截止   D. 计价和分摊

8. ( )主要是指注册会计师未能遵循审计准则的要求执行审计业务。

A. 过失   B. 责任

C. 错误   D. 欺诈

9. 会计师事务所给他人造成经济损失时,应予赔偿,这表明会计师事务所要承担( )。

A. 行政责任   B. 刑事责任

C. 民事责任   D. 道德责任

10. 审计人员用于表达审计意见,做出审计结论的书面文件是( )。

A. 审计工作底稿   B. 审计档案   C. 审计证据   D. 审计报告

11. 注册会计师没有保持职业上应有的合理谨慎,没有完全遵循专业标准的要求执业,这属于( )。

A. 共同过失   B. 欺诈

C. 普通过失   D. 重大过失

12. 下列行为中,符合社会审计人员职业道德规范的是( )。

A. 以个人名义承接业务

B. 代行被审计单位的管理职能

C. 对未来事项的可实现程度做出保证

D. 执行审计业务时保持合理的职业谨慎

13. 被审计单位编制的工薪结算表属于下列各类审计证据中的( )。

A. 环境证据   B. 外部证据

C. 内部证据   D. 口头证据

14. 从编号001～200的凭证中抽取20张进行审计,假定以017号为随机起点,采用系统抽样法,顺序抽取的第4个样本号为( )。

A. 047   B. 097   C. 087   D. 057

15. 审计人员通过审查确认企业的存货业务是否全部记入相关账户,其目的是验证存货的( )。

A. 真实性   B. 所有权

C. 完整性   D. 存在性

16. 在确定审计证据的相关性时,下列表述中错误的是( )。

A. 特定的审计程序可能只为某些认定提供相关的审计证据,而与其他认定无关

B. 针对某项认定从不同来源获取的审计证据存在矛盾,表明审计证据不存在说服力

C. 只与特定认定相关的审计证据,有时并不能替代与其他认定相关的审计证据

D. 针对同一项认定可以从不同来源获取审计证据或获取不同性质的审计证据

17. 审计证据有相关性和适当性两大特征,以下对审计证据特征的理解恰当的是( )。

A. 多获取证据,可以增进审计证据的适当性

B. 审计证据越适当,需要的证据数量越多

C. 如果审计证据质量不高,则需要更多数量的证据

D. 审计证据质量存在缺陷,不能依据审计证据数量弥补其缺陷

18. 下列关于注册会计师评价审计证据的充分性和适当性的说法中,不正确的是( )。

A. 审计工作通常不涉及鉴定文件记录的真伪,注册会计师也不是鉴定文件记录真伪的专家,但应当考虑用作审计证据的信息的可靠性,并考虑与这些信息生成与维护相关的控制的有效性

B. 如果在实施审计程序时使用被审计单位生成的信息,注册会计师应当就这些信息的准确性和完整性获取审计证据

C. 如果从不同来源获取的审计证据或获取的不同性质的审计证据不一致,表明某项审计证据不可靠,注册会计师应当追加必要的审计程序

D. 注册会计师可以考虑获取审计证据的成本与所获取信息的有用性之间的关系,因此可以减少某些不可替代的审计程序

19. 下列关于审计程序的说法中,不正确的是( )。

A. 检查有形资产可提供权利和义务的全部审计证据

B. 观察提供的审计证据仅限于观察发生的时点

C. 对于询问的答复,注册会计师应当通过获取其他证据予以佐证

D. 分析程序包括调查识别出的、与其他相关信息不一致或与预期数据严重偏离的波动和关系

20. 以下关于管理层、治理层和注册会计师对财务报表审计责任的表达不恰当的是( )。

A. 管理层和治理层应负责编制财务报表

B. 注册会计师对财务报表的编制不承担责任

C. 注册会计师审计后,如果财务报表存在重大错报,注册会计师应承担完全责任

D. 审计后的财务报表存在重大错报,则管理层和治理层承担编制责任,注册会计师承担审计责任

21. 注册会计师采用函证程序最能够证明下列项目相关认定的是( )。

A. 应付账款的完整性认定　　　　B. 应收账款的存在认定

C. 固定资产的存在认定　　　　　D. 主营业务成本的准确性认定

22. 甲公司2021年度的借款规模、存款规模分别与上年度基本持平,但财务费用比上年度有所下降。甲公司提供的以下理由中,不能解释财务费用变动趋势的是( )。

A. 甲公司于上年1月初借入3年期的工程项目专门借款10 000 000元,该工程项目于2021年1月开工建设,预计在明年6月完工

B. 甲公司持有大量美元负债,人民币对美元的汇率在 2021 年上半年保持稳定,从 2021 年下半年开始有较大上升

C. 为了缓解流动资金紧张的压力,甲公司从 2021 年 4 月起增加了银行承兑汇票的贴现规模

D. 根据甲公司与开户银行签订的存款协议,从 2021 年 7 月 1 日起,甲公司在开户银行的存款余额超过 1 000 000 元的部分所适用的银行存款利率上浮 0.5%

23. 以下关于抽样风险和非抽样风险表述不正确的是( )。

A. 抽样风险与样本规模呈反方向变动,降低抽样风险的唯一途径是扩大样本规模

B. 通过采取适当的质量控制政策和程序可以将非抽样风险降至可接受的水平

C. 抽样风险和非抽样风险均不能量化

D. 抽样风险和非抽样风险通过影响重大错报风险的评估和检查风险的确定而影响审计风险

24. 审计对象的正确表述为( )。

A. 被审计单位的会计报表

B. 被审计单位的会计资料和其他有关资料

C. 被审计单位的财政、财务收支和有关经营管理活动

D. 被审计单位一定时期内财政收支、财务收支和有关经营管理活动以及会计资料和其他有关资料

25. 注册会计师在执业过程中发现被审计单位内部控制混乱,但注册会计师没有相应扩大抽样范围,结果导致没有发现重要错报责任,这种情况下,一般认为注册会计师具有( )。

A. 普通过失   B. 重大过失   C. 欺诈   D. 舞弊

二、多项选择题

1. 下列关于注册会计师获取审计证据的方法与特定认定的审计目标不相关的情形包括( )。

A. 从审计客户已经发出存货的记录追查到销售发票存根,主要是为了获取期末存货存在性认定的证据

B. 从审计客户销售发票存根中选取样本并追查到与每张发票相应的发货单,主要是为了获取存货完整性认定的证据

C. 审查审计客户期后应收账款收回的记录,主要是为了证明主营业务收入期末截止认定是否恰当

D. 分析审计客户的应收账款账龄和期后收款情况,主要是为了证明应收账款的计价认定

2. 注册会计师有可能承担的行政责任包括( )。

A. 暂停执业   B. 没收违法所得并罚款
C. 吊销注册会计师证书   D. 警告

3. 在注册会计师的鉴证业务中,下列属于"预期使用者"的有( )。

A. 股东及潜在投资者   B. 债权人
C. 管理层   D. 证券交易机构

4. 注册会计师应当及时编制审计工作底稿以实现的目的体现在（　　）。

A. 提供充分、适当的记录作为审计报告的基础

B. 便于项目负责人承担对审计业务的最终责任

C. 提供证据证明其按照审计准则的规定执行了审计工作

D. 既有利于项目组内部复核，同时也利于项目质量控制复核

5. 审计人员在履行其审计职责过程中，如果因过失或欺诈而导致客户或有关的第三者经济损失，那么就必须承担由此而引起的法律责任，包括（　　）。

A. 行政责任　　　　　　　　　　B. 民事责任

C. 刑事责任　　　　　　　　　　D. 违约责任

6. 审计报告按其详略程度的不同，可以分为（　　）。

A. 简式审计报告　　　　　　　　B. 详式审计报告

C. 标准审计报告　　　　　　　　D. 非标准审计报告

7. 针对财务报表责任的说法中，正确的有（　　）。

A. 管理层和治理层对编制财务报表承担完全责任

B. 注册会计师对财务报表的编制承担完全责任

C. 注册会计师对财务报表承担审计责任

D. 治理层对财务报表承担监督责任

8. 按审计的目的和内容分类，审计可以分为（　　）。

A. 财政财务审计　　　　　　　　B. 经济效益审计

C. 经济责任审计　　　　　　　　D. 财经法纪审计

9. 注册会计师确定是否有必要实施函证以获取认定层次的充分、适当的审计证据应当考虑（　　）。

A. 评估的财务报表层次重大错报风险

B. 评估的认定层次重大错报风险

C. 被审计单位的控制环境

D. 实施其他审计程序获取的审计证据

10. 以下有关函证方式的说法中恰当的有（　　）。

A. 对于注册会计师在询证函中列明拟函证的账户余额或其他信息的积极式询证函，其结果有可能导致被询证者对所列示信息不加核实就回函确认

B. 对于注册会计师在询证函中不列明账户余额或者其他信息的积极式询证函，其结果有可能导致被询证者需要做出更多的努力而导致回函率降低

C. 对于注册会计师要求被询证者仅在不同意询证函列示信息的情况下才予以回函，则收到的回函能够为财务报表认定层次提供说服力强的审计证据

D. 如果注册会计师在采用积极的函证方式时没有收到回函，则说明所函证信息存在错误

11. 注册会计师在年报审计中将分析程序用作以下环节的用法中，正确的有（　　）。

A. 将分析程序用作风险评估程序

B. 将分析程序用作实质性程序

C. 将分析程序用作控制测试程序

D. 将分析程序用作对财务报表进行总体复核的程序

12. A 注册会计师在审计甲公司 2021 年短期借款项目时,结合财务费用项目的审计,测试了本期反映的短期借款利息的整体合理性。以下各项审计程序中,与实现上述审计目标相关的有(　　)。

A. 根据甲公司本期发生的各项短期借款的金额、期限、利率,重新计算利息

B. 索取甲公司全部付款单并进行汇总后,与甲公司会计记录进行核对

C. 根据甲公司各月平均短期借款余额以及平均借款利率,测算利息

D. 运用审计抽样方法,从甲公司短期借款明细账抽取若干笔相关经济业务,测试利息计算是否正确

13. 以下关于分析程序的各种表达中不恰当的有(　　)。

A. 分析程序是指注册会计师通过研究不同财务数据之间的内在关系,对财务信息做出评价

B. 风险评估程序中运用分析程序主要目的在于识别财务报表中的错报

C. 在总体复核阶段实施的分析程序主要在于强调并解释财务报表项目自上个会计期间以来发生的重大变化,以证实财务报表中列报的所有信息与注册会计师对被审计单位及其环境的了解一致,与注册会计师取得的审计证据一致

D. 在运用分析程序进行总体复核时,如果识别出以前未识别的重大错报风险,注册会计师应当重新考虑出具审计报告

14. 审计抽样应当具备(　　)。

A. 对某类交易或账户余额中低于百分之百的项目实施审计程序

B. 审计测试的目的是为了评价该账户余额或交易类型的某一特征

C. 抽样风险的最理想值是零

D. 所有抽样单元都有被选取的机会

三、简答题

1. ABC 会计师事务所接受委托,承办某公司 2021 年度财务报表审计业务。A 和 B 注册会计师负责确定与交易类别、账户余额、列报与披露相关的实质性程序。

要求: 针对表 1－18 列示的各项认定,请代 A 和 B 注册会计师列示出为实现各认定的审计目标应当实施的最常用的实质性程序。(请将答案直接填入表 1－18 内)

表 1－18

认 定	最常用的实质性程序
外购固定资产权利认定	
存货存在认定	
原材料转让业务截止认定	
销售业务计价认定	

2. 审计人员在审阅检查某工业企业某年末或年度的"资产负债表""利润表"及有关经

济活动资料时,了解到下列经济指标(见表1-19):

表1-19

	计划数(万元)	实际数(万元)
产品销售收入	2 000	2 200
产品销售成本	1 300	1 400
产品销售税金及附加	102	112.2
产品销售费用	10	11
产品销售利润	588	676.8
资本金平均余额	5 000	6 000

讨论:

分析上述指标,判断该企业在生产经营上存在什么问题,审计人员应怎样做进一步审查工作?

项目 2　审计过程

熟悉审计计划阶段的具体工作内容。
熟悉审计实施阶段的具体工作内容。
熟悉审计报告阶段的具体工作内容。
掌握内部控制。
掌握审计重要性水平。
掌握审计风险。

理解并掌握审计的计划、实施和报告过程,并掌握各过程的具体要求。
掌握内部控制的含义、要素,能自己根据不同的情况设计内部控制制度。
理解审计重要性的概念、性质,掌握审计重要性水平确定的方法。
理解审计风险的概念,掌握审计风险的组成要素及计算。
能够分析审计重要性水平、审计证据和审计风险之间的关系。

　　审计工作是一个系统的过程。审计是在审计目标的指引下通过制订、执行审计计划,有组织地采用科学的程序收集和评价审计证据,完成审计工作,提交审计报告,最终实现审计目标的系统过程,其流程图如图 2-1 所示。

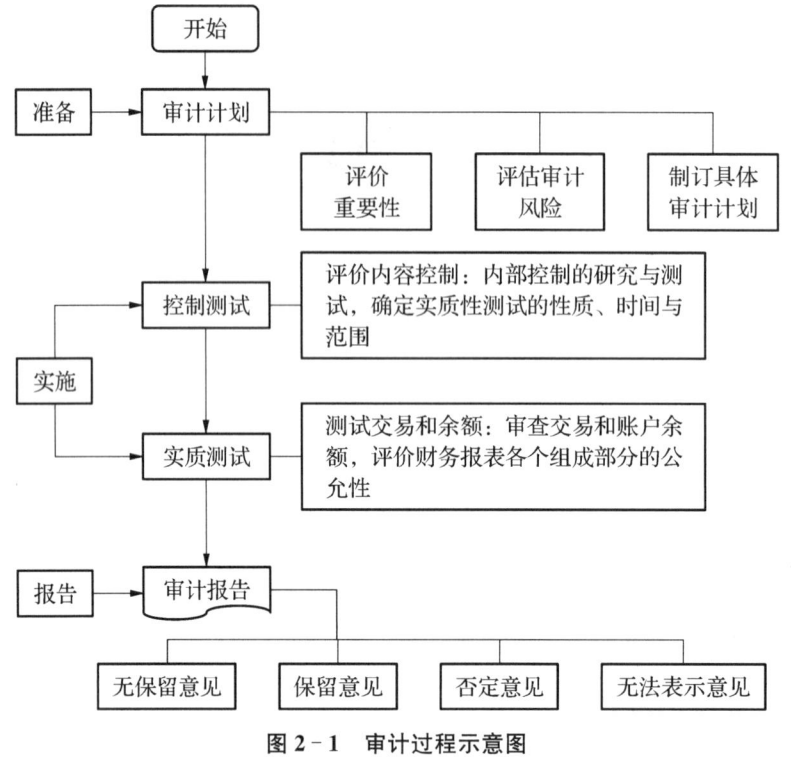

图 2-1 审计过程示意图

任务 2.1 审计业务承接

审计业务承接的相关底稿

S公司是国内大型石油石化制造企业,主要经营范围为石油冶炼产品和石油化工产品的生产和销售。2022年1月,某会计师事务所就是否接受委托,承接S公司2021年年报审计工作,进行了如下分析:

业务保持评价表

被审计单位:S公司	索引号:1100
项目:初步业务活动	财务报表截止日/期间:2021年12月31日
编制:Li	复核:Ys
日期:2022年1月3日	日期:2022年1月5日

一、客户情况评估
1. 审计范围和执行审计工作的时间安排
2021度审计工作范围较上年相比无变化,审计工作时间安排为2021年11月进行预审,2022年1月4日正式进行年度审计,具体情况详见总体审计策略(4400)。

2. 客户的诚信

该公司是本所常年客户,历年审计均由本所进行,历年审计均未发现该客户不诚信的现象,本年客户的所有者及关键管理人员未发生重大变动,也没有迹象表明管理层不够诚信;无外部证据表明客户存在舞弊或违法行为;本次审计范围未受到任何限制。我们认为,该客户是诚信的。

3. 经营风险

该客户本期业务性质无重大变化,具有持续经营能力。关于经营风险的分析详见风险评估工作底稿——了解被审计单位及其环境(2000)。

4. 财务状况

根据我们对该客户经营状况的了解以及内部控制的了解与测试,我们认为该客户的经营状况未发生重大变化;不存在未披露的重大关联方交易;未发现内部控制的重大缺陷;未发现不可靠的会计记录;客户采用的会计政策和税收政策符合国家相关法律法规规定,较为稳妥;无未解决的重大会计分歧。具体的财务状况了解与分析见风险评估工作底稿——了解被审计单位及其环境(2000)。

根据以前年度审计情况和对客户及其环境所发生变化的了解,重点考虑了上述情况后,我们将该客户的风险级别评为(中)。

二、本所情况评估

1. 项目组织的时间和资源

该客户的审计一直由业务三部负责,该部门现有专业人员16名,其中高级经理2名、项目经理7名、审计助理7名,完全有能力组建项目组。从时间安排来看,中期的预审结合年度审计,该项目组能够在合同约定的期限内完成业务提交报告。项目组人员安排与时间预算详见总体审计策略(4400)。

2. 项目组的专业胜任能力

项目组的关键人员——Li(高级经理)对该客户的审计持续了4年,熟悉该客户的业务并对行业状况有着深入的了解,完全有经验、有能力完成审计工作。本所具备符合标准和资格要求的项目质量控制复核人员。

3. 独立性

本所与该客户之间不存在专业服务收费以外的直接经济利益或重大的间接经济利益,与客户不存在密切的经营关系或者雇佣关系,不存在与该项审计有关的或有收费,本所及项目组成员不存在经济利益对独立性的损害。

项目组成员中无曾是客户的董事、经理、其他关键管理人员或能够对本专业产生直接重大影响的员工,本所未向该客户提供直接影响财务报表的其他服务,也未代客户编制用于生成财务报表的原始资料或其他记录,本所及项目组成员不存在自我评价对独立性的损害。

与项目组成员关系密切的家庭成员中无客户的董事、经理、其他关键管理人员或能够对本业务产生直接重大影响的员工。

客户的董事、经理、其他关键管理人员或能够对本业务产生直接重大影响的员工中无本所的前高级管理人员。

本所的高级管理人员及签字注册会计师与客户的交往仅限于业务往来,未接受过客户或其董事、经理、其他关键管理人员或能够对本业务产生直接重大影响的员工的贵重礼品或超出社会礼仪的款待,本所及项目组成员不存在关联关系对独立性的损害。

本所与该客户在重大会计、审计等问题上不存在意见分歧,审计业务未受到有关单位或个人的不恰当干预,工作范围较以前年度没有缩减,本所及项目组成员不存在外界压力对独立性的损害。

根据本所目前的情况,综合考虑上述事项,我们认为本所及项目组成员具有独立性和审计该客户的必要素质、专业胜任能力、时间和资源。

4. 预计收取的费用及可回收比率

预计审计收费:15万元人民币。

预计成本:12万元人民币。

可回收比率:根据以前年度审计情况,客户不存在拖欠审计费用的情况,本年度能够足额收回审计费用。

三、其他方面的意见

项目负责合伙人:	风险管理负责人:
基于上述方面,我们接受此项业务	基于上述方面,我们接受此项业务
签名:Ys	签名:Yq
日期:2022年1月4日	日期:2022年1月5日

最终结论:

继续接受该公司委托对其2021年度财务报表予以审计。

签名:Yq 　　　　　　　　　　　　日期:2022年1月5日

一、承接业务前的准备

(一)了解客户基本情况

客户又称委托人,是指向会计师事务所提出业务委托,并与会计师事务所签订审计业务约定书的单位或个人。会计师事务所在承接审计业务时,首先要考虑并核对与客户的关系,检查自身相对客户来说能否保持独立性,这是做到客观公正的前提;然后要考虑和分析自身能力能否达到客户审计业务的需求,在此基础上要对客户及其所委托的审计业务进行评估,认为可以接受委托时,要按照审计准则的要求,与委托人签订审计业务约定书。

在签订审计业务约定书之前,会计师事务所可以指派自己的注册会计师了解被审计单位的基本情况并初步评价审计风险。在这一过程中,注册会计师需要了解被审计单位的以下基本情况:

(1)业务性质、经营规模和组织结构。

(2)经营情况及经营风险。

(3) 以前年度接受审计的情况。
(4) 财务会计机构及工作组织。
(5) 其他与签订审计业务约定书相关的事项。

(二) 考虑自身的状况和能力

在确定是否具有接受新业务所需的必要素质、专业胜任能力、时间和资源时,会计师事务所需要考虑下列事项,以评价新业务的特定要求和所有相关层次的现有人员的基本情况:

(1) 审计独立性是否存在问题。
(2) 会计师事务所人员是否熟悉相关行业或业务对象。
(3) 会计师事务所人员是否具有执行类似业务的经验,或是否具备有效获取必要技能和知识的能力。
(4) 会计师事务所是否拥有足够的具有必要素质和专业胜任能力的人员。
(5) 在需要时,是否能够得到专家的帮助。
(6) 如果需要项目质量控制复核,是否有符合标准和资格要求的项目质量控制复核人员。
(7) 会计师事务所是否能够在报告最后期限内完成业务。

(三) 弄清客户的需求和目的

注册会计师在了解客户的过程中要识别客户要求审计的目的,弄清有哪些报表使用者,以及这些使用者使用报表的意图。如果报表的用途比较广泛,则注册会计师就要收集较多的证据。报表最可能的用途,可以根据以前年度与客户交往的经验和与管理当局的讨论来确定。在整个审计业务过程中,注册会计师还可能获取更多的信息来帮助了解客户为什么要求审计以及财务报表的可能用途。这些信息将会影响注册会计师对可接受审计风险水平的评价。

在了解客户基本情况的基础上,决定是否接受客户的过程中,事务所进行审计业务洽谈的主要负责人还需要保持职业怀疑态度,判断影响客户和审计的多种风险。所有企业都会面临经营风险,即企业经营亏损甚至无法持续经营的风险。一般遇到经营风险的企业比没有此类风险的企业更有可能会操纵和篡改财务报表,或者更有可能卷入法律诉讼案件中。在对这些因素有了充分的了解并决定接受新客户或继续保留原有客户后,会计师事务所负责人可以与委托人就审计业务应约定的事项进行商议,并就其对审计工作的期望和特别关心的领域进行讨论。这需要审计人员取得并保持对企业经营业务、员工和需求的了解,这些行动不仅有利于实现管理当局的期望和提供有建设性的管理建议,而且能够使审计人员顺利履行职责,同时控制每项审计任务的审计风险。审计人员提供高质量服务的要点,是理解企业管理层的期望,并与之达成一致意见,以审计业务约定书的形式确定下来。

在了解客户需求的过程中,会计师事务所负责人要不断地分析判断客户需求的合理合法性,对客户提出的不合理、不合法的要求,要向客户解释说明事务所不能接受。比如,客户要求最终的审计报告必须是无保留意见的审计报告就是一项不合理的要求。因为审计意见是在完成各项审计程序之后根据取得的审计证据提出的,因而不能在签订审计业务约定书之前就确定下来。经向客户解释、与客户讨论协商后,仍不能使客户放弃其不合理、不合法的要求时,会计师事务所必须放弃该客户。

二、签订审计业务约定书

(一)审计业务约定书的含义

审计业务约定书是指会计师事务所与委托人共同签订的,据以记录和确认审计业务的委托与受托关系、审计目标和审计范围、双方的责任以及报告的格式等事项的书面合同,其目的是明确约定双方的责任与义务,促使双方遵守约定事项并加强合作,以保护会计师事务所与被审计单位的利益。

审计业务约定书具有法定约束力,一经双方签字认可,即成为会计师事务所与委托人之间在法律上生效的契约,如一方违约,须负法律责任。签署审计业务约定书在审计实践中具有重要的意义:它可以增进会计师事务所与委托人之间的相互了解;可作为客户判定审计业务完成情况的依据,同时也可以是会计师事务所检查委托人对其约定义务履行情况的依据。如果出现法律诉讼,审计业务约定书是确定会计师事务所和委托人双方应负责任的重要依据。

会计师事务所要在审计业务开始前,与客户就审计业务约定条款达成一致意见,并签订审计业务约定书,避免双方对审计业务的理解产生分歧。如果客户不是被审计单位,在签订审计业务约定书前,注册会计师需要与客户、被审计单位就审计业务约定相关条款进行充分沟通,并达成一致意见。

审计业务约定书是编制审计计划的根据,其中包括审计工作的时间预算、进程安排和相应的费用预算。例如,根据审计业务约定书的约定,在资产负债表日之后一个月、两个月还是三个月提交审计报告,则要相应安排审计工作的不同部分在会计年度之前或之后完成。

(二)审计业务约定书的内容

审计业务约定书在早期审计实践中并无定式,其内容和形式因具体审计项目不同而不同。随着审计实务经验的积累,审计业务约定书的内容和形式逐渐地统一起来。许多国家通过审计准则的方式将其固定下来。

中国审计准则规范的审计业务约定书的基本内容包括以下几个方面:
(1)签约双方的名称。
(2)财务报表审计的目标。
(3)管理层对财务报表的责任。
(4)管理层编制财务报表采用的会计准则和相关会计制度。
(5)审计范围,包括指明在执行财务报表审计业务时遵守的中国注册会计师审计准则。

(6) 执行审计工作的安排,包括出具审计报告的时间要求。

(7) 审计业务执行结果的报告格式或其他沟通形式。

(8) 由于测试的性质和审计的其他固有限制,以及内部控制的固有局限性,不可避免地存在着某些重大错报可能仍然未被发现的风险。

(9) 注册会计师不受限制地接触任何与审计有关的记录、文件和所需要的其他信息。

(10) 管理层对其做出的与审计有关的声明予以书面确认。

(11) 管理层为注册会计师提供必要的工作条件和协助。

(12) 注册会计师对执业过程中获知的客户信息保密。

(13) 审计收费,包括收费的计算基础和收费安排。

(14) 违约责任。

(15) 解决争议的方法。

(16) 签约双方法定代表人或其授权代表的签字盖章。

(三) 审计业务约定书的签订

审计业务约定书由会计师事务所和委托人双方的法定代表人,或其授权的代表签订,并加盖会计师事务所和委托人的印章。会计师事务所或委托人如需修改、补充审计业务约定书,可以以适当的方式获得对方的确认后进行修改或补充。会计师事务所通常对所执审计业务约定书统一编号,并于审计工作结束后归入审计档案。

【案例 2-1】 审计业务约定书样本

甲方:ABC 股份有限公司

乙方:××会计师事务所

兹由甲方委托乙方对 2021 年度财务报表进行审计,经双方协商,达成以下约定。

一、业务范围与审计目标

1. 乙方接受甲方委托,对甲方按照企业会计准则和《××会计制度》编制的 2021 年 12 月 31 日的资产负债表,2021 年度的利润表、股东权益变动表和现金流量表以及财务报表附注(以下统称财务报表)进行审计。

2. 乙方通过执行审计工作,对财务报表的下列方面发表审计意见:① 财务报表是否按照企业会计准则和《××会计制度》的规定编制;② 财务报表是否在所有重大方面公允反映甲方的财务状况、经营成果和现金流量。

二、甲方的责任与义务

(一) 甲方的责任

1. 根据《中华人民共和国会计法》及《企业财务会计报告条例》,甲方及甲方负责人有责任保证会计资料的真实性和完整性。因此,甲方管理层有责任妥善保存和提供会计记录(包括但不限于会计凭证、会计账簿及其他会计资料),这些记录必须真实、完整地反映甲方的财务状况、经营成果和现金流量。

2. 按照企业会计准则和《××会计制度》的规定编制财务报表是甲方管理层的责任,这种责任包括:① 设计、实施和维护与财务报表编制相关的内部控制,以使财务报表不存在由于舞弊或错误而导致的重大错报;② 选择和运用恰当的会计政策;③ 做出合理的会计估计。

(二) 甲方的义务

1. 及时为乙方的审计工作提供其所要求的全部会计资料和其他有关资料(在2022年2月20日之前提供审计所需的全部资料),并保证所提供资料的真实性和完整性。

2. 确保乙方不受限制地接触任何与审计有关的记录、文件和所需的其他信息。

3. 甲方管理层对其做出的与审计有关的声明予以书面确认。

4. 为乙方派出的有关工作人员提供必要的工作条件和协助,主要事项将由乙方于外勤工作开始前提供清单。

5. 按本约定书的约定及时足额支付审计费用以及乙方人员在审计期间的交通、食宿和其他相关费用。

三、乙方的责任和义务

(一) 乙方的责任

1. 乙方的责任是在实施审计工作的基础上对甲方财务报表发表审计意见。乙方按照中国注册会计师审计准则(以下简称审计准则)的规定进行审计。审计准则要求注册会计师遵守职业道德规范,计划和实施审计工作,以对财务报表是否不存在重大错报获取合理保证。

2. 审计工作涉及实施审计程序,以获取有关财务报表金额和披露的审计证据。选择的审计程序取决于乙方的判断,包括对由于舞弊或错误导致的财务报表重大错报风险的评估。在进行风险评估时,乙方考虑与财务报表编制相关的内部控制,以设计恰当的审计程序,但目的并非对内部控制的有效性发表意见。审计工作还包括评价管理层选用会计政策的恰当性和做出会计估计的合理性,以及评价财务报表的总体列报。

3. 乙方需要合理计划和实施审计工作,以使乙方能够获取充分、适当的审计证据,为甲方财务报表是否不存在重大错报获取合理保证。

4. 乙方有责任在审计报告中指明所发现的甲方在重大方面没有遵循企业会计准则和《××会计制度》编制财务报表且未按乙方的建议进行调整的事项。

5. 由于测试的性质和审计的其他固有限制,以及内部控制的固有局限性,不可避免地存在着某些重大错报在审计后可能仍然未被乙方发现的风险。

6. 在审计过程中,乙方若发现甲方内部控制存在乙方认为的重要缺陷,应向甲方提交管理建议书。但乙方在管理建议书中提出的各种事项,并不代表已全面说明所有可能存在的缺陷或已提出所有可行的改善建议。甲方在实施乙方提出的改善建议前应全面评估其影响。未经乙方书面许可,甲方不得向任何第三方提供乙方出具的管理建议书。

7. 乙方的审计不能减轻甲方及甲方管理层的责任。

(二) 乙方的义务

1. 按照约定时间完成审计工作,出具审计报告。乙方应于2022年4月20日前出具审计报告。

2. 除下列情况外,乙方应当对执行业务过程中知悉的甲方信息予以保密:① 取得甲方的授权;② 根据法律法规的规定,为法律诉讼准备文件或提供证据,以及向监管机构报告发现的违反法规行为;③ 接受行业协会和监管机构依法进行的质量检查;④ 监管机构对乙方进行行政处罚（包括监管机构处罚前的调查、听证）以及乙方对此提起行政复议。

四、审计收费

1. 本次审计服务的收费是以乙方各级别工作人员在本次工作中所耗费的时间为基础计算的。乙方预计本次审计服务的费用总额为人民币××万元。

2. 甲方应于本约定书签署之日起×日内支付×％的审计费用，剩余款项于【审计报告草稿完成日】结清。

3. 如果由于无法预见的原因，致使乙方从事本约定书所涉及的审计服务实际时间较本约定书签订时预计的时间有明显的增加或减少时，甲乙双方应通过协商，相应调整本约定书第四条第1项下所述的审计费用。

4. 如果由于无法预见的原因，致使乙方人员抵达甲方的工作现场后，本约定书所涉及的审计服务不再进行，甲方不得要求退还预付的审计费用；如上述情况发生于乙方人员完成现场审计工作，并离开甲方的工作现场之后，甲方应另行向乙方支付人民币××元的补偿费，该补偿费应于甲方收到乙方的收款通知之日起×日内支付。

5. 与本次审计有关的其他费用（包括交通费、食宿费等）由甲方承担。

五、审计报告和审计报告的使用

1. 乙方按照《中国注册会计师审计准则第1501号——审计报告》和《中国注册会计师审计准则第1502号——非标准审计报告》规定的格式和类型出具审计报告。

2. 乙方向甲方致送审计报告一式××份。

3. 甲方在提交或对外公布审计报告时，不得修改乙方出具的审计报告及其后附的已审计财务报表。当甲方认为有必要修改会计数据、报表附注和所做的说明时，应当事先通知乙方，乙方将考虑有关的修改对审计报告的影响，必要时，将重新出具审计报告。

六、本约定书的有效期间

本约定书自签署之日起生效，并在双方履行完本约定书约定的所有义务后终止。但其中第三(二)2、四、五、八、九、十项并不因本约定书终止而失效。

七、约定事项的变更

如果出现不可预见的情况，影响审计工作如期完成，或需要提前出具审计报告时，甲、乙双方均可要求变更约定事项，但应及时通知对方，并由双方协商解决。

八、终止条款

1. 如果根据乙方的职业道德及其他有关专业职责、适用的法律法规或其他任何法定的要求，乙方认为已不适宜继续为甲方提供本约定书约定的审计服务时，乙方可以采取向甲方提出合理通知的方式终止履行本约定书。

2. 在终止业务约定的情况下，乙方有权就其于本约定书终止之日前对约定的审计服务项目所做的工作收取合理的审计费用。

九、违约责任

甲乙双方按照《中华人民共和国合同法》的规定承担违约责任。

十、适用法律和争议解决

本约定书的所有方面均应适用中华人民共和国法律进行解释并受其约束。本约定书履行地为乙方出具审计报告所在地，因本约定书所引起的或与本约定书有关的任何纠纷或争议

(包括关于本约定书条款的存在、效力或终止,或无效之后果),双方选择第____种解决方式:

(1) 向有管辖权的人民法院提起诉讼;

(2) 提交××仲裁委员会仲裁。

十一、双方对其他有关事项的约定

本约定书一式两份,甲、乙方各执一份,具有同等法律效力。

甲方:ABC 股份有限公司(盖章)　　　乙方:××会计师事务所(盖章)

授权代表:(签名并签章)　　　　　　　授权代表:(签名并签章)

　　年　月　日　　　　　　　　　　　　　　年　月　日

任务 2.2　了解被审计单位基本情况

注册会计师在接受客户的委托前,要初步了解被审计单位,如前所述要了解被审计单位的基本情况。接受委托签订审计业务约定书后,还要进一步了解被审计单位的情况。所以,了解情况是一个连续和动态地收集、评价、更新与分析并使用信息的过程,贯穿整个审计项目的始终。

一、了解被审计单位及其环境的作用

了解被审计单位及其环境是必要程序,特别是为注册会计师在下列关键环节做出职业判断提供重要基础:

(1) 确定重要性水平,并随着审计工作的进程评估对重要性水平的判断是否仍然适当。

(2) 考虑会计政策的选择和运用是否恰当,以及财务报表的列报是否适当。(错误)

(3) 识别需要特别考虑的领域,包括关联方交易、管理层运用持续经营假设的合理性,或交易是否有合理的商业目的等。(舞弊)

(4) 确定在实施分析程序时所使用的预期值。(经验数据)

(5) 设计和实施进一步审计程序,以将审计风险降至可接受的低水平。

(6) 评价所获取审计证据的充分性和适当性。

评价对被审计单位及其环境了解的程度是否恰当,关键是看注册会计师对被审计单位及其环境的了解是否足以识别和评估财务报表的重大错报风险。

二、风险评估程序

(一) 风险评估程序的含义

注册会计师为了解被审计单位及其环境而实施的程序称为"风险评估程序"。

(二) 实施风险评估程序的目的

注册会计师实施风险评估程序的目的是为了识别和评估财务报表重大错报风险。

（三）实施风险评估程序的内容

注册会计师通过实施下列风险评估程序来了解被审计单位及其环境：
（1）询问被审计单位管理层和内部其他相关人员。
（2）分析程序。
（3）观察和检查。

（四）询问被审计单位管理层和内部其他相关人员

注册会计师可以考虑向管理层和财务负责人询问下列事项：
（1）管理层所关注的主要问题。例如，新的竞争对手、主要客户和供应商的流失、新的税收法规的实施以及经营目标或战略的变化等。
（2）被审计单位最近的财务状况、经营成果和现金流量。
（3）可能影响财务报告的交易和事项，或者目前发生的重大会计处理问题。例如，重大的购并事宜等。
（4）被审计单位发生的其他重要变化。例如，所有权结构、组织结构的变化，以及内部控制的变化等。

还应当考虑询问内部审计人员、采购人员、生产人员、销售人员等其他人员，并考虑询问不同级别的员工，以获取对识别重大错报风险有用的信息。

在确定向被审计单位的哪些人员进行询问以及询问哪些问题时，注册会计师应当考虑何种信息有助于其识别和评估重大错报风险。例如：
（1）询问治理层，有助于注册会计师理解财务报表编制的环境。
（2）询问内部审计人员，有助于注册会计师了解其针对被审计单位内部控制设计和运行有效性而实施的工作，以及管理层对内部审计发现的问题是否采取适当的措施。
（3）询问参与生成、处理或记录复杂或异常交易的员工，有助于注册会计师评估被审计单位选择和运用某项会计政策的适当性。
（4）询问内部法律顾问，有助于注册会计师了解有关法律法规的遵循情况、产品保证和售后责任、与业务合作伙伴的安排（如合营企业）、合同条款的含义以及诉讼情况等。
（5）询问营销或销售人员，有助于注册会计师了解被审计单位的营销策略及其变化、销售趋势以及与客户的合同安排。
（6）询问采购人员和生产人员，有助于注册会计师了解被审计单位的原材料采购和产品生产等情况。
（7）询问仓库人员，有助于注册会计师了解原材料、产成品等存货的进出、保管和盘点等情况。

（五）观察和检查

观察和检查程序可以印证对管理层和其他相关人员的询问结果，并可提供有关被审计单位及其环境的信息。注册会计师应当实施下列观察和检查程序：
（1）观察被审计单位的生产经营活动。例如，观察被审计单位人员正在从事的生产活动和内部控制活动,可以增加注册会计师对被审计单位人员如何进行生产经营活动及实施内部控制的了解。

(2) 检查文件、记录和内部控制手册。例如,检查被审计单位的章程,与其他单位签订的合同、协议,各业务流程操作指引和内部控制手册等,了解被审计单位组织结构和内部控制制度的建立健全情况。

(3) 阅读由管理层和治理层编制的报告。例如,阅读被审计单位年度和中期财务报告,股东大会、董事会会议、高级管理层会议的会议记录或纪要,管理层的讨论和分析资料,经营计划和战略,对重要经营环节和外部因素的评价,被审计单位内部管理报告以及其他特殊目的报告(如新投资项目的可行性分析报告)等,了解自上一审计结束至本期审计期间被审计单位发生的重大事项。

(4) 实地察看被审计单位的生产经营场所和设备。通过现场访问和实地察看被审计单位的生产经营场所和设备,可以帮助注册会计师了解被审计单位的性质及其经营活动。在实地察看被审计单位的厂房和办公场所的过程中,注册会计师有机会与被审计单位的管理层和员工进行交流,可以增强注册会计师对被审计单位的经营活动及其重大影响因素的了解。

(5) 追踪交易在财务报告信息系统中的处理过程(穿行测试)。这是注册会计师了解被审计单位业务流程及其相关控制时经常使用的审计程序。通过追踪某笔或某几笔交易在业务流程中如何生成、记录、处理和报告,以及相关内部控制如何执行,注册会计师可以确定被审计单位的交易流程和相关控制是否与之前通过其他程序所获得的了解一致,并确定相关控制是否得到执行。

三、了解被审计单位及其环境的内容

注册会计师应当从下列方面了解被审计单位及其环境。

(一) 了解行业状况、法律环境与监管环境以及其他外部因素

具体内容如表 2-1 所示。

表 2-1 行业状况、法律环境与监管环境以及其他外部因素

了解项目	行业状况	被审计单位所处的法律环境及监管环境	其他外部因素
了解内容	① 所处行业的市场供求与竞争; ② 生产经营的季节性和周期性; ③ 产品生产技术的变化; ④ 能源供应与成本; ⑤ 行业的关键指标和统计数据	① 适用的会计准则、会计制度和行业特定惯例; ② 对经营活动产生重大影响的法律法规及监管活动; ③ 对开展业务产生重大影响的政府政策,包括货币、财政、税收和贸易等政策; ④ 与被审计单位所处行业和所从事经营活动相关的环保要求	① 宏观经济的景气度; ② 利率和资金供求状况; ③ 通货膨胀水平及币值变动; ④ 国际经济环境和汇率变动

(二)了解被审计单位的性质

(1)了解所有权结构有助于注册会计师识别关联方关系并了解被审计单位的决策过程。

(2)了解治理结构可以对被审计单位的经营和财务运作实施有效的监督,从而降低财务报表发生重大错报的风险。

(3)了解组织结构是为了考虑复杂组织结构可能导致的重大错报风险,包括财务报表合并、商誉减值以及长期股权投资核算等问题。

(4)了解经营活动有助于注册会计师识别预期在财务报表中反映的主要交易类别、重要账户余额和列报。

(5)了解投资活动有助于注册会计师关注被审计单位在经营策略和方向上的重大变化。注册会计师应当了解被审计单位的投资活动。

(6)了解筹资活动有助于注册会计师评估被审计单位在融资方面的压力,并进一步考虑被审计单位在可预见未来的持续经营能力。

(三)了解被审计单位的目标、战略以及相关经营风险

在下列方面了解有关目标和战略,并考虑相应的经营风险:

(1)行业发展,及其可能导致的被审计单位不具备足以应对行业变化的人力资源和业务专长等风险。

(2)开发新产品或提供新服务,及其可能导致的被审计单位产品责任增加等风险。

(3)业务扩张,及其可能导致的被审计单位对市场需求的估计不准确等风险。

(4)新颁布的会计法规,及其可能导致的被审计单位执行法规不当或不完整,或会计处理成本增加等风险。

(5)监管要求,及其可能导致的被审计单位法律责任增加等风险。

(6)本期及未来的融资条件,及其可能导致的被审计单位由于无法满足融资条件而失去融资机会等风险。

(7)信息技术的运用,及其可能导致的被审计单位信息系统与业务流程难以融合等风险。

(四)了解被审计单位财务业绩的衡量和评价

(1)在了解被审计单位财务业绩衡量和评价情况时,注册会计师应当关注下列信息:

① 关键业绩指标;

② 业绩趋势;

③ 预测、预算和差异分析;

④ 管理层和员工业绩考核与激励性报酬政策;

⑤ 分部信息与不同层次部门的业绩报告;

⑥ 与竞争对手的业绩比较;

⑦ 外部机构提出的报告。

(2)关注内部财务业绩衡量的结果:

① 关注被审计单位内部财务业绩衡量所显示的未预期到的结果或趋势;

② 管理层的调查结果和纠正措施；
③ 相关信息是否显示财务报表可能存在重大错报。

(3) 了解被审计单位财务业绩的衡量与评价的目的：
① 考虑管理层是否面临实现某些关键财务业绩指标的压力；
② 深入了解被审计单位的目标和战略。

(4) 歪曲财务报表的动机和压力的情形：
① 企业或企业的一个主要组成部分是否有可能被出售；
② 管理层是否希望维持或增加企业的股价或盈利走势而热衷于采用过度激进的会计方法；
③ 基于纳税的考虑，股东或管理层是否有意采取不适当的方法使盈利最小化；
④ 企业是否持续增长和接近财务资源的最大限度；
⑤ 企业的业绩是否急剧下降，可能存在终止上市的风险；
⑥ 企业是否具备足够的可分配利润或现金流量以维持目前的利润分配水平；
⑦ 如果公布欠佳的财务业绩，对重大未决交易（如企业合并或新业务合同的签订）是否可能产生不利影响；
⑧ 企业是否过度依赖银行借款，而财务业绩又可能达不到借款合同对财务指标的要求。

(五) 了解内部控制

内部控制是被审计单位为了合理保证财务报告的可靠性、经营的效率和效果以及对法律法规的遵循，由治理层、管理层和其他人员设计和执行的政策和程序。内部控制包括下列要素：控制环境，风险评估过程，与财务报告相关的信息系统和沟通，控制活动，对控制的监督。注册会计师要了解与审计相关的内部控制以识别潜在错报的类型，考虑导致重大错报风险的因素，以及设计和实施进一步审计程序的性质、时间和范围。

内部控制五要素的分类提供了了解内部控制的框架，但无论对内部控制要素如何进行分类，注册会计师要关注的是被审计单位某项控制是否能够……以及如何防止或发现并纠正各类交易、账户余额、列报与披露存在的重大错报。

在了解企业情况的过程中，注册会计师还要特别考虑客户企业与其关联方之间的关系和交易。《企业会计准则——关联方关系及其交易的披露》列出了对于关联方的披露要求。注册会计师要充分了解企业的业务活动，对关联方的披露是否恰当（包括管理层关于按照公平交易原则对待关联方交易的管理声明是否准确）做出评估。

任务 2.3 审计风险模型

一、审计风险的概念

审计中的风险意味着注册会计师在执行审计工作时要接受一定程度的不确定性。审计风险的基本含义，即遭受损失的可能性。不过这种损失首先表现为注册会计师提交了不恰当的审计报告,之后这种不恰当的审计报告有可能给注册会计师带来损失。所以,按照我国审计准则,审计风险是指财务报表存在重大错报而注册会计师发表不恰当审计意见的可能性。

注册会计师如果想要对其发表审计意见有比较大的把握,那么他就只能接受较低的审计风险。比如,要求有99%的把握保证审计意见是恰当的,那么审计风险就为1%;而如果有95%的把握得出财务报表是否公允的结论,那么审计风险就是5%。注册会计师应该承认风险的存在,同时以恰当的方式去处理这些风险,因为合理保证就意味着审计风险始终存在,恰当处理就是要通过计划和实施审计工作,获取充分、适当的审计证据,这样才能将审计风险降至可接受的低水平。

审计风险不仅是对整个财务报表而言,而且它与各账户和交易类别也密切相关。这是因为,注册会计师要对财务报表发表意见,必须通过核实各账户和各类交易取得审计证据。只有在审计计划和实施过程中有效地控制各账户和各类交易的审计风险,才能在审计结束时使总的审计风险保持在可以接受的水平上。

二、审计风险的组成要素及其关系

审计风险取决于重大错报风险和检查风险。重大错报风险是指财务报表在审计前存在重大错报的可能性。检查风险是指某一认定存在错报,该错报单独或连同其他错报是重大的,但注册会计师未能发现这种错报的可能性。

审计风险、重大错报风险和检查风险之间的关系用模型表示为:

$$审计风险=重大错报风险\times 检查风险$$

即

$$K = X \times Y$$

重大错报风险是企业的风险,不受注册会计师的控制,但注册会计师可以通过实施风险评估程序来正确评估重大错报风险。在确定风险的性质时,注册会计师应当考虑下列事项:

(1) 风险是否属于舞弊风险。
(2) 风险是否与近期经济环境、会计处理方法和其他方面的重大变化有关。
(3) 交易的复杂程度。
(4) 风险是否涉及重大的关联方交易。
(5) 财务信息计量的主观程度,特别是对不确定事项的计量存在较大区间。
(6) 风险是否涉及异常或超出正常经营过程的重大交易。

在评估了被审计单位的重大错报风险后,注册会计师可以计算出可接受的检查风险水平,在既定的审计风险水平下,可接受的检查风险对确定实质性测试性质、时间和范围的影响如表2-2所示。

表2-2 检查风险与实质性测试的性质、时间和范围的关系

实质性测试 可接受的检查风险	性 质	时 间	范 围
高	分析性复核和交易测试为主	期中审计为主	较小样本 较少证据

续 表

实质性测试 可接受的检查风险	性 质	时 间	范 围
中	分析性复核和交易测试以及余额测试结合运用	期中审计、期末审计和期后审计结合运用	适中样本 适量证据
低	余额测试为主	期末审计和期后审计为主	较大样本 较多证据

三、识别和评估重大错报风险

（一）识别和评估重大错报风险的审计程序

在识别和评估重大错报风险时，注册会计师应当实施下列审计程序：

（1）在了解被审计单位及其环境的整个过程中识别风险，并考虑各类交易、账户余额、列报。

（2）将识别的风险与认定层次可能发生错报的领域相联系。

（3）考虑识别的风险是否重大。

（4）考虑识别的风险导致财务报表发生重大错报的可能性。

（二）两个层次的重大错报风险

如果有重大的非常规交易，表明被审计单位可能存在重大错报风险，非常规交易是指由于金额或性质异常而不经常发生的交易。由于非常规交易具有下列特征，与重大非常规交易相关的特别风险可能导致更高的重大错报风险：

（1）管理层更多地介入会计处理。

（2）数据收集和处理涉及更多的人工成分。

（3）复杂的计算或会计处理方法。

（4）非常规交易的性质可能使被审计单位难以对由此产生的特别风险实施有效控制。

某些重大错报风险可能与特定的各类交易、账户余额、列报的认定相关。例如，被审计单位存在复杂的联营或合资，这一事项表明长期股权投资账户的认定可能存在重大错报风险。

某些重大错报风险可能与财务报表整体广泛相关，进而影响多项认定。此类风险通常与控制环境有关，如管理层缺乏诚信、治理层形同虚设而不能对管理层进行有效监督等；但也可能与其他因素有关，如经济萧条、企业所在行业处于衰退期。

【案例2-2】 资料一：W公司主要从事小型电子消费品的生产和销售，A和B注册会计师在审计工作底稿中记录了所了解的W公司及其环境的情况，部分内容摘录如下：

(1) 在 2021 年度实现销售收入增长 10% 的基础上，W 公司董事会确定的 2022 年销售收入增长目标为 20%。W 公司管理层实行年薪制，总体薪酬水平根据上述目标的完成情况上下浮动。W 公司所处行业 2022 年的平均销售增长率是 12%。

(2) W 公司财务总监已为 W 公司工作超过 6 年，于 2022 年 9 月劳动合同到期后被 W 公司的竞争对手高薪聘请。由于工作压力大，W 公司会计部门人员流动频繁，除会计主管服务期超过 4 年外，其余人员的平均服务期少于 2 年。

(3) W 公司的产品面临快速更新换代的压力，市场竞争激烈。为巩固市场占有率，W 公司于 2022 年 4 月将主要产品(C 产品)的销售下调了 8% 至 10%。另外，W 公司在 2022 年 8 月推出了 D 产品(C 产品的改良型号)，市场表现良好，计划在 2023 年全面扩大产量，并在 2023 年 1 月停止 C 产品的生产。为了加快资金流转，W 公司于 2023 年 1 月针对 C 产品开始实施新一轮的降价促销，平均降价幅度达到 10%。

(4) W 公司销售的产品均由经客户认可的外部运输公司实施运输，运费由 W 公司承担，但运输途中风险仍由客户自行承担。由于受能源价格上涨影响，2022 年的运输单价比上年平均上升了 15%，但运输商同意将运费结算周期从原来的 30 天延长至 60 天。

(5) 除了于 2021 年 12 月借入的 2 年期、年利率 6% 的银行借款 5 000 万元外，W 公司没有其他借款。上述长期借款专门用于扩建现有的一条生产线，以满足 D 产品的生产需要。该生产线总投资 6 500 万元，2021 年 12 月开工，2022 年 7 月完工投入使用。(假设不考虑利息收入)

资料二：A 和 B 注册会计师在审计工作底稿中记录了所获取的 W 公司财务数据，部分内容摘录如下(见表 2-3)：

表 2-3　　　　　　　　　　　　　　　　　　　　　　　　　单位：万元

	2022 年		2021 年	
	C 产品	D 产品	C 产品	D 产品
产成品	2 000	1 800	2 500	0
存货跌价准备	0		0	
主营业务收入	18 500	8 000	20 000	0
主营业务成本	17 000	5 600	16 800	0
销售费用——运输费	1 200		1 150	
利息支出	300		25	
减：利息资本化	250		25	
净利息支出	50		0	

要求：针对资料一(1) 至 (5) 项，结合资料二，假定不考虑其他条件，请逐项指出资料一所列事项是否可能表明存在重大错报风险。如果认为存在，请简要说明理由，并分别说明该风险是属于财务报表层次还是认定层次。如果认为属于认定层次，请指出相关事项与何种交易或账户的何种认定相关。

【案例分析】

针对要求(1)列表如下(见表2-4):

表2-4

事项序号	是否可能表明存在重大错报风险(是/否)	理　由	重大错报风险属于财务报表层次还是认定层次(财务报表层次/认定层次)	交易或账户名称和认定
(1)	是	销售增长目标与同行业其他公司相比偏高,并且管理层的薪酬与销售增长目标挂钩,可能导致管理层多计销售收入	认定层次	营业收入/发生(应收账款/存在)
(2)	是	关键人员的变动和缺乏有经验的会计人员可能表明存在重大错报风险	财务报表层次	
(3)	是	C产品在2022年的毛利率为8.1%,在2023年1月价格下调10%后,C产品的可变现净值小于成本,可能高估了存货成本	认定层次	存货/计价(资产减值损失/发生)
(4)	是	2022年的产品总销量大于2021年,并且运输单价平均上升了15%,但是运输只上升了4.3%,可能低估了2022年的运费。2022年运费没有大的变化,可能表明销量变化不大,高估销售收入	认定层次	销售费用/完整性/应付账款/完整性营业收入/发生应收账款/存在
(5)	是	工程7月完工,但资本化了10个月的利息支出,可能高估了固定资产成本、低估了2022年的财务费用	认定层次	固定资产/存在(财务费用/完整性)

针对要求(2),列表如下(见表2-5):

表2-5

事项序号	交易或账户名称	认　定
(1)	营业收入(应收账款)	发生(存在)
(2)	营业收入(应收账款)	完整性/发生(存在)

四、对风险评估的修正

注册会计师对认定层次重大错报风险的评估应以获取的审计证据为基础,并可能随着不断获取审计证据而做出相应的变化。

注册会计师对重大错报风险的评估可能基于预期控制运行有效这一判断,即相关控制可以防止或发现并纠正认定层次的重大错报。但在测试控制运行的有效性时,注册会计师获取的证据可能表明相关控制在被审计期间并未有效运行。同样,在实施实质性程序后,注册会计师可能发现错报的金额和频率比在风险评估时预计的金额和频率要高。如果通过实施进一步审计程序获取的审计证据与初始评估获取的审计证据相矛盾,注册会计师应当修正风险评估结果,并相应修改原计划实施的进一步审计程序。

因此,评估重大错报风险与了解被审计单位及其环境一样,也是一个连续和动态地收集、更新与分析信息的过程,贯穿整个审计过程的始终。

五、检查风险的确定与控制

(一)检查风险的概念

检查风险是指某一认定存在错报,该错报单独或连同其他错报是重大的,但注册会计师未能发现这种错报的可能性。

(二)检查风险的确定

根据审计风险模型(审计风险=重大错报风险×检查风险),注册会计师通过风险评估程序了解被审计单位及其环境评估重大错报风险(用 X 表示),在既定的审计风险水平下,检查风险(用 y 表示)为:

$$检查风险 = 审计风险 \div 重大错报风险$$

即

$$y = k/X$$

可见,检查风险(y)是由重大错报风险(X)确定的。

(三)检查风险的控制

根据 $y=k/X$,注册会计师应当合理设计进一步审计程序的性质、时间和范围,并有效执行进一步审计程序,以控制检查风险。

辅助讲解:
审计风险指财务报表存在重大错报而注册会计师发表不恰当审计意见的可能性。审计风险取决于重大错报风险和检查风险。注册会计师应当实施审计程序,评估重大错报风险,并根据评估结果设计和实施进一步审计程序,以控制检查风险。重大错报风险是指财务报表在审计前存在重大错报的可能性。检查风险是指某一认定存在错报,该错报单独或连同其他错报是重大的,但注册会计师未能发现这种错报的可能性,也就是说重大错报风险是客观存在的,不能改变,而检查风险是注册会计师执行审计程序可以控制的。

任务 2.4　确定审计重要性

一、重要性的基本概念

审计重要性是指被审计单位财务报表中错报或漏报的严重程度,这一程度在特定环境下可能影响财务报表使用者的判断或决策。也就是说,重要性取决于在具体环境下对错报金额和性质的判断。如果一项错报单独或连同其他错报可能影响财务报表使用者依据财务报表做出的经济决策,则该项错报就是重大的。我们可以将重要性视为是财务报表中包含错报、漏报能否影响财务报表使用者对财务报表全面反映的整体理解的"临界点"。超过该临界点,就会影响其做出正确判断或决策。

通常而言,重要性概念可从下列方面进行理解:

(1) 如果合理预期错报(包括漏报)单独或汇总起来可能影响财务报表使用者依据财务报表做出的经济决策,则通常认为错报是重大的。

(2) 对重要性的判断是根据具体环境做出的,并受错报的金额或性质的影响,或受两者共同作用的影响。

(3) 判断某事项对财务报表使用者是否重大,是在考虑财务报表使用者整体共同的财务信息需求的基础上做出的。由于不同财务报表使用者对财务信息的需求可能差异很大,因此不考虑错报对个别财务报表使用者可能产生的影响。

在审计开始时,就必须对重大错报的规模和性质做出一个判断,包括制定财务报表层次的重要性和特定交易类别、账户余额和披露的重要性水平。当错报金额高于整体重要性水平时,就很可能被合理预期将对使用者根据财务报表做出的经济决策产生影响。

二、重要性水平的确定

在计划审计工作时,注册会计师应当确定一个可接受的重要性水平,以发现在金额上重大的错报。注册会计师在确定计划的重要性水平时,需要考虑对被审计单位及其环境的了解、审计的目标、财务报表各项目的性质及其相互关系、财务报表项目的金额及其波动幅度。同时,还应当从性质和数量两个方面合理确定重要性水平。

(一) 从性质方面考虑重要性

在某些情况下,金额相对较少的错报可能会对财务报表产生重大影响。例如,一项不重大的违法支付或者没有遵循某项法律规定,但该支付或违法行为可能导致一项重大的或有负债、重大的资产损失或者收入损失,就应认为上述事项是重大的。下列描述了可能构成重要性的因素:

(1) 对财务报表使用者需求的感知。了解报表使用者对财务报表的哪一方面最感兴趣。

(2) 获利能力趋势。

(3) 因没有遵守贷款契约、合同约定、法规条款和法定的或常规的报告要求而产生错报的影响。

(4) 计算管理层报酬(资金等)的依据。

(5) 由于错误或舞弊而使一些账户项目对损失的敏感性。

(6) 重大或有负债。

(7) 通过一个账户处理大量的、复杂的和相同性质的个别交易。

(8) 关联方交易。

(9) 可能的违法行为、违约和利益冲突。

(10) 财务报表项目的重要性、性质、复杂性和组成。

(11) 可能包含了高度主观性的估计、分配或不确定性。

(二) 从数量方面考虑重要性

1. 报表层次的重要性

由于财务报表审计的目标是注册会计师通过执行审计工作对财务报表发表审计意见，因此，注册会计师应当考虑财务报表层次的重要性。只有这样，才能得出财务报表是否公允反映的结论。注册会计师在制定总体审计策略时，应当确定财务报表整体的重要性。

确定多大错报会影响到财务报表使用者所做的决策，是注册会计师运用职业判断的结果。很多注册会计师根据所在会计师事务所的惯例及自己的经验，考虑重要性。

(1) 评估方法：确定重要性需要运用职业判断。注册会计师通常先选择一个恰当的基准，再选用适当的百分比乘以该基准，从而得出财务报表层次的重要性水平。

(2) 评估基准：有许多汇总性财务数据可以用作确定财务报表层次重要性水平的基准，如总资产、净资产、销售收入、费用总额、毛利、净利润等。

(3) 选择百分比：

税后净利润的 5%，或总收入的 0.5%；

对于非营利组织，费用总额或总收入的 0.5%；

对于共同基金公司，净资产的 0.5%。

2. 特定交易、账户余额或披露的重要性水平

(1) 分配的方法。将会计报表层次的重要性水平分配到各个账户或各类交易。在进行分配时，审计人员必须考虑到特定账户发生错报的可能性和验证该账户可能需要花费的成本。

> **思考**：在采用分配的方法下，各账户或交易层次的重要性水平之和应当等于会计报表层次的重要性水平吗？

(2) 不分配的方法。不将会计报表层次的重要性水平在各个账户或各类交易进行分配。这类方法一般是由审计机构及独立审计人员从长期的审计实务中积累经验形成的。在审计实务中，往往很难预测哪些账户可能发生错报或漏报，也无法事先确定审计成本的

大小。所以,重要性水平的确定是一个非常困难的专业判断过程,在这个过程中审计人员的经验显得尤为重要。

三、审计过程中修改重要性

由于存在下列原因,注册会计师可能需要修改财务报表整体的重要性和特定类别的交易、账户余额或披露的重要性水平(如适用):① 审计过程中情况发生重大变化(如决定处置被审计单位的一个重要组成部分);② 获取新信息;③ 通过实施进一步审计程序,注册会计师对被审计单位及其经营的了解发生变化。例如,注册会计师在审计过程中发现,实际财务成果与最初确定财务报表整体的重要性时使用的预期本期财务成果相比存在很大差异,则需要修改重要性。

四、重要性与审计风险的关系

重要性与审计风险之间存在反向关系。重要性水平越高,审计风险越低;重要性水平越低,审计风险越高。这里所说的重要性水平高低指的是金额的大小。通常,4 000元的重要性水平比2 000元的重要性水平高。在理解两者之间的关系时,必须注意,重要性水平是注册会计师从财务报表使用者的角度进行判断的结果。如果重要性水平是4 000元,则意味着低于4 000元的错报不会影响到财务报表使用者的决策,此时注册会计师需要通过执行有关审计程序合理保证能发现高于4 000元的错报。如果重要性水平是2 000元,则金额在2 000元以上的错报就会影响财务报表使用者的决策,此时注册会计师需要通过执行有关审计程序合理保证能发现金额在2 000元以上的错报。显然,重要性水平为2 000元时审计不出这样的重大错报的可能性(即审计风险),要比重要性水平为4 000元时的审计风险高。审计风险越高,越要求注册会计师收集更多、更有效的审计证据,以将审计风险降至可接受的低水平。因此,重要性和审计证据之间也是反向变动关系。

值得注意的是,注册会计师不能通过人为不合理地调高重要性水平来降低审计风险,因为重要性是依据重要性概念中所述的判断标准确定的,而不是由主观期望的审计风险水平决定。

由于重要性和审计风险存在上述反向关系,而且这种关系对注册会计师将要执行的审计程序的性质、时间安排和范围有直接的影响,因此,注册会计师应当综合考虑各种因素,合理确定重要性水平。

五、评价审计结果时对重要性的考虑

(一)汇总尚未更正错报

汇总尚未更正错报包括已经识别的具体错报和推断误差。

1. 已经识别错报

(1)对事实的错报。这类错报产生于被审计单位收集和处理数据的错误,对事实的忽略或误解,或故意舞弊行为。

(2)涉及主观决策的错报。这类错报产生于两种情况:一是管理层和注册会计师对会计估计值的判断存在差异,二是管理层和注册会计师对选择和运用会计政策的判断存在差异。注册会计师认为管理层选用的会计政策造成了错报,管理体制层却认为选用会计政策适当,导致出现判断差异。

2. 推断误差

推断误差是注册会计师对不能明确、具体地识别的其他错报的最佳估计数,包括两个方面:

(1)通过测试样本估计出的总体的错报减去在测试中发现的已经识别的具体错报。
(2)通过实质性分析程序推断出的估计错报。

(二)评价汇总尚未更正错报的影响

1. 远低于重要性水平

如果尚未更正错报汇总数低于重要性水平说明错报对财务报表的影响不重大,注册会计师可以出具无保留意见的审计报告。

2. 超过重要性水平

如果尚未更正错报汇总数超过了重要性水平,对财务报表的影响可能是重大的,注册会计师应当考虑通过扩大审计程序的范围或要求管理层调整财务报表降低审计风险。

在任何情况下,注册会计师都应当要求管理层就已识别的错报调整财务报表。

如果管理层拒绝调整财务报表,并且扩大审计程序范围的结果不能使注册会计师认为尚未更正错报的汇总数不重大,注册会计师应当考虑出具非无保留意见的审计报告。

3. 接近重要性水平

注册会计师应当考虑该汇总数连同尚未发现的错报是否可能超过重要性水平,并考虑通过实施追加的审计程序,或要求管理层调整财务报表降低审计风险。

【案例2-3】 审计人员受委托对口口香食品有限公司2021年度财务报表进行审计。
1. 该公司会计报表显示,2021年全年实现利润总额800万元,资产总额4 000万元。
2. 审计人员在审查和阅读该公司会计报表时,发现下列问题:
(1)该公司10月份虚报冒领工资1 820元,被会计人员占为己有;
(2)11月15日收到业务咨询费3 850元,列入小金库;
(3)资产负债表中的存货低估16万元,原因尚待查明。上述问题尚未调整。

【案例分析】
根据上述问题,注册会计师李华对会计报表层次的重要性水平做出初步判断:
根据资产负债表计算的重要性水平=4 000×0.5%=20(万元)
根据利润表计算的重要性水平=800×5%=40(万元)
根据稳健性原则,会计报表层次的重要性水平确定为20万元。
问题(1)(2)涉及违反会计准则与会计制度的问题,性质严重,尽管金额不大,但属于重大错报;问题(3)中,存货低估16万元,达到会计报表层次重要性水平的80%,超过了存货的可容忍误差,属于存货项目的重大错报。

因所发现问题的性质重要或金额重大,因此,应当在审计实施过程中实施追加审计程序,或提请被审计单位调整会计报表。

任务2.5 编制审计计划

从考虑是否接受一项审计业务时开始,直到这项业务结束进行总结并评价审计结果为止,注册会计师需要事前做出大量决策。这些决策就组成了这项审计业务的计划。审计计划是指注册会计师为完成年度财务报表审计业务,达到预期的审计目的,在具体执行审计程序之前编制的工作计划。审计计划不只是审计实施前的工作,它应当贯穿审计全过程。注册会计师在整个审计过程中,应当按照审计计划执行审计业务。同时要根据审计业务执行情况调整审计计划,直至达到审计目标。

计划审计工作包括针对审计业务制订总体审计策略和具体审计计划。总体审计策略是对审计的预期范围和实施方式所做的规划,是注册会计师从接受审计委托到出具审计报告整个过程基本工作内容的总体安排,并指导制订具体审计计划。内容有:① 向具体审计领域调配的资源,包括向高风险领域分派有适当经验的项目组成员,就复杂的问题利用专家工作等;② 向具体审计领域分配资源的数量,包括安排到重要存货存放地观察存货盘点的项目组成员的数量,对其他注册会计师工作的复核范围,对高风险领域安排的审计时间预算等;③ 何时调配这些资源,包括是在期中审计阶段还是在关键的截止日期调配资源等;④ 如何管理、指导、监督这些资源的利用,包括预期何时召开项目组预备会和总结会,预期项目负责人和经理如何进行复核,是否需要实施项目质量控制复核等。

具体审计计划是依据总体审计规划制订的,对实施总体审计规划所需要的审计程序的性质、时间和范围所做的详细策划与说明。

在编制审计计划时,注册会计师需要特别考虑以下因素:① 委托目的、审计范围及审计责任;② 被审计单位的经营规模及其业务复杂程度;③ 被审计单位以前年度的审计情况;④ 被审计单位在审计年度内经营环境、内部管理的变化及其对审计的影响;⑤ 被审计单位的持续经营能力;⑥ 经济形势及行业政策的变化对被审计单位的影响;⑦ 关联者及其交易;⑧ 国家新近颁发的有关法规对审计工作产生的影响;⑨ 被审计单位会计政策及其变更;⑩ 对专家、内部审计人员及其他审计人员工作的利用;⑪ 审计小组成员的业务能力、审计经验和对被审计单位情况的了解程度。

起草完审计计划之后,注册会计师可以同被审计单位的有关人员就审计计划的要点和某些审计程序进行讨论,尤其是审计过程中有大量的工作需要被审计单位有关人员进行配合,这些工作需要与被审计单位管理层讨论清楚,使审计程序与被审计单位有关人员的工作相协调。尽管需要听取被审计单位的意见,但独立编制审计计划仍是注册会计师的责任。

编制审计计划与执行审计计划的过程中,会计师事务所必须注意与客户治理层(如审计委员会)合作。根据现代公司治理结构的安排,代表客户与注册会计师打交道的应该是董事会下属的审计委员会,客户和事务所之间的业务约定书是通过审计委员会签订的。

【**案例2-4**】 某会计师事务所为S公司年报审计工作编制的总体审计策略如下。

一、审计范围

报告要求	年度审计报告
适用的会计准则和相关会计制度	新企业会计准则
适用的审计准则	新审计准则

二、审计业务时间安排

(一)对外报告时间安排:2022年1月20日

(二)执行审计时间安排

执行审计时间安排	时　　间
1.期中审计	
(1)执行风险评估程序	2021年11月
(2)制定总体审计策略	2021年11月
(3)制订具体审计计划	2021年11月
(4)控制测试	2021年11月
(5)实质性测试	2021年11月
2.期末审计	
(1)存货监盘	2021年12月31日
(2)实质性测试	2022年1月

(三)沟通的时间安排

所需沟通	时　　间
与管理层及治理的沟通	进场前一次,外勤结束一次,如有必要出具报告前一次
项目组会议(包括预备和总结会)	根据进度提前通知

三、影响审计业务的重要因素

(一)重要性

确定的重要性水平	索引号
报表层次:610万元,按年度净利润的5%计算	
认定层次:420万元,在报表层次基础上乘以70%	

（二）可能存在较高重大错报风险的领域

可能存在较高重大错报风险的领域	索引号
实施新会计准则相关变化的内容	4 300
销售收入及销售成本	4 300
期间费用	4 300
所得税	4 300
存货	4 300

（三）重要的组成部分和账户余额

重要的组成部分和账户余额	索引号
1. 重要的组成部分	
S公司是一个单体公司，没有分、子公司	
2. 重要的账户余额	
存货、在建工程、应付账款	4 300
所得税资产、应交税费	4 300
主营业务收入、主营业务成本	4 300

四、人员安排

（一）项目组主要成员的责任

职 位	姓 名	主要职责
主任会计师	Yu	项目质量控制复核人
副主任会计师	Ys	项目总负责人
高级经理	Li	复核销售与收款循环、生产与仓储循环、工薪与人事循环
高级经理	Fu	复核采购与付款循环、固定资产循环、筹资与投资循环
项目经理	Wang	销售与收款循环
项目经理	Zhao	生产与仓储循环
项目经理	Ma	采购与付款循环、固定资产循环、筹资与投资循环
项目经理	Song	工薪与人事循环

（二）与项目质量控制复核人员的沟通

复核的范围：在审计过程中识别的认定层次的重大错报风险及设计和实施的进一步审计程序；审计中识别的已更正的错报的重要程序及处理情况；拟出具的审计报告类型。

沟通内容	负责沟通的项目组成员	计划沟通时间
风险评估、对审计计划的讨论	Ys	2021年11月30日
审计调整事项	Ys	2022年1月16日
审计意见类型	Ys	2022年1月16日

五、对专家的利用

根据我们对S公司工薪与人事循环内部控制的了解,我们将在以下两方面利用计算机专家的工作进行内控测试:

(1)对与工资计算有关的控制活动。

(2)对与工薪数据维护权限设置相关的控制活动。

任务2.6 审计实施阶段

审计的实施阶段是审计全过程的中心环节,在审计实施阶段,注册会计师要根据计划阶段确定的审计范围、重点、步骤、方法,收集证据并进行评价,以形成审计结论。其主要工作包括对被审计单位内部控制的设计及执行情况进行控制测试;根据测试结果对报表项目的数据进行实质性测试;检查和复核审计工作底稿;修订审计计划。

一、控制测试

(一)控制测试的时间

控制测试是为了确定内部控制的设计是否合理和执行是否有效而实施的审计程序。只有在了解内部控制的基础上并经过评估认定层次重大错报风险后认为被审计单位的内部控制设计合理且运行有效,能够防止或发现并纠正认定层次的重大错报时,注册会计师才对控制运行的有效性实施测试,就控制在相关期间或时点的运行有效性获取充分、适当的审计证据;否则,测试是没有意义的。同时,如果认为仅实施实质性程序获取的审计证据无法将认定层次重大错报风险降至可接受的低水平,注册会计师应当实施相关的控制测试,以获取控制运行有效性的审计证据。

控制测试的时间取决于注册会计师的目的,并决定了信赖相关控制的时间。如果测试特定时点的控制,注册会计师仅能得到该时点控制有效运行的审计证据;如果测试某一期间的控制,注册会计师则获取控制在该期间有效运行的审计证据。

如果需要获取控制在某一期间有效运行的审计证据,仅与时点相关的审计证据可能是不充分的,注册会计师应当辅以其他控制测试,通常包括测试被审计单位对控制的监督,以获取相关期间控制运行有效的审计证据。

如果已获取有关控制在期中有效运行的审计证据,并拟利用该证据,注册会计师需要实施以下两个审计程序:第一,获取这些控制在剩余期间变化情况的审计证据;第二,确定针对剩余期间还需获取的补充审计证据。

(二)控制测试的性质

控制测试与了解内部控制的目的不同,但两者采用审计程序的类型通常相同,包括询问、观察、检查和穿行测试。此外,控制测试的程序还包括重新执行。需要注意的是询问本身并不足以测试控制运行的有效性,注册会计师还要将询问与其他审计程序结合使用,以获取有关控制运行有效性的审计证据。将询问与检查或重新执行结合使用,通常能够比仅实施询问和观察获取更高的保证;观察提供的证据仅限于观察发生的时点,本身不足以测试控制运行的有效性。

例如,对于一项自动化的应用控制,由于信息技术处理过程的内在一贯性,注册会计师可以利用该项控制得以执行的审计证据和信息技术一般控制运行有效性的审计证据,作为支持该项控制在相关期间运行有效性的审计证据。

注册会计师可以考虑在实施控制测试的同时,实施对同一交易的细节测试。控制测试的目的是评价控制是否有效运行;细节测试的目的是发现认定层次的重大错报。尽管两者目的不同,但注册会计师可以考虑针对同一交易同时实施控制测试和细节测试,以实现双重目的。如果拟实施双重目的的测试,注册会计师应当仔细设计和评价测试程序,注册会计师还要考虑实施实质性程序发现的错报对评价相关控制运行有效性的影响。如果实施实质性程序发现重大错报而被审计单位没有识别,通常表明被审计单位的内部控制存在重大缺陷,注册会计师应当针对这些缺陷与管理层和治理层进行沟通。

(三)控制测试的范围

在确定某项控制的测试范围时,注册会计师通常考虑下列因素:① 在所审计期间,被审计单位执行控制的频率;② 在所审计期间,注册会计师拟依赖控制运行有效性的时间长度;③ 为证实控制能够防止或发现并纠正认定层次重大错报,所需获取审计证据的相关性和可靠性;④ 通过测试与认定相关的其他控制所获取的审计证据的范围,当针对同一认定的其他控制获取的审计证据的充分性和适当性较高时,测试该控制的范围可适当缩小;⑤ 在风险评估时拟信赖控制运行有效性的程度;⑥ 控制的预期偏差。

注册会计师在风险评估时对控制运行有效性的拟信赖程度越高,实施控制测试的范围越大。控制的预期偏差率越高,控制测试的范围越大,注册会计师应当考虑控制是否不足以将认定层次的重大错报风险降至所评估的水平。如果控制的预期偏差率过高,注册会计师应当考虑针对某一认定实施的控制测试可能是无效的。

例如,信息技术处理具有内在一贯性,除非系统发生变动,注册会计师通常不需要增加自动化控制的测试范围。

(四)控制测试的内容

内部控制测试的内容可以包括内部控制五要素,对每个要素进行测试,要解决的问题是被审计单位的控制政策和制度是否设计合理和适当,是否能够发现、防止并纠正财务报表认定层次的重大错报。实施控制执行测试,要解决的问题是被审计单位的控制政策和制度是否确实发挥了作用,是否确实发现、防止并纠正了财务报表认定层次的重大错报,这其中需要注册会计师关注三个基本问题:每项控制是怎样设计和应用的? 是否在年度中一贯应用? 控制的实施者是谁?

(1) 控制环境测试。注册会计师需要取得本章前面所述的控制环境各组成要素的有关信息,然后利用这些信息来评价治理层和管理层对控制重要性的态度和意识。例如,注册会计师可以就企业生产计划、生产要素价格和各类预算等控制政策和制度的设计与运行情况进行测试,通过向有关工作人员询问、阅读相关文件、观察业务处理、追查计划或预算与实际的差异的处理方法来对控制环境加以评价。

(2) 风险评估测试。注册会计师要检查客户的风险评估制度的设计是否合理有效,要通过询问、观察、核对等手段确定管理部门如何识别与财务报告有关的风险,如何评价其重要性和发生的可能性,以及如何决定应对各种风险所应采取的必要行动,以此来确定管理部门的风险评估过程。

(3) 控制活动测试。在大多数审计中,注册会计师测试控制环境和风险评估的方法大致相同,但测试控制活动的方法却有较大差别。被审计单位的控制活动中有大量的控制点显示控制的实施,在测试阶段通常可以识别出许多控制点,注册会计师可以通过测试确定这些控制点是否确实发挥作用。

(4) 信息和传递测试。注册会计师要调查客户信息及其传递制度是否有明确具体的设计,设计是否合理,通过观察和检查弄清客户的有关信息是如何生成、处理和传递的,信息到达不同人员之后,这些人员是如何反应和决策的。

(5) 对监督的测试。对于监督,注册会计师需要进行的测试首先是弄清客户所采用的监督活动的主要类型,以及怎样通过这些监督活动对内部控制进行必要的调整。最常用的调查方法是与管理部门进行讨论。

(五) 控制测试的方式

对内部控制进行测试可以采用调查测试表的方式,采用这种方式时可以设计比较周密的计划和清楚的步骤,避免遗漏。调查测试表可以从多种角度进行设计,从内部控制五要素的角度设计的一种内部控制调查测试表。

【案例 2-5】

表 2-6 销售内部控制调查表

被审计单位名称:先锋公司　　　索引号:____　页次:____
编制人:____　　　　　　　　　日期:____
被审计期间:____　　　　复核人:____　日期:____

问题	回答			备注
	是	否	不适用	
一、产品销售是否按合同进行?				
二、销售发票是否经会计部门审核?				
三、发票的印制、保管、领用是否有严格的手续?				
四、仓库是否根据发货单发货?				

续表

问 题	回 答			备 注
	是	否	不适用	
五、保管员是否在发货后及时登记产品保管账?				
六、产成品明细账是否由保管员以外的专门人员进行登记?				
七、产成品是否定期盘点?				
八、盘点是否由保管员以外的人员进行?				
九、会计部门是否登记发出商品明细账?				
十、财会部门明细账与保管员明细账或卡片是否定期进行核对?				
十一、发出商品明细账是否与总账进行核对?				
十二、销售部门是否定期编制销售汇总表并报送财会部门?				
十三、财会部门是否定期编制产成品发出汇总表?				
十四、财会部门是否定期核对产成品发出汇总表和销售汇总表?				
十五、产成品盘点是否经过批准?				

审计组长：　　　　　被调查人工作部门：
审计员：　　　　　　被调查人签名：

（六）内部控制评价

内部控制评价是分析判断内部控制在防止或者发现和纠正财务报表重大错报方面有效程度的过程。内部控制评价是与各项认定相关的,相同的被审计项目可以从不同的认定角度进行评价。例如,对销售项目,"发生"认定要求评价客户的内部控制能否确保记录销售交易的金额是否真实存在;"完整性"认定要求评价客户的内部控制能否确保所有实现了的销售都已记录。

对内部控制进行总体上的评价,可以将控制风险评为高、中、低等几个层次。

风险低的标志是内部控制健全、合理,且得到一贯执行;

风险中的标志是内部控制比较健全、合理,还存在一定缺陷;

风险高的标志是内部控制设计不够完善或虽有设计良好的内部控制,但实际运行中差错发生率较高。

在评价内部控制时需要考虑以下问题：首先是出现差错和失控现象的性质和原因。例如,某种差错或失控是孤立的事件还是与其他控制相关,失控的程度如何。其次是内部控制中是否存在补偿控制,即一些关键控制本应在较低层次建立和执行,但却没有得到执行,在较高层次是否存在补偿控制。

【案例2-6】　**资料一**：A和B注册会计师在审计W公司的审计工作底稿中记录了所了解的有关销售与收款循环的控制,部分内容摘录如下：

（1）仓库人员在系统中根据经销售部门批准的客户订单生成连续编号的发货单,并在将产品交运输商发运后,将发货单设为"已执行"状态并提交结算部门。结算部门根据系统中的"已执行"发货单记录、订单及相关客户基础资料,在系统中生成并打印销售发票,系统在月末根据发货单和发票信息自动汇总主营业务收入,并据此过入应收账款和主营业务收入账簿。

（2）每月月末，系统自动匹配发货单、订单、发票和入账的主营业务收入，并可以生成一个专门报告反映未匹配项目的清单。系统授权可以生成和阅读该报告的人员是 W 公司销售部经理和总经理。

资料二：A 和 B 注册会计师对销售与收款循环的内部控制实施测试，并在审计工作底稿中记录了测试情况，部分内容摘录如下：

（1）A 注册会计师观察了结算部门人员根据发货单在系统中开具发票的过程，并从 2021 年主营业务收入明细账中选取销售记录实施测试，未发现异常。

（2）B 注册会计师询问了总经理和销售部经理有关资料三中第（2）项控制的运行情况，他们均表示由于以前月份很少发现不匹配情况，因此，从当年 6 月以后就没有再实际生成和阅读上述专门报告。在 B 注册会计师的要求下，销售部经理在系统中生成了截至 12 月 31 日的专门报告，B 注册会计师没有发现存在不匹配的事项。

要求：

（1）针对资料一中（1）至（2）项，假定不考虑其他条件，请逐项判断上述控制在设计上是否存在缺陷。如果存在缺陷，请分别予以指出，并简要说明理由，提出改进建议。

（2）针对资料二中（1）至（2）项，假定不考虑其他条件，请逐项指出上述测试结果是否表明相关内部控制得到有效执行。如果表明相关内部控制未能得到有效执行，请简要说明理由。

【案例分析】

针对要求（1），列表如下（见表 2-7）：

表 2-7

事项序号	是否存在缺陷（是/否）	缺陷描述	理　　由	改进建议
（1）	否			
（2）	是	会计部门人员没有权限生成和阅读专门报告	如果未被授权生成和阅读该专门报告，会计部门人员可能无法识别可能存在的差异并及时进行相应会计处理	应该授权会计部门人员生成和阅读该专门报告

针对要求（2），列表如下（见表 2-8）：

表 2-8

事项序号	是否得到有效执行（是/否）	理　　由
（1）	是	
（2）	否	管理人员在当年 6 月后就没有再实际生成和阅读该专门报告，控制没有得到一贯执行

二、实质性程序

实质性程序是指注册会计师针对评估的重大错报风险实施的直接用以发现认定层次

重大错报的审计程序。因此,注册会计师应当针对评估的重大错报风险设计和实施实质性程序,以发现认定层次的重大错报。实质性程序包括对各类交易、账户余额、列报的细节测试以及实质性分析程序。注册会计师实施的实质性程序应当包括下列与财务报表编制完成阶段相关的审计程序:将财务报表与其所依据的会计记录相核对;检查财务报表编制过程中做出的重大会计分录和其他会计调整。注册会计师对会计分录和其他会计调整检查的性质和范围,取决于被审计单位财务报告过程的性质和复杂程度以及由此产生的重大错报风险。

细节测试是对各类交易、账户余额、列报的具体细节进行测试,目的在于直接识别财务报表认定是否存在错报,是审计中必须做的程序。例如,函证应收账款,存货监盘,从原始凭证追查至会计账簿等适用于对各类交易、账户余额、列报认定的测试,尤其是对存在或发生、计价认定的测试;对在一段时期内存在可预期关系的大量交易,注册会计师可以考虑实施实质性分析程序。

由于注册会计师对重大错报风险的评估是一种判断,可能无法充分识别所有的重大错报风险,并且由于内部控制存在固有局限性,无论评估的重大错报风险结果如何,注册会计师都应当针对所有重大的各类交易、账户余额、列报实施实质性程序。

三、收集记录审计证据,检查和复核审计工作底稿

注册会计师在完成财务报表所有循环的进一步审计程序后,还应当按照有关审计准则的规定做好审计完成阶段的工作,并根据所获取的各种证据,合理运用专业判断,形成适当的审计意见。本阶段主要工作有:审计期初余额、比较数据、期后事项和或有事项;考虑持续经营问题和获取管理层声明;汇总审计差异,并提请被审计单位调整或披露;复核审计工作底稿和财务报表;与管理层和治理层沟通;评价审计证据,形成审计意见;编制审计报告等。

四、形成审计意见,出具审计报告

审计的报告阶段是实质性的项目审计工作结束后,对审计证据进行整理、评价直至出具审计报告及审计资料归档的工作。

项目小结

审计活动是一个有内在逻辑关系的监督活动过程,这个过程的进行,必须有一个适当的顺序,就是审计程序。它是审计人员的审计项目从开始到结束的整个过程中采取的系统性工作步骤,要根据审计对象,按照审计环境确定审计目标,运用审计方法和技术,取得审计证据,提出审计意见。具体包括审计的计划阶段、审计的实施阶段和审计的报告阶段。内部控制基本内容包括控制环境、会计系统和控制程序三部分。其中控制程序又包括适当的授权、恰当的职责分离、充分的凭证和记录、资产的接近控制和业务的独立检查等。

控制测试包括三个步骤:第一,了解内部控制情况并形成书面记录,记录方法有记述法、调查表法和流程图法三种方法。第二,实施控制测试程序,证实相关内部控制的设计

和执行的效果。注册会计师还须确定控制测试的方式、性质、范围和时间。第三,评价内部控制的有效性,确定控制风险,为实质性测试做准备。重要性是指被审计单位会计报表中错报或漏报的严重程度,这一程度在特定环境下可能影响会计报表使用者的判断或决策。对重要性水平进行判断时可以分两个层次进行:一是会计报表层次,二是账户层次。重要性水平并不是简单地运用公式计算确定,还需审计人员考虑很多因素,并运用专业判断加以确定。审计风险是指当会计报表存在重大错报或漏报时,检查风险水平是审计人员可以接受的在实质性测试中漏查重大错报的可能性。检查风险水平与所需审计证据的数量成反向关系,而固有风险和控制风险水平与所需审计证据的数量成正向关系。重要性与审计风险、审计证据数量之间成反向关系。

技能训练

一、单项选择题

1. 审计计划的编制人是( )。
   A. 主任会计师 B. 部门经理
   C. 审计项目负责人 D. 审计项目参与人

2. 下列有关审计重要性的表述中,错误的是( )。
   A. 在考虑一项错报是否重要时,既要考虑错报的金额,又要考虑错报的性质
   B. 如果已识别但尚未更正的错报汇总数接近但不超过重要性水平,注册会计师无须要求管理层调整
   C. 如果一项错报单独或连同其他错报可能影响财务报表使用者依据财务报表做出的经济决策,则该项错报是重要的

3. 在执行审计业务时,C注册会计师应当确定合理的重要性水平。下列做法正确的是( )。
   A. 在确定计划的重要性水平时,应当考虑对丙公司及其环境的了解
   B. 通过调低重要性水平,降低评估的重大错报风险
   C. 通过调高重要性水平,降低评估的重大错报风险
   D. 在确定计划的重要性水平时,应当考虑实施进一步审计程序的结果

4. 在下列情况下,注册会计师不应过多地依赖分析性程序的是( )。
   A. 分析项目不重要
   B. 分析性结果与针对相同的审计目标执行的其他审计程序的结论不一致
   C. 分析性程序预期结果的准确性较高
   D. 重大错报风险低

5. 下列关于重要性的论断中,正确的是( )。
   A. 重要性概念是针对审计的对象而言的
   B. 重要性概念必须从会计报表编制者角度考虑
   C. 对同一客户所进行的多次年度会计报表审计应采用相同的重要性水平
   D. 账户层次的重要性水平就是实质性测试的可容忍误差

6. 下列说法中,不正确的是( )。

A. 重要性水平越低,审计风险越高

B. 重要性水平越低,应获取的审计证据越多,所以为保证审计质量,将重要性估计得越低越好

C. 与规模小的企业相比,规模大的企业的重要性水平的绝对值一般更大,相对值一般更小

D. 如果内部控制较为健全,可以将重要性水平定得高一些,以节省审计成本

7. 注册会计师在评价审计结果时汇总的错报或漏报不包括( )。

A. 前期发现的被审计单位已做调整的错报或漏报

B. 已发现的错报或漏报

C. 推断的错报或漏报

D. 被审计单位未做适当处理的或有事项

8. 审计风险及其组成要素与审计证据的关系可以表述为( )。

A. 可接受的审计风险越高,所需的审计证据越少

B. 可接受的检查风险越高,所需的审计证据越多

C. 评估的固有风险越高,所需的审计证据越少

D. 评估的控制风险越高,所需的审计证据越少

9. 当可接受的检查风险较低时,实质性测试应以( )为主。

A. 分析性复核和余额测试　　　　B. 分析性复核和交易测试

C. 分析性复核、交易测试以及余额测试　　D. 余额测试

10. 审计业务约定书是由会计师事务所与( )共同签署的。

A. 注册会计师　　　　　　　　　B. 被审计单位上级主管部门

C. 委托方　　　　　　　　　　　D. 财务报表使用者

11. 在既定的审计风险水平下,可接受的检查风险水平与认定层次的重大错报风险评估结果( )。

A. 成反向关系　　　　　　　　　B. 成正向关系

C. 没有关系　　　　　　　　　　D. 根据具体情况确定

12. ( )可以识别出与其他相关信息不一致或与预期数据严重偏离的波动和关系。

A. 询问被审计单位管理层和内部其他相关人员　B. 实施分析程序

C. 观察被审计单位的生产经营活动　　D. 穿行测试

13. 重要性水平与审计风险之间存在( )。

A. 正向关系　　　B. 反向关系　　　C. 无关系　　　D. 不确定

14. 如果某一审计项目的审计风险为5%,估计的重大错报风险为76%,则可接受的检查风险应为( )。

A. 12%　　　　　B. 6.6%　　　　C. 8.92%　　　　D. 13%

15. 在签订业务约定书之前,注册会计师应当与被审计单位商议的内容不包括( )。

A. 委托目的　　　　　　　　　　B. 审计意见类型

C. 审计范围　　　　　　　　　　D. 审计收费

16. 重要性水平与审计证据之间存在( )。
   A. 正向关系   B. 反向关系   C. 无关系   D. 不确定
17. 以下关于重大错报风险的说法中,不正确的是( )。
   A. 重大错报风险与审计项目组人员的学识、技术和能力有关
   B. 财务报表层次的重大错报风险与财务报表整体存在广泛联系,可能影响多项认定
   C. 财务报表层次的重大错报风险难以界定于某类交易、账户余额、列报的具体认定
   D. 财务报表层次的重大错报风险通常与控制环境有关,但也可能与其他因素有关
18. 下列情况中,应当在期中进行实质性程序的是( )。
   A. 控制环境和其他相关的控制薄弱
   B. 实施实质性程序所需信息在期中之后可能难以获取
   C. 收入截止测试
   D. 评估的某项认定的重大错报风险较高

二、多项选择题

1. 在审计计划阶段,使用分析性复核程序的主要目的是( )。
   A. 进一步了解被审计单位的经营情况   B. 评价重要性水平
   C. 找出存在潜在错报风险的领域   D. 确定是否要执行控制测试
2. 在编制审计计划前,了解被审计单位经营及所属行业基本情况的方法包括( )。
   A. 查阅上一年度的工作底稿   B. 查阅行业业务经营资料
   C. 考虑有关会计和审计公告的影响   D. 询问管理当局和内审人员
3. 下述关于重要性概念的理解正确的有( )。
   A. 重要性概念是针对审计意见而言的
   B. 重要性概念是从注册会计师的角度来考虑的
   C. 重要性的判断离不开特定的环境
   D. 账户层次的重要性水平是实质性测试的可容忍误差
4. 注册会计师在审计过程中,必须从( )两个层次考虑重要性。
   A. 数量   B. 性质
   C. 会计报表   D. 账户余额
5. 在审计过程中,注册会计师应当运用重要性原则的情形包括( )。
   A. 确定是否接受委托   B. 执行审计程序
   C. 评价审计结果   D. 确定审计程序的性质、时间和范围
6. 当错报或漏报汇总数接近重要性水平时,为降低审计风险,注册会计师应当( )。
   A. 实施追加审计程序
   B. 扩大实质性测试范围
   C. 提请被审计单位进一步调整已发现的错报或漏报
   D. 出具保留意见审计报告
7. 某公司下列控制活动中,属于经营业绩评价方面的有( )。
   A. 由内部审计部门定期对内部控制的设计和执行效果进行评价
   B. 定期与客户对账并对发现的差异进行调查

C. 对照预算、预测和前期实际结果，对公司的业绩复核和评价
D. 综合分析财务数据和经营数据之间的内在关系

8. 下列关于财务报表层次重大错报风险的说法正确的是（　　）。
A. 可直接界定于某类交易、账户余额、列报的具体认定
B. 与财务报表整体存在广泛联系
C. 可能影响多项认定
D. 通常与控制环境有关

9. 具体审计计划应当包括下列（　　）内容。
A. 注册会计师计划实施的风险评估程序的性质、时间和范围
B. 注册会计师计划实施的进一步审计程序的性质、时间和范围
C. 注册会计师针对审计业务需要实施的其他审计程序
D. 导致注册会计师难以实施必要审计程序的情形

10. 关于重要性的下列说法中，正确的有（　　）。
A. 重要性的判断不能从注册会计师的角度来考虑
B. 重要性的判断应从注册会计师的需要来考虑
C. 重要性是注册会计师运用专业判断得来的
D. 不同环境下对重要性的判断可能是不同的

11. 注册会计师了解被审计单位及其环境的目的是（　　）。
A. 了解被审计单位的内部控制
B. 充分识别和评估财务报表重大错报风险
C. 评估审计风险
D. 设计和实施进一步审计程序

12. 下列应当进行职务分离的是（　　）。
A. 经济业务的授权批准与执行职务　　B. 经济业务的执行与记录职务
C. 财产物资的保管和记录职务　　　　D. 记录总账与编制报表的职务

13. 在实施控制测试时，注册会计师主要应当获取（　　）方面的证据。
A. 控制在不同时点如何运行　　　　　B. 控制是否得到一贯执行
C. 控制是否得到执行　　　　　　　　D. 控制由谁执行及以何种方式运行

14. 在注册会计师审计中，整个审计过程包括的工作有（　　）。
A. 接受业务委托　　　　　　　　　　B. 计划审计工作
C. 实施风险评估程序、控制测试和实质性程序　　D. 完成审计工作和编制审计报告

15. 注册会计师在确定计划的重要性水平时，需要考虑的主要因素有（　　）。
A. 对被审计单位及其环境的了解
B. 审计的目标，包括特定报告要求
C. 财务报表各项目的性质及其相互关系
D. 财务报表项目的金额及其波动幅度

三、判断题

1. 审计计划仅是对审计工作的一种预先规划，在审计过程中应根据具体情况对其做

出修订或补充,但在审计报告阶段就不必再对其做出修订或补充了。（　　）

2. 对任何一个审计项目、任何一家会计师事务所而言,不论其业务繁简,也不论其规模大小,都必须制订审计计划。（　　）

3. 注册会计师可以同被审计单位的有关人员就总体审计计划的要点和某些审计程序进行讨论,并使审计程序与被审计单位有关人员的工作相协调,因此审计计划可以由注册会计师同被审计单位共同编制。（　　）

4. 审计计划由审计项目负责人审核和批准。（　　）

5. 不论固有风险和控制风险的评估结果如何,注册会计师均应对各重要账户或交易类别实施控制测试和实质性测试。（　　）

6. 注册会计师在风险评估时对控制运行有效性的拟信赖程度越高,实施控制测试的范围越小,注册会计师所应获取的有关内部控制设计合理和运行有效的证据就越少。（　　）

7. 分析性复核程序在所有会计报表审计的计划、实施、报告阶段都必须使用。（　　）

8. 分析性复核中趋势分析的有关表格一般归入当期档案。（　　）

9. 在审计过程中,需要运用重要性原则的情形包括确定审计程序的性质、时间和范围时及评价审计结果时。（　　）

10. 注册会计师不必关注金额小的错报或漏报。（　　）

11. 编制审计计划时,注册会计师应当对重要性水平做出初步判断,以确定初步审计策略。（　　）

12. 如果注册会计师认为资产负债表的错报加总为 20 000 元是重要的,损益表的错报加总为 30 000 元是重要的,那么应当以 25 000 元作为会计报表层次的重要性水平。（　　）

13. 对于重要的账户或交易,注册会计师应当从严制定重要性水平;对于出现错报或漏报可能性较大的账户,应将重要性水平确定得低一些。（　　）

14. 在采用分配的方法下,各账户或交易层次的重要性水平之和应当等于会计报表层次的重要性水平。（　　）

15. 评价审计结果所运用的重要性水平可能不同于编制计划时确定的重要性水平。如果前者大大高于后者,注册会计师应当重新评估所执行的审计程序是否充分。（　　）

16. 当尚未调整的错报或漏报的汇总数超过重要性水平时,注册会计师必须考虑实施追加审计程序,或提请被审计单位调整会计报表,以降低审计风险。（　　）

17. 如果尚未调整的错报或漏报的汇总数接近重要性水平,那么注册会计师应当实施追加审计程序,或提请被审计单位进一步调整已发现的错报或漏报,以降低审计风险。（　　）

18. 审计风险是指会计报表存在重大错报或漏报,而审计人员审计后发表无保留审计意见的可能性。（　　）

19. 审计风险是针对会计报表整体而言的,而检查风险、重大错报风险都是针对账户或交易类别而言的。（　　）

20. 注册会计师无法改变固有风险和控制风险的实际水平,但可以改变其估计水平。（　　）

四、案例分析题

1. XYZ会计师事务所正在准备接受B公司的委托审计2021年度的财务报表。B公司以前年度是由DEF会计师事务所审计的,并对上一年度的财务报表出具了带强调事项段的无保留意见。在接受委托之前,主管此项业务的XYZ会计师事务所合伙人X注册会计师经B公司的允许与DEF会计师事务所进行了沟通了解。以下是X注册会计师了解到的一些主要信息:

(1) B公司是一家集团公司,有多个子公司从事药品生产,同时也投资房地产、服装、酒店、软件等产业。

(2) 日益激烈的竞争和我国对药品市场的管制,使公司受到变现能力和盈利能力恶化的压力。

(3) B公司的管理层最大限度地"挤压利润",竭尽全力地使报告的收入和每股收益最大化。在上年度,经B公司同意,收入被DEF会计师事务所的注册会计师调减了1 200万元,占原报告收入的30%。

(4) B公司董事会中缺少审计委员会,致使审计人员的工作开展得比较困难。

(5) B公司大多数交易采用计算管理系统进行核算,核算系统内部控制政策和程序是比较健全的,但对存货的控制很差;最近实现的电算化系统中的永续盘存记录并不是很准确,而且,该公司没有内部审计人员,银行账户也没有定期调整。

(6) B公司上年度财务报表附注中提到了一起由该公司药物使用者所提起的诉讼,该药物被检查发现有可能导致癌症。DEF会计师事务所在审计报告中增加了一个强调事项段,表示了对B公司持续经营能力的怀疑。

(7) B公司近3年的收入水平持续下降,但2021年度未经审计的收入比前一年大幅上升。

要求:(1) 评估B公司的财务报表层次重大错报风险水平(高、中、低),并说明理由。

(2) 指出B公司认定层次的重大错报风险集中的领域。

2. A和B注册会计师对XYZ股份有限公司年度财务报表进行审计,其未经审计的有关财务报表项目金额如下(见表2-9):

表2-9　　　　　　　　　　　　　　　　　　　　　　　　　　　单位:万元

财务报表项目名称	金　　额
资产总计	180 000
股东权益合计	88 000
营业收入	240 000
利润总额	36 000
净利润	24 120

要求:

(1) 如果以资产总额、净资产(股东权益)、营业收入和净利润作为判断基础,采用固定比率法,并假定资产总额、净资产、营业收入和净利润的固定百分比数值分别为0.5%、1%、0.5%和5%,请代A和B注册会计师计算确定XYZ股份有限公司2021年度财务报表层次的重要性水平(请列示计算过程)。

(2) 重要性与审计风险之间存在何种关系?在确定审计程序后,如果注册会计师决定接受更低的重要性水平,注册会计师应当选用何种方法将审计风险降至可接受的低水平?

3. 注册会计师对 F 公司 2021 年度财务报表进行审计,该公司适用的所得税税率为 25%,年产销形势与上年相当,且未发生债务重组行为。F 公司 2021 年度未审利润表及上年度已审利润表如表 2-10 所示。

表 2-10 利润表

编制单位:F 公司　　　　　　　　2021 年度　　　　　　　　单位:万元

项　目	2021 年度(未审数)	2020 年度(已审数)
一、营业收入	33 670	24 068
减:营业成本	26 200	20 400
营业税金及附加	172	120
销售费用	16	16
管理费用	10 55	900
财务费用	320	280
资产减值损失	306	300
加:公允价值变动收益	65	64
投资收益	250	230
二、营业利润	5 770	2 346
加:营业外收入	80	80
减:营业外支出	90	90
三、利润总额	5 774	2 336
减:所得税费用	567.78	705.58
四、净利润	5 206.22	1 630.42

要求: 为确定重点审计领域,注册会计师拟实施分析程序。请对上述资料进行分析,指出利润表中的重点审计领域,并简要说明理由。

4. A 公司 2020 年度的财务报表由 XYZ 会计师事务所进行审计,并发表了无保留意见的审计报告。XYZ 会计师事务所与 A 公司续签了 2021 年财务报表的审计业务约定书。在 2021 财务报表审计的计划阶段,注册会计师估计财务报表层次的重要性水平为 400 万元,其中存货项目的重要性水平为 80 万元。注册会计师在检查 A 公司 2021 年度的生产成本等项目前,经控制测试认为该公司与成本项目有关的内部控制可以高度信赖。A 公司 2020 年、2021 年有关资料如下(见表 2-11):

表 2-11　　　　　　　　　　　　　　　　　　　　单位：万元

年　份	年末存货余额	主营业务成本	主营业务收入	存货周转率	毛利率
2020 年	7 993	31 892	39 977	3.99	20%
2021 年	8 111	31 967	40 480	3.94	21%

假定近两年市场情况平稳，A 公司的生产经营情况平稳，并且注册会计师通过对成本项目的实质性程序已合理确认主营业务成本的数额。

要求： 指出存货项目、主营业务收入项目可能存在的问题，并说明理由。

项目 3　资产审计

了解货币资金、应收款项、存货的审计目标。
熟悉货币资金、应收款项、存货的内部控制。
掌握库存现金、银行存款、应收账款及坏账准备、存货的审计程序和内容。
了解固定资产、无形资产和投资审计的审计目标。
掌握固定资产、无形资产、投资审计的审计程序和方法。

能够对库存现金、银行存款和其他货币资金实施实质性程序。
能够对应收账款、应收票据、预收账款等账户实施实质性程序。
能够进行存货项目的实质性程序。
能够对固定资产、累计折旧、在建工程等账户实施实质性程序。
能够对交易性金融资产和长期股权投资等账户实施实质性程序。

任务 3.1　货币资金审计

某公司出纳员小麦由于刚参加工作不久,对于货币资金业务管理和核算的相关规定不甚了解,所以出现了一些不应有的错误,有两件事情让他印象深刻,至今记忆犹新。第一件事是在 2019 年 6 月 8 日和 10 日两天的现金业务结束后例行的现金清查中,分别发现现金短缺 50 元和现金溢余 20 元的情况,对此他经过反复思考也弄不明白原因。为了保全自己的面子和息事宁人,同时又考虑到两次账实不符的金额不大,他决定采取下列办法进行处理:现金短缺 50 元,自掏腰包补齐;现金溢余 20 元,暂时收起。第二件事是公司经常对银行存款的实有额心中无数,甚至有时会影响到公司日常业务的结算,公司经理因此指派有关人员检查一下小麦的工作,结果发现,他每次编制银行存款余额调节表时,只根据公司银行存款日记账的余额加或减对账单中企业的未入账款项来确定公司银行存款的实有数而且每次做完此项工作以后,小麦就立即将这些未入账的款项登记入账。

思考:小麦上述两项业务的处理是否正确,为什么?你能给出正确答案吗?

一、货币资金审计概述

(一)货币资金审计目标

货币资金是企业存量资产中停留于货币形态的那部分资金,包括三个类别:现金、银行存款、其他货币资金。虽然货币资金在企业全部资产中所占的份额不大,却是企业中流动性最强、最活跃的资产。货币资金审计目标包括以下方面:

(1)确定被审计单位资产负债表中记录的货币资金在资产负债表日是否确实存在,是否为被审计单位所有。

(2)确定被审计单位在审计期间内发生的货币资金收付业务是否合理合法,有无违反法律法规行为存在。

(3)确定被审计单位在审计期间内发生的货币资金收付业务是否均已记录完毕,有无遗漏。

(4)确定库存现金、银行存款及其他货币资金的余额是否正确。

(5)确定外币计价的货币资金是否正确。

(6)确定货币资金在会计报表上的披露是否恰当。

(二)货币资金审计涉及的主要凭证和会计记录

(1)库存现金总账、银行存款总账和其他货币资金总账。

(2)库存现金日记账和银行存款日记账。

(3)支票、发票存根、现金缴款单、进账单等相关原始凭证。

(4)现金、银行存款收款凭证和付款凭证。

(5)现金盘点表。

(6)银行对账单。

(7)被审计单位编制的银行存款余额调节表。

(三)与货币资金相关的重大错报风险点

(1)违反现金管理规定,超限额保管现金,坐支现金,扩大现金开支范围。

(2)现金收入不入账,形成"小金库"。

(3)贪污、挪用库存现金。

(4)从银行提取的现金用途不合法、不合理。

(5)出租、出借银行账户以收取好处费。

(6)开立"黑户",截留收入。

(7)混淆销售费用、管理费用和营业外支出的界限。

(8) 混淆资本性支出和收益性支出的界限。
(9) 混淆现金与银行存款。
(10) 不日清月结。

二、测试货币资金的内部控制

(一) 货币资金的内部控制

货币资金内部控制如图 3-1 所示。

1. 货币资金内部控制的目标

由于货币资金流动性强,使用灵活,因此,存在着易被盗窃、贪污、挪用的风险。为了确保货币资金的安全与完整,保证货币资金符合国家的有关规定,防止各种违法乱纪行为的产生,企业必须加强对货币资金的管理。一般而言,一个良好的货币资金内部控制应该达到以下几点:

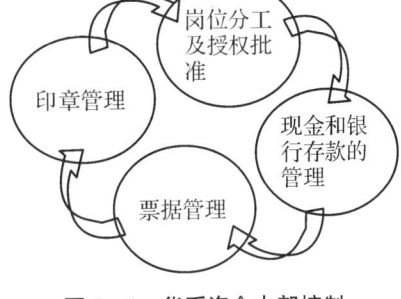

图 3-1 货币资金内部控制

(1) 货币资金收支与记账的岗位要分离。
(2) 货币资金收入、支出要有合理、合法的凭据。
(3) 全部收支能够及时准确入账,并且支出要有核准手续。
(4) 控制现金坐支现象,当日收入现金应及时送存银行。
(5) 按月盘点现金,编制银行存款余额调节表,以做到账实相符。

2. 货币资金的内部控制制度的内容

为了保证货币资金的安全完整,保证货币资金核算与管理的正确性、合规性,企业必须建立健全各项内部控制。一般而言,货币资金的内部控制包括以下方面:

(1) 岗位分工及授权批准。

① 单位应当建立货币资金业务的岗位责任制度,明确相关部门和岗位的职责权限,确保办理货币资金业务的不相容岗位相互分离、制约和监督。例如,出纳人员不得兼任稽核、会计档案保管和收入、支出、费用、债权债务账目的登记工作;单位不得由一人办理货币资金的全过程等。

② 单位办理货币资金业务,应当配备合格的人员,并根据具体情况进行岗位轮换。

③ 单位应当对货币资金业务建立严格的授权批准制度,明确审批人员对货币资金的授权批准方式、权限、程序、责任和相关控制措施,规定办理货币资金业务的职责范围和工作要求。审批人应当根据货币资金授权批准制度的规定,在授权范围内进行审批,不得超越审批权限。经办人员应当在职责范围规定内,按照审批人的批准意见办理货币资金业务。对于审批人超越授权范围审批的货币资金业务,经办人员有权拒绝处理,并及时向审批人的上级授权部门报告。

④ 单位应当按照规定的程序办理货币资金。

a. 支付申请。单位有关部门或个人用款时,应当提前向审批人提交货币资金支付申请,注明款项的用途、金额、预算、支付方式等内容,并附有经济合同或相关证明。

b. 支付审批。审批人根据其职责、权限和相应程序对支付申请进行审批,对不符合规定的货币资金支付申请,审批人应当拒绝批准。

c. 支付复核。复核人应当对批准后的货币资金支付申请进行复核,复核货币资金支付申请的批准范围、权限、程序是否正确,手续及相关单证是否齐全,金额计算是否正确,支付方式、支付单位是否妥当等。复核无误后,交由出纳人员办理支付手续。

d. 办理支付。出纳人员应当根据复核无误的支付申请,按规定办理货币资金支付手续,及时登记库存现金和银行存款日记账。

⑤ 单位对于重要货币资金支付业务,应当实行集体决策和审批,并建立责任追究制度,防范贪污、侵占、挪用货币资金等行为。

⑥ 严禁未经授权的机构或人员办理货币资金业务或直接接触货币资金。

【案例 3-1】 甲公司的王某为会计兼出纳,他利用职务上的便利,擅自从开户银行提取现金 16 万元,并篡改账簿,给公司造成了严重损失。

【案例分析】

此案发生的主要原因是会计和出纳岗位没有分离,给王某以可乘之机。

【案例 3-2】 为严格控制货币资金开支,在年度预算内的资金支付,原则上 10 万元以下由财务经理审批;10 万元以上(含 10 万元)、30 万元以下由主管财务工作的公司副董事长审批;30 万元以上(含 30 万元)由公司财务审查委员会集体决策签署意见,董事长或总经理审批。各部门一律按授权范围严格执行,违者受到责任追究与处理。

【案例分析】

该公司对货币资金的支出制定了严格的授权审批制度,并建立责任追究制度,可以有效防范贪污、侵占、挪用货币资金的行为。

(2) 现金和银行存款的管理。

① 单位应当加强现金库存限额的管理,超过库存限额的现金应及时存入银行。

② 单位必须根据《现金管理暂行条例》的规定,结合本单位的实际情况确定本单位现金的开支范围,不属于现金开支范围的业务应当通过银行办理转账结算。

③ 单位现金收入应当及时存入银行,不得用于直接支付单位自身的支出。因特殊情况需坐支现金的,应事先报经开户银行审查批准。单位借出款项必须执行严格的授权批准程序,严禁擅自挪用、借出货币资金。

④ 单位取得的货币资金收入必须及时入账,不得私设"小金库",不得设账外账,严禁收款不入账。

⑤ 单位应当严格按照《支付结算办法》等国家有关规定,加强银行账户的管理,严格按照规定开立账户、办理存款、取款和结算。单位应当定期检查、清理银行账户的开立及使用情况,发现问题及时处理。

⑥ 单位应当严格遵守银行结算纪律,不准签发没有资金保证的票据或远期支票,套取银行信用;不准签发、取得和转让没有真实交易和债权债务的票据,套取银行和他人资金;不准无理拒绝付款,任意占用他人资金;不准违反规定开立和使用银行账户。

⑦ 单位应当指定专人定期核对银行账户,每月至少核对一次,编制银行存款余额调节表,使银行存款账面余额与银行对账单调节相符。如调节不符,应查明原因,及时处理。

⑧ 单位应当定期和不定期地进行现金盘点,确保现金账面余额与实际库存相符。发现不符,及时查明原因,做出处理。

【案例 3-3】 某公司现金限额为 1 000 元,12 月份部分现金日记账如下(见表 3-1):

表 3-1

2021年		凭 证		摘 要	收 入	支 出	结 存
月	日	字	号				
12	1			期初余额			800
12	2	现付	1	购入办公用品		300	500
12	1	银付	1	提现	500		1 000
12	5	现收	1	零售产品收入	1 000		
12	6	现付	2	支付材料运费		1 400	600

要求: 请指出这家公司现金日记账存在哪些问题。

【案例分析】

存在的问题是:

(1) 没按照时间顺序入账。

(2) 掩盖现金余额超限额的现象。

(3) 支付材料运费 1 400 元不属于现金支出的范围,其属于银行存款支出的范围。

(4) 现金管理没有"日清月结"。

(5) 坐支现金。

【案例 3-4】 12 月 28 日,甲公司收到当地一家公司交来的购货款 10 000 元,当天该公司购入原材料一批,需要付款,于是该公司以收到的货款直接支付了购入原材料的货款。

【案例分析】

这是坐支现金行为,违反了《中华人民共和国现金管理暂行条例》的规定。

(3) 票据及有关印章的管理。

① 单位应当加强与货币资金相关的票据的管理,明确各种票据的购买、保管、领用、背书转让、注销等环节的职责权限和程序,并专设登记簿进行记录,防止空白票据的遗失和盗用。

② 单位应当加强银行预留印鉴的管理。财务专用章由专人保管,个人印章必须由本人或其授权人员保管,严禁一人保管支付款项所需的全部印章。按规定需要有关负责人签字或盖章的经济业务,必须严格履行签字或盖章手续。

【案例 3-5】 甲公司的银行印鉴、银行支票等均由张某一人保管。张某利用管理印鉴的方便,私自开出现金支票,任意提取现金,一年间先后作案十几次,共贪污公款 25 万元,挪用公款 20 万元。

【案例分析】

该公司印鉴管理混乱,张某一人负责管理印鉴和支票,是货币资金内部控制一大漏洞。

(4) 监督检查。

① 单位应当建立对货币资金业务的监督检查制度,明确监督检查机构或人员的职责权限,定期和不定期地进行检查。

② 对监督检查过程中发现的货币资金内部控制中的薄弱环节,应当及时采取措施,加以纠正和完善。

【案例3-6】 注册会计师在对某审计单位进行监督检查时,发现该企业设置了以下关于货币资金的内部控制程序:① 每日所收入的现金应当日存入银行。② 报销费用时应将所有的附件、单据打孔或盖章注销。③ 由独立人员核对银行存款日记账和银行对账单,并针对未达账项编制银行存款余额调节表。④ 开票和收款工作由不同人员来承担。

请问:被审计单位设置上述各项控制措施有何特定目的?

【案例分析】

(1) 将收入尽快地存入银行是为了避免因现金存量太高而保管不慎被盗或被有关人员贪污、挪用或者以收抵支等情况的发生。

(2) 打孔或盖章注销,可以避免日后重复报销。

(3) 由独立人员核对银行存款日记账和银行对账单,并针对未达账项编制银行存款余额调节表,可以验证银行存款日记账中的记录是否多记或少记,期末账面余额的计算是否正确,避免利用编制银行存款余额调节表的机会掩盖监守自盗或挪用的行为。

(4) 开票和收款工作的职责分离,可以防止少开票多收款这种直接贪污资金行为的发生。

(二) 货币资金内部控制测试

注册会计师可通过查阅被审计单位有关规章制度等重要文件,现场观察被审计单位的有关业务活动,询问被审计单位有关工作人员等方法以获取被审计单位有关内部控制的资料,掌握被审计单位有关内部控制的情况。

1. 识别和了解相关控制

注册会计师通常通过编制内部控制调查表来了解货币资金的相关内部控制。例如,表3-2列举了货币资金内部控制中的有关问题。

表3-2 货币资金内部控制调查表

| 客户: | 编制人: | 日期: | 索引号: |
| 截止日: | 复核人: | 日期: | 页次: |

问题	结果			备注
	是	否	不适用	
1. 出纳人员是否不兼任相关总账和明细账的记账员				
2. 是否控制现金坐支,收到的现金是否及时存入银行				

续 表

问 题	结 果			备 注
	是	否	不适用	
3. 现金收支是否及时入账				
4. 是否将收款总额与银行进账单和现金收款账户相核对				
5. 收取现金是否开出收款收据				
6. 支出是否均有核准手续				
7. 是否有独立的人员对现金付款记录进行复核				
8. 收付款后是否在收付款凭证上加盖"收讫""付讫"戳记				
9. 现金是否妥善保管,是否做到日清月结,是否做到账实相符				
10. 是否有支票申领、签发制度				
11. 签发支票的印章是否妥善保管				
12. 未使用的支票是否被妥善保管,并且签发被严格控制				
13. 是否只有在相关的支持性文件(发票、采购单等)备齐后才开支票				
14. 银行存款日记账与总账是否每月末核对相符				
15. 是否按月由独立人员编制银行存款余额调节表				
16. 是否由一个独立的人负责定期清点现金				

根据上表,可以了解被审计单位在货币资金内部控制方面存在哪些薄弱环节,这为下一步确定可能发生的错报环节奠定了基础(见表 3-3)。

表 3-3 货币资金内部控制的关键控制点

可能的错报	关键控制点
现金收入不入账	通过观察、检查和询问等发现是否有"小金库"
挪用、白条抵库	检查相关凭证是否真实并经过授权
贪污公款,如假发票等	检查发票或收据的真实性和是否连续编号
以现金支付回扣或好处费	抽取并检查付款凭证、检查支出是否有授权批准
存入的收入来源不合法,如出租账户	抽取并检查收款凭证
坐支	观察出纳的工作,并检查相关凭证
非法挪用资金	抽取一定期间的银行存款日记账和对账单核对

在确定了被审计单位的货币资金内部控制可能存在的薄弱环节和确定可能发生的错报环节之后,执行穿行测试以证实对交易流程和相关控制的了解。

注册会计师应对通过了解货币资金内部控制,对相关控制的设计和是否得到执行进行评价;同时,结合对被审计单位其他方面的了解,估计重大错报风险,以确定进一步程序的性质、时间和范围。如果了解到被审计单位的内部控制不存在或不值得信赖,注册会计师可执行实质性程序,而不进行控制测试。

2. 抽取并审查收款凭证

在一个企业中,出纳员同时记应收账款明细账,则很可能出现循环挪用的情况。为测试货币资金收款的内部控制,应选取适当的样本量,抽取收款凭证,做如下检查:① 核对收款凭证与存入银行账户的日期和金额是否相符;② 核对货币资金、银行存款日记账的入账金额是否正确;③ 核对收款凭证与银行对账单是否相符;④ 核对收款凭证与应收账款等相关明细账的有关记录是否一致;⑤ 核对实收金额与销货发票等相关凭证是否一致。

3. 抽取并检查付款凭证

为测试货币资金付款内部控制,还应选取适当样本及抽取付款凭证进行如下检查:① 检查付款的授权批准手续是否符合规定;② 核对货币资金、银行存款日记账的付出金额是否正确;③ 核对付款凭证与银行对账单是否相符;④ 核对付款凭证与应付账款等相关明细账的记录是否一致;⑤ 核对实付金额与购货发票等相关凭证是否相符。

4. 抽取一定期间的现金、银行存款日记账与总账核对

① 抽取一定期间的现金、银行存款日记账,检查其有无计算错误,加总是否正确无误。如果发现问题较多,则说明被审计单位货币资金会计记录不够可靠。② 应根据日记账提供的线索,核对总账中的现金、银行存款、应收账款、应付账款等有关账户的记录。

5. 查验一定期间的银行存款余额调节表的编制及复核

为了证实银行存款记录的正确性,必须抽取一定期间的银行存款余额调节表,将其同银行对账单、银行存款日记账及总账进行核对,确定被审计单位是否按月正确编制并复核银行存款余额调节表。

6. 检查外币资金的折算方法是否符合有关规定,并与上年度一致

注重检查企业的外币资金、银行存款、账户的余额是否按期末市场汇率折合为记账本位币金额,有关汇兑损益的计算和记录是否正确。

7. 评价货币资金内部控制

在完成上述程序后,应对货币资金内部控制进行评价,确定其可信赖的程度,分析其存在薄弱环节,从而确定货币资金实质性测试的程序的范围。

三、货币资金审计实质性程序

(一)库存现金审计

1. 库存现金审计目标

(1)确定被审计单位资产负债表中的货币资金项目中的库存现金在资产负债表日是否存在。

(2)确定被审计单位所有应当记录的库存现金收支业务是否均已记录完毕,有无遗漏。

(3) 确定记录的库存现金余额是否为被审计单位所拥有或控制。

(4) 确定库存现金以恰当的金额包括在财务报表的货币资金项目中,与之相关的计价调整已恰当记录。

(5) 确定库存现金是否已按照企业会计准则的规定在财务报表中做出恰当列报。

库存现金审计中常见错弊

(1) 现金短缺和挪用现金。现金短缺或挪用现金通常表现为"白条抵库"或将短缺数计入其他应收款,表面上保持账款相符。

(2) 以少报多或以多报少。出纳人员在汇总原始凭证时,对现金支出多记账,现金收入少记账,将差额据为己有。该弊端通常在汇总原始凭证记账时发生。

(3) 无证无账。相关人员对现金收入,不开收据、发票,不记账,直接侵吞现金。该弊端通常在对方交款不需要报销的情况下发生。

(4) 重复记账。对一笔现金支出业务两次或多次报账,这是贪污现金常用方法。

(5) 现金日记账余额差错。该错误的原因是出纳员登记现金日记账时,少列收入,或多列支出,减少账面余额,将多余现金据为己有,并且为保持账目平衡,在其他账户中制造余额。

(6) 分录差错。

【案例 3-7】 审计人员在审查某企业的现金付款凭证时,发现本年 10 月 10 日有一张摘要是退回甲企业包装物押金 1 500 元。所附原始凭证为邮局汇款的收款收据,审计人员认为记账依据不全。

【案例分析】

应查找退还押金的收款收据为何缺失。经查证,发现相关人员 11 月 5 日又以甲企业收到退还押金的收款收据为原始凭证再次报销出账,金额为 1 500 元。审计人员将邮局汇款的收款收据与甲企业收到退回押金的收款收据核对,查实是相关人员将一笔支出的原始凭证分作两处重复报账,贪污现金 1 500 元。

2. 库存现金的实质性程序

(1) 核对库存现金日记账与总账的余额是否相符。

审计人员测试库存现金余额的起点是核对库存现金日记账与总账的余额是否相符。如果不相符,应查明原因,并做适当调整。

(2) 监盘库存现金。

① 目的:证实资产负债表中所列库存现金是否存在;

② 参加监盘人员:应视被审计单位的具体情况而定,但必须有出纳员、会计主管,并由注册会计师进行监盘;

③ 监盘时间:对库存现金的监盘最好实施突击性的检查,时间最好选择在上午上班前或下午下班时进行;

④ 监盘范围:一般包括企业各部门经营的库存现金,通常包括对已收到但未存入银

行的现金、零用金、找换金等的盘点；

⑤ 监盘方式：突击进行；

⑥ 监盘过程：

a. 制订库存现金监盘计划；

b. 审阅现金日记账并同时与现金收付凭证相核对；

c. 由出纳员根据现金日记账进行加计累计数额结出现金结余额；

d. 监盘保险柜的现金实存数，同时编制"库存现金监盘表"；

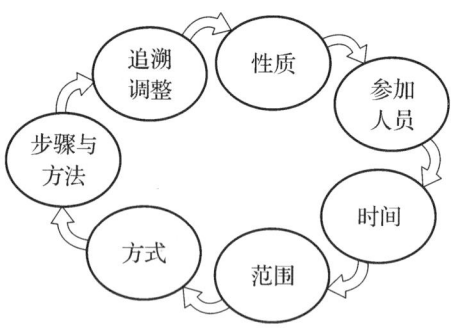

图 3-2　监盘库存现金

e. 监盘金额与现金日记账余额进行核对，如有差异，应查明原因，若有冲抵库存现金的借条、未提现支票、未作报销的原始凭证，应在"库存现金盘点表"中注明或做出必要的调整；

f. 资产负债表日后进行盘点时，应调整至资产负债表日的金额。

【**案例 3-8**】　2021 年 12 月 31 日，某注册会计师对甲企业的库存现金进行突击盘点。据查库存现金日记账当日账面余额为 3 500 元，采购员张三预借差旅费 1 500 元，变卖废旧报纸收入 400 元，职工李四借款白条 500 元。收到销售产品款 800 元（已开销售发票）均未入账。库存现金盘点结果为：100 元币 10 张，50 元币 10 张，20 元币 20 张，10 元币 40 张，5 元币 40 张，1 元币 100 枚，5 角币 50 枚，1 角币 60 枚。银行对该企业核定的库存限额为 2 000 元。审计人员编制的库存现金盘点表如表 3-4 所示。

表 3-4　库存现金盘点表

客户：甲企业　　　　编制人：　　　　日期：　　　　索引号：
项目：库存现金监盘　复核人：　　　　日期：　　　　页次：
会计期间：2021 年度
盘点日期：2021 年 12 月 31 日

检查账目记录		现金盘点记录		
项目	金额	面额	数量	金额
盘点日现金账面余额	3 500	100	10	1 000
加：未记账收款金额 1. 变卖废旧报纸收入 2. 小额产品销售收入	 400 800	50 20 10	10 20 40	500 400 400
减：未记账付款金额 采购员张三预借差旅费	 1 500	5 1	40 100	200 100
盘点日账面应有余额	3 200	0.5	50	25
盘点日现金实有金额	2 631	0.1	60	6
盘点日现金短缺	569	合计		2 631

续 表

	检查账目记录		现金盘点记录
差异原因分析	1. 白条抵库 2. 丢失或错发	500 69	情况说明及审计结论： 1. 收付款入账不及时 2. 白条抵库违法规定 3. 超库存限额 4. 保管不善
追溯调整	加：审计截止日至盘点日现金付出数 减：审计截止日至盘点日现金收入数 审计截止日现金应有金额		
	库存限额	2 000	

(3) 抽查大额库存现金收支。

注册会计师应检查大额现金收支的原始凭证是否齐全、原始凭证是否完整、有无授权批准、记账凭证与原始凭证是否相符、账务处理是否正确且记录于恰当的会计期间等项内容。在实务中，审计人员通常需要编制大额现金收支抽查表(见表3-5)。

表3-5 大额现金收支抽查表

记账日期	凭证编号	业务内容	对应科目	金额	核对内容(用"√""×"表示)				备注
					1	2	3	4	
01	0060	收货款	应收账款	2 800 000.00	√	√	√	√	
01	0206	付1月份电费	应付账款	3 704 412.66	√	√	√	√	
01	0284	付第15船进口原油缓税息	财务费用	145 392.42	√	√	√	√	
01	0779	付第19船海洋原油现息	财务费用	661 866.67	√	√	√	√	
02	0050	还交行海青支行循环借款	短期借款	40 000 000.00	√	√	√	√	
03	1266	收招行退利息	财务费用	401 013.33	√	√	√	√	
03	0156	付第7船进口原油增值税	应交税费	3 132 904.43	√	√	√	√	
核对内容说明：1. 原始凭证是否齐全；2. 记账凭证与原始凭证是否相符；3. 账务处理是否正确；4. 是否记录于恰当的会计期间									
对不符事项的处理：无									

(4) 检查现金收支的正确截止日期。

被审计单位资产负债表的货币项目中的库存现金数额，应以结账日实有数额为准。因此，注册会计师必须验证现金收支的截止日期。通常，注册会计师可考虑对结账日前后一段时期内的现金收支凭证进行审计，以确定是否存在跨期事项，是否应考虑提出调整建议。实务中通常编制库存现金截止测试表(见表3-6)。

表 3-6 库存现金截止测试表

项目	序号	日 期	凭证号	摘 要	借方科目	金 额	备 注			
							1	2	3	4
报表日期前	1	12月27日	166#	收货款	银行存款	3 800 000.00	√	√	√	√
	2	12月27日	1609#	商检费	销售费用	313 852.00	√	√	√	√
	3	12月27日	1207#	试验检验费	管理费用	324 740.00	√	√	√	√
	4	12月28日	1286#	印花税	管理费用	2 277 533.48	√	√	√	√
	5	12月31日	1311#	研究发展费	管理费用	984 855.41	√	√	√	√
报表日期后	1	1月2日	1208#	办公费	销售费用	261 886.49	√	√	√	√
	2	1月4日	1311#	广告费	销售费用	265 000.00	√	√	√	√

审计说明及结论:

　　样本选取方法:在资产负债表日2021年12月31日前3个工作日,以及后至现场审计日,发生银行存款收支金额为20万元以上的交易业务。
　　实施该审计程序得出结论:关注业务内容及对应项目,没有发现跨期收支事项。

（5）检查外币现金的折算方法是否符合规定,是否与上年度一致。

（6）检查库存现金是否在资产负债表上恰当披露。

根据有关规定,库存现金在资产负债表的"货币资金"项目中反映,注册会计师应在实施上述审计程序后,确定库存现金账户的期末余额是否恰当,进而确定库存现金是否在资产负债表上恰当披露。

【案例3-9】 假设2022年1月15日注册会计师对甲公司进行审计,查得该公司2021年12月31日资产负债表"货币资产"项目中的库存现金为3 000元,经核对1月1—20日的收付款凭证和库存现金日记账,核实1月1—20日收入现金数为12 000元,支出现金数为13 000元。假设1月20日盘点日调整后余额为2 800元。

【案例分析】

注册会计师应根据追溯调整法进行如下调整:

库存现金盘点日调整余额 2 800元

加:审计截止日至现金盘点日的支出 13 000元

减:审计截止日至现金盘点日的收入 12 000元

报表日库存现金应有余额为 3 800元

报表日库存现金账面余额为 3 000元

得出:审计差异为 800元

可见,该企业2021年度资产负债表中"货币资金"项目包含的库存现金没有进行恰当披露。

【案例3-10】 利用借款挪用现金

审计人员在12月1日审查某公司"其他应收款"明细账时,发现一笔"上年结转"应收王×的暂借差旅费20 000元。查账人员怀疑王×挪用公款。

审计人员查阅上年的其他应收款明细账,发现借款时间为上年1月10日,凭证为现付字20#,金额20 000元,审查人员调阅该凭证,其记录为"暂借王×深圳差旅费",并有部门领导的签字。审计人员决定追踪调查,在询问会计主管时,会计主管以忘了此事推辞,在询问部门负责人时,发现并没有派王×出差一事,进而核对笔迹,与该部门领导的签字有差异,必定是假冒。审计人员又询问会计主管,会计主管又以审核不慎为由导致将现金借给王某。审计人员对调查结果进行分析,认为王某借用大额差旅费,不可能不认真审核。会计主管与王某可能有某种特殊关系。经调查,王某与会计主管是亲戚关系。在最后调查王某时,王某承认借用公款20 000元用于个人开办的小卖部。

【案例分析】

会计主管利用职务之便,为个人挪用公款,责令其立即返还公款并处以罚款。在事实面前,会计主管对上述问题供认不讳,并同意接受处罚。

该公司收回被挪用的公款20 000元和罚金收入8 000元时,应做如下分录:

借:库存现金　　　　　　　　　　　　　　　　　　　　　　28 000
　　贷:其他应收款——王某　　　　　　　　　　　　　　　　20 000
　　　　营业外收入　　　　　　　　　　　　　　　　　　　　8 000

(二) 银行存款审计

1. 审计目标

银行存款的审计目标如下:

(1) 确定被审计单位资产负债表的货币资金项目中的银行存款在资产负债表日是否确实存在,是否为被审计单位所拥有或控制。

(2) 确定被审计单位在特定期间内发生的银行存款收支业务是否均记录完毕,有无遗漏。

(3) 确定银行存款余额是否正确。

(4) 确定银行存款是否已按照企业会计准则的规定在财务报表中做出恰当列报。

注册会计师在银行存款审计中常见的错弊有:账外存款;私领存款;虚报冒领;转借银行账号;金额差错;涂改对账单;抵减现金;贪污利息。

【案例3-11】 审计人员审查10月份银行存款余额调节表时,发现一笔未达账项:银行已收、企业未收的存款利息1 200元,而11月份银行存款日记账中没有此项记录。

【案例分析】

审计人员可将11月银行对账单与当月银行存款日记账进行核对便可发现问题所在。经核对发现该出纳员用现金支票提取现金1 200元,日记账未记录,属于贪污利息行为。

2. 银行存款的实质性程序

按照国家有关规定,凡是独立核算的企业都必须在当地银行开设账户。企业收入的款项,除国家另有规定外,都应在当日解交银行。企业在生产经营过程中发生的一切货币收支业务,除规定可以用现金支付外,都必须通过银行办理转账结算。

银行存款的实质性程序一般包括以下方面：

(1) 获取或编制银行存款余额明细表。

① 复核加计是否正确，并与总账数和日记账合计数核对是否相符；

② 检查非记账本位币银行存款的折算汇率及折算金额是否正确。

(2) 实施实质性分析程序。

银行存款的实质性分析程序包括计算定期存款占银行存款的比例，了解被审计单位是否存在高息资金拆借，如存在高息资金拆借，应进一步分析拆出资金的安全性，检查高额利差的入账情况；计算存放于非银行金融机构的存款占银行存款的比例，分析这些资金的安全性。

(3) 取得并检查银行存款余额调节表。

检查银行存款余额调节表是证实资产负债表所列银行存款是否存在的重要程序。银行存款余额调节表通常应由被审计单位根据不同的银行账户及货币种类分别编制。如果经调节后的银行存款存在差异，审计人员应查明原因，并做出记录或进行适当调整。其格式如表3-7所示。

【案例3-12】 对×企业2021年的银行存款进行审查：2021年12月31日银行存款日记账余额为26 680元；银行对账单余额为25 400元（经核实是正确的）。12月存在的未达账项如下：

(1) 12月29日，委托银行收款2 500元，银行已入账，收款通知尚未送达企业。

(2) 12月31日，企业开出现金支票一张800元，银行尚未入账。

(3) 12月31日，银行已代付企业电费500元，企业尚未收到付款通知。

(4) 12月31日，企业收到外单位转账支票一张3 600元，企业已收款入账，银行尚未入账。

(5) 12月15日，收到银行收款通知金额为3 850元，公司入账时误记为3 500元。

要求：(1) 根据上述情况编制银行存款余额调节表；

(2) 假定银行存款对账单中存款余额正确无误，试问：① 在编制的调节表中发现的错误金额是多少？② 如果2021年12月31日资产负债表上"货币资金"项目中银行存款余额为28 000元，请问是否可以确认？

【案例分析】

(1) 编制银行存款余额调节表，如表3-7所示。

表3-7 银行存款余额调节表

单位：×企业　　　　　　2021年12月31日　　　　　　　　　单位：元

项目	金额	项目	金额
公司银行存款账面余额	26 680	开户银行对账单余额	25 400
加：银行已收，公司未收的款项	2 500	加：公司已收，银行未收的款项	3 600
减：银行已付，公司未付的款项	500	减：公司已付，银行未付的款项	800
加：公司记账差错数	350		
调节后的存款余额	29 030	调节后的存款余额	28 200

(2) 假定银行存款对账单中的存款余额正确无误,那么:

① 调节表发现的错误金额是 830 元(＝29 030－28 200)。

② 资产负债表上的"货币资金"项目中的银行存款 28 000 元不真实,应加以调整。正确数额应该是 28 200 元。

(4) 函证银行存款余额。

函证是指审计人员在执行审计业务过程中,需要以被审计单位的名义向有关单位发函询证,以验证被审计单位的银行存款是否真实、合法、完整。函证银行存款余额是证实资产负债表所列的银行存款是否真实存在的重要程序。通过向往来银行的函证,审计人员不仅可以了解企业资产的存在,同时还可以了解所欠银行的债务。函证还可以用于发现企业未登记的银行借款。函证时,审计人员应向企业在本年存过款(含外埠存款、银行汇票存款、银行本票存款、信用证存款)的所有银行发函,其中包括企业存款账户已结清的银行。因为存款账户虽已结清,但可能有借款或其他负债存在。同时,虽然审计人员已直接从某一银行取得了银行对账单和所有已付支票,但仍应向这一银行进行函证。银行询证函的格式如下:

银 行 询 证 函

编号：

＿＿＿＿＿＿＿(银行)：

本公司聘请的＿＿＿＿＿＿＿会计师事务所正在对本公司的会计报表进行审计,按照中国注册会计师独立审计准则的要求,需要询证本公司与贵行的存款、借款往来等事项。下列数据出自本公司账簿记录,如与贵行记录相符,请在本函下端"数据证明无误"处签章证明;如有不符,请在"数据不符"处列明金额。有关询证费用可直接从本公司＿＿＿＿＿＿＿存款账户中收取。回函请直接寄至＿＿＿＿＿＿＿会计师事务所。

通信地址：

邮编：　　　　电话：　　　　传真：

截至　　年　　月　　日止,本公司银行存款、借款账户余额等列示如下：

1. 银行存款

账户名称	银行账号	币　种	利　率	余　额	备　注

2. 银行借款

银行账号	币　种	余　额	借款日期	还款日期	利　率	借款条件	备　注

3.其他事项

（公司签章）
年　月　日

结论:1.数据证明无误

经办人：
（银行签章）
年　月　日

2.数据不符,请列明不符金额

经办人：
（银行签章）
年　月　日

（5）检查一年以上定期存款或限定用途存款。

一年以上定期存款或限定用途存款不属于企业的流动资产,应列示于其他资产下。对此审计人员应查明情况,做出相应记录。

（6）抽查大额现金和银行存款的收支。

审计人员应抽查大额现金收支、银行存款（含外埠存款、银行汇票存款、银行本票存款、信用证存款）收支的原始凭证,查明其内容是否完整,有无授权批准,并核对相关账户的进账情况。如有与被审计单位生产经营无关的收支事项,应查明原因,并做出相应记录。

（7）检查银行存款收支的正确截止日期。

被审计单位资产负债表上的银行存款数字应当包括当年最后一天收到的所有存放于银行的款项;同样,企业年终前开出的支票,不得在年后入账。为了确保银行存款收付的正确截止,审计人员应当在清点支票及支票存根时,确定各银行账户最后一张支票的号码,同时查实该号码之前的所有支票均已开出。在结账日未开出的支票及其后开出的支票,均不得作为结账日的存款收付入账。

（8）检查外币银行存款的折算是否正确。

被审计单位如有外币银行存款,审计人员应检查其对外币银行存款的收支是否按所规定的汇率折合为记账本位币金额;外币银行存款期末余额是否按期末市场汇率折合为记账本位币金额;外币折合差异是否按规定记入相关账户。

（9）检查银行存款是否在资产负债表上恰当披露。

根据有关会计制度的规定,企业的银行存款在资产负债表上"货币资金"项目下反映。审计人员应在实施上述审计程序后,确定银行存款账户的期末余额是否恰当,从而确定资产负债表上"货币资金"项目中的数字是否恰当。

【技能操练3-1】 银行存款余额调节表的填制

审计人员在对某公司银行存款进行审计时,发现以下情况:2021年12月31日银行存款日记账余额为143 800元,银行对账单余额为137 050元,经查对发现有以下几笔未达账项：

（1）12月29日,委托银行收款12 500元,银行已入账,收款通知尚未送达该公司。

(2) 12月30日,该公司开出现金支票一张,金额为800元,企业已付款入账,银行尚未入账。

(3) 12月30日,银行已代付企业电费3 000元,银行已入账,企业尚未收到付款通知。

(4) 12月31日,企业收到外单位转账支票一张,金额为16 000元,企业已收款入账,银行尚未入账。

要求:

(1) 根据上述未达账项,编制银行存款余额调节表;

(2) 假定银行对账单所列余额正确无误,请问:在编制银行存款余额调节表时发现的错误金额是多少?属于什么性质的错误?12月31日企业银行存款日记账的正确余额应该是多少?

(三) 其他货币资金审计

其他货币资金包括企业到外地进行临时或零星采购而汇往采购地银行开立采购专户的款项所形成的外埠存款、企业为取得银行汇票按照规定存入银行的款项所形成的银行汇票存款、企业为取得银行本票按照规定存入银行的款项所形成的银行本票存款、信用卡存款和信用证保证金存款等。

1. 其他货币资金审计目标

其他货币资金的审计目标主要包括以下各项:

(1) 确定被审计单位资产负债表中的其他货币资金在资产负债表日是否确实存在,是否为被审计单位所拥有。

(2) 确定被审计单位在特定期间内发生的其他货币资金收支是否均已记录完毕,有无遗漏。

(3) 确定其他货币资金的余额是否正确。

(4) 确定其他货币资金在财务报表中的披露是否恰当。

2. 其他货币资金的实质性测试方法和程序

(1) 外埠存款的审查。

审计人员一般运用详查法,审查以外埠存款购进的全部商品、材料和其他物品,看其有无超出采购存款的用途;然后再审查"其他货币资金——外埠存款"明细账余额,查明其有无长期挂账的现象,若挂账时间过长,应进一步分析查证其有无挪用资金或者不及时办理结算的问题。

(2) 银行汇票和银行本票存款的审查。

审查的一般程序和方法是:

① 审查银行汇票和银行本票申请书,查明被审计单位与收款单位有无业务往来;审查购销合同规定的结算方式是否采用银行汇票或银行本票结算。

② 在分析上述结算方式是否合理的基础上,分析"其他货币资金——银行汇票存款""其他货币资金——银行本票存款"明细账,审查其是否及时办理结算,有无长期挂账而挪用或侵占款项的情况。

③ 核对银行存款和银行对账单,审查其款项是否与银行对账单相一致。若不一致,应分析是否为未达账项;若不是未达账项,应查明是否收到无效或过期票据。

(3) 在途货币资金的审查。

审查的一般程序和方法是:

① 审查"其他货币资金——在途货币资金"明细账,分析其入账时间及占用时间,若发现占用时间过长,则应重点进一步审查。

② 调阅有关凭证,追踪调查付款单位,并在此基础上,审查银行对账单,查明有无已收款未转账,或收到的银行存款已转出去的情况;若付款单位确实已付款,在银行存款日记账和对账单未做任何记载,应审查付款单位付出款项时填写的收款单位是否有误;若付款单位填写无误,则应对在途资金的经办人进行调查,查明其有无贪污或其他违法行为。

【案例 3-13】 查账人员 12 月审查 A 公司"其他货币资金——外埠存款"时发现,该公司当年 1 月 8 日 52#凭证汇出汇款 100 万元,至今尚未报销。经核对 A 公司的业务往来,发现很少与汇款所在地有业务往来。查账人员怀疑其中有挪用资金行为。查账人员首先要求 A 公司提供外埠存款账户资料。在申请书上申请的理由为"为采购商品需要,在上海开设临时采购户"。在要求提供采购户对账单时,A 公司以尚未收到为由拒绝提供。查账人员调阅 52#凭证,其分录为:

借:其他货币资金——外埠存款   1 000 000
    贷:银行存款   1 000 000

其所附信汇凭证注明开户行:上海市工商行闵行区支行甲地办事处,收款单位为 A 公司采购部。查账人员经分析,巨额汇款必定是用于投资,决定前往所谓甲地办事处取证。经与甲地办事处取得联系,核对对账单,发现其存款余额为 150 万元,收款单位和付款单位均为甲地证券公司,其中有一笔提现 10 万元。

查账人员反复核对证实,甲地办事处为了吸收存款同意 A 公司设立账户,并以外埠采购户为名,实际上允许 A 公司自由存取存款,违反结算纪律。A 公司的外埠存款实际上是为便于买卖有价证券而开设的,通过证券交易赚取收益,并不反映投资收益,以此交易收入作为公司"小金库"的资金来源。查账人员取证之后,向 A 公司指出上述问题,A 公司供认不讳。

【案例分析】

A 公司在甲地进行投资,未经董事会批准,不应作为投出资金;在甲地开设的外埠存款账户属于套取银行信用,应撤销;对于投资取得的投资收益应如实在账面反映。根据上述要求,应做以下调账处理:

借:库存现金   100 000
    银行存款   1 500 000
    贷:投资收益   600 000
        其他货币资金——外埠存款   1 000 000

任务 3.2 应收款项审计

案例导入

西安达尔曼实业股份有限公司设立于 1993 年,主要从事珠宝玉器的加工和销售。1996 年 12 月,公司挂牌上市,并于 1998 年、2001 年两次配股,在股市募集资金共计 7.17 亿元。从公司报表数据看,1997—2003 年间,达尔曼销售收入合计 18 亿元,净利润合计 4.12 亿元,资产总额比上市时增长 5 倍,达到 22 亿元,净资产增长 4 倍,达到 12 亿元。在 2003 年之前,公司各项财务数据均衡增长,具有较强迷惑性。2003 年,公司首次出现净利润亏损,主营业务收入由 2002 年的 3.16 亿元下降到 2.14 亿元,亏损达 1.4 亿元,每股收益为 -0.49 元,同时公司的重大违规担保事项浮出水面,涉及人民币 3.45 亿元,美元 133.5 万元;还有重大质押事项,涉及人民币 5.18 亿元。2004 年 5 月 10 日,达尔曼被上交所实行特别处理,变更为"ST 达尔曼",同时证监会对公司涉嫌虚假陈述行为立案调查。此后达尔曼股价暴跌,2004 年 12 月 30 日跌破一元面值。2005 年 3 月 25 日,达尔曼被终止上市。根据调查显示,达尔曼从上市到退市,在长达八年之久的时间里都是靠造假过日子的,其造假主要手段之一就是通过赊账,用"应收账款"与"其他应收款"操纵资产负债表。

一、应收账款的审计

(一)应收账款审计目标和审计范围

1. 应收账款审计目标

(1) 确定应收账款是否存在。比如某企业虚拟往来单位,在本年年底销货于下年年初退货,虚增销售收入,这时的应收账款其实是不存在的。虚列应收账款时会计凭证后面所附的原始凭证往往没有正规的销货凭证,审计人员通过检查原始凭证或函证应收账款均能查清虚列应收账款虚增企业利润的事实。

(2) 确定应收账款是否归被审计单位所有。上例中的应收账款因为不存在,所以更谈不上是归被审计单位所有,构不成企业的资产。

(3) 确定应收账款增减变动的记录是否完整。

(4) 确定应收账款是否可收回,坏账准备的计提是否恰当。

(5) 确定应收账款年末余额是否正确。

(6) 确定应收账款在会计报表上的披露是否恰当。

【案例 3-14】 注册会计师李斌审计 H 公司应收账款项目,在实施函证程序时,发现:

(1) A 公司欠款 1 600 万元,收到对方回函,已于 12 月 28 日由银行汇出 1 600 万元。

(2) W 公司欠款 1 800 万元,回函称:经查,我方账面仅欠 1 568 万元,差额 232 万元。

(3) B公司欠款2 500万元,虽已发出函证,但未收到回函。
(4) C公司欠款15万元,回函:已于10月份预付货款25万元,足以抵付欠款。
(5) D公司欠款10万元,收到对方回函:所购货从未收到。

【案例分析】

(1) 检查12月28日以后的银行存款日记账、对账单,确定该货款的到账时间及其会计处理。注册会计师一般会判断可能是未达账项造成的差异,所以注册会计师应确认公司收到该款项的时间,确定在12月31日应收账款是否存在。

(2) W公司欠款1 800万元,回函称"经查,我方账面仅欠1 568万元,差额232万元"。审查与应收账款相关的销售凭证,进一步确认应收账款金额,主要审查有无存在经济纠纷,如有,应当及时处理,避免应收账款长期挂账。

(3) 再次向B公司发函询证,检查该业务的销售合同、销售发票、发运凭证等。

(4) 调整分录为:

借:预收账款　　　　　　　　　　　　　　　　　　　　　　　　　150 000
　　贷:应收账款　　　　　　　　　　　　　　　　　　　　　　　　　　150 000

(5) 进一步检查该业务的销售合同、销售发票、发运凭证等,有无存在虚列挂账单位虚增销售收入的行为。

2. 应收账款审计范围

应收账款审计涉及的凭证和账簿包括顾客订货单、销货通知单、发货单、销售发票、销售汇总表、销售明细账及总分类账、应收账款明细账及总分类账、现金及银行存款日记账及总分类账。

(二) 应收账款的实质性测试程序

1. 核对应收账款

应收账款明细表可向被审计单位索取或由审计人员自行编制。如果是向被审计单位索取来的,则审计人员应对该表进行独立审查,对明细表中所列的应收账款进行抽查,追查至明细账及会计凭证,对明细账中的借、贷方发生额及余额加以验算,并查明账证是否一致。如果是审计人员自行编制的,则应复核加计是否正确,并与报表数、应收账款总账余额和明细账余额合计数进行核对。如果不相符,应查明原因,并形成记录,进行相应的调整。对于出现贷方余额的项目,应查明原因,必要时做分类调整。

【案例3-15】 注册会计师海明审计M公司应收账款明细账时发现:

(1) 加计所有明细账户的借方余额与贷方余额,其净额与总分类项目余额相符。

(2) 发现应收账款项目中有A单位欠款1 200万元,经查账龄已在3年以上,据查A单位到法院办理了破产程序,M公司未及时申请债权权益。

要求:对应收账款进行审计。

【案例分析】

(1) 应收账款明细账贷方金额其实属于预收账款的借方金额,应做分类调整。

(2)因 A 单位到法院办理破产程序时 M 公司未及时申请债权权益,且查账龄已在 3 年以上,应做坏账处理,不能长期挂账。

2. 应收账款账龄分析

应收账款账龄是指资产负债表中的应收账款从销售实现、产生之日起至报表日止所经历的时间间隔。通过编制或索取应收账款账龄分析表,并结合函证结果来分析应收账款的账龄,有助于审计人员了解和分析应收账款收回的可能性。应收账款账龄分析表的格式如表 3-8 所示。

表 3-8 应收账款账龄分析表

年 月 日　　　　　　　　　　　　　　　　　　　　　　　　　　　　　　单位:元

顾客名称	期末余额	账　龄			
		1 年以内	1~2 年	2~3 年	3 年以上
合　计					

3. 向债务人函证应收账款

应收账款函证就是直接发函给被审计单位的债务人,要求核实被审计单位应收账款的记录是否正确的一种审计方法。函证的目的是证实应收账款账户余额的真实性、正确性,有关证明债务的存在和记录的可靠性,防止或发现被审计单位及其有关人员在销售业务中发生的差错或弄虚作假、徇私舞弊行为。

(1)函证的范围和对象。

除非有充分证据表明应收账款对被审计单位财务报表而言是不重要的,或者函证很可能是无效的,否则,注册会计师应当对应收账款进行函证。如果注册会计师不对应收账款进行函证,应当在工作底稿中说明理由。如果认为函证很可能是无效的,注册会计师应当实施替代审计程序,获取充分、适当的审计证据。函证数量的多少、范围是由诸多因素决定的,主要有:

① 应收账款在全部资产中的重要性。若应收账款在全部资产中所占的比重较大,则函证的范围应相应大一些。

② 被审计单位内部控制的强弱。若内部控制制度较健全,则可以相应减少函证面;反之,则应相应扩大函证范围。

③ 以前期间的函证结果。若以前期间函证中发现过重大差异,或欠款纠纷较多,则函证范围应相应扩大一些。

④ 函证方式的选择。若采用积极的函证方式,则可以相应减少函证量;若采用消极的函证方式,则要相应增加函证量。

(2)函证的方式。

应收账款的函证方式通常有两种,即肯定式函证和否定式函证。

肯定式函证又称为积极式函证。如果采用肯定式函证方式,注册会计师应当要求被询证者在所有情况下必须回函,确认询证函所列示信息是否正确,或填列询证函要求的信息。当符合下列情况时,采用肯定式函证较好:一是被审计单位个别账户的欠款金额较大;二是注册会计师有理由相信欠款可能存在争议、差错等问题。应收账款肯定式询证函格式如下所示:

应收账款肯定式询证函

(债务人名称):

　　因审计需要,恳请核实下列截至×年×月×日贵公司所欠我们账款的真实性和正确性,金额为:(每笔欠款的日期及余额和欠款总额的列示)。核实后请填写下端空白,并将此信用附上的已贴邮票的信封回寄××会计师事务所。

　　本函并非催款单,仅作审计询证之用,不作其他用途。衷心感谢你们的合作。

(被审计单位名称及经办人签章)
年　月　日

××会计师事务所:

　　根据本公司账户记录,除下面所述外,截至×年×月×日应付账款××元中的其他各项是正确的。

(单位名称及经办人签章)
年　月　日

否定式函证又称消极式函证,它也是向债务人发出询证函,但只要求在不同意询证函的金额时才复函,否则就意味着认可了函证的金额。当符合下列情况时,可以采用否定式函证:一是被审计单位相关的内控制度是有效的,固有风险和控制风险评估为低水平。二是注册会计师预收应收账款差错率低。三是欠款余额小的债务人数量很多。四是注册会计师有理由确信大多数被询证者能正确对待询证函,并对不正确的情况予以反馈。有时候两种函证方式结合起来使用可能更适宜。对于大金额账项采用肯定式函证,对于小金额账项采用否定式函证。应收账款否定式询证函格式如下所示:

应收账款否定式询证函

(债务人名称):

　　因审计需要,恳请核实下列截至×年×月×日贵公司所欠我们账款的真实性和正确性,金额为:(每笔欠款的日期及余额和欠款总额的列示)。核实后若与贵公司的记录不符,请将差异数额回寄××会计师事务所。

　　本函并非催款单,仅作审计询证之用,不作其他用途。衷心感谢你们的合作。

(被审单位名称及经办人签章)
年　月　日

【案例 3-16】　注册会计师在对甲公司进行审计时,考虑对表 3-9 所列应收账款进行函证,在不考虑样本量的前提下,指出注册会计师应选择的函证对象,并说明理由。

表 3-9 应收账款汇总表

单位名词	金 额	账 龄	备 注
A 公司	20 000 000	2.5 年	
B 公司	100 000	1 年内	
C 公司	30 000	2 年	因产品质量问题发生纠纷
D 公司	4 000	1.5 年	甲公司的子公司
E 公司	300 000	3 年	

【案例分析】

注册会计师对 A、C、D、E 公司进行肯定式函证。

A 公司，属于金额大的应收账款，采用肯定式函证。

C 公司，属于有纠纷的应收账款，采用肯定式函证。

D 公司，属于关联方的应收账款，采用肯定式函证。

E 公司，属于账龄长的应收账款，也采用肯定式函证。

(3) 函证时间的选择。

为了发挥函证的作用，在选择函证发送的时间时，应选择与资产负债表日接近的时间。同时要考虑到对方复函的时间，尽可能做到在审计人员的审计工作结束前取得函证的全部资料。

(4) 函证的控制。

审计人员应直接控制询证函的发送和收回，询证函必须由审计人员亲自邮寄，并保证复函直接寄到审计人员手中。对于无法投递退回的信函要进行分析、处理，查明是由于债务人地址差错，还是假账。对于肯定式函证未收到回复的，应再次发送第二次甚至第三次询证函，若仍未答复，审计人员应采用必要的替代程序，如通过销售有关凭证的检查，来验证这些应收账款的真实性。一般审计人员应编制函证结果汇总表来加以控制(见表 3-10)。

表 3-10 应收账款函证结果汇总表

序 号	债务人名称	债务人地址	函证日期		账面金额	函证结果	差异金额及说明	审定金额
			第一次	第二次				

(5) 函证结果差异分析。

收回的询证函若有差异，审计人员要对此进行分析，寻找差异的原因，必要时可与债务人直接联系，做进一步核实，并要求被审计单位做必要调整。产生差异的原因可能是由于购销双方入账的时间不同，也有可能是由于一方记账错误，当然也可能是其中有弄虚作假或舞弊的行为存在。由于入账时间不同而产生的差异，应予以调节分析。其主要表现为：

① 询证函发出时,债务人已付款,而被审计单位尚未收到。
② 询证函发出时,被审计单位货物已发送并已做销售记录,债务人尚未收到货物。
③ 债务人将货物退回,而被审计单位尚未收到。
④ 债务人对于货物全部或部分拒付。

(6) 函证结果的总结与评价。

审计人员应对函证结果做如下评价:

① 过去对内部控制的评价是否恰当;分析性复核是否恰当;相关的风险评价是否恰当。

② 函证结果表明没有审计差异,则审计人员可以合理地推断全部应收账款总体是正确的。

③ 函证结果存在审计差异,审计人员应当估算应收账款总额中可能出现的累计差错是多少,估算未被选中进行函证的应收账款的累计差错是多少。为取得对应收账款累计差错更准确的估计,可以扩大函证范围。

【案例 3-17】 注册会计师,在对某公司应收账款审计时采取了如下审计程序,具体如表 3-11 所示。

表 3-11 应收账款函证汇总表

函证方式	账户数量	金 额(元)
积极式函证	50	120
消极式函证	100	120
未函证	508	360
合 计	658	600

表 3-11 显示,积极式函证客户数占应收账款总数的 7.6%,消极式函证客户数占应收账款总数的 15.2%,而未函证客户数占应收账款总数的 77.2%。此外,按各种方式占应收账款的总金额比重分别为 20%、20%、60%。注册会计师对上述审计程序的安排理由是由于受到取证及时性和经济性的制约,不可能对所有的应收账款都采用积极式函证,其中 508 家之所以没有函证,主要是因为每笔的金额相对较少。

要求:说明此函证程序是否恰当。

【案例分析】

通过本案例的案情介绍可以看出,注册会计师在安排应收账款审计程序时,考虑取证的经济性、及时性,而将函证分成不同方式是正确的,但是,在确定哪些客户用"积极式函证"、哪些用"消极式函证"、哪些客户不函证方面,存在严重失误。因为不论从数量上还是从金额上,积极式函证所占的比重太小,而未函证的比重太大,这样就加大了审计风险。

4. 审查未函证的应收账款

审计人员对未予函证的应收账款,应抽查有关原始凭证,如销售合同、销售订单、销售发票副本及发货凭证等,以验证这些应收账款的真实性。

5. 确定应收账款在资产负债表上是否已恰当披露

审计人员应注意"应收账款"项目的数额是否根据"应收账款"及"预收账款"账户所属明细账的期末借方余额的合计数填列。

【案例3-18】 审计人员对某公司2021年"应收账款"项目进行审计。该公司应收账款总计250万元,有40个明细账,审计人员决定抽样函证。在检查回函情况时发现以下现象:

(1) A公司欠款80万元,对方回函声明已于2021年12月30日由银行汇出80万元;
(2) B公司欠款5万元,未收到回函;
(3) C公司欠款50万元,对方回函称2021年11月已预付5万元;
(4) D公司欠款15万元,对方称所购货物并未收到。

要求:对于上述情况,审计人员应如何实施审计程序验证。

【案例分析】

审计人员实施了以下程序:

(1) 审阅该公司2022年有关凭证,证实A公司的付款确已于2021年1月5日入账;
(2) 采用替代程序证实B公司确实欠款7万元;
(3) 审阅该公司2021年11月的有关凭证,查明C公司预付账款5万元确实已收到,货物尚未发出。提请该公司做调整分录:

借:预收账款　　　　　　　　　　　　　　　　　　　　　　　　500 000
　　贷:应收账款　　　　　　　　　　　　　　　　　　　　　　　　　　500 000

(4) 检查该公司2021年的货运凭证,发现货物确已运出,将货运凭证复印件寄送D公司重新查证。

(三) 应收账款的重分类调整以及类似重分类调整

应收账款明细账的余额一般在借方,表示被审计单位应收而未收的债权。如果某一应收账款明细账的余额在贷方,此时其性质不是应收债权,而是预收款项。

【案例3-19】 某企业应收账款各明细账情况如下:

应收账款——A公司　200万元
　　　　　——B公司　700万元
　　　　　——C公司　1 000万元
　　　　　——D公司　-500万元
　　　　　——E公司　800万元

要求:指出其存在的问题。

【案例分析】

应收账款——D公司-500万元其经济含义不是应收账款,而是预收账款。因此,被审计单位应在编制财务报表时做重分类调整。即:

借:应收账款——D公司　　　　　　　　　　　　　　　　5 000 000
　　贷:预收账款——D公司　　　　　　　　　　　　　　　　　5 000 000

【案例3-20】 某企业预收账款各明细账情况如下:

预收账款——A公司　200万元
　　　　——B公司　400万元
　　　　——C公司　－100万元
　　　　——D公司　80万元

要求:请指出其存在的问题。

【案例分析】

预收账款——C公司－100万元其经济含义不是预收账款,而是应收账款,被审计单位应在编制财务报表时做重分类调整。即:

借:应收账款——C公司　　　　　　　　　　　　　　　　1 000 000
　　贷:预收账款——C公司　　　　　　　　　　　　　　　　　1 000 000

常见的需要重分类的项目

(1) 应收账款与预收账款。

(2) 应付账款与预付账款。

(3) 持有至到期投资中属于"一年内到期的持有至到期投资",在填列财务报表项目时,应从"持有至到期投资"中扣除,填列在流动资产"一年内到期的流动资产"这个报表项目内。

(4) 在长期负债中的"长期借款、应付债券、长期应付款",属于一年内将要还款或者承兑时,就应从"长期借款、应付债券、长期应付款"项目中扣除,放在流动负债类的"一年内到期的非流动负债"内填列。

(5) 银行存款中如果存在一年以上定期存款,不应放在流动资产货币资金中填列报表项目,而应放在"其他非流动资产"中填列。

(四) 坏账准备的审计

1. 坏账准备的审计目标

坏账是指企业无法收回或收回的可能性极小的应收款项。由于发生坏账而产生的损失,称为坏账损失。企业对坏账损失的核算,通常采用备抵法。在备抵法下,企业每期末要估计坏账损失,设置"坏账准备"账户。坏账准备的审计目标一般包括以下四个方面:

(1) 确定计提坏账准备的方法和比例是否恰当,坏账准备的计提是否充分。

(2) 确定坏账准备增减变动的记录是否完整。

(3) 确定坏账准备期末余额是否正确。

(4) 确定坏账准备的披露是否恰当。

2. 坏账准备的实质性测试程序

坏账准备的实质性测试程序一般包括以下步骤:

(1) 审查坏账准备的计提。注册会计师主要应查明坏账准备的计提比例是否符合会计准则的规定,计提的数额是否恰当,会计处理是否正确,前后期是否一致。

(2) 审查坏账损失。对于被审计期间内发生的坏账损失,注册会计师应检查其原因是否清楚,是否符合有关规定,有无授权批准,相应的会计处理是否正确。

(3) 审查长期挂账应收账款。注册会计师应审查应收账款明细账及相关原始凭证,查找有无资产负债表日后仍未收回的长期挂账应收账款,如有,应提请被审计单位做适当处理。

(4) 检查函证结果。对债务人回函中反映的例外事项及存在争执的余额,注册会计师应查明原因并进行记录,必要时应建议被审计单位做相应的调整。

(5) 执行分析程序。通过计算坏账准备余额占应收款项余额的比例,并和以前期间的相关比例核对,检查分析其重大差异,以发现有重要问题的审计领域。

(6) 确定坏账准备的披露是否恰当。企业应当在财务报表附注中清晰地说明坏账的确认标准、坏账准备的计提方法和计提比例,并应区分应收账款和其他应收款项目,按账龄披露坏账准备的期末余额。

【案例 3-21】 ABC公司年末应收账款总账的余额为3 000万元,其所属明细账中有借方余额的合计数为3 100万元,有贷方余额的合计数为100万元,其他应收款总账余额为1 500万元,该公司采用余额百分比法计提坏账准备,计提比例为1‰,计提金额为21万元。坏账准备账户记录详见表3-12。

表3-12 坏账准备明细账 单位:万元

日 期	凭证字号	摘 要	借 方	贷 方	余 额
1月1日		上年结转			40(贷方)
6月8日	转字74	核销坏账	6		34(贷方)
9月13日	转字185	核销坏账	10		24(贷方)
12月31日	转字369	计提本年的坏账准备			45(贷方)

要求:根据上述资料,对ABC公司坏账准备的计提进行审查并提出审计意见。

【案例分析】

该公司坏账准备的计提金额有误。对于应收账款明细账中的贷方余额不应计提坏账准备,因其相当于预收账款,应对其进行重新分类,归入负债方。

年末计提坏账准备的基数=3 100+1 500=4 600(万元)

当年应提取的坏账准备=4 600×1‰-24=22(万元)

该公司少提坏账准备=22-21=1(万元)

注册会计师建议该公司做出调整,调整分录为:

借:资产减值损失　　　　　　　　　　　　　　　　　　　　10 000
　　贷:坏账准备　　　　　　　　　　　　　　　　　　　　　　　　10 000

【案例 3-22】 W公司会计政策规定,对应收款项采用账龄分析法计提坏账准备。

根据债务单位的财务状况、现金流量等情况,确定坏账准备计提比例分别为:账龄1年以内的(含1年,以下类似),按其余额的10%计提;账龄1~2年的,按其余额的30%计提;账龄2~3年的,按其余额的50%计提;账龄3年以上的,按其余额的80%计提。W公司2021年12月31日未经审计的应收账款账面余额为51 929 000元,上月的坏账准备贷方余额6 364 900元。应收账款账面余额明细情况如表3-13所示。

表3-13 应收账款账面余额明细情况表

客户名称	1年以内	1~2年	2~3年	3年以上
应收账款——A公司	35 150 000	500 000	932 000	
应收账款——B公司	2 000 000	15 100 000	54 000	
应收账款——C公司	600 000		25 000	
应收账款——D公司	9 500 000	−12 000 000		
应收账款——E公司				68 000
小　计	47 250 000	3 600 000	1 011 000	68 000

要求: 如果不考虑审计重要性水平,针对资料中事项,请回答A和B注册会计师是否要提出审计处理建议?若需提出审计调整建议,请直接列示审计调整分录。

【案例分析】

针对资料中事项,A和B注册会计师应提请W公司做以下报表重分类调整分录:

借:应收账款——D公司　　　　　　　　　　　　　　　12 000 000
　　贷:预收账款——D公司　　　　　　　　　　　　　　　　12 000 000

W公司应按账龄分析法补提应收账款坏账准备,补提数
=[47 250 000×10%+(3 600 000+12 000 000)×30%+1 011 000×50%+
68 000×80%]−6 364 900
=(4 725 000+4 680 000+505 500+54 400)−6 364 900
=3 600 000(元)

故对上述事项,A和B注册会计师还应提请W公司做以下审计调整分录:

借:资产减值损失——计提的坏账准备　　　　　　　　　3 600 000
　　贷:坏账准备　　　　　　　　　　　　　　　　　　　　3 600 000

二、应收票据的审计

近年来,我国商业汇票的应用日益广泛,特别是进行大宗交易的钢铁、家电等行业企业的应收票据占企业总资产的比重较大,应收票据的审计也越来越重要。

(一)应收票据的审计目标

(1)确定应收票据是否存在。

(2)确定应收票据是否归被审计单位所有。

(3)确定应收票据增减变动的记录是否完整。

(4) 确定应收票据是否有效,可否收回。

(5) 确定应收票据年末余额是否正确。

(6) 确定应收票据在会计报表上的披露是否恰当。

(二) 应收票据的审计范围

企业销售实现时,收到客户承兑的商业汇票,就产生了应收票据。应收票据是以书面形式表现的一种债权资产,其款项具有一定的保证。另外,持有人背书后的应收票据可提交银行进行贴现,具有较大的灵活性。由于应收票据是在企业赊销业务中产生的,因此,对应收票据的审计也必须结合企业赊销业务一起进行。企业通过应收票据进行赊销时,一般要进行销货、收取票据、计息、贴现、收款等活动,在此过程中要涉及一些凭证和账簿,这些都是应收票据审计的范围。

(三) 应收票据的审计要点

(1) 核对应收票据明细账与总账是否相符。

(2) 取得或编制应收票据余额明细表,如表 3-14 所示。

表 3-14 应收票据余额明细表

截至　年　月　日

被审计单位：　　　　　　　　　　　　　　　　　　　　　　　　　　　　　　　页次：

种类及编号	被审计单位提供					期后收款情况	查验索引	调整数		调整索引	审定金融
	票据内容										
	出票者	出票日	收款日	是否带息	金额			借	贷		
1. 银行承兑汇票											
小计											
2. 商业承兑汇票											
小计											
合计											
审计说明:明细合计与总账、报表数一致(　),不一致(　)。											

资料提供人：　　　审核员：　　　日期：　　　复核员：　　　日期：

应收票据余额明细表通常应包括出票者、出票日、收款日、金额、利率等资料。审计人员应审查明细表中各项余额的加计是否正确,并抽查部分票据,核对相关文件,追查至明细分类账和总分类账。

(3) 监盘库存票据。审计人员应对存放于被审计单位的票据进行监盘,以确认票据是否存在。在监盘时,应注意票据的种类、号数、签收日期、到期日、票面金额、合同交易号、付款人、承兑人、背书人及利率、贴现日期、贴现率、收款日期、收回金额等是否与应收票据登记簿的记录相符。

(4) 函证应收票据。审计人员可向部分被审计单位应收票据客户发函询证,以便确认应收票据的存在性和可收回性。

(5) 审查应收票据的利息收入。审计人员应依据应收票据余额明细表所列的票据内容,计算当年应收票据的应计利息额,并与利息收入的账面记录进行核对。若核对不符,应加以分析,特别要注意"财务费用"明细账上与任何票据不相关的利息收入。这些利息收入,可能表明被审计单位存在入账的票据。

(6) 审查已贴现的应收票据。审计人员应着重审查其贴现额、贴现利息的计算是否正确,会计处理方法是否恰当。

(7) 确定应收票据在资产负债表上是否恰当披露。审计人员应审查资产负债表中应收票据项目所列金额是否与审定数相符,是否已剔除已贴现票据;对已贴现的商业承兑汇票是否已在报表补充资料内予以说明。

【案例 3-23】 审计人员审查某公司应收票据时,发现上年度12月20日贴现一张票面金额为40 000元、利率为6%、90天到期的带息应收票据。该公司已持有该票据60天,按8%的贴现率进行贴现,该公司账户已记载所得贴现款为39 733.33元,没有银行出具的有关凭证。其账务处理如下:

借:银行存款　　　　　　　　　　　　　　　　　　　　　39 733.33
　　财务费用　　　　　　　　　　　　　　　　　　　　　　　266.67
　　贷:应收票据　　　　　　　　　　　　　　　　　　　　　　　　40 000

要求:该应收票据贴现款计算是否正确? 应如何处理?

【案例分析】

审计人员对该笔应收票据贴现款进行重新计算:

本金	40 000
利息(40 000×6%×90÷360)	600
到期价值	40 600
减:贴现息(40 600×8%×30÷360)	270.67
贴现额	40 329.33

计算结果显示,该笔应收票据贴现款的计算是不正确的。由于没有银行的相关凭证,少记的应收票据贴现所得款596元(=40 329.33-39 733.33)很可能是经手人贪污利息,应进一步收集证据,确定问题的性质,追求相关人员的责任。同时应提请被审计单位调整:

借:其他应收款——××　　　　　　　　　　　　　　　　　　596
　　贷:以前年度损益调整　　　　　　　　　　　　　　　　　　　596

【案例 3-24】 审计人员于2022年1月对某企业应收票据审计时发现该企业在2021年12月20日将一张票面金额为2 000 000元、利率为2.16%的带息银行承兑汇票贴现。该票据出票日期为2021年10月21日,票据期限为90天,开户银行按2.475%的贴现率贴现,该企业实得贴现款 1 995 852.72 元,但记账凭证附件中却无银行出具的相关原始凭证。企业贴现日所做会计分录为:

　　借:银行存款　　　　　　　　　　　　　　　　　1 995 852.72
　　　　财务费用　　　　　　　　　　　　　　　　　　　　4 147.28
　　　贷:应收票据　　　　　　　　　　　　　　　　　　　　　2 000 000

要求:(1) 根据上述资料计算该公司应得的贴现收入,并判断可能存在的问题。

(2) 应如何调整账面记录(所得税税率为 25%)?

【案例分析】

该票据到期日为 2022 年 1 月 19 日。企业于 2021 年 12 月 20 日持票到银行贴现。截至贴现日,企业已经持有票据 60 天,贴现天数为 30 天。

审计时计算的票据贴现为:① 到期值=2 000 000+2 000 000×2.16%×90÷360=2 010 800(元);② 贴现息=2 010 800×2.475%×30÷360=4 147.28(元);③ 实得贴现款=2 010 800-4 147.28=2 006 652.72(元)。这个计算结果与企业账面记录有很大的差异。上年度正确的会计分录应为:

　　借:银行存款　　　　　　　　　　　　　　　　　2 006 652.72
　　　贷:应收票据　　　　　　　　　　　　　　　　　　　　　2 000 000
　　　　 财务费用　　　　　　　　　　　　　　　　　　　　　　6 652.72

该笔业务本应使企业冲减财务费用 6 652.72 元,而企业误记为"财务费用"科目的借方增加 4 147.28 元,即多计了财务费用 10 800 元(=6 652.72+4 147.28),因此应予以调整。(负责票据贴现业务的会计人员有贪污利息之嫌)

首先,因财务费用已经作为期间费用在上年度的利润总额中扣除,所以本年度不能再调整"财务费用"科目,只能通过"以前年度损益调整"科目进行调整。应编制调整分录:

　　借:其他应收款——××会计　　　　　　　　　　　10 800
　　　贷:以前年度损益调整　　　　　　　　　　　　　　　　10 800

待收到××会计归还款项时,做会计分录:

　　借:库存现金(或银行存款)　　　　　　　　　　　10 800
　　　贷:其他应收款——××会计　　　　　　　　　　　　10 800

其次,应补缴因增加利润所缴纳的所得税。企业的所得税税率为 25%,所以应补缴所得税 2 700 元(=10 800×25%),调整分录为:

　　借:以前年度损益调整　　　　　　　　　　　　　　2 700
　　　贷:应交税金——应交所得税　　　　　　　　　　　　2 700

三、预付账款及其他应收款审计

(一)预付账款的审计要点

(1) 核对预付账款明细账与总账余额是否相符。

(2) 取得或编制预付账款明细表。

(3) 选择预付账款的重要项目,函证年末余额的正确性。

(4) 抽查入库记录,审查有无重复付款或将同一笔已付清的账款在预付账款和应付账款两个账户同时挂账的情况。

(5) 确定预付账款在资产负债表上是否恰当披露。

【案例 3-25】 审查某企业"预付账款"项目,发现有预付 K 公司货款 80 万元。在"应付账款"科目有应付 K 公司货款 50 万元。审计人员向被审计单位会计主管查询后,查明是由于货物办理入库时未说明应冲转原来已预付的货款所引起的,应提请被审计单位调整的分录为( )。

A. 借记"应付账款",贷记"预付账款"50 万元
B. 借记"应付账款",贷记"预付账款"80 万元
C. 借记"预付账款",贷记"应付账款"50 万元
D. 借记"预付账款",贷记"应付账款"30 万元

【案例分析】

这是"预付账款"与"应付账款"同时挂账的情况。调整分录应为 A。

(二) 其他应收款的审计要点

(1) 取得或编制其他应收款明细表,复核加计数是否准确,是否与总账及明细账相符,并标明截至审计日已收或转销的项目。

(2) 选择金额较大和异常项目进行函证或审查原始凭证。

(3) 对于长期未能收回的项目,应查明原因,确定是否存在长期挂账进行舞弊的行为。

(4) 审查转为坏账损失的项目,是否经合规的审批。

(5) 确定其他应收款在资产负债表上是否恰当披露。

【案例 3-26】 审计人员在审计"其他应收款"项目时发现"其他应收款"明细账的摘要含糊不清,并且发生额都是整数,十分可疑。其他应收款账户的金额一般较小,往往不会引起经营者的注意,但是,正是因为其金额较小,很难做到每笔支出都为整数。

【案例分析】

审计人员根据明细账中的记录,调阅有关的记账凭证:

借:其他应收款——甲企业　　　　　　　　　　　　　　　30 000
　　贷:库存现金　　　　　　　　　　　　　　　　　　　　　　30 000

审计人员发现在记账凭证之后没有任何的原始凭证,而其他几张凭证的内容和这张凭证大同小异,只是金额不同,几张可疑的凭证加起来的金额共计 50 000 元。审计人员检查应收款收回时的会计凭证,内容为:

借:银行存款　　　　　　　　　　　　　　　　　　　　　　50 000
　　贷:其他应收款——甲企业　　　　　　　　　　　　　　　　50 000

在记账凭证的后面附有银行进账单,付款单位为甲企业。从这些分录的对应关系上看,公司并没有实际的经济损失,但是现金出去后回来的是银行存款,很可能存在利用该

账户为其他单位套取现金的可能性。在进一步的调查中,审计人员询问了有关的当事人,有人反映会计人员经常以公司购买办公用品、预提差旅费等名义将现金从银行取出,再交给甲企业。审计人员对该名会计人员进行询问,得知由于国家现金管理严格,故其利用工作之便,将现金转给甲企业,并从中间按5%提取好处费,共收取好处费2 500元。她认为甲企业在收到现金后将款项以银行存款的形式转回,并不影响公司的经营,没有造成损失。

该问题属于会计人员故意违反现金管理制度,为其他单位非法套取现金,并从中获利。这一问题还与公司财务管理上内部控制制度的漏洞有关,很多人看在多年共事的份上,睁一只眼闭一只眼,在审核及批准上不够严格,使会计人员有机可乘。

任务 3.3　存货审计

案例导入

康美药业陷入造假丑闻之最 存货价值奇高令人质疑

2019年4月30日凌晨,康美药业发布了其2018年年度报告和《关于前期会计差错更正的公告》(下称"公正公告"),引爆了A股市场2018年以来最大的地雷。会计差错更正公告显示,康美药业对2017年度合并财务报表进行了追溯调整,调整科目涉及资产负债表、利润表和现金流量表,共计22个报表项目,尤为引人注目的是,其货币资金余额调减金额高达近300亿元,存货少计195.46亿元,也印证了长期以来市场对其账面货币资金余额虚高的质疑。

更正公告大幅调高了存货账面价值,调整以后,2018年12月31日的存货账面价值为342.10亿元,2017年12月31日为352.47亿元。调整后的存货异常偏高,远远超出了正常经营活动所需要的规模,为何要长期保持如此高的存货规模? 账面300多亿元的存货是否货真价实? 如果巨额账面存货不实,只是以一个谎言掩盖另一个谎言,那么,谎言背后的真相究竟是什么?

在康美药业2018年年度报告附注7的存货中,具体构成:原材料、在产品、库存商品、周转材料和消耗性生物资产应该对应的是康美药业的医药和保健食品业务,其金额合计2018年12月31日为307.91亿元,2017年12月31日存货为293.55亿元。开发成本和开发产品对应的是物业租售业务。

在企业经营过程中,存货出售后结转到利润表中的营业成本。康美药业2018年年度报告中披露了主营业务分产品和分行业的信息。

由于康美药业未披露存货更加具体的构成信息:中药饮片、自制药品、保健食品等的存货,因此,只能计算医药和保健食品存货的总体周转情况。

医药、保健食品在2018年度对应的营业成本为130.27亿元,2017年的营业成本为

104.15亿元,2018年12月31日存货为307.91亿元,2017年12月31日存货为293.55亿元。按此速度,我们可以计算康美药业的存货周转天数,即2018年存货周转天数=365天×307.91亿元÷130.27亿元=862.72天=2.36年;2017年存货周转天数=365天×293.55亿元÷104.15亿元=1 028.76天=2.82年。康美药业的医药存货和保健食品存货的保质期是多少天?哪家医院、哪些消费者会在以后购买康美药业两年前的医药产品和保健食品?

如果康美药业承认上述数据是真实的,那么康美药业卖的是陈年产品;如果康美药业否认产品是陈年的,那么数据就是谎言的一部分。

思考: 存货数据造假对财务报表其他项目有哪些影响?

一、存货审计的目标与范围

存货是指企业在日常活动中持有以备出售的产成品或商品、处在生产过程中的在产品、在生产过程或提供劳务过程中耗用的材料和物料等。存货对企业经营特点的反映能力强于其他资产项目。存货不仅对于生产制造业、批发业和零售行业十分重要,对于服务行业也具有重要性。存货的重大错报对于流动资产、营运资本、总资产、销售成本、毛利以及净利润都会产生直接的影响。存货的重大错报对于其他某些项目,如利润分配和所得税也具有间接影响。审计中许多复杂和重大的问题都与存货有关。正是由于存货对于企业的重要性、存货问题的复杂性以及存货与其他项目密切的关联度,要求注册会计师对存货项目的审计应当予以特别的关注。

(一)存货审计的目标

(1)确定被审计单位资产负债表的存货在会计报表日是否真实存在,并为被审计单位所拥有。

(2)确定被审计单位在特定期间内发生的存货增减变动业务的记录是否完整,有无遗漏。

(3)确定存货的品质状况、存货的跌价计提是否合理。

(4)确定存货的计价方法是否恰当。

(5)确定存货年末余额是否正确。

(6)确定存货在会计报表的披露是否恰当。

(二)存货审计范围

存货的审计范围,就是指企业存货存在的范围与分布的领域。而存货的存在与分布都是由企业经济活动引起的,所以存货的审计范围又可以理解为与存货有关的一切经济活动。在审查中,通常将存货审计的范围予以具体化,主要包括以下方面:

(1)有关存货的内部控制制度,包括这些内部控制制度本身设立的合理性和有效性以及这些内部控制制度在实际执行时的有效性。采购程序:请购单—购货合同—订购单—验收单—入库单—购货发票及有关账户记录。

(2) 对存货订购、验收的有效控制和收发的正确截止,包括订购单位、入库单、出库单的填列、货款的支付、实物数量的清点与品质的鉴定、会计记账的正确截止等方面。

(3) 存货盘存制度与期末存货实际结存数量的认定。为保持账实一致,企业定期盘点制度十分重要。对会计报表的审计而言,企业存货的监盘与抽查是审计范围的重要内容。

(4) 存货的计价与在产品、产成品的成本计算,主要包括存货计价方法、成本计算方法的合理性及运用的一贯性。

(5) 各种存货的品质认定与价值重估,包括库存存货中是否有变质破损品、生产车间是否有残次废品、成品库中是否有残次或陈旧物品等,以及由这些原因引起的存货价值损耗。

二、存货审计要点

(一) 存货实质性程序

审计准则指出,如果存货对财务报表是重要的,注册会计师应当实施下列审计程序,以对存货的存在和状况获取充分、适当的审计证据:在存货盘点现场实施监盘(除非不可行);对期末存货记录实施审计程序,以确定其是否准确反映实际的存货盘点结果。

1. 验证存货明细表和永续记录的正确性及其与存货余额的一致性

注册会计师审查存货,首先应加总存货明细表和汇总表,以测试其计算的正确性。然后,将存货的总分类账余额,同存货汇总表总额和永续存货记录进行核对。这项实质性程序为计价和分摊认定提供证据。

2. 执行实质性分析程序

对存货应用实质性分析程序通常使用以下财务比率,如表3-15所示。

表3-15 存货实质性分析程序常用财务比率

财务比率	计算公式
毛利率	毛利÷主营业务收入
存货周转率(次数)	销售成本÷平均存货
存货周转率(天数)	365÷存货周转率(次数)
存货与流动资产总额之比	存货÷流动资产总额

注册会计师首先计算被审计单位本期的财务比率,然后将其与其他资料(如以前年度资料、预算数和行业统计数等)相比较。如果出现的是正常或预期的结果,那么注册会计师即取得了佐证存货余额的存在、完整性以及计价和分摊认定的证据。相反,如果有异常的波动或结果出现,注册会计师则需要做进一步的调查。

存货周转率的波动可能意味着被审计单位存在以下情况:存货计价方法发生变化;有

意或无意地减少存货储备;存货管理或控制程序发生变动;存货成本项目发生变动;存货核算方法发生变动;存货跌价准备计提基础或冲销政策发生变动;销售额发生大幅度变动。

毛利率的波动可能意味着被审计单位存在以下情况:销售价格发生变动;销售产品总体结构发生变动;单位产品成本发生变动;固定制造费用比重较大时销售数量发生变动;高估或低估期末存货。

(二)存货监盘

存货监盘是指注册会计师现场观察被审计单位存货的盘点,并对已盘点存货进行适当检查。存货监盘的要点如下:

(1)存货盘点是被审计单位的责任。注册会计师的责任是针对存货的存在和状况获取充分、适当的审计证据,包括实施存货监盘等审计程序。

(2)存货监盘是注册会计师实施的观察、询问和检查有形资产等单项审计程序的集合。

(3)存货监盘涉及的程序,既可用作控制测试,也可用作实质性程序,主要取决于注册会计师的风险评估结果、审计方案和实施的特定程序。

(4)如果存货对财务报表是重要的,注册会计师应当实施存货监盘(除非不可行)。

1. 存货监盘的计划

被审计单位实地盘点存货,通常是按照盘点计划进行的。被审计单位的盘点计划应当包括以下内容:负责监督存货盘点的人员姓名;盘点的日期;盘点的地点;盘点的方法及其详细说明;预先编号的存货盘点标签和汇总表的使用与控制;对盘点期间正常的商品收进、发出和移动等活动的处理;区分和确认不属于被审计单位的存货。

注册会计师应在盘点日之前,复核和评价被审计单位的存货盘点计划。如时间充裕,被审计单位应在盘点前按照注册会计师的建议修正其盘点计划。欲使存货监盘程序进行得既有效率又有效果,注册会计师必须事先做好工作计划。在计划存货监盘时,注册会计师需要考虑的相关事项包括与存货相关的重大错报风险;与存货相关的内部控制的性质;对存货盘点是否制定了适当的程序,并下达了正确的指令;存货盘点的时间安排;被审计单位是否一贯采用永续盘存制;存货的存放地点(包括不同存放地点的存货的重要性和重大错报风险),适当的监盘地点;是否需要专家的协助。

【案例3-27】 1. ABC会计师事务所的A注册会计师系XYZ股份有限公司2021年度财务报表审计的外勤负责人。由于存货不仅品种繁多,且金额很大,根据独立审计准则的要求,注册会计师决定对存货实施监盘程序。为制订存货监盘计划,注册会计师在评价被审计单位存货盘点计划时,下列情况中不恰当的有(   )。

A. 被审计单位管理层决定在2022年1月4日进行存货的盘点

B. 参与盘点的人员包括公司领导以及存储、财务、生产、采购等有关部门人员

C. 存放在外的存货不实施存货的盘点

D. 由总经理主持召开盘点动员会,并布置盘点任务

【案例分析】

只要属于企业的存货,无论存放何处企业均应纳入盘点范围,制订相应的盘点计划,因而正确答案为 C。

2. A 注册会计师在设计与存货项目相关的审计程序时,确定了以下审计策略,其中,不正确的是(　　)。

A. 对单位价值较高的存货,以实施实质性测试程序为主

B. 对由少数项目构成的存货,以实施实质性测试程序为主

C. 对单位价值较高的存货,以实施控制测试程序为主

D. 实施实质性测试程序时,抽查存货的范围取决于存货的性质和样本选择方法

【案例分析】

对单位价值较高的存货,应实施百分之百的实质性程序,故选项 A 正确、选项 C 不正确;对由少数项目构成的存货,以实质性测试程序为主,故选项 B 正确;注册会计师实施实质性测试程序时,抽查存货的范围取决于存货的性质和样本选择方法,故选项 D 的审计策略正确。

2. 存货监盘的时间

存货监盘的时间要根据被审计单位存货系统及其内部控制的有效性来决定。在定期盘点制下,存货数量通过实地盘点而确定,所有的盘点都在某一特定日期进行。该日期应是资产负债表日或者是接近资产负债表日的某一天。注册会计师在这一天通常应该在场。

在永续盘存制下,实地盘点可以在期中进行,并将实地盘点数与存货记录相核对。如果被审计单位永续记录保持良好,并定期与实地盘点结果比较,注册会计师则可到场只观察代表性样本存货的实地盘点。在这种情况下,该项审计程序既可能在被审计期间内执行,也可能在该期间结束之后进行。如果在被审计期间内执行,则还应对盘存日至期末的永续记录加以测试;如果在被审计期间结束之后的时间执行,应尽量使盘点的时期接近会计期末,并编制从盘点日至期末的存货余额调节表,以验证会计期末存货余额的正确性。

3. 存货监盘的实施

审计准则规定,在存货盘点现场实施监盘时,注册会计师应当实施四项审计程序。

(1) 评价管理层用以记录和控制存货盘点结果的指令和程序。

在评价管理层用以记录和控制存货盘点结果的指令和程序时,注册会计师需要考虑这些指令和程序是否包括下列方面:

① 适当控制活动的运用,如收集已使用的存货盘点记录,清点未使用的存货盘点表单,实施盘点和复盘程序。

② 准确认定在产品的完工程度,流动缓慢(呆滞)、过时或毁损的存货项目,以及第三方拥有的存货(如寄存货物)。

③ 在适用的情况下用估计存货数量的方法,如可能需要估计煤堆的重量。

④ 对存货在不同存放地点之间的移动以及截止日前后期间出入库的控制。

(2) 观察管理层制定的盘点程序的执行情况。

观察管理层制定的盘点程序(如对盘点时及其前后的存货移动的控制程序)的实施情

况,有助于注册会计师获取有关管理层指令和程序是否得到适当设计和执行的审计证据。

此外,通过观察管理层制定的盘点程序的执行情况,注册会计师还可以获取有关截止性信息(如存货移动的具体情况)的复印件,有助于日后对存货移动的会计处理实施审计程序。

(3) 检查存货。

在存货监盘过程中检查存货,虽然不一定能够确认存货的所有权的存在,以及识别过时、毁损或陈旧的存货。

(4) 执行抽盘。

注册会计师抽查盘点的范围,部分取决于被审计单位职员执行存货盘点时的谨慎程度和存货的性质及其构成。通常情况下,注册会计师是将存货分层,将价值高的存货全部盘点,对于其他存货项目则选取代表性样本进行盘点,但一般不低于存货总数的10%。注册会计师可利用永续存货记录来确认价值高的存货项目和选取测试项目。

注册会计师进行抽查盘点时,应在工作底稿上记录其盘点结果,并完整正确地说明盘点项目的有关信息(如存货编号、计量单位和存放地点等),如表3-16所示。这些资料很重要,不仅有利于注册会计师比较抽查盘点结果和被审计单位盘点的结果,而且还有利于事后追查盘点数至存货汇总表和永续存货记录。在比较时,如果有差异发生,注册会计师必须对此做进一步的调查,除应督促被审计单位更正外,还应扩大抽查盘点的范围,如果发现差错过大,则应要求被审计单位重新盘点。注册会计师通过抽查盘点存货和进行有关的比较,可为存货的存在以及被审计单位盘点、存货汇总表以及永续存货记录的准确性提供证据。

表3-16 抽查盘点存货的审计工作底稿

W/P 索引:E-2

被审计单位:×公司　　　　　编制人:罗明　　　　日期:2021.12.31
资产负债表日:2021.12.31　　复核人:张勇　　　　日期:2022.1.6

盘点标签号码	存货表号码	存货		盘点结果(千克)		差异(千克)
		号码	内容	被审计单位	审计人员	
123	3	1～25	a	100√	150	50
224	20	1～90	b	50√	50	
367	25	2～30	c	2 000√	2 000	
485	31	3～20	d	1 200√	1 500	300
497	60	4～5	e	60√	60	
503	71	6～23	f	1 100√	1 100	
610	80	6～26	g	230√	230	
720	88	7～15	h	70√	70	

以上差异已由被审计单位纠正,纠正差异后使被审计单位存货账户增加500元,抽查盘点的存货总价值为50 000元,占全部存货价值的20%。经追查至存货汇总表(E-5)没有发现其他例外。我们认为错误并不重要。

注:√——已追查至被审计单位存货汇总表并已纠正所有差异。

4. 存货监盘不可行的情形

如果在存货盘点现场实施存货监盘不可行,注册会计师应当实施替代审计程序(如检查盘点日后出售盘点日之前取得或购买的特定存货的文件记录),以获取有关存货的存在和状况的充分、适当的审计证据。

如果不能实施替代审计程序,注册会计师应当按照《中国注册会计师审计准则第1502号——在审计报告中发表非无保留意见》的规定,在审计报告中发表非无保留意见。

5. 存货由第三方保管和控制的情形

如果由第三方保管或控制的存货对财务报表是重要的,注册会计师应当实施下列一项或两项审计程序,以获取有关该存货存在和状况的充分、适当的审计证据。

(1) 向持有被审计单位存货的第三方函证存货的数量和状况。

(2) 实施检查或其他适合具体情况的审计程序。例如,实施或安排其他注册会计师实施对第三方的存货监盘(如可行);获取其他注册会计师或服务机构注册会计师针对用以保证存货得到恰当盘点和保管的内部控制的适当性而出具的报告;检查与第三方持有的存货相关的文件记录,如仓储单;当存货作为抵押品时,要求其他机构或人员进行确认。

(三) 审查存货盘亏调整和损失处理

对于被审计单位发生的存货盘亏与损失,审计人员应检查重大存货盘亏和损失的原因是否合理,其会计处理是否已经获得授权批准,入账是否正确、及时。

(四) 审查存货所有权与质量

审计人员要验证所有存货是否均为被审计单位所有,注意已将存货作为抵押的情况。如果有的存货已作借款抵押必须做出记录并在会计报表附注中加以说明。审计人员还应对存货的质量或性能状况进行必要审查。应特别关注存货明细账上极少变动的存货项目,要查明是否属于退废项目。对于一些高价值或精密技术产品,应要求相关专家协助鉴定。

(五) 审查存货的采购业务

存货的采购业务是存货业务的起点,其相关记录是整个存货记录是否恰当的基础,其采购成本及账务处理是否真实、正确直接影响到存货业务处理的正确性、合法性。审计人员抽查存货的采购业务时应注意以下几个要点:

(1) 存货采购业务是否真实、合法。
(2) 存货采购成本的成本构成及计算是否正确、合规。
(3) 存货验收入库是否真实、正确。
(4) 存货采购业务的账务处理是否正确、合理。

【案例3-28】 审计人员在查阅某制造企业11月"材料采购"明细账时查阅了当月几笔采购材料业务的记账凭证。其中当月6日第13号记账凭证会计分录为:

借:材料采购　　　　　　　　　　　　　　　　　　　　　56 000
　　应交税费——应交增值税(进项税额)　　　　　　　　　7 280

管理费用　　　　　　　　　　　　　　　　　　　　　　　　　3 200
　　　贷：银行存款　　　　　　　　　　　　　　　　　　　　　　66 480

该记账凭证所附的原始凭证为2张增值税专用发票。专用发票上注明该批材料价款56 000元,税额7 280元,增值税税率13%。另一张专用发票上注明运费价税合计3 200元(2019年4月1日起,运输业增值税税率为9%)。

要求：指出上述记录存在的问题并做调整分录。

【案例分析】

按采购材料计价范围的规定,购入材料所发生的运杂费和包装费在扣除运费的进项税额后应计入材料采购成本,不应列为管理费用。企业如此处理,一方面使该批材料的实际成本少记,将影响以后月份经营成果的准确性;另一方面扩大了当月管理费用的列支,影响了企业当期损益的计算。建议企业做如下调整分录：

　　借：材料采购　　　　　　　　　　　　　　　　　　　　　　2 935.78
　　　　应交税费——应交增值税(进项税额)　　　　　　　　　　264.22
　　　贷：管理费用　　　　　　　　　　　　　　　　　　　　　3 200

【案例3-29】 审计人员审查某企业材料采购业务时,发现本年内一笔业务的处理如下：从外地购进原材料一批,共8 500千克,不含税价293 250元,运杂费1 500元。财会部门将原材料价款计入原材料成本,运杂费计入管理费用。材料入库后,仓库转来材料入库验收单,发现材料短缺80千克,查明60千克是运输部门责任引起的短缺,20千克是运输途中的合理损耗,材料买价为每千克34.5元。

要求：(1)根据上述资料,指出企业在材料采购管理工作中存在的问题。

(2)指出是否要求企业做出调整分录？如不需要,为什么？如需要,应如何调整？

【案例分析】

(1)上述资料讲述的材料采购业务,财会部门记账在前,仓库验收在后,财会部门并不以验收单作为记账依据,说明该企业未能很好地执行材料记账、验收相互制约的内部控制制度,不但采购业务容易出错,账簿记录也易混乱或造成账实不符。

财会部门对材料采购成本的处理有误,外地运杂费应计入材料采购成本,而不应计入当期的期间费用。

(2)应要求企业做调整分录,具体为：

　　借：原材料　　　　　　　　　　　　　　　　　　　　　　　1 500
　　　贷：管理费用　　　　　　　　　　　　　　　　　　　　　1 500

对于由于运输部门责任引起的材料短缺应追究其责任,要求赔偿。赔偿前做分录如下：

　　借：其他应收款　　　　　　　　　　　　　　　　　　　　　2 070
　　　贷：原材料　　　　　　　　　　　　　　　　　　　　　　2 070

同时应当调整材料明细账的实际入库数量、总成本和单价。

实际入库数量=8 500-80=8 420(千克)

实际总成本=293 250+1 500-2 070=292 680(元)

实际单位成本=292 680÷8 420=34.76(元)

（六）审查购货业务的年底截止日期

购货业务年底截止日期的确认就是要检查截至当年12月31日，所购入并已包括在12月31日存货盘点范围内的存货，在会计上，存货及其对应的会计科目是否一并记入当年会计报表内。若出现跨期入账的情况，就会影响本年存货和利润的计算。主要的审查方法是抽查存货盘点日前后的购货发票和入库单，核对发票与入库单的日期，以确认购入货物的入账期间。如果仅有入库单，而无购货发票，应注意审核入库单上是否加盖暂估入库的印章，并以暂估价记入本年存货账内，待次年以红字冲销。

（七）审查存货的计价

（1）审查存货计价基础及方法的合理性，审查时应注意以下几个问题：① 被审计单位采用何种计价基础。② 被审计单位运用何种计价方法，是否符合公认会计准则。③ 存货计价方法是否前后期一致。④ 存货计价方法如有变动，是否充分说明对当期和以后各期的影响。

（2）抽查存货项目计价的正确性。① 选取抽查样本。一般应从已经过验证的存货盘点汇总表或明细账中，抽取部分存货会计凭证及相关业务资料作为样本。② 计价测试。对抽取的明细账及会计凭证样本进行测试，并记录结果。③ 将测试结果与账面记录进行比较，找出存在的差异，并分析其形成原因。

【案例3-30】 审计人员对某企业原材料进行审计，有关资料如下：

（1）1月31日，甲材料明细账如表3-17所示。

表3-17 原材料明细账

品名：甲材料　　　　　　　　　　　　　　　　　　　　　　　　　　　　　　　单位：元

2022年		摘要	增加		减少		结存		
月	日		数量	单价	数量	单价	数量	单价	金额
1	1	期初余额					100	50	5 000
1	8	购货	2 000	48			2 100		101 000
1	15	购货	4 000	56.5			6 100		335 000
1	18	生产领用			3 000	58.5	3 100		159 500
1	20	生产领用			2 000	48	1 100		63 500

（2）该企业为增值税一般纳税人，存货按移动加权平均法计价。

1月8日，购入甲材料，总金额为96 000元，未取得增值税专用发票；外地运杂费2 000元，已记入"管理费用"账户。

1月15日，购入甲材料，取得增值税专用发票上注明价税合计数为226 000元，该企业当年适用的增值税税率为13%。

要求：指出存货业务中存在的问题，并提出处理意见。

【案例分析】

(1) 存货入账价值错误：1月8日购货的外地运杂费应计入存货的入账价值，增加栏中的单价应为49元。1月15日购货，其入账价值中不应包含向销售方支付的增值税，单价应该为50元。

(2) 存货计价方法运用错误，发出材料和结存材料的计价均存在错误。

1月8日购入甲材料，单价为49元，结存栏中金额为103 000元，单价为49.05元。

1月15日购入甲材料，单价为50元，结存栏中的金额为303 000元，单价为49.67元。

1月18日生产领用甲材料，单价为49.67元，结存栏中的单价为49.67元，金额为153 977元。

1月20日生产领用甲材料，单价为49.67元，结存栏中的单价为49.67元，金额为54 637元。

经调整后，期末存货余额应减少8 863元(＝63 500－54 637)。

(八) 取得管理当局存货声明书

审计人员应向被审计单位索取有关被审计单位管理当局对存货的完整性和正确性负责的声明书。声明书的内容包括存货的项目、所有权、数量、性能状况、计价基础与方法、期末余额、有无抵押等的声明。声明书的目的是表明被审计单位管理当局对存货盘点及结账日余额承担责任，但并不能减少审计人员应执行的审计程序。

(九) 审查存货项目在资产负债表上是否恰当披露

审计人员应核对资产负债表上存货项目余额与相关账户余额的合计是否相符。会计报表附注中是否充分揭示了存货的计价方法、产品成本的计算方法及其变更情况、变更原因、造成的影响等重要信息。

三、存货跌价准备审计

存货跌价准备是指在年度终了对存货进行全面清查，如由于存货遭受毁损、全部或部分陈旧过时或销售价格低于成本等原因，使存货成本不可收回的部分应当提取的准备金。审查时主要关注以下几个问题：

(1) 存货跌价准备的计提依据是否合理。

(2) 存货跌价准备的结转是否经授权批准。

(3) 存货跌价准备的会计处理是否正确，前后期是否一致。

【案例3-31】 S公司是一家上市公司，注册会计师在进行年度会计报表审计时了解到该公司对存货的期末计价采用成本与可变现净值孰低法。2021年H公司经年末盘点，认定有关存货及其会计处理的信息资料如下：

(1) 库存商品A：账面余额10万元，已提取跌价准备5 000元，该商品市价持续下跌，并且在可预见的未来无回升的希望。H公司对该商品全额补提跌价准备。

(2) 库存商品 B:账面余额 6 万元,无跌价准备,该商品不再为消费者所偏爱,从目前情况分析,其市价将会持续下跌。H 公司全额提取跌价准备。

(3) 库存商品 C:账面余额 20 万元,已提取跌价准备 2 万元,由于此类商品的更新换代,该商品已经落伍,目前已经形成滞销。H 公司全额补提跌价准备。

(4) 库存商品 D:账面余额 50 万元,无跌价准备,目前该商品供销两旺,未发现减值情况。H 公司按 10% 提取跌价准备 5 万元。

(5) 库存商品 E:账面余额 20 万元,无跌价准备,该商品市价持续下跌,并且在可预见的未来无回升的希望。H 公司未计提跌价准备。

(6) 库存原材料 F:账面余额 15 万元,无跌价准备,现有条件下使用该原材料生产的产品成本大于产品的销售价格。H 公司未计提跌价准备。

要求:指出上述处理中存在的问题,并提出相应建议。

【案例分析】

依据上述认定资产减值准备的基本条件进行分析:

(1) 库存商品 A、B、C 均不应全额计提跌价准备。A 商品只是市价下跌、价值减少,但仍有一定的使用价值和转让价值;B 商品虽然不为消费者所偏爱,但也只是价值下跌,还未到完全丧失价值的程度;C 商品即使已经滞销,但起码还有转让价值。应建议 S 公司首先根据各种存货的物理状况及减值情况,推断出其期末应提足的跌价准备数额,然后与已提取的跌价准备比较,按其差额补提存货跌价准备。

(2) 库存商品 D,由于没有任何减值的迹象,H 公司按 10% 的比例计提了 5 万元的跌价准备,这没有根据。应建议 S 公司调账,冲回所提取的跌价准备。

(3) 库存商品 E 和原材料 F 实际上已经发生了减值,而 H 公司却未计提相应的跌价准备。应建议 S 公司根据具体情况确定计提减值准备的数量,并做相应的调账处理。

【案例 3-32】 甲公司 2021 年 12 月 31 日库存配件 100 套,每套配件的账面成本为 30 万元,市场价格为 25 万元。该批配件专门用于加工 100 件 A 产品,将每套配件加工成 A 产品尚需投入 42.5 万元。A 产品 2021 年 12 月 31 日的市场价格为每件 71.75 万元,估计销售过程中每件将发生销售费用及相关税费 3 万元。该配件此前未计提存货跌价准备,则甲公司 2021 年 12 月 31 日该配件应计提的存货跌价准备为(　　)万元。

A. 0　　　　　B. 75　　　　　C. 375　　　　　D. 500

【案例分析】

配件是专门用于生产 A 产品的,所以应先判断 A 产品是否减值。

A 产品可变现净值 $=100\times(71.75-3)=6\,875$(万元)

A 产品成本 $=100\times(30+42.5)=7\,250$(万元)

A 产品成本高于其可变现净值,所以 A 产品发生减值,那么配件也发生了减值。

配件可变现净值 $=100\times(71.75-42.5-3)=2\,625$(万元)

配件成本 $=100\times30=3\,000$(万元)

所以,配件应计提的存货跌价准备 $=3\,000-2\,625=375$(万元)

所以正确答案为:C。

任务 3.4　固定资产审计

案例导入

麦科特(惠州)光学机电有限公司成立于1999年,其控股公司为麦科特集团。麦科特集团的上市冲动,至少不迟于1997年就已付诸行动。麦科特旗下看似业务庞杂且实力颇强,但拿出满足条件的资产来上市却相当不易。为此,麦科特集团造假手段之一是将麦科特(惠州)光学机电有限公司在1993年11月8日至1998年12月18日期间已进口的机器设备由原进口报关价格13 450 120港元提高到108 086 735.69港元,价格虚增94 636 615.69港元,由惠州市海关出具了内容虚假的《中华人民共和国海关对外商投资企业减免税进口货物解除监管证明》,从而确定上述进口机器设备产权归属麦科特(惠州)光学机电有限公司所有。2000年8月7日,麦科特在深交所上市交易的开盘价是15.47元,2000年10月23日达到最高价28.5元,在中国证监会宣布麦科特欺诈上市后,股价于2002年1月23日跌至最低价3.98元(其间曾有送配,相当于复权价7.26元)。以麦科特股价的最高价与最低价价差来计,投资者的名义损失最大为14.868亿元。

一、固定资产的审计目标和审计范围

固定资产是指使用年限在一年以上,单位价值在规定标准以上,并在使用过程中保持原来物质形态的资产,包括房屋及建筑物、机器设备、运输工具等。由于固定资产在企业资产总额中一般都占有较大的比重,固定资产的安全、完整对整个企业的生产经营有较大的影响,所以应该高度重视固定资产的审计工作。

(一)固定资产审计目标

固定资产的审计目标一般包括以下方面:
(1)确定固定资产是否存在。
(2)确定固定资产是否为被审计单位所有或控制。
(3)确定固定资产的计价是否恰当。
(4)确定固定资产的折旧政策是否恰当。
(5)确定折旧费用的分摊是否合理、一贯。
(6)确定固定资产减值准备的计提是否充分、完整,方法是否恰当。
(7)确定固定资产、累计折旧和固定资产减值准备的记录是否完整。
(8)确定固定资产、累计折旧和固定资产减值准备的披露是否恰当。

(二)固定资产审计范围

固定资产的审计范围较广,根据会计报表项目及相关业务来看,主要包括固定资产的原价；累计折旧数额；固定资产增加的入账金额及相关账户会计处理；固定资产减少的原因及相关账户会计处理；按月计提的固定资产折旧额及会计处理。

二、固定资产账面余额的实质性程序

（1）获取或编制固定资产和累计折旧分类汇总表，检查固定资产的分类是否正确并与总账数和明细账合计数核对相符，结合累计折旧、减值准备科目与报表数核对相符。

（2）根据具体情况，选择以下方法对固定资产实施实质性分析程序：

① 计算固定资产原值与全年产量的比率，并与以前年度比较，分析其波动原因，可能发现闲置固定资产或已减少固定资产未在账户上注销的问题。

② 计算本期计提折旧额与固定资产总成本的比率，将此比率同上期比较，旨在发现本期折旧额计算上可能存在的错误。

③ 计算累计折旧与固定资产总成本的比率，将此比率同上期比较，旨在发现累计折旧核算可能存在的错误。

④ 比较本期各月之间、本期与以前各期之间的修理及维护费用，旨在发现资本性支出和收益性支出区分上可能存在的错误。

⑤ 比较本期与以前各期的固定资产增加和减少。由于被审计单位的生产经营情况不断变化，各期之间固定资产增加和减少的数额可能相差很大。审计人员应当深入分析其差异，并根据被审计单位以往和今后的生产经营趋势，判断差异产生的原因是否合理。

⑥ 分析固定资产的构成及其增减变动情况，与在建工程、现金流量表、生产能力等相关信息交叉复核，检查固定资产相关金额的合理性和准确性。

（3）实地检查重要固定资产，确定其是否存在，关注是否存在已报废但仍挂账的固定资产。

实施实地检查审计程序时，审计人员可以以固定资产明细分类账为起点，进行实地追查，以证明会计记录中所列固定资产确实存在，并了解其目前的使用情况；也可以以实地为起点，追查至固定资产明细分类账，以获取实际存在的固定资产均已入账的证据。实地检查的重点是本期新增加的固定资产。

（4）检查固定资产的所有权。

① 对于各类固定资产，审计人员应获取、收集不同的证据以确定其是否归被审计单位所有；对外购的机器设备等固定资产，通过审核采购发票、采购合同等予以确定。

② 对于房地产类固定资产，尚需查问有关的合同、产权证明、财产税单、抵押借款的还款凭据、保险单等书面文件；对融资租入的固定资产，应验证有关营运证件等；对受留置权限制的固定资产，通常还应审核被审计单位的有关负债项目等予以证实。

（5）检查本期新增加的固定资产。被审计单位如果不正确核算固定资产的增加，将对资产负债表和利润表产生长期的影响。因此，审计新增加的固定资产，是固定资产实质性程序中的重要内容。固定资产的增加有多种途径，审计中应注意：

① 对于外购固定资产，通过核对采购合同、发票、保险单、发运凭证等资料，抽查测试

其入账价值是否正确,授权批准手续是否齐全,会计处理是否正确;如果购买的是房屋建筑物,还应检查契税的会计处理是否正确。检查分期付款购买固定资产入账价值及会计处理是否正确。

② 对于由在建工程转入的固定资产,应检查竣工决算、验收和移交报告是否完备,与在建工程的相关记录是否核对相符,借款费用资本化金额是否恰当;对已经达到预定可使用状态但尚未办理竣工决算手续的固定资产,检查是否已按估计价值入账,并按规定计提折旧;是否待确定实际成本后再对固定资产原价进行调整。

③ 对于投资者投入的固定资产,检查投资者投入的固定资产是否按投资各方确认的价值入账,并检查确认价值是否公允,交接手续是否齐全。

④ 检查固定资产的后续支出是否符合资本化条件,会计处理是否正确。

⑤ 对于通过其他途径增加的固定资产,应检查增加固定资产的原始凭证,核对其计价及会计处理是否正确,法律手续是否齐全。

【案例 3-33】 审计人员对某厂 2021 年度财务决算进行审计,发现固定资产购入业务中有下列疑点:

(1) 2021 年 3 月购入不需要安装的车间用生产设备一台,固定资产的账面原价为 90 000 元,已计提折旧 20 000 元。经双方协商确定价款 80 000 元,该厂除以银行存款支付 80 000 元价款外,还支付包装费 300 元,运输费 700 元。经查,该厂已按如下会计分录入账(该设备剩余使用寿命 10 年,无残值,按平均年限法折旧)。

借:固定资产	90 000
贷:实收资本	70 000
累计折旧	20 000
借:盈余公积	80 000
贷:银行存款	80 000
借:管理费用	1 000
贷:银行存款	1 000

(2) 在清查该厂房屋建筑物时,发现固定资产上记录的两层楼的办公室,却已是一幢三层楼房,系该厂利用本厂材料委托农村基建队扩建,扩建支出共计 600 000 元(其中料款 400 000 元),均作为长期待摊费用,分两年摊销。2021 年 8 月完工,自 9 月至 12 月已摊入生产成本 100 000 元(该房屋建筑剩余使用寿命 20 年,无残值,按平均年限法折旧)。

借:长期待摊费用	600 000
贷:原材料	400 000
其他应付款——农村基建队	200 000
借:制造费用	100 000
贷:长期待摊费用	100 000

(3) 2021 年 6 月购入电动机 3 台,计价 800 000 元(不含增值税),当即列入"长期待摊费用"账户,并已全部摊入当年生产成本。经到生产车间核对,并调阅原始凭证,证

实所购物品确属在用固定资产(假设该电动机剩余使用寿命8年,无残值,按平均年限法折旧)。

借:长期待摊费用	800 000	
贷:银行存款		800 000
借:生产成本	800 000	
贷:长期待摊费用		800 000

要求:

根据上述资料,分别指出所查明的各个问题的性质;根据审计结果,分别编制调整分录。

【案例分析】

(1) 企业购入设备及支付价款和有关费用的处理存在如下问题:

① 虚增实收资本,人为冲减盈余公积。

② 未能如实反映固定资产的价值及累计折旧,虚增费用,虚减当年的利润。

调整分录如下:

借:实收资本	70 000	
累计折旧	10 000	
贷:盈余公积		80 000
借:固定资产	1 000	
贷:管理费用		1 000

并增加2021年度应提取的折旧。

借:制造费用	75	
贷:累计折旧		75

(2) 改扩建支出应列入固定资产价值,该企业将其列入长期待摊费用,虚增当期费用,虚减固定资产价值。

调整分录如下:

借:固定资产	600 000	
贷:长期待摊费用		500 000
制造费用		100 000

并补提当年度应提取的折旧。

借:制造费用	10 000	
贷:累计折旧		10 000

(3) 购入的电动机3台,计价800 000元,已证实属于固定资产,企业将其列入长期待摊费用,虚增当期费用,少计固定资产价值。

调整分录如下:

借:固定资产	800 000	
贷:生产成本		750 000
累计折旧		50 000

(6) 检查本期减少的固定资产。

固定资产减少的方式主要有出售、报废、毁损、向其他单位投资转出、盘亏等。固定资产减少所需审查的资料同固定资产增加时所需审查的资料基本相同。固定资产减少的审计需注意以下几点：

① 审查固定资产减少的合理性、合法性。

对于报废的固定资产，应根据固定资产清理报废文件，审查是否经过检验鉴定，确认已不能使用，是否达到了规定的使用年限，是否已按规定管理权限申请报经批准，报废的固定资产残值是否及时回收入库，报废固定资产损失计算是否正确。对提前报废的固定资产更应查明原因以及审批手续。

对出售或投资转出的固定资产，应查明是否确属本企业不需要的，是否符合联营投资协议规定，是否办理了审批手续，并由专业部门和人员对其新旧程度进行鉴定，出售价格或投资作价是否合理等。

对盘亏的固定资产，应根据固定资产盘点表，查明数量是否真实，原因和责任是否明确，是否办理审批核销手续。

② 审查固定资产减少的真实正确性。

审查固定资产减少的真实正确性，应根据固定资产清理报废、盘亏和出售的处理凭证和审批文件，审查固定资产减少的会计记录是否符合有关规定，核实减少的数量及减少的价值是否准确。审查的方法是：审查是否以本年新增加的固定资产替换了原有的固定资产；分析营业外收支账户，查明有无处置固定资产所带来的收益；对因故停产的产品，应追查其专用生产设备等的处理情况；对出售和报废的固定资产，还应与银行存款、营业外收支等有关账户相核对，审核净损益的计算是否真实、准确；向被审计单位的固定资产管理部门查询本年有无未做会计记录的固定资产减少业务。

(7) 检查固定资产后续支出的核算是否符合规定。

固定资产发生的下列各项后续支出，一般做如下处理：

① 固定资产修理费用，应当直接计入当期费用。

② 固定资产改良支出，应当计入固定资产账面价值，其增计后的金额不应超过该固定资产的可收回金额。

③ 如果不能区分是固定资产修理还是固定资产改良，或固定资产修理和固定资产改良结合在一起，则企业应按上述原则进行判断，其发生的后续支出，分别计入固定资产价值或计入当期费用。

④ 固定资产装修费用，符合上述原则可予资本化的，在两次装修期间与固定资产尚可使用年限两者中较短的期间内，采用合理的方法单独计提折旧。如果在下次装修时，该固定资产相关的固定资产装修项目仍有余额，应将该余额一次全部计入当期营业外支出。

(8) 检查固定资产的租赁。

审计固定资产的租赁，重点是检查以下方面：

① 固定资产的租赁是否签订了合同，租约、手续是否完备，合同内容是否符合国家规定，是否经相关管理部门的审批。

② 租入的固定资产是否确属企业必需，或出租的固定资产是否确属企业多余、闲置

不用的,双方是否认真履行合同,其中是否存在不正当交易。

③ 租金收取是否签有合同,有无多收、少收现象。

④ 租入固定资产有无久占不用、浪费损坏的现象,租出的固定资产有无长期不收租金、无人过问情形,是否有变相馈送、转让等情况。

⑤ 租入固定资产是否已登入备查簿。

⑥ 租入固定资产改良支出的核算是否符合规定。

对融资租入的固定资产应同企业自有固定资产一样管理,并计提折旧、进行维修。在检查融资租赁固定资产时,除可参照经营租赁固定资产检查要点以外,还应注意融资租入固定资产的计价是否正确,并结合长期应付款、未确认融资费用等科目检查相关的会计处理是否正确。融资租入固定资产发生的固定资产后续支出,按照自有固定资产发生的后续支出的处理原则予以处理。

(9) 获取暂时闲置固定资产的相关证明文件,并观察其实际状况,检查是否已按规定计提折旧,相关的会计处理是否正确。

(10) 获取已提足折旧仍继续使用固定资产的相关证明文件,并做相应记录。

(11) 获取持有待售固定资产的相关证明文件,并做相应记录,检查对其预计净残值调整是否正确、会计处理是否正确。

(12) 检查固定资产的保险情况,复核保险范围是否足够。

(13) 结合银行借款等科目,了解是否存在已用于债务担保的固定资产。如有,则做相应的记录,同时提请被审计单位做恰当披露。

(14) 确定固定资产的披露是否恰当。

财务报表附注通常应说明:固定资产的标准、分类、计价方法和折旧方法;融资租入固定资产的计价方法;固定资产的预计使用寿命和预计净残值;对固定资产所有权的限制及其金额。

在资产负债表上需要分别列示固定资产原价、累计折旧、固定资产净值、固定资产减值准备、固定资产净额项目。审计人员应根据前述各项审计内容,结合累计折旧的审计,确定资产负债表上有关固定资产各项数据的正确性,并注意固定资产折旧方法、固定资产的分类情况等是否已在会计报表附注中进行恰当披露。

【案例 3-34】 某企业于 12 月以更新设备的名义淘汰了 6 台正常运转的机器设备,设备原值 90 万元,已提折旧 50 万元,财会部门按厂长授意做了固定资产清理的账务处理,会计分录为:

借:固定资产清理——机器设备　　　　　　　　　　　　　　　400 000
　　累计折旧　　　　　　　　　　　　　　　　　　　　　　　500 000
　　贷:固定资产——机器设备　　　　　　　　　　　　　　　　900 000

12 月末,财会部门将净值 40 万元作为固定资产清理后的净损失,由"固定资产清理"账户转入了"营业外支出"账户,会计分录为:

借:营业外支出——处理固定资产净损失　　　　　　　　　　　400 000
　　贷:固定资产清理——机器设备　　　　　　　　　　　　　　400 000

审计人员分三步审查了该企业的上述行为:第一步,审阅固定资产清理明细账。发现上述6台设备的会计处理有缺点,设备未到年限却做清理,而账簿记录中没有清理费用和残料价值或变价收入。第二步,盘点实物。经实地查看和盘点已做清理处理的6台设备,在车间根本没动,而且照常运转。第三步,调查企业对这些设备做固定资产清理的指导思想。经询问,有关人员供认其目的是通过提前报废这6台设备,压缩当年利润数额,少计应交所得税,以缓解资金不足的矛盾。

要求: 请做出审计调整分录。

【案例分析】

审计人员不应认可被审计单位此笔固定资产报废业务,应通过审计调整分录,将被审计单位所做的与此相关的会计分录全部冲回。

借:固定资产——机器设备　　　　　　　　　　　　　　900 000
　　贷:累计折旧　　　　　　　　　　　　　　　　　　500 000
　　　　营业外支出——处理固定资产净损失　　　　　　400 000

三、累计折旧的实质性程序

固定资产折旧审计,应从影响固定资产折旧的各因素,即折旧总额、预计使用年限和折旧方法等方面分别进行审查,从而确定固定资产折旧的计算、提取和分配是否合法与正确。主要应检查折旧范围、折旧方法、折旧年限、开始和停止计提折旧的时间是否符合国家规定,有无扩大和缩小固定资产折旧范围、随意变更折旧方法,以调节成本和利润的问题。

累计折旧的实质性程序通常包括以下方面:

(1) 获取或编制累计折旧分类汇总表,复核加计正确,并与总账数和明细账合计数核对相符。

(2) 检查被审计单位制定的折旧政策和方法是否符合相关会计准则的规定。确定其所采用的折旧方法能否在固定资产预计使用寿命内合理分摊其成本。前后期是否一致,预计使用寿命和预计净残值是否合理。

(3) 实质性分析程序:

① 对折旧计提的总体合理性进行复核,是测试折旧正确与否的一个有效办法。

② 计算本期计提折旧额占固定资产原值的比率,并与上期比较,分析本期折旧计提额的合理性和准确性。

③ 计算累计折旧占固定资产原值的比率,评估固定资产的老化程度,并估计闲置、报废等原因可能发生的固定资产损失,结合固定资产减值准备,分析是否合理。

(4) 复核本期折旧费用的计提和分配:

① 了解被审计单位的折旧政策是否符合规定,计提折旧范围是否正确,确定的使用寿命、预计净残值和折旧方法是否合理;如采用加速折旧法,是否取得批准文件。

② 检查被审计单位折旧政策前后期是否一致。

③ 复核本期折旧费用的计提是否正确:

已计提部分减值准备的固定资产,计提的折旧是否正确。按照《企业会计准则第4

号——固定资产》的规定,已计提减值准备的固定资产的应计折旧额应当扣除已计提的固定资产减值准备累计金额,按照该固定资产的账面价值以及尚可使用寿命重新计算确定折旧率和折旧额。

已全额计提减值准备的固定资产,是否已停止计提折旧。

因更新改造而停止使用的固定资产是否已停止计提折旧。因大修理而停止使用的固定资产是否照提折旧。

对按规定予以资本化的固定资产装修费用是否在两次装修期间与固定资产尚可使用年限两者中较短的期限内,采用合理的方法单独计提折旧,并在下次装修时将该项固定资产装修余额一次全部计入了当期营业外支出。

对融资租入固定资产发生的、按规定可予以资本化的固定资产装修费用,是否在两次装修期间、剩余租赁期与固定资产尚可使用年限三者中较短的期间内,采用合理的方法单独计提折旧。

对采用经营租赁方式租入的固定资产发生的改良支出,是否在剩余租赁期与租赁资产尚可使用年限两者中较短的期间内,采用合理的方法单独计提折旧。

未使用、不需用和闲置的固定资产是否按规定计提折旧。

持有待售的固定资产折旧计提是否符合规定。

④ 检查折旧费用的分配是否合理,是否与上期一致;分配计入各项目的金额占本期全部折旧计提额的比例与上期比较是否有重大差异。

⑤ 注意固定资产增减变动时,有关折旧的会计处理是否符合规定,查明通过更新改造、接受捐赠或融资租入而增加的固定资产折旧费用计算是否正确。

【案例 3-35】 ABC 会计师事务所的 A 和 B 注册会计师完成了对 Y 公司 2021 年度财务报表审计工作:

Y 公司办公楼已使用 9 年,折旧年限为 20 年,估计残值率为 10%,采用直线法计提折旧。该办公楼账面原价为 15 000 000 元,累计折旧为 5 400 000 元,固定资产减值准备为 1 500 000 元。2021 年 3 月至 8 月,Y 公司在继续使用该办公楼的同时,耗资 5 000 000 元对其实施更新改造。更新改造完成后的办公楼自 2021 年 9 月起全面投入使用,但并未延长其经济使用寿命,对原估计的残值率和原计提的减值准备也不产生影响。

截至 2021 年 12 月 31 日,Y 公司未审财务报表及附注反映该办公楼账面原价为 20 000 000 元,累计折旧为 6 175 000 元,减值准备余额为 1 500 000 元。

要求:针对资料,如果不考虑审计重要性水平,请分别判断 A 和 B 注册会计师是否需提出审计调整建议?若需提出审计调整建议,请直接列示审计调整分录(包括报表重分类分录)。

【案例分析】

Y 公司该年度对办公楼计提的折旧额 = 6 175 000 − 5 400 000 = 775 000(元)

应计提的折旧额 = [(15 000 000 − 5 400 000 − 1 500 000 − 15 000 000 × 10%) ÷ 12] + [(5 000 000 − 5 000 000 × 10%) ÷ (3 + 11 × 12) × 3]

= 650 000(元)

Y公司多计提折旧＝775 000－650 000＝125 000(元)

注册会计师应提请Y公司调整：

借：累计折旧　　　　　　　　　　　　　　　　　　　125 000

　　贷：管理费用——折旧费　　　　　　　　　　　　　　125 000

四、固定资产减值准备的实质性程序

固定资产的可收回金额低于其账面价值称为固定资产减值。固定资产减值准备的实质性程序一般包括以下方面：

(1) 获取或编制固定资产减值准备明细表，复核加计正确，并与总账数和明细账合计数核对相符。

(2) 检查固定资产减值准备计提和核销的批准程序，取得书面报告等证明文件。

(3) 检查被审计单位计提固定资产减值准备的依据是否充分及会计处理是否正确。

(4) 检查资产组的认定是否恰当，计提固定资产减值准备的依据是否充分，会计处理是否正确。

(5) 实施实质性分析程序，计算本期末固定资产减值准备占期末固定资产原值的比率，并与期初该比率比较，分析固定资产的质量状况。

(6) 检查被审计单位处置固定资产时原计提的减值准备是否同时结转，会计处理是否正确。

(7) 检查是否存在转回固定资产减值准备的情况。按照企业会计准则规定，固定资产减值损失一经确认，在以后会计期间不得转回。

(8) 确定固定资产减值准备的披露是否恰当。

如果企业计提了固定资产减值准备，企业应当在财务报表附注中披露：

① 当期确认的固定资产减值损失金额。

② 企业提取的固定资产减值准备累计金额。如果发生重大固定资产减值损失的，还应当说明导致重大固定资产减值损失的原因，固定资产可收回金额的确定方法，以及当期确认的重大固定资产减值损失的金额。

如果被审计单位是上市公司，其财务报表附注中通常还应分项列示计提的固定资产减值准备金额、增减变动情况以及计提的原因。

五、固定资产清理的实质性程序

固定资产因出售、报废和毁损等原因进行清理活动所涉及的有关凭证和账簿，均属于固定资产清理的审计范围。其审计程序如下：

(1) 获取或编制固定资产清理明细表，复核加计正确，并与总账数和明细账合计数核对相符。

(2) 结合固定资产等的审计，检查固定资产、累计折旧等结转是否正确。

(3) 检查固定资产清理的原因，如系出售、报废、毁损，应检查是否经有关技术部门鉴定并授权批准，会计处理是否正确；如系对外投资、债务重组或非货币性资产交换转出，应

检查有关的合同协议以及股东会或董事会的决议,检查其会计处理是否正确。

(4) 检查固定资产清理收入和清理费用的发生是否真实,清理净损益的计算是否正确,会计处理是否正确。

(5) 检查有无长期挂账的固定资产清理余额。

(6) 确定固定资产清理的披露是否恰当。

【案例 3-36】 审计人员对某公司固定资产进行审查时,发现下列问题:

(1) 9 月购入专用设备一台,买价 300 000 元,共发生运杂费 2 000 元和设备安装费 2 500 元,两项费用都计入管理费用。专用设备于该年 9 月投入使用(该设备预计净残值为 0,采用直线法折旧,年折旧率为 10%)。

(2) 上年度经批准出售车床一台,原价 57 200 元,已提折旧 12 840 元,净值 44 360 元,出售所得价款 35 560 元,会计处理为:

借:银行存款	35 560	
贷:营业外收入		35 560
借:累计折旧	12 840	
营业外支出	44 360	
贷:固定资产		57 200

要求:根据上述资料,分析所存在的问题,并根据审计结果编制调整分录。

【案例分析】

(1) 存在固定资产的计价错误。购入固定资产的原值包括买价、运杂费和安装调试费。由于计价错误,将会影响到本年度损益及资产负债表上的资产项目及折旧额。现调整如下:

应补提的折旧数 = 4 500 × 10% × 3 ÷ 12 = 112.5(元)

借:固定资产	4 500	
贷:累计折旧		112.5
管理费用		4 387.5

(2) 固定资产清理会计处理错误。出售固定资产业务,均应通过"固定资产清理"账户核算。正确的会计分录为:

借:固定资产清理	44 360	
累计折旧	12 840	
贷:固定资产		57 200
借:银行存款	35 560	
贷:固定资产清理		35 560
借:营业外支出	8 800	
贷:固定资产清理		8 800

审计调整分录为:

借:营业外收入	35 560	
贷:营业外支出		35 560

该公司会计处理错误,但不影响资产负债表,不影响当年利润。

任务3.5 无形资产审计

案例导入

云南绿大地生物科技股份有限公司(以下简称"绿大地")成立于2001年3月,前身为云南河口绿大地实业有限责任公司,其主营业务是绿化苗木种植及销售、绿化工程设计及施工,是云南省绿化苗木种植龙头企业。2006年11月,绿大地第一次闯关深圳证券交易所中小企业板以失败告终。2007年12月绿大地终于通过了中国证券监督管理委员会的核准,在深圳证券交易所中小企业板上市。然而,好景不长,2010年3月17日,绿大地就因涉嫌信息披露违规,被证监会立案调查。2010年12月23日,云南绿大地生物科技股份有限公司发表公告称控股股东、董事长何学葵持有的4 325.8万股(占总股本28.63%)绿大地股票于12月20日被公安机关依法冻结。2011年3月17日,绿大地再次发表公告称其董事长何学葵因涉嫌欺诈发行股票罪被逮捕。绿大地财务舞弊案逐渐浮出水面。

2004年至2007年间,绿大地公司在不具备首次公开发行股票并上市条件的情况下,为达到上市目的,使用虚假合同、财务资料,虚增云南省马龙县旧县村委会960亩荒山使用权、马龙县马鸣乡3 500亩荒山使用权等项目的资产共计人民币7 011.4万元。正是这些被堂而皇之地写进了上市招股书中的虚增的无形资产,帮助绿大地顺利通过上市审核。

在绿大地财务舞弊案中,作为"经济警察"的注册会计师负有不可推卸的责任。与绿大地董事长一起成为被告的四川华源会计师事务所所长庞明星,他是绿大地财务舞弊策划者,其以前供职于深圳鹏城会计师事务所。深圳鹏城会计师事务所正是绿大地上市时的审计机构,这也就能够解释为什么绿大地IPO时的财务报表可以蒙混过关了。只有当绿大地2009年的财务报告受到监管机构注意时,注册会计师才对其出具了保留意见的审计报告,导致保留意见的事项有注册会计师对其计提的5 800万的无形资产减值准备和1.55亿的营业外支出无法获取充分适当的审计证据。从数额上面可以看出,对这样的财务报告出具保留意见的审计报告,注册会计师已是"手下留情"。然而,也正是因为注册会计师的"手下留情",一次又一次在上市公司的财务报表上签署了不当的审计意见,使得造假者更加肆无忌惮。

一、无形资产的含义与审计目标

(一)无形资产的含义

无形资产是指企业拥有或者控制的没有实物形态的可辨认非货币性资产,主要包括专利权、非专利技术、商标权、著作权、土地使用权、特许权等。

（二）无形资产的审计目标

无形资产的审计目标如下：

确定无形资产是否存在；确定无形资产是否归被审计单位所有；确定无形资产增减变动及其摊销的记录是否完整；确定无形资产的摊销政策是否恰当；确定无形资产的年末余额是否正确；确定无形资产在会计报表上的披露是否恰当。

二、无形资产审计程序

无形资产审计程序如下：

（1）获取或编制无形资产明细表，复核其加计数是否准确，并与明细账和总账余额核对相符。

（2）获取有关文件、资料，检查无形资产的构成内容和计价依据。

（3）检查以接受投资或购入方式取得的无形资产的价值是否分别与验资报告及资产评估结果确认书或合同协议等证明文件一致，检查取得无形资产的法律程序是否完备。

（4）检查无形资产的摊销方法，复核计算无形资产的摊销及其会计处理是否正确。

（5）验明无形资产是否已在资产负债表上恰当披露。

三、无形资产审计的内部控制制度和符合性测试

（一）内部控制制度

无形资产的外购和自创要经过授权和批准，并取得相应的证明材料。

（二）符合性测试

审计人员可以通过询问被审计单位有关人员，发放调查问卷以及抽查无形资产会计记录等方法，了解被审计单位无形资产的增减是否经过适当的授权，是否对无形资产的构成内容进行必要的审核，资本化和费用化及摊销期限的标准是否符合有关规定，是否对无形资产的价值进行监控，有关会计处理方法是否符合规定。

四、无形资产的实质性测试

审计人员首先应该获取或编制无形资产明细表，取得有关无形资产原始价值、账面价值、取得日期及摊销期限等资料。

（一）检查无形资产的形成是否正确

无形资产形成的途径主要有购入、自创和投资转入。由于无形资产不具有实物形态，所以对无形资产形成真实性的审查主要集中在与无形资产有关的原始凭证和证明文件上。对于外购的无形资产，审计人员可以审查交易双方签订的转让合同、支付凭证等。对于自制形成的无形资产，要注意审查企业有关原始支付凭证和会计账簿。审计人员应注意被审计单位对收益性支出和资本性支出的划分，以及无形资产的入账价值是否正确。

(二)检查无形资产的转让是否正确

无形资产转让的方式有两种:一是转让所有权;二是转让使用权。

(三)检查无形资产对外投资是否正确

审查时,首先应注意无形资产投资的作价是否合理,有无过高或过低的情况;其次,应注意账务处理是否正确。

(四)检查无形资产的摊销是否正确

对无形资产摊销进行审查时,应注意无形资产的摊销期限是否正确;其次,应注意无形资产摊销数额的计算是否正确;最后,应注意无形资产摊销的会计处理是否正确。

(五)检查无形资产减值处理情况

审计人员在审核中应注意被审计单位是否定期进行减值测试,减值测试是否合理。在计提减值准备方面,要审查被审计企业是否计提减值准备,计提是否达到规定的条件,计提的金额是否正确。

【案例3-37】 审计人员审查M公司2021年度资产负债表,了解到M公司从年初开始研究开发一项新技术。该项技术在研究期间发生各项费用25 000元,实际开发阶段共耗用材料50 000元,工资30 000元,其他费用15 000元。至2021年10月12日研制成功,发生律师费、注册费共计60 000元。为使该技术运用到生产中,发生了相关费用20 000元。上述费用M公司在会计处理时均计入了无形资产。

要求:请问M公司的会计处理是否正确?

【案例分析】

据规定,企业自行开发并依法申请取得的无形资产,其入账价值包括在开发阶段中能可靠计量的各项支出及依法申请取得时发生的律师费、注册费等费用。在研究阶段及无形资产确认后发生的相关支出均应计入当期损益。调整分录如下:

借:管理费用　　　　　　　　　　　　　　　　　　　　　　　45 000
　　贷:无形资产　　　　　　　　　　　　　　　　　　　　　　　45 000

无形资产审计常见错弊

1. 无形资产所有权和使用权处理不当。

无形资产的所有权是企业在法律规定范围内对无形资产所享有的占有、使用、收益、处置的权力。无形资产的使用权是按照企业无形资产的用途和性能加以利用,以满足生产经营的需要。将只有使用权的无形资产作为有所有权的无形资产下账,从而增大无形资产摊销,减少利润,进而减少所得税的上缴。

2. 无形资产增加不真实,不合规。

企业增加的无形资产有的没有合法的文件证明,有的已超出了法定有效期。

3. 无形资产计价不正确。

无形资产计价原则：

(1) 购入的无形资产，按照实际支付的价款计价。

(2) 企业自行开发并申请取得的无形资产，按取得时发生的注册费、聘请律师费等实际净支出计价。

(3) 投资者作为资本金或合作条件投入的无形资产，按评估或合同协议及企业申请书的金额计价。

(4) 接受捐赠的无形资产的成本，应根据资产的市场价格或根据所提供的有关凭据确认的价值和接受捐赠时发生的各项费用确定。

(5) 企业明知计价不合法、不合理，故意将无形资产计价过高或过低；未经法定手续进行评估或确认，随便计价，没有企业合并或接受其他单位商誉投资时，就对商誉作价入账。

4. 无形资产摊销年限不符合规定。

无形资产是一项特殊资产，它可使企业长期受益，因而企业从开始使用之日起，按照国家法律法规、协议或企业申请书的规定期限及有效使用期平均摊入管理费用。

在实际工作中，企业存在对无形资产摊销的作假方式，如摊销期限随意变动来调节管理费用，多摊或少摊无形资产，人为调节财务成果的高低。

5. 无形资产摊销金额不正确。

无形资产的摊销金额是随法定的摊销期限来确定的，无形资产有的价值和特权，虽然会持续一段时间，但最终还是会终结和灭失的。工作中，为了随时调节利润，企业通过随时调整无形资产使用年限来调整金额，是否达到合情合理来虚调费用。

6. 无形资产摊销的会计处理方法不正确。

无形资产有购入、自创和其他单位投资转入三大途径。取得时通过"银行存款""实收资本"核算。若是接受其他单位或个人捐赠的无形资产可按所附单据或参照同类无形资产市价确定价值，通过"资本公积"核算。企业作假通常是将不同途径取得的无形资产，为了做账方便，故意张冠李戴，如企业不择手段，资金未到位便开始了正常的"营业"，后发现企业验资报告中所谓的"实收资本"是接受捐赠的无形资产。

7. 伪造无形资产增加的虚假证明。

例如，伪造专利权证书、商标注册书，以及无形资产办理必要的产权转让手续的虚假证明。

8. 企业将转让收入记入"营业外收入"偷逃"增值税"。

例如，企业将转让的无形资产收入 10 万元，本应记入"其他业务收入"，而企业故意记入"营业外收入"，"其他业务收入"科目应交增值税为 6 000 元（＝100 000×6%），故企业逃避增值税 6 000 元。

9. 虚增商誉，增大费用。

商誉的作价入账只是在企业合并的情况下发生的，而企业在正常的经营期内擅自将商誉作价入账，多摊费用，降低利润。

> 10. 出售无形资产,不做账。
>
> 出售无形资产时,无形资产所有权应随着无形资产的出售而消失,账面应转销"无形资产"的成本价值,但企业为了增加本公司的费用,以达到降低利润的目的,隐匿出售证据,对出售的"无形资产"不进行账务处理。

项目小结

资产审计包括对货币资金、应收款项、存货、固定资产、对外投资、无形资产的审计,其审查主要涉及资产的存在性、资产的所有权归属、资产的计价及有关会计处理方法的一贯性等内容,其中资产的存在性及计价方法的正确性是审查的重点,以防止和揭示企业虚记资产、虚增利润等错弊行为。在项目内容中,货币资金、应收账款、存货及固定资产的审查是重点,其中库存现金的盘点、应收账款的函证、存货计价的审查、固定资产存在的确定等主要审计程序是难点。

技能训练

一、单项选择题

1. 下列说法正确的是( )。
   A. 出纳员可以兼任稽核员
   B. 出纳员可以登记管理费用明细账
   C. 出纳员可以登记现金日记账
   D. 出纳员可以登记应付账款明细账

2. 下列与库存现金业务有关的职责可以不分离的是( )。
   A. 库存现金支付的审批与执行
   B. 库存现金保管与库存现金日记账的记录
   C. 库存现金的会计记录与定期盘点监督
   D. 库存现金日记账与库存现金总账的记录

3. 对库存现金实有数额的审计应通过对库存现金实施( )来进行。
   A. 函证　　　　B. 重新计算　　　　C. 分析程序　　　　D. 监盘

4. 核实银行存款实有数额的审计,应采用( )或派人到开户银行取得资产负债表日银行存款数额的证明。
   A. 询问　　　　B. 函证　　　　C. 重新计算　　　　D. 监盘

5. 如果被审计单位的某开户银行账户余额为零,注册会计师( )。
   A. 不需要向该银行函证
   B. 仍需向该银行函证
   C. 可根据需要确定是否函证

D. 可根据审计业务约定书的要求确定是否函证

6. 向开户银行函证,可以证实若干项目标,其中最基本的目标是( )。

A. 银行存款的存在 B. 是否有欠银行的债务

C. 是否有漏列的负债 D. 是否有充作抵押担保的存货

7. 下列各项中,预防员工贪污、挪用销货款的最有效的办法是( )。

A. 记录应收账款明细账的人员不得兼任出纳

B. 收取客户支票与收取客户现金由不同人员担任

C. 请客户将货款直接汇入公司指定的银行账户

D. 公司收到客户支票后立即寄送收据给客户

8. 应收账款函证的时间通常为( )。

A. 被审计年度期初 B. 被审计年度期中

C. 与资产负债表日接近的时间 D. 在资产负债表日后适当时间

9. 审查应收账款最重要的实质性程序是( )。

A. 函证 B. 询问 C. 观察 D. 重新执行

10. 应收账款询证函的签章者应当是( )。

A. 客户 B. 会计师事务所

C. 注册会计师 D. 客户的律师

11. 应收账款审计的目标不包括( )。

A. 确定应收账款是否存在

B. 确定应收账款是否归被审计单位所有

C. 确定应收账款和坏账准备期末余额是否正确

D. 确定应收账款的可收回性

12. 当审查存货项目在资产负债表上的反映是否正确时,下列( )账户余额不应该包括在存货项目之中。

A. 材料成本差异 B. 生产成本 C. 发出商品 D. 在建工程

13. 注册会计师监盘存货前应当确定存货盘点的范围,以下有关存货盘点范围的确定中不正确的是( )。

A. 在被审计单位盘点存货前,注册会计师应当观察盘点现场,确定应纳入盘点范围的存货是否已经适当整理和排列,并附有盘点标识,防止遗漏或重复盘点。对未纳入盘点范围的存货,注册会计师应当查明未纳入的原因

B. 对于被审计单位委托代销的存货,注册会计师应纳入盘点范围,并向受托代销单位函证

C. 对所有权不属于被审计单位的存货,注册会计师应当取得其规格、数量等有关资料,确定是否已分别存放、标明,且未被纳入盘点范围

D. 对于被审计单位持有的受托代存存货,应纳入盘点范围

14. 有关存货审计的下列表述中,正确的是( )。

A. 对存货进行监盘是证实存货"完整性"和"权利和义务"认定的重要程序

B. 对难以盘点的存货,应根据企业存货收发制度确认存货数量

C. 存货计价审计的样本应着重选择余额较小且价格变动不大的存货项目

D. 存货截止测试的一个主要方法是抽查存货盘点日前后的购货发票与验收报告(或入库单),确定每张发票均附有验收报告(或入库单)

15. 对于下列存货认定,通过向生产和销售人员询问是否存在过时或周转缓慢的存货,注册会计师认为最可能证实的是( )。

A. 计价和分摊　　　B. 权利和义务　　　C. 存在　　　　　D. 完整性

16. 在对存货实施抽查程序时,以下做法中注册会计师应该选择的是( )。

A. 尽量将难以盘点或隐蔽性较大的存货纳入抽查范围

B. 事先就拟抽取测试的存货项目与公司沟通,以提高存货监盘的效率

C. 从存货盘点记录中选取项目追查至存货实物,以测试盘点记录的完整性

D. 如果盘点记录与存货实物存在差异,要求公司更正盘点记录

17. 下列项目中,计入交易性金融资产取得成本的是( )。

A. 取得时的公允价值

B. 相关的交易费用

C. 支付的价款中包含的已经宣告但尚未领取的现金股利

D. 支付的价款中包含的已到付息期但未领取的债券利息

18. 如果被审计单位的投资证券是委托某些专门机构代为保管的,为证实这些投资证券的真实存在,审计人员应( )。

A. 实地盘点投资证券　　　　　　B. 获取被审计单位管理层声明书

C. 向代保管机构发出询证函　　　D. 逐笔检查被审计单位相关会计记录

二、多项选择题

1. 良好的货币资金内部控制要求包括( )。

A. 控制现金坐支,当日收入现金应及时送存银行

B. 货币资金收付与相关记账岗位分离

C. 全部收支及时准确入账,并且支出要有核准手续

D. 按月盘点库存现金,编制库存现金盘点表,以做到账实相符

2. 为证实资产负债表所列的现金是否存在,应采用监盘库存现金的程序。参与盘点的人员有( )。

A. 被审计单位出纳人员　　　　　B. 被审计单位管理层

C. 注册会计师　　　　　　　　　D. 被审计单位会计机构负责人

3. 函证银行存款的目的是( )。

A. 证实银行存款余额的正确性

B. 了解企业欠银行的债务

C. 发现企业未记账的银行借款

D. 确定被审计单位银行存款使用的合法性

4. 注册会计师实施的下列各项审计程序中能够证实银行存款是否存在的有( )。

A. 分析定期存款占银行存款的比例　　B. 检查银行存款余额调节表

C. 函证银行存款余额　　　　　　　　D. 分析银行存款占货币资金的比例

5. 注册会计师寄发的银行询证函( )。
   A. 是以被审计单位的名义发往开户银行的
   B. 是以会计师事务所的名义发往开户银行的
   C. 要求银行直接回函至会计师事务所
   D. 包括银行存款和借款余额

6. 如果应收账款函证发现了不符事项,不符事项的原因可能是( )。
   A. 双方登记入账的时间不同   B. 被审计单位的舞弊行为
   C. 一方记账错误   D. 双方记账错误

7. 注册会计师应选择作为应收账款的函证对象的项目有( )。
   A. 账龄较长的项目   B. 重大关联方交易
   C. 可能存在争议的交易   D. 金额较大的项目

8. 注册会计师对被审计单位的应收账款进行函证时,当同时存在下列( )情况时,注册会计师可考虑采用消极的函证方式。
   A. 重大错报风险评估为低水平
   B. 预期不存在大量的错误
   C. 涉及大量余额较小的账户
   D. 没有理由相信被询证者不认真对待函证

9. 下列项目中,属于无形资产审计范围的是( )。
   A. 专利权   B. 商标权   C. 非专利技术   D. 土地使用权

10. 在实施存货盘点时,审计人员应当( )。
    A. 实际参与盘点
    B. 现场监督盘点
    C. 对所有存货同时全面盘点
    D. 对被审计单位已经盘点的存货进行抽查

11. 按不相容职务分离的基本要求,担任被审计单位存货保管职务的人员不得再兼任的职务有( )。
    A. 存货的采购   B. 存货的清查
    C. 存货的验收   D. 存货处置的申请

12. 注册会计师在确定被审计单位寄销在外地的存货是否存在时,采取的下列方法中恰当的有( )。
    A. 向寄销单位发询证函
    B. 审查有关原始单证、账簿记录
    C. 亲自前往存放地观察盘点
    D. 委托存放当地的会计师事务所负责监盘

13. 在符合国家规定的限制条件下,盈余公积可以用于( )。
    A. 弥补亏损   B. 转增资本
    C. 职工集体福利   D. 特别批准后支付股利

14. 有价证券实质性程序一般包括( )。
A. 盘点　　　　　　B. 函证　　　　　　C. 审查投资收益　　D. 实地观察

三、实务分析题

1. 2022年1月8日16时,注册会计师对ABC公司的库存现金进行突击盘点。相关记录如下:

(1) 人民币:100元币11张,50元币9张,20元币5张,10元币16张,5元币19张,2元币22张,1元币25张,5角币30张,2角币20张,1角币4张,硬币5角8分;

(2) 已收款尚未入账的收款凭证2张,计130元;

(3) 已付款尚未入账的付款凭证3张,计820元,其中有500元白条;

(4) 2022年1月8日现金日记账余额为1 890.20元,2022年1月1—8日收入现金4 560.16元,付出现金3 730元,2021年12月31日库存现金账面余额为1 060.04元。

假设开户银行核定的库存限额为1 000元。

要求:编制表3-18库存现金盘点表。

表3-18　库存现金盘点表

检查账目记录			现金盘点记录		
项目		金额	面额	数量	金额
盘点日现金账面余额					
加:未记账收款金额 　1. 　2.					
减:未记账付款金额 　1. 　2.					
盘点日账面应有余额					
盘点日现金实有金额					
盘点日现金溢余			合计		
差异原因分析			情况说明及审计结论:		
追溯调整	加:资产负债表日至盘点日现金付出数 减:资产负债表日至盘点日现金收入数 资产负债表日现金应有金额				
库存限额					

2. 2022年1月15日,注册会计师对A公司2021年12月31日资产负债表审计中,查得"货币资金"项目中库存现金为720元。1月16日上午8点,注册会计师对该公司出纳员所经管的现金进行了清点。该公司1月15日库存现金日记账余额为620元,清点结果如下:

(1) 现金实有数 620 元;
(2) 银行核定该公司现金限额为 800 元;
(3) 经核对 1 月 1—15 日的收付款凭证和存款现金日记账,核实 1 月 1—15 日收入现金数为 2 500 元,支出现金数为 2 600 元正确无误。

要求:根据上述资料,核实 2021 年 12 月 31 日资产负债表上的"货币资金"项目中所列现金数是否正确。

3. 注册会计师对 A 公司 2021 年 12 月 31 日的资产负债表进行审计。在审查资产负债表"货币资金"项目时,发现该公司 2021 年 12 月 31 日的银行存款数为 33 500 元,银行存款账面余额为 35 000 元,派审计助理人员从开户银行取得对账单一张,2021 年 12 月 31 日的银行对账单存款余额为 42 000 元。另外,经查有下列未达账项和记账差错:

(1) 12 月 24 日公司送存转账支票 5 800 元,银行尚未入账;
(2) 12 月 26 日公司开出转账支票 5 300 元,持票人尚未到银行办理转账手续;
(3) 12 月 28 日委托银行收款 10 300 元,银行已收妥入账,但收款通知尚未到达该公司;
(4) 12 月 30 日银行代付水电费 3 150 元,但银行付款通知单尚未到达该公司;
(5) 12 月 16 日收到银行收款通知单,金额为 3 850 元,公司入账时将银行存款增加错记成 3 500 元。

要求:根据上述资料,编制银行存款余额调节表,核实 2021 年 12 月 31 日资产负债表上"货币资金"项目中银行存款数额的正确性。

表 3-19 银行存款余额调节表

年　　月　　日

项目	金额	项目	金额
企业银行存款账面余额		开户银行对账单余额	
加:银行已收企业未收款项		加:企业已收银行未收款项	
减:银行已付企业未付款项		减:企业已付银行未付款项	
调节后余额		调节后余额	

4. 注册会计师对 A 公司 2021 年度会计报表进行审计时发现,该公司 2021 年 12 月 31 日转 285 号凭证计提坏账准备的会计分录如下:

借:资产减值损失——坏账准备　　　　　　　　　　　　17 000
　　贷:坏账准备　　　　　　　　　　　　　　　　　　　　　17 000

经审查,A 公司 2021 年应收账款的期末余额为借方 1 000 000 元,其他应收款的期末余额为借方 200 000 元,计提前"坏账准备"账户的贷方余额为 15 000 元,该单位是按应收款项余额百分比计提,其比率为 1%。

要求:根据上述资料,指出坏账准备计提中存在的问题并进行纠正。

5. 注册会计师于 2022 年 2 月 15 日审查 A 公司应收账款明细账时,发现 2021 年 12 月 31 日 B 公司应收账款明细账有借方余额 110 000 元,经查有关凭证,是 2018 年 B 公司向 A 公司购买木料的货款。

要求：说明"应收账款——B 公司"明细账可能存在的问题，并提出审计意见。

6. 审计人员审查某工厂固定资产时，发现该厂将报废出售的某项固定资产的变价收入 5 000 元冲减"固定资产"账户（借记银行存款，贷记固定资产），并将发生的固定资产清理费用 3 000 元直接列入营业外支出（借记营业外支出，贷记银行存款）。同时了解到该项固定资产原始价值为 50 000 元，预计使用 5 年，预计净残值 2 000 元，采用双倍余额递减法计提折旧，已使用 3 年并将其报废出售给一家乡镇企业。

要求：(1) 指出该业务的账务处理是否正确，计算出有关数据并编制正确的会计分录；

(2) 指出该项业务的错误所在及其影响。

7. 审计人员在审查华润股份公司 2021 年度固定资产折旧情况时，发现本年度 1 月份新增已投入生产使用的机床 1 台，原价 100 000 元，预计净残值为 10 000 元，预计使用年限为 5 年，使用年数总和法对该项固定资产进行折旧，其余各类固定资产均采用直线法折旧，且该公司对这一事项在会计报表附注中未做解释。

要求：根据上述情况，请审计人员确定这一事项对被审计单位资产负债表和利润表的影响，并说明应如何处理。

8. 注册会计师审计 A 股份有限公司"长期股权投资——其他股权投资"项目，A 公司向 B 单位原投资额为 150 万元，占 B 单位的股权比例为 30%，计价方法采用权益法。由于以前年度 B 单位亏损 600 万元，A 公司已将长期股权投资的账面价值减至为 0。本期 B 单位实现净利润 200 万元，经审发现 A 公司未做任何会计处理。

要求：注册会计师应如何进行处理？分析其给会计报表带来的影响。

项目 4　负债审计

了解借款项目、应付款项、应付职工薪酬的审计目标。

掌握短期借款、长期借款、应付账款、预收账款、应付职工薪酬的审计程序和内容。

了解应交税费、应付股利、长期应付款、应付债券的审计目标。

掌握应交税费、应付股利、长期应付款的审计程序和内容。

能对短期借款、长期借款等账户实施实质性程序。

能对应付账款、预收账款、其他应付款、应付职工薪酬等账户实施实质性程序。

能对应交税费、应付股利、长期应付款等账户实施实质性程序。

负债是企业承担的,以货币计量的在将来需要以资产或劳务偿还的债务。它代表着企业偿债责任和债权人对资产的追索权。负债审计,是指对企业流动负债、长期负债,包括短期借款、应付账款、应付票据、预收账款、其他应付款、应付职工薪酬、应交税费、应付股利、长期借款、应付债券、长期应付款等会计项目所进行的审计。负债对企业财务报表的反映有直接、重大的影响,因此是重要的审计项目。

负债审计的重点是完整性。被审计单位如果有动机高估所有者权益和利润,通常会高估资产,低估负债。这是因为低估负债通常会导致成本费用的低估,从而引起利润的虚增;同时低估、漏列负债是不易发现的错弊。因此,注册会计师在审计负债时尤其要注意防止企业通过低估负债,虚增盈利能力。

任务 4.1 借款审计

 案例导入

中国证券史上第一份否定意见审计报告

1993年7月12日,重庆渝钛白粉股份有限公司(以下简称渝钛白公司)在深圳证券交易所上市交易。但从1996年开始,公司在经营上开始出现亏损,1996年亏损额达1 318万元。1998年重庆会计师事务所对渝钛白公司1997年度财务报表进行审计,并于1998年3月签发了中国证券史上第一份否定意见审计报告。

经审计,注册会计师认为渝钛白公司1997年利息费用的账务处理存在严重问题。注册会计师认为公司的钛白粉工程于1995年下半年开始试生产,1996年已经可以生产出合格产品,由于各种原因,这一工程曾一度停产,但1997年全年共生产钛白粉1 680多吨,虽然与该工程设计生产能力15 000吨还相差很远,但主要原因是缺乏流动资金,该工程应被认定为已经完工交付使用。因此,为建造该工程而发行的长期债券利息费用不应该再资本化,而应计入当期损益。注册会计师做出如下审计结论:

1997年度应计入财务费用的应付债券利息8 064万元。贵公司将其资本化计入了钛白粉工程成本;欠付中国银行常青市分行的美元借款利息898万元(折人民币743万元)贵公司未计提入账,两项共影响利润8 807万元。

我们认为,由于本报告第二段所述事项的重大影响,贵公司1997年12月31日资产负债表、1997年度利润及利润分配表、财务状况变动表未能公允地反映贵公司1997年12月31日财务状况和1997年度经营成果及资金变动情况。

思考:借款费用资本化或费用化对财务报表有什么影响?

一、借款审计概述

(一)借款活动的特点

借款是企业主要的资金来源之一,科学合理地实施借款活动有利于企业生存和发展壮大。客观、完整地记录和报告借款活动所涉及的经济事项是企业财务处理和报告的重要内容。其交易活动主要包括借款合同的签订、借款资金的到账、利息计提和支付、本金的归还等,涉及的主要核算科目有短期借款、长期借款、应付利息、财务费用等。企业借款业务具有以下特点:

(1)借款活动涉及的交易数量较少,而每笔交易的金额通常较大。这就决定了对借款项目审计,更可能采用实质性程序。

(2)借款活动必须遵守国家法律、法规和相关契约的规定。例如,债务契约可能限

定借款人向股东分配利润,或规定借款单位的流动比率和速动比率不能低于某一水平等。

(3) 漏记或不恰当地对一笔借款业务进行会计处理,可能会导致重大错误,从而对企业财务报表的公允反映产生较大的影响。

(二) 借款的业务流程

借款的主要业务流程与对应的凭证和记录如表 4-1 所示。

表 4-1 借款的主要业务流程与对应的凭证和记录

主要业务活动	凭证和记录
审批授权	借款计划方案、相关会议记录
签订合同或协议	借款合同或协议、贷款卡
取得资金	借款支取凭证、银行存款日记账、短期借款、长期借款明细账、总账
计算利息	利息计算单、财务费用明细账、在建工程、应付利息明细账
偿还本息	还款凭证、银行存款日记账

(三) 借款的审计目标

(1) 了解并确定被审计单位有关借款的内部控制是否存在、有效且一贯遵守。
(2) 确定被审计单位在特定期间内发生的借款业务是否均已记录完整。
(3) 确定被审计单位所记录的借款是否确实存在,是否为被审计单位所承担。
(4) 确定被审计单位所有借款的会计处理是否正确。
(5) 确定被审计单位各项借款的发生是否符合有关法律的规定,被审计单位是否遵守了有关债务契约的规定。
(6) 确定被审计单位借款余额在有关会计报表上的反映是否恰当。

二、短期借款审计实质性程序

> **短期借款常见错弊**
> 短期借款审计是对企业借入期限在 1 年以内的各种借款进行的审查。短期借款常见的错弊有:短期借款程序和手续不完备、不合规;短期借款未按规定用途使用;故意隐匿、漏列短期借款;短期借款利息处理不合理。

审计人员对于短期借款的审计,主要从其会计期末余额,占负债总额比例的大小,往年审查发现问题的概率,相关的内部控制制度的强弱程度以及企业的理财业务等方面入手。主要审计程序有:

(1) 获取或编制短期借款明细表(见表 4-2),复核其加计数是否正确,并与明细账和总账核对。

表 4-2 银行短期借款明细表

编制单位(部门)：   截止日期： 年 月 日   单位:元

序号	贷款银行	贷款种类	贷款额度	利息年率	期　限	已动用额度	尚可动用额度	备　注

(2) 对年度内增加的短期借款,检查借款合同和授权批准,了解借款数额、借款条件、借款日期、还款期限、借款利率,并与相关会计记录进行核对。

(3) 对年度内减少的短期借款,检查相关会计记录和原始凭证,核实还款数额。

(4) 检查年末有无到期未偿还的借款,逾期借款是否办理了延期手续。对于逾期借款,通常应向相关贷款银行了解与沟通,必要时应结合被审计单位诉讼事项的披露做出判断。短期借款检查情况表如表 4-3 所示。

表 4-3 短期借款检查情况表

被审计单位:S公司   索引号:6201-04
项目:短期借款检查情况表   财务报表截止日/期间:2021 年 12 月 31 日
编制:Ma   复核:Fu
日期:2022 年 1 月 10 日   日期:2022 年 1 月 11 日

记账日期	凭证编号	业务内容	对应科目	金　额	核对内容(用"√""×"表示)					备　注
					1	2	3	4	5	
1月11日	0077	收××财务公司沈阳短期借款	银行存款	40 000 000.00	√	√	√	√		借据、进账单、放款通知单
8月8日	0226	还招行×区分行法人账户透支款	银行存款	35 020 000.00	√	√	√	√		招行转账支票存根、招行客户回单、付款申请单
……									
10月15日	0331	还交行海青支行短期借款	银行存款	100 000 000.00	√	√	√	√		交行(贷款)还款凭证
10月29日	1195	中行广场支行短期借款	银行存款	4 000 000.00	√	√	√	√		中行外汇贷款借款通知

核对内容说明:1.原始凭证是否齐全;2.记账凭证与原始凭证是否相符;3.账务处理是否正确;4.是否记录于恰当的会计期间;5.是否经过授权审批。

审计说明:

我们在银行函证回函证明短期借款相关信息正确无误的基础上,对S公司短期借款明细账随机选样,检查 2021 年度新增银行借款以及还款情况相关的原始凭证,并与相关会计记录进行核对。经检查,短期借款可以确认。

(5) 复核已计借款利息是否正确,如有未计利息应做记录,必要时进行适当调整。

利息分配情况检查表如表 4-4 所示。

表 4-4 利息分配情况检查表

被审计单位:S公司　　　　　　　　　索引号:6201-03
项目:利息分配情况检查表　　　　　财务报表截止日/期间:2021年12月31日
编制:Ma　　　　　　　　　　　　　复核:Fu
日期:2022年1月10日　　　　　　　日期:2022年1月11日

项目名称	实计利息	利息(实际利息)分配数					核对是否正确	差异原因
		财务费用	在建工程	制造费用	研发支出	合计		
××财务有限责任公司	10 614 691.25	10 614 691.25				10 614 691.25	是	
交通银行海青支行	7 646 152.50	5 938 491.90	1 677 660.60			7 646 152.50	是	
……								

(6) 检查非记账本位币折合记账本位币时采用的折算汇率,折算差额是否按规定进行会计处理。

(7) 检查短期借款是否已在资产负债表上充分披露。

【**案例 4-1**】 审计人员在审查某公司"短期借款——生产周转借款"使用情况时发现,该公司 6 月至 12 月平均贷款为 850 000 元,存货合计为 240 000 元,其他应收款为 400 000 元。审计人员分析:该公司其他应收款占用比重过大,可能有非法使用或占用短期借款的行为。

【**案例分析**】

1. 追踪查证

首先,审计人员调阅了 6 月 1 日借入"短期借款"的 78♯凭证,其记录为:

借:银行存款　　　　　　　　　　　　　　　　　　　　　　390 000
　　贷:短期借款——生产周转借款　　　　　　　　　　　　　　390 000

78♯凭证附"入账通知"和"借款契约"两张原始凭证,借款期限为 6 个月,审计人员追踪调查借款的去向,在审阅银行存款日记账时,发现 6 月 25 日银付字 206♯凭证,减少银行存款 380 000 元。调阅该凭证时,其记账凭证分录为:

借:其他应收款——张某　　　　　　　　　　　　　　　　　380 000
　　贷:银行存款　　　　　　　　　　　　　　　　　　　　　380 000

其摘要为"汇给某公司货款",经核实,以上凭证所记汇出款项,是该公司为职工垫付的购买空调 50 台的款项,张某是负责向职工收回垫付款的负责人,全部货款于本年 7 月至 12 月陆续收回。

2. 存在问题

审计人员认为,该公司为职工垫付的空调款,实际上是占用短期借款,不按借款用途使用借款,并增加了公司的财务费用,审计人员向该公司提出上述问题时,该公司供认不讳。

上述问题查实后,审计人员提出了处理意见:公司收回的垫付款应归还借款,已入账的借款利息费用应由职工承担。按借款占用时间计算,应负担利息19 000元,该公司应调整有关账簿记录,会计分录如下:

(1) 按规定应向职工收回利息时:

借:其他应收款　　　　　　　　　　　　　　　　　　19 000
　　贷:财务费用　　　　　　　　　　　　　　　　　　　　19 000

(2) 归还借款时:

借:短期借款——生产周转借款　　　　　　　　　　　380 000
　　财务费用　　　　　　　　　　　　　　　　　　　　19 000
　　贷:银行存款　　　　　　　　　　　　　　　　　　　　399 000

三、长期借款审计实质性程序

> **长期借款常见错弊**
>
> 长期借款是指企业向金融机构和其他单位借入的偿还期限在一年或超过一年的一个营业周期以上的债务。长期借款常见错弊如下:
> (1) 借入时未履行相应审批手续或手续不全。
> (2) 企业未按规定合理使用借款或擅自改变用途。
> (3) 长期借款利息未按期计提。
> (4) 利息计算和账务处理不正确。
> (5) 本息长期拖欠不还或归还不及时。

长期借款的借贷双方会订立契约,规定借款的数额、利率、用途、偿还期限、偿还方式以及违约责任等,其金额一般较大,且多附抵押条件、担保要求。因此,审计人员可以通过审阅有关合同协议,核对账簿和凭证来对长期借款进行审计。主要审计程序如下:

(1) 获取或编制长期借款明细表,复核其加计数是否正确,并与明细账和总账核对。

(2) 对年度内增加的长期借款,应检查借款合同和授权批准,了解借款数额、借款条件、借款日期、还款期限、借款利率,并与相关会计记录相核对。

(3) 审查长期借款的使用是否符合借款合同的规定,重点审查长期借款使用的合理性。

(4) 向银行或其他债权人函证重大的长期借款。

(5) 对年度内减少的长期借款,注册会计师应检查相关记录和原始凭证,核实还款数。

(6) 检查一年内到期的长期借款是否已转列为流动负债。

(7) 复核长期借款利息。复核被审计单位长期借款利息计算是否正确。检查借款费用会计处理是否正确。检查专门借款和一般借款的借款费用资本化的期间、资产范围、目的和用途等是否符合资本化条件。

(8) 审查企业抵押借款的抵押资产的所有权是否属于企业,其价值和现实状况是否与抵押契约中的规定相一致。

（9）审查长期借款是否已在资产负债表上充分披露。

【案例 4-2】 审计人员在审查某企业"长期借款"明细账时，发现该企业2021年8月1日从银行借入购买设备款项200万元（年利率6%）；而"在建工程"或"固定资产"账户中却没有增加记录；从该企业2021年第三季度的资产负债表上反映的内容看，增加了交易性金融资产200万元。

【案例分析】

1. 追踪查证

审计人员进一步查阅了"交易性金融资产"账户记录及其记账凭证，询问相关经办人员，证实该企业9月12日用购买设备的贷款购买了价值200万元的股票。

2. 存在问题

该企业虚设贷款项目，从银行套取资金用于股票投资，违反了借款合同的规定及银行信贷纪律。审计人员应提请该企业立即出售股票，归还借款并支付罚息。

假设该企业未对长期借款计提利息，还款时应支付罚息10 000元，12月31日出售股票取得价款2 200 000元。（在不考虑相关税金的基础上进行账项调整）

（1）出售股票（不考虑有关税金）。

借：银行存款　　　　　　　　　　　　　　　　　　　　　2 200 000
　　贷：交易性金融资产　　　　　　　　　　　　　　　　　2 000 000
　　　　投资收益　　　　　　　　　　　　　　　　　　　　　200 000

（2）偿还借款，支付利息及罚息。

借：长期借款　　　　　　　　　　　　　　　　　　　　　2 000 000
　　财务费用　　　　　　　　　　　　　　　　　　　　　　　50 000
　　营业外支出——罚息　　　　　　　　　　　　　　　　　　10 000
　　贷：银行存款　　　　　　　　　　　　　　　　　　　　2 060 000

【案例 4-3】 A公司所得税税率为25%，法定公积金计提比例为10%。注册会计师于2022年2月20日对该公司2021年度"长期借款"明细账和借款合同审阅时，发现该公司2021年10月1日因购买设备向银行借入资金1 000万元，借款期限为5年，年利率6%，到期一次性还本付息，该公司11月1日一次性支付1 000万设备价款、运输费、安装费等，该设备2021年12月31日达到预定可使用状态。注册会计师审查该笔借款2021年应计利息费用的记账凭证，发现其会计分录为：

借：财务费用　　　　　　　　　　　　　　　　　　　　　　150 000
　　贷：长期借款——应计利息　　　　　　　　　　　　　　150 000

请问：（1）A公司的账务处理正确吗？如果错误，存在什么问题，对财务报表有何影响？

（2）应如何进行账务调整？

【案例分析】

A公司账务处理不正确，存在问题：该笔借款是购建固定资产而专门借入的款项，11、

12月份的利息费用符合资本化条件应予资本化,计入固定资产成本;而该公司将10、11、12月份利息费用全部计入财务费用,虚减了资产,增加了费用,虚减了当期利润。故应做出账务调整。

(1) 冲减多记的财务费用和补记固定资产。

资本化的利息费用＝(10 000 000×6%÷12)×2＝100 000(元)

借:固定资产   1 000 000

    贷:以前年度损益调整(财务费用)   100 000

(2) 补提所得税。

借:以前年度损益调整(所得税费用)   25 000

    贷:应交税金——应交所得税   25 000

(3) 结转"以前年度损益调整"科目的余额。

借:以前年度损益调整   75 000

    贷:利润分配——未分配利润   75 000

(4) 补提盈余公积。

借:利润分配——未分配利润   7 500

    贷:盈余公积   7 500

注意:本例中,固定资产于2021年12月31日达到预定可使用状态,应从2022年1月开始计提折旧,2021年12月不计折旧,因此不调整2021年的折旧费用。

任务4.2   应付款项审计

案例导入

美国巨人零售公司审计案——低估负债

美国巨人零售公司是一家大型零售折扣商店,创建于1959年,总部设在马萨诸塞州的詹姆斯·福特,公司在20年的时间内迅速发展,到1971年,已经拥有了112家零售批发商店。但就在那一年,巨人公司的管理部门面临着历史上第一次重大经营损失。为了掩盖这一真相,它们决定篡改公司的会计记录。行政管理当局把1971年发生的250万美元的经营损失,篡改成了150万美元的收益,并且提高了与之有关的流动比率和周转率。

巨人零售公司的管理部门为了能在财务报告上减少应付给供应商的金额,曾经故意歪曲公司的财务状况。表4-5概括了五种主要的舞弊方法,巨人零售公司的四个管理者就是利用这几种方法,篡改了1972年1月29日结束的会计年度的应付账款余额。

表 4-5 巨人零售公司对应付账款的蓄意调整

相关方	应付账款减少金额（元）	应付账款减少的理由
1 100 家广告商	$300 000	以前未入账的预付广告费
米尔布鲁克公司	$257 000	商品退回；采购折扣；折扣优惠
罗斯盖尔公司	$130 000	商品退回
健身器材公司	$170 000	以前购买货物索价过高
健美产品制造商	$163 000	商品退回

1978年，巨人零售公司的四位管理者被陪审团以舞弊罪名起诉，经联邦法院审判定为有罪。1979年1月，美国证券交易委员会在经过调查后，严厉谴责了罗斯会计师事务所，并在联邦法院处理此事前，暂停负责该公司审计的合伙人执业资格5个月。证券交易委员会同时要求：由独立专家中的一位陪审员，对罗斯会计师事务所的审计程序，进行一次大规模的检查。

一、应付款项审计概述

（一）应付款项业务内容

应付款项是企业在生产经营活动过程中，因采购商品物资、原材料、接受劳务供应，应付未付供货单位的款项，包括应付账款、应付票据和其他应付款。

应付款项主要由企业赊购业务而产生，因此对应付款项的审计要结合采购业务进行审计。该业务环节主要活动和涉及的凭证与记录如表 4-6 所示。

表 4-6 采购与付款的主要业务活动及对应的凭证和记录

主要业务活动	对应的凭证和记录	相关的主要部门
1. 请购商品和劳务	请购单	仓库、有关部门
2. 编制订购单	订购单	采购部门
3. 验收商品	验收单、订购单	验收部门
4. 储存已验收商品	验收单、入库单	仓库、请购部门
5. 编制付款凭单	付款凭单、验收单、订货单、供应商发票	应付凭单部门
6. 确认与记录负债	应付账款、应付票据明细账、发票、验收单、订货单、卖方对账单、转账凭证	应付凭单部门、会计部门
7. 支付负债	付款凭单、支票	应付凭单部门、财务部门
8. 记录款项支出	现金日记账、银行存款日记账、支票、付款凭证	财务部门

(二) 应付款项审计目标

(1) 资产负债表中记录的应付款项是存在的。
(2) 所有应当记录的应付款项均已记录。
(3) 资产负债表中记录的应付款项是被审计单位应当履行的现实义务。
(4) 应付款项以恰当的金额包括在财务报表中,与之相关的计价调整已恰当记录。
(5) 应付款项已按照企业会计准则的规定在财务报表中做出恰当的列报。

二、应付账款审计实质性程序

> **应付账款常见错弊**
>
> (1) 少记应付账款,低估负债。企业对发生的应付账款隐匿不记或延期入账,导致当期负债低估;或虚构退货业务,冲减应付账款。
>
> (2) 虚列应付账款,调节成本费用。有些企业为了调控利润的实现数额,采用虚列应付账款的方式,虚增制造费用,相应减少利润数额。
>
> (3) 利用应付账款,隐匿收入。有些企业为了隐藏一些非法收入或不正常收入,以达到偷逃税款的目的,在收到现金(或银行存款)时,同时挂"应付账款"。
>
> (4) 多列应付账款,将余款贪污。例如,某企业采购人员在采购某物时,要求对方开票员多列采购金额,套取企业现金。
>
> (5) 隐瞒退货或现金折扣,贪污货款。企业向供货单位购买货物后,取得了蓝字发票,但又因故把货物退回,取得了红字发票,而作弊人员用蓝字发票计入应付账款,而将红字发票隐瞒,然后寻机转出,贪污"应付账款"。有的企业在支付符合现金折扣的货款时,按总额支付,然后从对方套取现金私分或留存"小金库"。
>
> (6) 应付账款长期挂账。主要表现在企业的若干"应付账款"明细款项长期未付而挂账,有的属于合同纠纷或无力偿还,有的属于销货单位消亡而无从支付的情况,这样易导致虚列债务。

(1) 获取或编制应付账款明细表,复核加计与总账数、报表数和明细账合计数核对。

(2) 对期末应付账款余额与上期末余额进行比较,了解其波动原因,对大额异常项目进行重点查验。分析性复核可以包括以下几个方面:前后两期总金额的增减变动;账龄比例的变动;采购周期、应付账款周转率的变化;供应商集中度的变动等。

(3) 选择应付账款重要项目(包括零账户),函证其余额是否正确。

函证样本选择账龄长、金额较大、主要供应商、本期业务频繁并且发生额大的零账户或关联方等重要明细项目(如果是大额、异常的借方余额也应函证)。

根据对回函情况的分析,对未收到回函的、回函金额不相符或未能发函的重大项目,采取替代程序,确定余额是否真实。用替代程序进行查证时,可采用抽查应付账款余额形成的相关凭证,核对购货合同、购货发票、入库凭证、付款记录等原始资料,核实交易事项的真实性。应付账款函证控制表如表4-7所示。

表 4-7 应付账款函证控制表

被审计单位:S 公司　　　　　　　索引号:6204-7
项目:应付账款函证控制表　　　　财务报表截止日/期间:2021 年 12 月 31 日
编制:Ma　　　　　　　　　　　复核:Fu
日期:2022 年 1 月 6 日　　　　　日期:2022 年 1 月 7 日

序号	单位名称	贷方发生额	期末余额	邮政编码	通信地址	联系电话	联系人	询证函 索引	是否回函	回函差异金额	是否再次发函	替代测试
1	××区自来水公司	8 932 788.28	701 892.94	略	略	略	略	略	√	0.00	否	否
2	××恒基新润水务公司	38 962 716.60	305 195.55	略	略	略	略	略	√	0.00	否	否
3	××港务局	25 300 000.00	2 325 000.00	略	略	略	略	略	√	0.00	否	否
4	×2006WPC023	41 538 461.54		略	略	略	略	略	√	0.00	否	否
5	111030-P06KC-051-0203	4 632 000.00		略	略	略	略	略	√	0.00	否	否
6	×2007WPC001	44 307 692.31		略	略	略	略	略	√	0.00	否	否
合计			3 332 088.49									

审计说明:

1. 函证抽样方法:我们结合 S 公司采购部门或经营部原油处提供的与供应商之间的对账单,自供应商明细表中选取会计年度内历次对账情况良好的如下非关联方供应商进行函证 3 户;余额为零的项目选取 3 户。

2. 应付账款余额:发函比例为 0.4%;回函金额为 3 332 088.49 元;回函率为 100%。回函情况证实了 S 公司应付账款的真实性。

审计标识:√表示收到回函。

(4) 检查是否存在未入账的应付账款。可通过以下方法审查未入账的应付账款:

① 结合存货监盘,检查被审计单位在资产负债表日是否存在有材料入库凭证但未收到采购发票的经济业务,企业是否对其进行暂估入账处理。

② 检查资产负债表日后收到的采购发票,关注发票的日期,确认其入账时间是否正确。

③ 检查资产负债表日后应付账款明细账贷方发生额的凭证,确认其入账时间是否正确。

④ 检查资产负债表日后若干天的付款事项,询问被审计单位内部或外部的知情人员,确定有无未及时入账的应付账款,检查相关记录或文件。检查时,注册会计师还可以通过询问被审计单位的会计和采购人员,查阅资本预算、工作通知单和基建合同等来进行。

应付账款(估价入账)替代测试表如表 4-8 所示。

表4-8 应付账款(估价入账)替代测试表

被审计单位:S公司 索引号:6204-3-2
项目:应付账款(估价入账)替代测试表 财务报表截止日/期间:2021年12月31日
编制:Ma 复核:Fu
日期:2022年1月5日 日期:2022年1月7日

一、期初余额:41 883 268.81							
二、贷方发生额:13 867 759.33							
入账金额			检查内容(用"√""×"表示)				
序号	日期	凭证号	金额	①	②	③	④	⑤
1	1月4日	1212#	-41 883 268.81		√	√	√	√
2	12月29日	1812#	55 751 028.14		√	√	√	√

......

小计	13 867 759.33	
全年贷方发生额合计	13 867 759.33	
测试金额占全年贷方发生额的比例	100%	

三、贷方发生额:0

入账金额			检查内容(用"√""×"表示)				
序号	日期	凭证号	金额	①	②	③	④	⑤

......

小计		
全年贷方发生额合计	0.00	
测试金额占全年贷方发生额的比例	0.00	

四、期末余额:55 751 028.14

五、期后付款检查
　　2022年1月4日1817#境外采购的原油,发票到达企业

　　检查内容说明:1.原始凭证是否齐全;2.记账凭证与原始凭证是否相符;3.财务处理是否正确;4.是否记录于恰当的会计期间;5.是否经过相应的批准

　　审计结论:

　　已经到达企业但发票未到的在原材料中予以暂估。

未入账应付账款汇总表如表4-9、表4-10所示。

表4-9　未入账应付账款汇总表(一)

被审计单位:S公司　　　　　　　　索引号:6204-5
项目:未入账应付账款汇总表　　　　财务报表截止日/期间:2021年12月31日
编制:Ma　　　　　　　　　　　　　复核:Fu
日期:2022年1月6日　　　　　　　日期:2022年1月7日

应付账款单位	业务内容	应付金额	未付及未入账原因
无			

编制说明:本表用来汇总实施审计程序后发现的未入账的应付账款。
审计说明:

> 通过S公司采购部门索取与其供应商之间的对账单,并将对账单和S公司的财务记录进行核对,查找有无未入账的应付账款,确定应付账款金额的准确性。
> 经核对,未发现差异。

表4-10　未入账应付账款汇总表(二)

被审计单位:S公司　　　　　　　　索引号:6204-5-1
项目:未入账应付账款汇总表　　　　财务报表截止日/期间:2021年12月31日
编制:Ma　　　　　　　　　　　　　复核:Fu
日期:2022年1月15日　　　　　　　日期:2022年1月15日

从资产负债表日后的付款凭证中抽取若干张

序号	金额	银行对账单日期	支票 编号	支票 日期	明细账凭证 编号	明细账凭证 日期	说明	截止是否适当
1	62 898 149.09	1月16日	电汇08109732	1月8日	972	1月8日	电汇进口原油代理费	适当
2	40 000 000.00	1月15日	4110R07006010	1月8日	976	1月8日	还国内信用证款	适当
3	50 170 014.74	1月15日	4110R07005020	1月11日	1 072	1月11日	还第4船海洋原油信用证款	适当

审计说明:

> 针对资产负债表日后付款项目,以付款金额超过重要性水平420万元以上的作为样本,检查银行对账单及有关付款凭证(如银行划款通知、供应商收据等),询问被审计单位内部或外部知情人员,查找有无未及时入账的应付账款。

(5)对应付账款借方余额应采用同预付账款相同的程序审验其真实性并决定是否进行重分类调整。审查应付账款借方余额,应查验原始凭证、采购合同等有关资料,分析借方余额的真实性,并决定是否做重分类调整为预付账款。

(6)检查应付账款长期挂账的原因,做出记录,对于确实无法支付的,检查是否根据企业会计准则要求,按规定做出相应的处理。

(7) 检查非记账本位币折合记账本位币采用的折算汇率,折算差额是否按规定进行会计处理。根据决算日的外汇市场汇价,查验外汇账户余额的折算及会计处理是否正确。

(8) 审查应付账款的披露是否恰当。需查验披露的内容是否符合准则、制度的规定,是否与审定数相符。重点关注以下几个问题:① 期末应付账款余额的账龄分布情况;② 对主要债权人按负债金额由大到小列示;③ 与应付账款有关的诉讼纠纷及其潜在影响;④ 对关联企业的应付账款。

【案例 4-4】 审计人员王军审查海河公司 2021 年应付账款明细账时,发现 2021 年 A 公司明细账有贷方余额 97 000 元,经查证有关凭证,是 2018 年向 A 公司购买木料的货款。

要求:分析可能出现的问题,说明是否需要进一步审查。如需要,如何审查,并提出审计意见。

【案例分析】

应付账款 A 公司明细账长期挂账,可能存在下列问题:

(1) 货物存在质量问题,与供应商发生经济纠纷而挂账。

(2) 虚假业务形成的负债、虚设账户隐匿的利润。

(3) 债权人破产清算、债务重组债权人豁免债务未及时进行账户处理等原因造成无须支付的应付账款。

(4) 企业记账错误。

应做进一步审查,方法是采用面询或函询的方法到 A 公司进行调查。针对不同的情况,做出不同的处理:若是纠纷,双方协商解决;若是故意拖欠,应尽快归还欠款;若是记账差错,则要及时加以更正。

【案例 4-5】 2022 年年初,审计人员在审查"主营业务收入"账户时,发现 2021 年年末销售收入下滑幅度较大,应付账款却明显上升。但被审计单位在下半年销售正值旺季。审计人员怀疑被审计单位利用"应付账款"账户隐匿收入,审计人员应如何进一步追查?(假定该企业 2021 年增值税税率为 13%)

【案例分析】

1. 审计思路

跟踪调查:审计人员查阅了 2021 年 11 月和 12 月的"应付账款"明细账,分别将本市甲公司等几家债务上升比较大的客户的有关记录进行了详细审计,发现有如下会计分录:

借:银行存款　　　　　　　　　　　　　　　　　　　3 390 00
　　贷:应付账款　　　　　　　　　　　　　　　　　　　　　3 390 00

所附原始凭证均为银行进账单以及分别向甲公司等单位开出的发货票。

2. 存在问题

审计人员认为该单位利用往来隐瞒收入,偷漏了增值税、所得税,没有公允地反映企业的经营情况。被审计单位对此供认不讳。经确认已销产品成本企业已经结转。调账如

下(被审计单位为一般纳税人):

(1) 调整应付账款,补记收入。

借:应付账款	339 000
贷:以前年度损益调整——主营业务收入	300 000
应交税费——应交增值税(销项税额)	39 000

若该企业的所得税税率为25%,按税后利润的10%提取盈余公积、50%向投资者分配利润。

(2) 调整所得税。

借:以前年度损益调整——所得税费用	75 000
贷:应交税费——应交所得税	75 000

(3) 调整利润分配。

借:主营业务收入	300 000
贷:以前年度损益调整——所得税费用	75 000
利润分配——未分配利润	225 000

(4) 假定盈余公积计提比例10%,向投资者分配利润比例50%,故补提盈余公积,向投资者分配利润。

借:利润分配——未分配利润	135 000
贷:盈余公积	22 500
应付股利	112 500

【案例4-6】 审计人员在审查"应付账款"明细账时,发现5月9日第45#凭证记录应付账款增加50 000元,5月10日第52#凭证记录偿还50 000元货款。

【案例分析】

支付货款如此迅速,审计人员怀疑其中可能有现金折扣,决定查明现金折扣的处理。

1. 跟踪调查

审计人员调阅5月9日45#凭证,其记录内容如下:

借:材料采购	50 000
贷:应付账款——甲公司	50 000

所附原始凭证为供货单位发票一张,合同一份,规定付款期为一个月。如果在10天内付款,给予现金折扣10%。

调阅5月10日52#凭证,其记录内容如下:

借:应付账款——甲公司	50 000
贷:银行存款	45 000
库存现金	5 000

所附原始凭证为转账支票存根和现金收据两张。审计人员分析:一笔货款为什么采用两种结算?审计人员调查收款单位甲公司,发现甲公司仅收入4.5万元支票一张。询问出纳时,出纳供认是与会计李某勾结从保险柜取出现金并签发支票用于结算货款。审计人员审查借条时发现与现金收据字迹一样,现金收据纯属伪造。

2. 存在问题

由于财务制度不严,财务人员利用职务之便贪污现金 5 000 元。应进行调账,收回赃款时,做如下分录:

借:库存现金　　　　　　　　　　　　　　　　　　　　　　　　　5 000
　　贷:财务费用　　　　　　　　　　　　　　　　　　　　　　　　　　5 000

【技能操练 4-1】 请针对以下应付账款审计中存在的情况,分析说明审计建议。

情形一:注册会计师吴生审计新兴公司"应付账款"时发现,该公司因财务状况不佳,无法支付已有 3 年账龄的欠 A 公司的货款 10 万元(增值税项不计,下同),经与债权人协商,并达成如下债务重组协议:债权人同意以总成本为 6 万元的新兴公司生产的产品,抵偿上述债务。双方已在本年度履行了债务重组协议,但新兴公司未按规定进行账务处理。

情形二:注册会计师李文在审计 H 公司"应付账款"时,发现该公司存在 3 年以上账龄的应付账款——A 公司 600 万元。通过查阅原始凭证和询问有关业务人员,未能取得充分审计证据可以证明此款项的业务性质,无法判定负债的存在性。

情形三:注册会计师吴生在审计新兴公司"应付账款"时发现:该公司于 12 月 28 日购入的 G 货物 50 万元,已按规定纳入 12 月 31 日存货盘点范围进行了实物盘点。但卖方发票于次年 1 月 5 日才收到,并在次年的 1 月份才进行了账务处理,本年度无进货和相应负债记录。

三、应付票据审计实质性程序

> **应付票据常见错弊**
>
> 应付票据是指企业购买材料、商品和接受劳务供应等而开出、承兑的商业汇票,包括银行承兑汇票和商业承兑汇票。商业汇票依照其是否带有利息,可分为带息应付票据和不带息应付票据两种。应付票据常见的错弊有:
>
> (1) 应付票据账目设置不齐全。应付票据除应设置总账、明细账外,还应设置商业汇票备查簿。
>
> (2) 商业汇票开立不符合规定。企业没有按《支付结算办法》要求办理,造成商业汇票无效。
>
> (3) 应付票据及利息费用、应付利息等账户金额错误。

(1) 编制或获取应付票据明细表,与总账、报表的余额核对。

(2) 复核应付票据变动明细表加计数是否准确,与应付票据备查簿核对是否相符。

(3) 核对明细账记录与应付票据备查簿记录是否一致。审核商业承兑票据备查簿中票据号码的记录是否连续。对票据备查簿中记录不完整的票据应追查原因。

(4) 检查应付票据备查簿,抽查若干债务的相关合同、发票、货物验收单等原始凭证,确定交易事项的真实性。对发现应付票据的开具并无实际业务行为的情况,我们需深入了解票据出具的真实意图,是否有将票据交对方用于质押贷款情况,并确认是否应对上述事项进行调整或披露。

（5）请客户协助在明细表上标明期后已付款的应付票据,检查支付凭证;必要时向票据持有人函证,确定应付票据的余额是否正确。

（6）复核票据利息是否足额计提,其会计处理是否正确。

（7）检查逾期未付票据的原因。需了解到期未付的原因,是否存在银行账号内无款项支付导致的票据退票,同时应要求对营业外支出进行审计的人员注意是否存在因拒付而支付的违约金,如存在,应结合应付票据科目进行复核;对于到期未支付的应付票据,应结转应付账款列示。

四、其他应付款审计实质性程序

> **其他应付款常见错弊**
>
> 其他应付款项目核算的是企业除了购买商品、材料物资和接受劳务供应以外,应付、暂收其他单位或个人的款项。其他应付款账户主要特点是核算内容比较繁杂,包括应付的各种赔款,应付的各种罚金,应付租入固定资产和包装物的租金,存入保证金,应付统筹退休金及应付/暂收上级单位/所属单位的款项等。该账户核算内容多而杂并具有过渡性的特点,极易用作转移隐匿应税收入、偷逃税款、截留利润的工具。常见错弊如下:
>
> （1）隐匿收入,偷税漏税。有些企业将应计入收入类科目的金额计入"其他应付款"科目,从而隐匿收入、偷逃税金。
>
> （2）隐藏费用、调节成本。企业某些其他应付款直接与成本费用有关,如应付统筹退休金、各种应付租金。其他应付款项金额及计入成本费用的日期是否正确,会影响纳税。
>
> （3）其他应付款长期挂账现象。

（1）取得或编制其他应付款明细表,与明细账、总账核对。

（2）函证其他应付款,审查其真实性。

（3）对借方有余额的项目,应查明原因,必要时做重分类调整。

（4）从明细账中抽取一定的项目,查阅与之有关的记账凭证和原始凭证,检查业务的合法性及准确性。

（5）检查其他应付款是否已在财务报表中进行了恰当的分类和充分披露。

【案例4-7】 审计人员在对某企业进行审查时,发现2月份10#记账凭证摘要栏写明的经济业务为"销售边角料收入",金额4 000元,会计处理为:

借:银行存款　　　　　　　　　　　　　　　　　　　　　　4 000
　　贷:其他应付款　　　　　　　　　　　　　　　　　　　　4 000

【案例分析】

该企业出售边角料取得的收入,应计入"其他业务收入"科目,但企业将其计入"其他应付款"科目,少计收入,偷逃税金。应调账如下:

借：其他应付款　　　　　　　　　　　　　　　　　4 000
　　贷：其他业务收入　　　　　　　　　　　　　　　3 418.80
　　　　应交税费——应交增值税（销项税额）　　　　581.20

任务 4.3　应付职工薪酬审计

 **案例导入**

自塑化剂风波、中央限令"三公消费"以来，白酒行业的销量大幅下滑，酒企利润下降。随着 2013 年定期财务报表的陆续披露，上市白酒企业的成绩单反映了行业的趋冷。为了抵御"寒冬"，各家酒企使出了浑身解数：促销、降价、让利……而部分上市公司则在财务报表上做起了文章，通过合理的办法增加当期成本，把当期的利润腾挪至未来财务周期进行确认，以避免未来若行情仍持续恶化导致利润大幅下降的局面。白酒龙头企业五粮液（000858.SZ）就有类似的处理办法，公司主要的办法是提前计提职工工资作为递延所得税资产，计提的额度达到了 23.4 亿元。

据五粮液 2013 年 8 月 15 日公布的半年报显示，其递延所得税资产达到 5.96 亿元，比年初增加 1.1 亿元，其中应付职工薪酬项占了绝大部分，达到 5.85 亿元。以 25% 所得税税率计算，五粮液上半年累计多计提约 23.4 亿元职工薪酬，该部分职工薪酬实际支付时若不再滚动计提，将可释放 23.4 亿元净利润。

事实上，五粮液计提的递延所得税资产从 2011 年年末的 0.17 亿元暴增至 2013 年的 5.96 亿元。2012 年中报显示，其递延所得税资产从 2011 年年末的 0.17 亿元上升至 2012 年中期的 1.42 亿元，所增加的 1.25 亿元均为递延所得税资产中"应付职工薪酬"增加。

至 2012 年年末，其递延所得税资产上升至 4.86 亿元，其中递延所得税资产的应付职工薪酬上升至 4.73 亿元。至 2013 年年中，其递延所得税资产进一步上升至 5.96 亿元，应付职工薪酬也上升至 5.85 亿元。

五粮液上半年的净利润为 57.9 亿元，通过计提递延所得税资产雪藏了 23.4 亿元的利润，几乎腾挪了上半年将近三分之一的利润。

思考：应付职工薪酬对企业利润有何影响？

一、应付职工薪酬业务特点

职工薪酬是指企业为获得职工提供的服务而给予各种形式的报酬以及其他相关支出。职工薪酬包括职工工资、奖金、津贴和补贴；职工福利费；医疗保险费、养老保险费、失业保险费、工伤保险费和生育保险费等社会保险费；住房公积金；工会经费和职工教育经费；非货币性福利；因解除与职工劳动关系给予的补偿；其他与获得职工提供的服务相关的支出。

随着经营管理水平的提高和技术手段的发展,有效的职工薪酬内部控制可以及时揭露错误和舞弊;使用计算机编制职工薪酬表和使用工薪卡,提高了职工薪酬计算的准确性;通过有关机构,如税务部门、社会保障机构的复核,可相应防止职工薪酬计算的错误。

然而,职工薪酬费用在成本费用中所占比重较大。如果职工薪酬的计算错误,就会影响成本费用和利润的正确性。所以,注册会计师应重视对职工薪酬业务的审计。

> **应付职工薪酬常见错弊**
>
> (1) 利用应付职工薪酬调节成本费用,调控利润。将不该列入工资费用的费用列入工资费用,将不该列入生产成本的工资列入了生产成本,在管理费用和制造费用之间进行调节;有的单位偏离工资分配的正确方法,在完工产品和在产品之间进行调节,在主要产品和在建工程之间进行调节,从而调节成本,达到调控利润的目的。
>
> (2) 冒领工资、贪污占用。有的会计人员利用单位临时工的流动性特点,捏造临时工用工人数、多报加班天数、夜班费,串通舞弊扩大工资,然后冒领工资,侵占工资款项,贪污占用。或虚列员工姓名,无中生有,扩大应付工资,并将其金额转入"小金库"。
>
> (3) 工资计提不准确。例如,不按规定计提"五险一金"、工会经费、职工教育经费等。
>
> (4) 借鸡生蛋,损公肥私。有的会计人员将代扣款项瞒天过海,占为己有;有的单位将代扣款,如代垫的房租、家属药费、个人所得税不按规定扣除,而是作为福利分给职工。

二、应付职工薪酬的实质性程序

(1) 获取或编制应付职工薪酬明细表,复核加计是否正确,并与报表数、总账数和明细账合计数核对是否相符。

(2) 实施实质性分析程序。

① 比较被审计单位员工人数的变动情况,检查被审计单位各部门各月工资费用的发生额是否有异常波动,若有,则查明波动原因是否合理。

② 比较本期与上期工资费用总额,要求被审计单位解释其增减变动原因,或取得公司管理当局关于员工工资标准的决议。

③ 结合员工社保缴纳情况,明确被审计单位员工范围,检查是否与关联公司员工工资混淆列支。

④ 核对下列相互独立部门的相关数据:工资部门记录的工资支出与出纳记录的工资支付数;工资部门记录的工时与生产部门记录的工时。

⑤ 比较本期应付职工薪酬余额与上期应付职工薪酬余额是否有异常变动。

应付职工薪酬——工资月波动分析表如表 4-11 所示。

表 4-11 应付职工薪酬——工资月波动分析表

被审计单位:S公司　　　　　　　　索引号:6206
项目:工资月波动分析表　　　　　　财务报表截止日/期间:2021年12月31日
编制:song　　　　　　　　　　　　复核:Li
日期:2022年1月8日　　　　　　　日期:2022年1月16日

月 份	2021年		2020年	
	金额	比例	金额	比例
1月	1 153 943.41	5.63%	1 595 851.67	8.95%
2月	5 875 542.89	28.69%	1 234 912.99	6.93%
……				
8月	2 092 526.15	10.22%	1 127 992.00	6.33%
……				
11月	1 378 581.63	6.73%	1 095 877.66	6.15%
12月	1 361 660.16	6.65%	1 010 486.52	5.67%
合 计	20 481 858.82	100.00%	17 822 292.14	100.00%

审计说明:

　　1. S公司本年工资总额较上年增加约265万元,主要原因系公司本年度提高了工资标准所致。
　　2. 本年各月工资除了2月和8月比例较大之外,其他各月比较均衡;2月金额较大系发放年度奖金所致;8月金额较大系发放奖金所致。
　　3. 经分析,我们认为月变动合理。

(3) 检查工资、奖金、津贴和补贴。

检查计提是否正确,依据是否充分,将执行的工资标准与有关规定核对,并对工资总额进行测试;检查分配方法与上年是否一致;检查发放金额是否正确,代扣的款项及其金额是否正确;检查是否存在属于拖欠性质的职工薪酬,并了解拖欠的原因。

(4) 检查社会保险费(包括医疗、养老、失业、生育保险费)、住房公积金、工会经费和职工教育经费等计提(分配)和支付(或使用)的会计处理是否正确,依据是否充分。

应付职工薪酬计提情况检查表如表4-12所示。

表 4-12 应付职工薪酬计提情况检查表

被审计单位:S公司　　　　　　　　索引号:6206-4-1
项目:应付职工薪酬计提情况检查表　　财务报表截止日/期间:2021年12月31日
编制:song　　　　　　　　　　　　复核:Li
日期:2022年1月8日　　　　　　　日期:2022年1月16日

项目名称	已计提金额	应计提基数	计提比率	应计提金额	应提与已提的差异	备 注
1. 职工福利	2 637 215.29	20 481 858.82	14%	2 867 460.23	11 615.97	

续 表

项目名称	已计提金额	应计提基数	计提比率	应计提金额	应提与已提的差异	备注
2.社会保险						
（1）医疗保险费	324 767.48	12 990 699.12	2.5%	324 767.48		
（2）养老保险费	2 490 455.07	13 107 658.28	19%	2 490 455.07		
（3）失业保险费	294 460.37	14 723 018.30	2%	294 460.37		
（4）工伤保险费	103 511.98	12 901 497.00	0.8%	103 211.98		
3.住房公积金	3 659 012.31	20 481 858.82	18%	2 686 734.58	27 722.27	
4.工会经费	420 636.65	20 481 858.82	2%	409 637.18	−10 999.47	
5.职工教育经费	305 984.09	20 481 858.82	1.5%	307 227.88	1 243.79	

审计说明：

> 1. 职工福利、公积金、工会经费、职工教育经费均按照当月工资总额计提,应计提数与实际计提数差异较小,可以确认。
> 2. 其他各项附加费均由人力资源部按照当地劳动局的规定比例计提,每月计提基数有所变化,不便于测算。鉴于职工薪酬内部控制设计合理并得到执行,所以确认其计提金额。

（5）检查辞退福利是否符合规定,会计处理是否正确。

（6）检查非货币性福利。

检查是否以自产产品发放职工福利,是否向职工提供住房、租赁住房等资产供职工无偿使用等非货币性福利。检查是否根据受益对象计入相关资产成本或当期损益,同时确认应付职工薪酬。对于难以认定受益对象的非货币性福利,是否直接计入当期损益和应付职工薪酬。

【案例4-8】 乙公司为一家电视制造企业,现有职工100名。2月份,公司以其生产成本为5 000元的电视和外购的每台含税价格为500元的电暖气作为春节福利发放给公司员工。该型号电视不含税价为每台7 000元,乙公司适用的税率为13%;100名职工中85名为直接参加生产的职工,15名为总部管理人员。乙公司年末对上述事项未做任何账务处理。

要求：请代注册会计师指出上述行为存在的问题,并说明正确的账务处理。

【案例分析】

乙公司以自己生产的产品作为福利发放给职工不入账,严重违反国家的财经纪律。乙公司应将作为福利发放给职工的液晶彩电以公允价值计量,计入主营业务收入,产品按照成本结转,并根据相关税法规定,视同销售计算销项税额。而只为发放福利而外购商品已缴纳的增值税应计入工资成本中,不得抵扣。

（1）自产产品发放福利的账务处理：

彩电的售价总额＝7 000×100＝700 000（元）

彩电的增值税销项税额＝700 000×13%＝91 000（元）

公司决定发放非货币性福利时,应做如下账务处理:

生产成本＝7 000×85×(1+13%)＝672 350(元)

管理费用＝7 000×15×(1+13%)＝118 650(元)

借:生产成本	672 350
管理费用	118 650
贷:应付职工薪酬——非货币性福利	791 000

实际发放非货币性福利时,应做如下财务处理:

借:应付职工薪酬——非货币性福利	791 000
贷:主营业务收入	700 000
应交税费——应交增值税(销项税额)	91 000
借:主营业务成本	500 000
贷:库存商品	500 000

（2）外购商品发放福利的账务处理:

电暖器的买价＝500×100＝50 000(元)

电暖器的进项税额＝500×100×13%＝6 500(元)

借:应付职工薪酬——非货币性福利	56 500
贷:银行存款	56 500

生产成本＝500×85×(1+13%)＝48 025(元)

管理费用＝500×15×(1+13%)＝8 475(元)

借:生产成本	48 025
管理费用	8 475
贷:应付职工薪酬——非货币性福利	56 500

（7）检查以现金与职工结算的股份支付。

（8）检查应付职工薪酬的期后付款情况,并关注在资产负债表日至财务报表批准报出日之间,是否有确凿证据表明需要调整资产负债表日原确认的应付职工薪酬事项。

（9）检查应付职工薪酬是否已按照企业会计准则的规定在财务报表中做出恰当的列报。

【案例4-9】 审计人员在审查某企业下半年"应付职工薪酬"账户时,发现12月份比11月份多出40万元,审计人员怀疑其中有虚列工资或其他项目的问题,故决定做进一步审查。

审计人员调阅12月份应付职工薪酬的原始凭证,发现在"工资结算单"中,食堂人员工资38万元,附食堂负责人收据一张,未具体列明发放工资人员名单。查问食堂负责人时,供认因本企业业务招待费超支,故将超支部分虚列入工资项目。财务部对此供认不讳。该企业适用的所得税税率为25%。

【案例分析】

该企业违反财务制度的规定,利用"应付职工薪酬"账户,掩饰超支的业务招待费、偷漏所得税款。审计人员应责成该企业调整有关账簿记录,调整分录如下:

借:以前年度损益调整　　　　　　　　　　　　　　　　　　95 000
　　　　贷:应交税费——应交所得税　　　　　　　　　　　　　　　　95 000

【案例 4-10】 审计人员 A 在审计企业"应付职工薪酬"时,发现当年 2 月份发放的工资比其他月份高出 90 万元。核对工资分配和"管理费用""制造费用"等账户时,发现记录在管理费用中的工资较其他月份多出 90 万元。审计人员决定进一步审查。

【案例分析】

1. 追踪查证

(1) 审计人员 A 审查了"工资清单",并查阅了人事部门的人员档案,发现 2 月份没有新增员工,况且 3 月份的记录很正常。

(2) 负责审计该企业应付债券的审计人员 B 发现企业在支付应付债券利息时仅仅支付了一部分。

(3) A 立即审查企业发行债券和支付利息的资料。

发现企业上年 2 月份发行了 3 年期公司债券,面值为 4 000 万元,年利率为 9%,每年 2 月 5 日付息一次,其中本公司职工购买了 1 000 万元。

企业共提利息 360 万元,并计入财务费用。2 月份支付利息时做了如下会计分录:
　　借:应付利息　　　　　　　　　　　　　　　　　　　　　2 700 000
　　　　贷:银行存款　　　　　　　　　　　　　　　　　　　　　　2 700 000
但账面上没有支付给本单位职工利息 90 万元的任何记录。

2. 存在问题

企业将应付给本单位职工的债券利息 90 万元并入当月工资,然后挤入管理费用。致使 2 月份的费用多计,隐瞒利润 90 万元,少交企业所得税。应做如下调账:
　　借:应付利息　　　　　　　　　　　　　　　　　　　　　　900 000
　　　　贷:管理费用　　　　　　　　　　　　　　　　　　　　　　900 000
　　借:所得税费用　　　　　　　　　　　　　　　　　　　　　225 000
　　　　贷:应交税费——应交所得税　　　　　　　　　　　　　　　225 000

【技能操作 4-2】 注册会计师在审查某公司的销售费用时,发现临时销售人员的工资发放存在问题,具体情况是:由销售部门负责录用临时销售人员,因为流动性非常大,所以人事部门没有为这些人员建立人事记录,每月由销售经理上报临时销售人员名单,按每人每月 800 元发放工资,工资款由销售经理填制领款单后向财会部门领取,并负责向销售人员发放,之后将由销售人员签名的工资结算单交回财会部门,财会部门不再进行复核。对此,注册会计师抽查了销售部门全年的工资结算单,发现其中几个月有几个人的工资是由销售经理代领的。

要求:分析该公司在工资发放中可能存在的问题及其产生的原因,并提出相应的管理建议。

任务4.4 应交税费审计

案例导入

天津市某美容美发用品有限责任公司及该公司法人代表吴某为偷税,暗示公司会计杨某和销售部经理赵某在经营活动中设立两套账目,以少报营业收入的方法,偷税数额达86.7万余元,超过同期应纳税额30%。后该公司被税务机关查获,税务机关遂对其进行了处罚。

天津市和平区人民法院对此案进行了公开宣判。法院经过审理认为,被告单位天津市某美容美发用品有限责任公司和被告人吴某、杨某、赵某采取设立"账外账"等方法,隐瞒收入,编造虚假账目向税务部门申报纳税,偷税数额86.7万余元,超过同期应纳税额30%,其行为均已构成偷税罪。鉴于被告人吴某系主犯,有自首情节,被告人杨某、赵某在本案中起次要作用属从犯,且三人认罪态度好,故依法分别对被告人吴某、杨某减轻处罚,对被告人赵某免除刑罚。据此,法院做出一审判决:被告单位某美容美发用品有限责任公司犯偷税罪,判处罚金86.7万余元;被告人吴某犯偷税罪,判处有期徒刑2年零6个月,缓刑2年零6个月,并处罚金3万元;被告人杨某犯偷税罪,判处有期徒刑1年,缓刑1年,并处罚金1.5万元;被告人赵某犯偷税罪,免予刑事处罚。

一、应交税费审计概述

(一)应交税费审计特点

应交税费的审计是企业审计中的重点,而在应交税费的科目中,增值税的审计尤为重要。企业应缴纳的税费主要有增值税、营业税、消费税、所得税、城市维护建设税、房产税、车船使用税、土地增值税、土地使用税、印花税、资源税等。

由于应交税费项目与国家的税法及税务机关的征管工作紧密相连,政策性、法律性较强。因此,注册会计师对于这种敏感性的项目审计更要慎重。

该项目的审计资料主要为企业全套的纳税申报表,包括增值税纳税申报表、营业税纳税申报表、所得税纳税申报表,以及附加税的缴纳凭证、应交税费明细账等。审计中应当注意收集相关的审计证据,包括销售合同、退货处理单、折让协议、销售发票等。

应交税费常见错弊

(1)无中生有,虚增应交税金的借方数,抵减贷方数,达到偷漏税款的目的。例如,虚增增值税进项税;将委托加工后的材料"直接用于销售"的会计处理故意地做成委托加工后的材料"用于继续生产应税消费品"的会计处理,偷漏消费税。

(2) 瞒天过海,隐瞒收入,达到偷漏税款的目的。有的隐瞒主营业务收入,如已经实现商品销售,却将收到款项的凭证隐瞒,不进行会计处理,减少销项税;或虚构退货,冲销销售收入及销项税。

(3) 偷梁换柱,转移收入,达到少缴税款的目的。有的本该形成主营业务收入的经济活动,却有意将"增值税"换成"营业税",让其适从较低税率;有的本该形成"其他业务收入"的经济活动,却故意记入"营业外收入",逃缴"营业税"。

(4) 里应外合,偷漏税款。例如,对将自产货物用于投资,将产品以福利的形式发给职工等业务不按视同销售处理,将产品用于在建工程,不作进项税转出,达到偷漏税款。有的甚至将自产货物与对方交易,各取所需,不缴纳税金。

(5) 凭空捏造,虚增成本费用,偷漏税款。例如,为达到偷漏税金的目的,虚增主营业务成本,虚减主营业务利润;虚增销售费用、管理费用和财务费用,虚减营业利润;虚增营业外支出,虚减利润总额。

(二) 应交税费审计目标

(1) 明确应交税费内容的真实性。
(2) 明确应交税费计税依据的合规性。
(3) 明确应交税费适从税率的合法性。
(4) 明确应交税费减、免的合理性。
(5) 明确应交税费纳税的时效性。
(6) 明确应交税费会计报表披露的恰当性。

二、应交税费实质性程序

(1) 获取或编制应交税费明细表,复核加计是否正确,并与总账数、报表数和明细账合计数核对是否相符。

(2) 核对年初应交税费与税务机关认定数是否一致。

(3) 取得被审计单位纳税鉴定、纳税通知,以及征、免、减税的批准文件,了解被审计单位适用的税种、计税基础、税率,以及征、免、减税的范围与期限。

(4) 检查应交增值税的计算是否正确。

① 获取或编制应交增值税明细表,复核其正确性,并与明细账核对相符。

② 根据客户增值税各明细账户的发生额,按月填写编制"应交税金——增值税查核表"。

③ 根据增值税进项税额相关账户的有关数据,复核国内采购货物、进口货物、购进的免税农产品,接受投资或捐赠、接受应税劳务等应计的进项税额是否按规定进行了会计处理,并与应交增值税明细表"进项税额"栏相核对。

④ 根据已经审定的主营业务收入、其他业务收入及其他税法规定视同销售应税行为的有关记录,计算销项税额,并与应交增值税明细表"销项税额"栏相核对。

⑤ 取得"出口货物退(免)税申报表"及办理出口退税有关凭证,复核其正确性、合法性,并与应交增值税明细表"出口退税"栏相核对。

⑥ 将"应交增值税明细表"与企业增值税纳税申报表核对,检查进项、销项的入账与申报期间是否一致,金额是否相符;如不一致,应分析原因并记录,注意增值税纳税申报表有无经税务机关认定;复核因存货改变用途或发生非常损失应计的进项税额转出数是否正确计算。

⑦ 抽查重要的进项、销项增值税专用发票若干张,审查其合法性、真实性。

应交增值税——进项税发生额测试如表 4-13 所示。

表 4-13 应交增值税——进项税发生额测试

被审计单位:S公司　　　　　　　　索引号:6207-2-4
项目:进项税发生额测试　　　　　　财务报表截止日/期间:2021年12月31日
编制:Wang　　　　　　　　　　　　复核:Li
日期:2022年1月10日　　　　　　　日期:2022年1月16日

月	日	凭证号	摘要	税率(%)	金额 借方	金额 贷方	对方科目	测试内容 1	2	3	4	重要附件
1	10	456	第1船进口原油增值税	13	2 395 064.84		其他应收款	√	√	√	√	发票、专用缴款书
3	7	345	付增值税	13	515 216.99		银行存款	√	√	√	√	专用缴款书
3	18	893	补缴第10船进口原油增值税	13	2 487 365.47		银行存款	√	√	√	√	专用缴款书
……												
11	16	83	付第4船海洋原油增值税	13	2 864 796.98		银行存款	√	√	√	√	支票存根、进账单、增值税发票、付款通知书
12	19	512	付第3船海洋原油增值税	13	3 075 302.84		银行存款	√	√	√	√	支票存根、进账单、增值税发票、付款通知书

审计说明:

1. 测试目的:验证进项税的发生性、准确性。
2. 样本选择:因为本年的进项税发生总额已经与纳税申报表核对一致,所以我们只是对不同税率进项税,不同月份抽取发生额为重要性水平之上的样本。
3. 工作内容:核查金额是否正确、附件是否齐全、账务处理是否正确、是否经适当授权。

(5) 索取并复核应纳税所得额调整计算表,根据调整后的计税利润,计算本期应交所得税。

(6) 检查的消费税计税依据是否正确,适用税率是否符合税法规定,分项复核本期应交数,并与明细账核对。

【技能操练 4-3】 审计人员在审查某精细化工企业时发现,该企业生产化妆品和护肤品,并将一部分化妆品和护肤品组成成套产品出售,产品成套销售时:化妆品占 70%(消费税税率 30%),护肤品占 30%(消费税税率 13%)。审计人员检查税金正确性时发现:本期销售成套产品实现销售收入 2 000 000 元,收取增值税金 340 000 元。企业会计处理如下:

借:应收账款	2 260 000
贷:主营业务收入——化妆品	1 400 000
——护肤品	600 000
应交税费——应交增值税(销项税额)	260 000
借:营业税金及附加	498 000
贷:应交税费——应交消费税	498 000

要求:请分析企业上述会计处理是否存在问题,做出审计结论并进行账项调整。

(7) 检查城建税的计税依据是否正确,适用税率是否符合税法规定,分项复核本期应交数,并与明细账核对。

(8) 检查资源税、土地增值税、车船税、房产税、土地使用税的计算是否准确。

(9) 确定本期应交纳税款,检查相关账簿记录和缴税凭证,确定本期已缴税款和期末未缴税款。

(10) 确定应交税费是否已在财务报表做恰当披露。

【案例 4-11】 注册会计师吴文在对新新公司 2021 年财务报表审计时,发现以下情况:

(1) 注册会计师吴文用应税"库存商品"明细账账户的贷方发出数量合计,减去"发出商品"明细账借方发出数量合计,计算出应税产品应销量。与应税产品"主营业务收入"明细账户的已销量核对,发现应销量大于已销量。

(2) 注册会计师吴文在审计公司销货退回、折让、折扣是否同时冲减应交税费时,查阅了相关的记账凭证,发现公司销售给 A 公司的钢材,不含税金额为 20 000 元,已向银行办妥收款手续,但 8 月因质量不符合要求,A 公司要求退货,新新公司收到"拒付理由书""拒收商品通知单"后,做出的会计处理为:

借:主营业务收入	20 000
贷:应收账款	20 000

于是,注册会计师吴文提请新新公司做相应的会计调整:

借:应交税费——应交增值税(销项税额)	2 600
贷:应收账款	2 600

【案例分析】

(1) 从反映的问题来看,出现应销量大于已销量的情况,可能是由于企业用于在建工程、集体福利,或是以产品兑换原料、抵偿债务等业务造成。这时注册会计师应注意查阅相关的记账凭证和原始凭证,以证实企业由于领用自己生产的产品用于在建工程等非应税项目而少计增值税的情况与视同销售业务处理的恰当性。也可能是企业销售只结转成本,不计收入而引起两账户发出商品数量的差异。

注册会计师在核实应销量后,将应销量乘以销售单价,计算应税销售额,用产品销售总额减去已核实的应税销售额,其差额即确认少计销项税的销售额,应进一步查明原因,提请被审计单位进行会计处理和相关会计报表的调整。

(2)注册会计师在审查应交税费时,要注意增值税与其他账户的勾稽关系,如销项税额与主营业务收入、其他业务收入中相关项目的配比、进项税额转出与处理财产损失、在建工程领用生产用原材料等业务的配比。应注意一些特殊情况下最容易少计或多计增值税的情况。在实务操作中,少计或多计增值税的情况主要有:一是销货退回、折让、折扣是否同时冲减了应交税费;二是虚增销售收入或虚减销售收入时,同时虚增或虚减的应交税费;三是应税和免税产品同时销售时,是否合理分开允许抵扣的进项税额与免税产品不得抵扣的进项税额。

项目小结

负债审计包括对借款项目、应付款项、应付职工薪酬、应交税费、长期应付款、应付债券、应付股利的审计。其审查主要涉及负债的存在性、完整性,负债的计价及有关会计处理方法等内容,其中负债的完整性是审查的重点,以防止和揭示企业低估负债、虚增利润等错弊行为。在本项目内容中,借款项目、应付账款、应付职工薪酬、应交税费的审查是重点,其中借款的完整性审查、借款费用的账务处理、应付账款完整性审查、应付职工薪酬工资项目及账务处理审查、应交增值税、企业所得税等税项的正确性审查是难点。通过本项目的学习,学生能够掌握负债审计的要点,掌握负债主要项目的审计程序和方法,具备一定的实践分析能力。

技能训练

一、单项选择题

1. 注册会计师执行的下列各项审计程序中,最能够证实杰曼公司长期借款完整性的是(　　)。

A. 根据长期借款明细账,追查有关借款的原始凭证
B. 向杰曼公司所有的银行发函询证
C. 将长期借款明细汇总表与明细账和总账核对
D. 检查借款利息与本金是否相符

2. 某注册会计师对A公司2021年度财务报表进行审计,发现公司于2021年12月25日购入材料30万元,货物于12月28日验收入库,但发票于次年1月5日收到,A公司将上述购货业务记录于2022年账目中,因此,注册会计师可以认定(　　)。

A. A公司在2021年没有进行相关记录是正确的
B. A公司2021年度利润总额虚增30万元

C．A 公司 2021 年年末存货及应付账款同时虚减 30 万元

D．A 公司应在 2021 年 12 月 31 日资产负债表附注中进行相关披露

3．审计人员在对 A 公司 2021 年财务报表进行审计时，正在考虑是否对应付账款进行函证，假如有以下（　　）情形（各情形互不相干），则应付账款通常可以不进行函证。

  A．经评估，A 公司的内部控制风险很高　　B．A 公司 2021 年度财务状况不佳

  C．A 公司 2021 年年末应付账款金额较大　　D．A 公司存在大量小金额的欠款

4．对于应付账款项目，注册会计师常常将检查有无未入账的业务作为重要的审计目标。在以下程序中，难以达到这一目的程序的是（　　）。

  A．结合存货监盘，检查在资产负债表日是否存在材料已入库，但未收到购货发票的经济业务

  B．检查资产负债表日后收到的购货发票，关注购货发票的日期

  C．检查资产负债表日前应付账款明细账及现金、银行存款日记账

  D．检查资产负债表日后应付账款贷方发生额的相应凭证

5．应付账款的审计重点是（　　）。

  A．发生　　　　　B．完整性　　　　　C．计价和分摊　　　　D．分类

6．长期负债的利息支出，在固定资产尚未达到预定可使用状态前，应将其计入（　　）。

  A．在建工程　　　B．管理费用　　　　C．财务费用　　　　　D．固定资产

7．付给国家、其他单位及个人的投资利润应计入（　　）。

  A．应付债券　　　B．应付股利　　　　C．其他应付款　　　　D．资本公积

8．不属于流动负债审计的是（　　）。

  A．短期借款　　　B．应付票据　　　　C．应付职工薪酬　　　D．应付债券

9．注册会计师在检查 ABC 股份有限公司的时候，发现在其工薪核算中，存在如下的业务处理，其中需要进行调整的是（　　）。

  A．将因解除与某车间 20 位职工的劳动关系而给予的补偿直接计入管理费用

  B．将生产车间的工人的工会经费、职工教育经费计入管理费用

  C．将在建工程的工人的当期实际发生的福利费用计入在建工程

  D．将销售部门经理的奖金计入销售费用

10．下列说法中错误的是（　　）。

  A．任何情况下都不需要对被审计单位的应付账款进行函证

  B．注册会计师可以将期末应付账款余额与期初余额进行比较，分析波动原因

  C．对于应付账款来说，在资产负债表日金额不大，甚至为零，但为企业重要供货人的债权人（发生额较大）应作为重要函证对象

  D．注册会计师可以结合存货监盘程序，检查被审计单位在资产负债日前后的存货入库资料，检查是否有大额料到单未到的情况，确认相关负债是否计入了正确的会计期间

二、多项选择题

1．以下内部控制中，能够防止或发现购货及付款发生错误或舞弊的有（　　）。

  A．所有订货单应经采购部门及有关部门批准，其副本应及时提交财会部门

B. 现购业务必须经财会部门批准后方可支付价款

C. 收到购货发票后,应立即送采购部门与订货单、验收单核对相符合

D. 采用总价法记录现金折扣,并严格复核是否发生折扣损失

2. 审查长期借款所发生的借款利息支出,可能借记的科目有(　　)。

　　A. 销售费用　　　　　　　　　　B. 财务费用

　　C. 在建工程　　　　　　　　　　D. 长期待摊费用

3. 被审计单位采购与付款循环中涉及的主要业务活动包括(　　)。

　　A. 处理请购单　　　　　　　　　B. 验收商品

　　C. 确认债务　　　　　　　　　　D. 处理和记录现金支出

4. 非流动负债审计的主要内容有(　　)。

　　A. 长期借款　　　　　　　　　　B. 应付债券

　　C. 应付股利　　　　　　　　　　D. 长期应付款

5. 当发现记录的债券利息费用大大超过相应的应付债券账户余额与票面利率乘积时,可能存在(　　)问题。

　　A. 应付债券被低估　　　　　　　B. 记录的利息费用过大

　　C. 应付债券被高估　　　　　　　D. 记录的利息费用过小

6. 被审计单位对以下工资费用的分配,应确认为错误的是(　　)。

　　A. 营销人员工资计入制造费用　　B. 车间主任工资计入制造费用

　　C. 设备维修人员工资计入生产成本　D. 仓库保管人员工资计入管理费用

7. 注册会计师通过下列(　　)审计程序,可以查找被审计单位未入账的应付账款。

　　A. 审查资产负债表日收到,但尚未处理的购货发票

　　B. 审查应付账款函证的回函

　　C. 审查资产负债表日后一段时间内的支票存根

　　D. 审查资产负债表日已入库,但尚未收到发票的商品的有关记录

8. 在应付职工薪酬审计中,注册会计师为收集大多数审计证据,拟实施的实质性分析程序包括(　　)。

　　A. 核对工薪部门记录的工薪支出与出纳记录的工薪支付数

　　B. 结合员工社保缴纳情况,明确被审计单位员工范围,检查是否与关联公司员工工薪混淆列支

　　C. 比较被审计单位员工人数的变动情况,检查被审计单位各部门各月工薪费用的发生额是否有异常波动

　　D. 比较本期应付职工薪酬余额与上期应付职工薪酬余额,是否有异常变动

9. 注册会计师计划测试 C 公司年末银行长期借款余额的完整性。以下审计程序中,可能实现该审计目标的有(　　)。

　　A. 了解银行对 C 公司的授信情况

　　B. 检查长期借款明细账中本年新增借款的银行进账单

　　C. 向提供长期银行借款的银行寄发银行询证函

　　D. 重新计算并分析该年度长期借款利息

10. 下列有关短期借款实质性程序的说法中正确的有( )。

A. 注册会计师应在期末对所有的短期借款进行函证

B. 对年度内减少的短期借款,注册会计师应检查相关记录和原始凭证,核实还款数额

C. 注册会计师应根据短期借款的利率和期限,复核被审计单位短期借款的利息计算是否正确

D. 如果被审计单位有外币短期借款,注册会计师应检查外币短期借款的增减变动是否按业务发生时的市场汇率或期初市场汇率折合为记账本位币金额

11. 华大公司2021年年底的会计资料表明其当年应付票据大部分已付清,注册会计师为证实应付票据支付情况而应获取的审计证据有( )。

A. 应付票据明细表

B. 分析性复核资料

C. 应付票据的函证回函

D. 管理当局提出票据到期即付的声明书

三、实务分析题

1. 某审计人员正在对H公司的应付账款项目进行审计。应付账款明细账户表如表4-14所示,根据需要,该审计人员决定对H公司中的四个明细账户中的两个进行函证。

表4-14 应付账款明细账户表 单位:元

	应付账款期末余额	本年度供货总额
A公司	42 624	66 100
B公司	—	288 000
C公司	85 000	95 000
D公司	289 000	3 032 000

要求:

(1) 该审计人员应选择哪两家供货公司进行函证,为什么?

(2) 假定上述四家公司均为H公司的客户,上表中后两栏分别是应收账款年末余额和本年度销货总额,该审计人员应选择哪两家公司进行函证,为什么?

2. 你是某会计师事务所的审计人员,正接受某公司委托审计其年度财务报表。你已对其购货、验收、付款,以及支出循环的内部控制制度进行了了解与评价,并决定不进行控制测试。根据分析性程序,你认为其资产负债表上所列的应付账款余额有可能低估。你已要求并取得了由客户编制的应付账款明细表。

要求:对此应付账款进行审计,你还应执行哪些实质性测试程序?

3. 华兴电脑公司2021年12月有关业务发生如下:

(1) 本月应付工资总额2 310 000元,工资费用分配汇总表中列示的车间产品生产人员工资为1 600 000元,车间管理人员工资为350 000元,行政管理人员工资为302 000元,销售人员工资为58 000元。

(2) 本月应向社会保险机构缴纳由企业负担的职工基本社会保险费共计 323 400 元,其中,应计入基本生产车间生产成本的金额为 224 000 元,应计入制造费用的金额为 49 000 元,应计入管理费用的金额为 50 400 元。

(3) 该公司共有职工 400 名,其中 300 名为直接参加生产的职工,60 名为车间管理人员,40 名为企业管理人员。该公司将其生产的每台成本为 1 000 元的平板电脑发放给职工作为福利。该型号的平板电脑售价为每台 2 000 元,该公司适用的增值税税率为 13%。

(4) 该公司总部共有部门经理以上职工 10 名,公司为每人提供一辆捷达汽车免费使用,假定每辆捷达汽车每月计提折旧 1 500 元;该公司共有副总裁以上高级管理人员 3 名,公司为其每人租赁一套面积为 200 平方米带有家具和电器的公寓,月租金为每套 15 000 元。

(5) 该公司根据"工资结算汇总表"结算本月应付职工工资总额 2 310 000 元,代扣职工个人所得税 205 000 元,由个人负担的职工基本社会保险费 194 040 元,通过银行实发工资 1 910 960 元。

(6) 该公司以现金支付职工生活困难补助 3 600 元。

(7) 该公司管理层于 2021 年 6 月 1 日决定缩减管理人员,提出了没有选择权的辞退计划,拟辞退 2 人,并于 2021 年 12 月 1 日执行。被辞退人员已经接到了公司通知,该公司董事会批准,辞退补偿为每人 5 万元。

根据以上资料华兴公司进行了以下有关应付职工薪酬的会计处理:

(1) 借:生产成本——基本生产成本　　　　　　　　　1 600 000
　　　　制造费用　　　　　　　　　　　　　　　　　　350 000
　　　　管理费用　　　　　　　　　　　　　　　　　　302 000
　　　　销售费用　　　　　　　　　　　　　　　　　　 58 000
　　　贷:应付职工薪酬——工资　　　　　　　　　　　　　　2 310 000

(2) 借:生产成本——基本生产成本　　　　　　　　　　224 000
　　　　制造费用　　　　　　　　　　　　　　　　　　 49 000
　　　　管理费用　　　　　　　　　　　　　　　　　　 50 400
　　　贷:应付职工薪酬——职工社保(企业负担)　　　　　　　323 400

(3) 借:应付职工薪酬——工资　　　　　　　　　　　1 910 960
　　　贷:银行存款　　　　　　　　　　　　　　　　　　　1 910 960

结转代扣款项、基本社会保险费:
借:应付职工薪酬——工资　　　　　　　　　　　　　399 040
　　应付职工薪酬——社会保险费(企业负担)　　　　　323 400
　贷:应交税费——应交个人所得税　　　　　　　　　　　205 000
　　　其他应付款——职工社保(个人负担)　　　　　　　　194 040
　　　　　　　　——职工社保(企业负担)　　　　　　　　323 400

(4) 借:应付职工薪酬——职工福利费　　　　　　　　　3 600
　　　贷:库存现金　　　　　　　　　　　　　　　　　　　　3 600

该公司认为业务 3、业务 4、业务 7 不属于应付职工薪酬的核算范围,因此没有进行应付职工薪酬的会计处理。

要求：你认同华兴公司的会计处理吗，为什么？请给出调整分录。

4. 注册会计师李海审计甲公司2021年度的会计报表时，注意到"长期借款"项目的附注披露如下：长期借款2021年年末表4-15余额为14 780万元。具体如下（见表4-15）：

表4-15

贷款单位	金额（万元）	借款期限	年利率	借款条件
A银行第二营业部	1 200	2019年7月—2023年6月	7.45%	担保借款
B银行第一营业部	12 800	2018年8月—2022年7月	5.65%	抵押借款
C银行第二营业部	780	2021年1月—2026年1月	6.85%	担保借款
合　计	14 780			

要求：李海在审计甲公司长期借款时应执行哪些实质性程序？

5. 审计人员审查某企业时发现该企业将5吨自制甲产品用于本厂在建工程项目。企业所做会计分录为：

借：在建工程　　　　　　　　　　　　　　　　　　　　50 850
　　贷：库存商品——甲产品　　　　　　　　　　　　　45 000
　　　　应交税费——应交增值税（销项税额）　　　　　5 850

记账凭证后附的领料单载明：领料数量5吨，单位成本9 000元，总计45 000元。经与甲产品明细账核对，完全相符，增值税税率为13%。甲产品是企业的新产品，尚未上市，但市场上同类产品售价为12 000元/吨。

要求：分析上述会计处理是否存在问题，如存在，应如何调整？

项目 5　所有者权益审计

 **知识目标**

　　了解所有者权益的审计目标。
　　掌握所有者权益审计的特点。
　　掌握实收资本审计要点。
　　掌握股本审计要点。
　　理解资本公积审计要点。
　　理解盈余公积审计要点。
　　理解未分配利润审计要点。

 **能力目标**

　　掌握所有者权益审计的特点。
　　掌握股本、实收资本的审计要点。
　　熟悉资本公积、盈余公积、未分配利润的审计要点。

　　所有者权益，是指企业资产扣除负债后由所有者享有的剩余权益，包括实收资本（或股本）、资本公积、盈余公积和未分配利润。在股份制企业，所有者权益又称为股东权益。由于涉及所有者权益的业务较少、金额大的特点，审计人员在审计了企业的资产和负债之后，往往只花费相对较少的时间对所有者权益进行审计，且主要运用详细审计的方法，直接对所有者权益项目进行实质性测试。

任务 5.1　股本及实收资本审计

一、股本、实收资本审计的目标

（1）确定资产负债表中列示的股本、实收资本是存在的。
（2）审查是否将在被审计期间发生的所有关于股本、实收资本的经济业务都已记录入账，并已在会计账簿上正确、公允地加以反映。

(3) 查明被审计期间发生的股本、实收资本项目的增减变动是否均经过核准,是否符合有关法律、法规的规定。

(4) 确定实收资本以恰当的金额包括在财务报表中。

(5) 确定股本、实收资本已按企业会计准则的规定在财务报表中做出恰当列报。

二、股本的审计要点

(1) 审阅公司章程、实施细则和股东大会、董事会会议记录。

(2) 检查股东是否按照公司章程、合同、协议规定的出资方式,各种出资方式的比例是否符合规定。

(3) 索取或自己编制股本明细表。

(4) 审查股票的发行、收回等交易活动。

(5) 函证发行在外的股票。

(6) 检查股票发行费用的会计处理。

(7) 检查股本是否已在资产负债表上恰当披露。

三、实收资本审计要点

(1) 索取或编制实收资本增减变动明细表,复核加计是否正确,与报表数、总账数和明细账合计数核对是否相符。

(2) 查阅公司章程、股东大会、董事会会议记录中有关实收资本的规定。收集与实收资本变动有关的董事会会议纪要、合同、协议、公司章程及营业执照,公司设立批文、验资报告等法律性文件,并更新永久性档案。

(3) 检查实收资本的增减变动原因,查阅其是否与董事会纪要、补充合同、协议及其他有关法律性文件的规定一致,逐笔追查至原始凭证,检查其会计处理是否正确;注意有无抽资或变相抽资的情况,若有,应取证核实,并进行恰当处理;对首次接受委托的客户,除取得验资报告外,还应检查并复印记账凭证及进账单。

(4) 对于以资本公积、盈余公积和未分配利润转增资本的情况,应取得股东(大)会等资料,并审核是否符合国家有关规定。

(5) 对于以权益结算的股份支付,应取得相关资料,检查是否符合相关规定。

(6) 根据证券登记公司提供的股东名录,检查被审计单位及其子公司、合营企业与联营企业是否有违反规定的持股情况。

(7) 对于以非记账本位币出资的情况,应检查其折算汇率是否符合规定。

(8) 检查认股权证及有关交易,确定委托人及认股人是否遵守认股合约或认股权证中的规定。

(9) 检查实收资本是否已按企业会计准则的规定在财务报表中做出恰当列报。

【案例 5-1】 审计人员在审查新办企业 A 公司时,发现该企业"银行存款"账上余额 100 万元,实际生产经营中却是现金周转困难。

【案例分析】

审计人员怀疑投资人以现金投入的实收资本未实际到位,于是调阅了"实收资本"下的明细科目,其中"实收资本——甲公司"明细账上注明投入现金80万元,向会计人员索要原始凭证——银行存款回单,会计人员无法出示。审计人员与银行联系,银行告知并未收到一笔甲公司汇入该企业的80万元款项;再与A公司联系,A公司承认甲公司并未将款项汇出。该企业已经运行(营业执照已签发)6个月,投资者仍未将认缴的出资份额缴足,致使生产经营出现困难。而且该企业会计人员核算不合规范,随便记账。

审计人员建议A公司调账。收到投资前,应做调整分录:

借:实收资本——甲公司　　　　　　　　　　　　　800 000
　　贷:银行存款　　　　　　　　　　　　　　　　　　　800 000

经银行证实实际收到投资时,再做相反分录。

【技能操练 5-1】

资料:审计人员在审查B公司时,发现其中一张记账凭证内容为:收到投资者投入原材料,凭证会计分录为:

借:原材料　　　　　　　　　　　　　　　　　　　300 000
　　贷:实收资本　　　　　　　　　　　　　　　　　　　300 000

后附原始凭证为投资合同复印件一张。

问题:该笔业务存在哪些问题?

提示:从原始凭证入手检查交易是否真实存在。

分析:该案例中,审计人员取得的进账单上显示的是各出资者缴款的汇总金额,不能反映各个投资人实际出资情况,如果某个出资人(如丙方)没有资金,私下协议由其他出资人代为垫付,且不提供给审计人员。在各个出资人拟设立公司的良好关系下,他们也不会把实情告诉审计人员。但一旦出资人之间出现矛盾,他们之间的权责无法私下调和而需要司法介入时,代为出资方可能会控告审计人员的审验报告不实,因为实际情况是丙方没有出资。要避免以下两种情形:① 各个自然人之间代为出资而引起的权责纠纷导致的审计风险。② 出资人用借款出资,取得验资报告拿到营业执照后,立即抽逃资本还债。审计人员要避免以上两种情形还应关注和取得以下证据:① 证明各个自然人经济状况的资料;② 由各个出资人、被审验单位签名盖章的"出资人货币出资清单"。如果某一出资人的经济状况不能保证其货币出资,审计人员应谨慎地对该笔业务进行确认;如果存在代为出资的情况,审计人员还应取得由出资方、代为出资方共同签名的"委托受托代为出资协议",并关注出资方和代为出资方的权利义务,尤其是代为出资款的偿付条款的规定。

【技能操练 5-2】

资料:审计人员接受委托对新设立的S公司的实收资本进行审计时,S公司主动给审计人员提供了完整的原始凭证和相关材料,其中包括出资方货币出资的银行进账单、银行对账单以及向银行询证函回函。

问题：为了降低审计风险，审计人员还应获取什么证据？

分析：对实收资本的审计应是审计人员主动取证的过程，"主动取证"不是被审计单位提供什么资料，审计人员就验证什么，而是审计人员根据验证目标的需要，设计适当的审计程序，在有效控制审验程序实施中获取证据。因此，审计人员对货币资金出资进行验证时，不仅要谨慎地审验被审计单位提供的进账单和银行对账单的真伪，还应亲自寄发和收回、分析向银行函证出资款的回函，询证函不能由被审计单位拿着到银行办理，以避免被审计单位和银行的串通作弊而提供虚假的证据。

【**案例 5-2**】 审计人员在对 A 公司的实收资本进行审计时，发现出资者甲方以一批抵债收回的存货投入 A 公司，不能提供存货的发票，仅提供了具有资格的某评估机构对存货所做的评估报告。审计人员不知道是否可以对该项实收资本业务进行确认。

问题：由于存货价值和权属的变动性大，所以该笔业务的审计风险比较大。如果被审计单位为了达到足额出资的目的，而以抵债收回存货等出资，但无法提供发票以表明其归属及其价值。在这种情况下，审计人员应当怎么办？

【**案例分析**】

在这种情况下，审计人员应当谨慎地关注和取得以下证据，验证存货投资：

(1) 实物出资清单。审计人员应把实物出资清单填列的存货品名、规格、数量、作价、出资日期等内容与协议、合同、章程的规定相核对，并实地观察、监盘存货的数量及其品质状况，在出资清单上记录审计情况。

(2) 评估报告。注册会计师应当了解评估目的、评估范围与评估基准日、评估假设等有关限定条件是否满足验资要求。

(3) 投资各方及其被审计单位对存货评估的确认书，如为国有资产，获取国资部门的核准文件。审计人员应关注投资各方确认存货的价值是否以评估报告为基准，如果与评估结果悬殊，审计人员应建议被审计单位重新考虑对存货的确认。

(4) 财产交接清单。财产交接清单必须有全体出资者及其被审计单位法人代表或其代理人的签章。

(5) 存货发票的复印件，如果是抵债收到的发票，由于其购货方不是投资者，还需要检查债务重组协议及其相关凭证，获取投资方对该存货的所有权证明。

【**技能操练 5-3**】

资料：审计人员李明在对新设立 A 公司（筹建主体）的实收资本进行审计时，发现甲方以一新建的房屋建筑物投入 A 公司，提供了建筑房产的决算书、付款凭证以及该房屋所占土地的租赁协议，土地租赁期为 20 年。

问题：审计人员李明是否可以对甲方的房屋建筑物出资进行确认？

分析：虽然该房屋确实为甲方建造，但由于它建在租赁土地上，不能取得土地使用权证，其权属问题容易发生经济纠纷，审计人员不能据上述证据对甲方的实物出资进行确认。

> **不动产出资业务审计要点**
>
> 在审计实务中,对于房屋建筑物出资的业务,审计人员应当从以下几个方面控制风险:
>
> (1) 检查不动产权证等产权证明,验证出资前的产权是否归出资者所有。由于在租赁土地上建筑房屋,不能取得土地使用权证,其权属问题容易发生经济纠纷,不能明确其产权;由于租赁的房屋租赁方仅仅拥有使用权,而且可能被所有者收回,所以,在租赁土地上建筑房屋以及租赁的房屋,均不能作为实物出资验证。
>
> (2) 检查房屋、建筑物的平面图、位置图,验证其名称、坐落地点、建筑结构、竣工时间、已使用年限及作价依据是否符合协议、合同、章程的规定。
>
> (3) 获取并查阅其评估报告,了解评估目的、评估范围与对象、评估基准日、评估假设等有关限定条件是否满足验资的要求,关注评估报告的特别事项说明、评估基准日至验资报告日期间发生的重大事项是否对验资结论产生影响;检查投入资产的价值是否经各出资者认可。
>
> (4) 获取并检查房屋建筑物过户手续,对于在验资时尚未办妥的,检查被审验单位及其出资者是否签署了在规定期限内办妥过户手续的承诺函。

四、股本和实收资本的实质性测试程序的注意事项

(1) 通常股本不会发生变化,只有在股份有限公司设立、增资扩股和减资时发生变化。

(2) 股本、实收资本明细表作为永久档案存档,以供本年度和以后年度检查股本时使用。编制时应将每次变动情况逐一记载并与有关的原始凭证和会计账目进行核对。

(3) 实收资本的增减变动:企业设立时,实际收到投资者的投资;企业增资扩股;资本公积、盈余公积转赠资本;减少资本。

(4) 注册会计师应检查已发行的股票数量是否真实,是否均已收到股款或资产。我国目前股票发行和转让大多由企业委托证券交易所和金融机构进行,由证券交易所和金融机构对发行在外的股票数进行登记和控制。因为这些机构一般既了解公司发行股票的总数,又掌握公司股东的个人记录以及股票转让情况,故在审计时可采取向证券交易所和金融机构函证及查阅的方法来验证发行股份的数量,并与股本账面数额进行核对,确定是否相符。对个别自己发行股票,自己进行有关股票发行数量、金额及股东情况登记的企业,由于企业已在股票登记簿和股东名单上进行了记录,在进行股本审计时,可在检查这些记录的基础上,抽查其记录是否真实有据,核对发行的股票存根,看其数额是否与股本账上数额相符。

【案例 5-3】 审计人员在核对 B 企业"股本"总账时,发现在贷方出现 900 万元发生额,但摘要内容没有注明谁是投资者,对应科目为"银行存款",时间为 9 月 5 日,查账时间为 9 月 20 日。

【案例分析】

审计人员对没有注明投资者感到疑惑,怀疑有转移收入的可能。审计人员检查了 9

月5日借记银行存款的会计凭证,得知付款单位为某建筑公司,被查企业恰好生产建筑材料,会计部门没有关于此笔存款的更多资料。经与付款单位联系,知其购买该企业产品,价值90万元,款项于9月4日汇出。返回检查该企业的销货合同,证实90万元实为销售收入。经过审计人员的取证,会计人员承认想隐瞒该季收入和少缴所得税,并想使自有资金增多,故而将应计入主营业务收入的90万元转入了资本金。

审计人员建议被审计单位做如下调整:

借:股本　　　　　　　　　　　　　　　　　　　　　　　　900 000
　　贷:主营业务收入　　　　　　　　　　　　　　　　　　　　900 000

【技能操练5-4】

资料: 审计人员在对B公司进行审计时,发现出资者甲方以一批抵债收回的存货投入B公司,不能提供存货的发票,仅提供了有资格的某评估机构对存货所做的评估报告。

问题: 审计人员能否对此项交易进行确认?

提示: 存货出资应当具备哪些原始凭证?

【技能操练5-5】

注册会计师李月、王江对联华股份有限公司的2021年度的会计报表进行审计。审计中发现如下问题:

W公司是联华股份有限公司的控股子公司。在对该公司"实收资本"项目实施审计程序时,发现W公司存在虚假入资情况:W公司设立时,联华股份有限公司以货币资金出资900万元,联华公司所属的另一控股子公司N公司以货币资金出资600万元。在对联华股份有限公司"其他应付款"项目审计时发现,有应付W公司往来款900万元,同时在核对W公司债权后确认有应收联华股份有限公司往来账项900万元。

李月、王江经查阅有关股东会议记录,了解到联华股份有限公司在投资W公司时,以货币资金出资并交存于有关出资专户,W公司已按照有关规定办理了工商登记注册手续。其后,联华股份有限公司又以资金往来的方式抽回投资。通过询问有关人员确认上述交易事项属实。

问题: 该公司存在哪些问题?注册会计师应发表何种审计报告?

分析: 注册会计师李月、王江可以认为联华股份有限公司属抽回投资行为,该交易事项的存在,造成联华股份有限公司虚增"长期股权投资"和"其他应付款——W公司"900万元,而W公司虚增"其他应收款——联华股份有限公司"和"实收资本"900万元。为此,建议联华股份有限公司限期补充注册资本,同时因注册资本抽回对W公司影响的事项在本年度会计报表附注中披露,并出具保留意见的审计报告。

实收资本审计风险点

实收资本在实务中主要存在以下问题:企业实收资本与注册资本不符;借入资本与实际资本混淆;投入资本不真实;出资形式不合理。上述错弊在核算中的一般表现形式为:

(1) 出资者以抵押物作为投入资本,骗取企业的投资收益。
(2) 无形资产所占比重过高。
(3) 出资额低于法定资本数额。
(4) 伪造、涂改、变造投资的依据。
(5) 投资者随意抽走资本。
(6) 有的企业不符合增资或减资的条件而增资或减资,或不履行增资或减资的手续而任意增资或减资。
(7) 企业应按照"谁投资,谁所得"的原则,根据投资者的投资比例或协议,对各投资主体的投资进行分类记录。
(8) 投入资本的会计处理不正确。

任务 5.2　资本公积审计

资本公积是指企业在经营过程中由于接受捐赠、股本溢价以及法定财产重估增值等原因所形成的公积金。资本公积是与企业收益无关而与资本相关的贷项。资本公积是指投资者或者他人投入企业、所有权归属于投资者,并且投入金额上超过法定资本部分的资本。

一、资本公积审计目标

(1) 确定被审计单位有关资本公积内部控制是否存在、有效且一贯遵守。
(2) 确定资本公积的形成、增减及其他有关经济业务会计记录的合法性与真实性。
(3) 审查资本公积使用的合理性、正确性和有效性。
(4) 确定会计报表上资本公积的反映是否恰当。

二、资本公积的审计要点

(1) 获取或编制资本公积明细表,复核加计是否正确,并与报表数、总账数和明细账合计数核对是否相符。
(2) 收集与资本公积变动有关的股东(大)会决议、董事会会议纪要、资产评估报告等文件资料,更新永久性档案。
(3) 根据资本公积明细账,对"资本(股本)溢价"的发生额逐项审查至原始凭证。
① 对于股本溢价,应取得董事会会议纪要、股东(大)会决议、有关合同、政府批文,追查至银行收款等原始凭证;结合相关科目的审计,检查会计处理是否正确,注意发行股票溢价收入的计算是否已扣除股票发行费用。
② 对于资本公积转增资本,应取得股东(大)会决议、董事会会议纪要、有关批文等,检查资本公积转增资本是否符合有关规定,会计处理是否正确。

③ 若发生同一控制下的企业合并,应结合长期股权投资科目,检查被审计单位(合并方)取得的被合并方所有者。

(4) 根据资本公积明细账,对"其他资本公积"的发生额逐项审查至原始凭证。

① 检查以权益法核算的被投资单位除净损益以外所有者权益的变动,被审计单位是否已按其享有的份额入账,会计处理是否正确;处置该项投资时,应注意是否已转销与其相关的资本公积。

② 以自用房地产或存货转换为采用公允价值模式计量的投资性房地产,转换日的公允价值大于原账面价值的,检查其差额是否计入资本公积;在处置该项投资性房地产时,检查原计入资本公积的部分是否已转销。

③ 检查将持有至到期投资重分类为可供出售金融资产,或将可供出售金融资产重分类为持有至到期投资。

(5) 检查资本公积是否已按照企业会计准则的规定在财务报表中做出恰当列报。

【案例 5-4】 审计人员计划对新华公司的所有者权益项目实施详细审计。在审阅新华公司"实收资本"明细账时,发现 10 月 25 日 46#凭证摘要为"收到王明投资款"110 000 元。

【案例分析】

审计人员首先调出 46#凭证,其分录为:

借:银行存款　　　　　　　　　　　　　　　　　　　110 000
　　贷:实收资本　　　　　　　　　　　　　　　　　　　　110 000

所附原始凭证为银行进账单、收据以及新华公司董事会与王明所签协议复印件。审计人员仔细审阅了协议复印件,按照投资协议,王明需缴入现金 110 000 元,同时享有该公司三分之一(即 100 000 元)的股份。审计人员认为,根据协议王明投资款中的 100 000 元计入"实收资本",另外 10 000 元应当作为资本溢价计入"资本公积"。正确的分录应该是:

借:银行存款　　　　　　　　　　　　　　　　　　　11 0 000
　　贷:实收资本　　　　　　　　　　　　　　　　　　　　100 000
　　　　资本公积——资本溢价　　　　　　　　　　　　　10 000

应建议被审计单位做调账处理。

【技能操练 5-6】

资料:审计人员在对甲公司某一年的资本公积审计时,发现公司资本公积明细账中有七笔相关业务。

问题:对这七笔业务,是否需要进一步审查,可执行怎样的审计程序进行审查?

分析:与资本公积相关的业务虽然不多,但无论业务发生额大小,都应当对资本公积账户实施详细审计。一般是从明细账追查至记账凭证,检查记账凭证所附原始凭证是否齐全、合规。

【案例 5-5】 审计人员在审查某企业"资本公积"明细账时,发现 8 月 15 日 50#凭证摘要为"溢价发行股票"。审计人员由明细账追查至相应记账凭证,发现 8 月 15 日 50#

凭证会计分录为：

借：银行存款　　　　　　　　　　　　　　　　　　　　　　96 000
　　贷：股本　　　　　　　　　　　　　　　　　　　　　　　80 000
　　　　资本公积——股本溢价　　　　　　　　　　　　　　　16 000

记账凭证后附原始凭证为银行收账通知单、股东大会通过的发行股票的决议。

【案例分析】

审计人员觉得该笔业务有异常：发行股票没有发行费用，这是不合理的。于是，审计人员检查8月15日前后的管理费用、财务费用账户记录，发现财务费用账户中一笔业务摘要为：发行股票手续费。分录为：

借：财务费用　　　　　　　　　　　　　　　　　　　　　　2 000
　　贷：银行存款　　　　　　　　　　　　　　　　　　　　　2 000

对于溢价发行的股票，发行价格与其面值的差额扣除委托证券商代理发行股票而支付的手续费、佣金等后，计入资本公积。

审计人员首先审查企业股票发行的程序，查明有当地证券管理部门的批准文件，并依法办理了必要手续，然后按下列公式重新计算股票溢价。

那么，股票溢价＝8 000×(12－10)－2 000＝14 000(元)。

重新计算结果表明，该企业的股票溢价是14 000元，而不是16 000元。

因此，正确的分录应该是：

借：银行存款　　　　　　　　　　　　　　　　　　　　　　94 000
　　贷：股本　　　　　　　　　　　　　　　　　　　　　　　80 000
　　　　资本公积——股本溢价　　　　　　　　　　　　　　　14 000

应建议被审计单位调整账目。审计调整分录为，

借：资本公积——股本溢价　　　　　　　　　　　　　　　　2 000
　　贷：财务费用　　　　　　　　　　　　　　　　　　　　　2 000

【技能操练5-7】

资料： 审计人员在审查某公司某一年度资本公积明细账有以下记录：

(1) 发行股票溢价收入20万元。该公司股票是委托证券公司代理发行的，按发行收入3％支付手续费3万元，计入了"财务费用"账户。

(2) 发行债券溢价收入10万元。

(3) 公益性捐赠支出10万元。

问题： 上述记录存在哪些问题？应如何调整？

提示：

(1) 发行手续费是否应当计入财务费用？

(2) 发行债券溢价收入是否应计入资本公积？

(3) 公益性捐赠是否应计入资本公积？

> **资本公积审计风险点**
>
> 资本公积在核算中审计风险点的表现形式一般为:
> (1) 将资本溢价或股本溢价作为当期收益或计入实收资本,损害其他投资者的利益。
> (2) 企业为了逃避所得税,将本应该计入当期损益的项目计入资本公积。
> (3) 在不符合增资条件、未经批准和办理有关手续的情况下,擅自将资本公积转增资本;有些企业将资本公积挪作他用,用于集体或职工福利。

任务 5.3 盈余公积审计

一、盈余公积审计目标

(1) 确定资产负债表中记录的盈余公积是存在的。
(2) 确定所有应当记录的盈余公积均已记录,盈余公积的增减变动符合法律、法规及合同、章程的规定。
(3) 确定盈余公积以恰当的金额包括在财务报表中。
(4) 确定盈余公积已按照企业会计准则的规定在财务报表中做出恰当列报。

二、盈余公积的审计要点

(1) 获取或编制盈余公积明细表,复核加计是否正确,并与报表数、总账数和明细账合计数核对是否相符。
(2) 收集与盈余公积变动有关的董事会会议纪要、股东(大)会决议及政府主管部门、财政部门批复文件等资料,进行审阅,并更新永久性档案。
(3) 对法定盈余公积和任意盈余公积的发生额逐项审查至原始凭证。
① 检查法定盈余公积和任意盈余公积的计提顺序、计提基数、计提比例是否符合有关规定,会计处理是否正确;检查提取的合法性、正确性。对于盈余公积的提取,审计人员应做到:一要审查提取比例是否合规,是否经由董事会批准;二要审查提取项目是否完整;三要审查提取基数是否正确,即是否以净利润作为提取的基数。对于法定盈余公积的提取,审计人员主要审查企业是否按规定以净利润的 10% 提取;对未提取或提取比例不足 10% 的,应审查企业已提取的法定公积是否已达到注册资本的 50%。对于不符合上述条件的企业,应责成其按规定补提法定盈余公积。对于任意盈余公积,应按企业章程或董事会决议规定的比例提取。
② 检查盈余公积的减少是否符合有关规定,应取得董事会会议纪要、股东(大)会决议,予以核实,并检查有关会计处理是否正确。
(4) 如系外商投资企业,应对储备基金、企业发展基金的发生额逐项检查至原始凭证。

(5) 如系中外合作经营企业,应对利润归还投资的发生额检查至原始凭证,并与"实收资本——已归还投资"科目的发生额进行核对。

(6) 检查盈余公积是否已按照企业会计准则的规定在财务报表中做出恰当列报。

任务 5.4　未分配利润审计

未分配利润是企业未做分配的利润。它在以后年度可继续进行分配,在未进行分配之前,属于所有者权益的组成部分。从数量上来看,未分配利润是期初未分配利润加上本期实现的净利润,减去提取的各种盈余公积和分出的利润后的余额。

一、未分配利润的审计目标

(1) 确定资产负债表中记录的未分配利润是存在的。

(2) 确定所有应当记录的未分配利润均已记录,未分配利润的增减变动符合法律、法规及合同、章程的规定。

(3) 确定未分配利润以恰当的金额包括在财务报表中。

(4) 确定未分配利润已按照企业会计准则的规定在财务报表中做出恰当列报。

二、未分配利润的审计要点

(1) 检查利润分配比例是否符合合同、协议、章程及董事会纪要的规定,利润分配数额及年末未分配数额是否正确。

(2) 根据审计结果调整本年审计数,直接增加或减少未分配利润,确定调整后的未分配利润数。

(3) 检查未分配利润是否已在资产负债表上恰当披露。

【案例 5-6】　审计人员对长城公司 2021 年度法定盈余公积的提取和使用情况进行审计,发现以下问题:① 法定盈余公积的提取比例为 6%。经询问有关人员,据称系当年税后利润较多,适当降低了提取比例。② 审查盈余公积的使用时发现有救灾捐赠 15 万元。

【案例分析】

盈余公积的提取比例是否可以根据税后利润多少任意调节?盈余公积是否可以用于救灾捐赠?① 按照《公司法》有关规定,公司制企业应当按照净利润的 10% 提取法定盈余公积。非公司制企业法定盈余公积的提取比例可超过净利润的 10%。法定盈余公积累计额达到注册资本的 50% 时可以不再提取。而长城公司以税后利润较多为理由少提法定盈余公积是不合法的。② 企业提取的盈余公积经批准可用于弥补亏损、转增资本、发放现金股利或利润等。长城公司将救灾捐赠从盈余公积中列支是不合规的。

处理意见:

根据上述情况,审计人员提出如下意见:

(1) 法定盈余公积应严格按照规定的提取比例提取,该公司应补提不足部分。

(2) 救灾捐赠的 15 万元不应在盈余公积中列支,按税法规定,在年度应纳税所得额 3% 以内的部分,在计算应纳税所得额时准予扣除,超过 3% 的部分,应从税后利润中列支。该公司应调整其错误处理。

【案例 5-7】 审计人员李明在对 W 公司的未分配利润进行审计时,发现未分配利润明细账其中一笔业务摘要为"转增资本",金额为 100 000 元。该笔业务有没有异常?

【案例分析】

该公司把未分配利润 100 000 元转增资本。管理当局解释,公司原注册资本为 300 000 元,甲乙双方出资额各占 70% 和 30%。工商部门因在年检过程中发现其会计报表中的实收资本仅为 200 000 元,要求公司或追加投资以补足其注册资本或变更登记其注册资本额(减资),公司因不准备追加投资,又不想减少其注册资本为 200 000 元,经董事会决议,将其未分配利润 100 000 元转为实收资本,全部作为甲方出资。但我国任何会计制度都没有规定"未分配利润可以转增资本"。因此,审计人员不能对该项业务确认,应建议被审计单位调账。

盈余公积与未分配利润审计风险点

(1) 为了逃避所得税,将本应该计入当期损益的项目计入盈余公积,常见的做法有将无法支付的应付账款计入盈余公积;将资产盘盈、罚没收入等计入盈余公积。

(2) 盈余公积提取的顺序和基数不正确,有些企业直接从成本费用中提取。

(3) 列支的渠道不正确。

(4) 利润分配及亏损弥补的顺序不合规。

项目小结

所有者权益审计是审计人员对企业所有者权益的真实性、合法性所进行的审计。所有者权益增减变动的业务较少而且金额较大,通常审计人员在审计中直接进行详细的实质性测试。

对实收资本、股本的审计应注意从以下几个方面进行:实收资本、股本投入的审计;实收资本、股本增减变动的审计;实收资本、股本账务处理的审计。对资本公积金、盈余公积、未分配利润主要从以下几个方面进行:形成和提取的正确、合法性审查;使用的合规、有效性审查;账务处理的准确、真实性审查;审查年终在资产负债表上表达披露得是否适当。

技能训练

一、单项选择题

1. 下列关于资本公积的使用,审计人员认为正确的是( )。

A. 用于支付税收滞纳金　　　　　　　B. 用于发放现金股利

C. 用于转增资本　　　　　　　　　　D. 用于弥补以前年度亏损

2. 对投入资本的实质性测试,主要是通过( )账户进行。
A. 固定资产　　　　B. 实收资本　　　　C. 资本公积　　　　D. 长期投资
3. 下列项目中,能引起所有者权益发生变动的是( )。
A. 盈余公积转增股本　　　　　　　　B. 宣告现金股利
C. 发放股票股利　　　　　　　　　　D. 用公益金购建职工集体福利设施
4. 对盈余公积的审计,审计人员一般是由盈余公积账户追查至( )。
A. 资产负债表　　　　　　　　　　　B. 利润表
C. 利润分配表　　　　　　　　　　　D. 现金流量表
5. 审计人员对资本公积进行实质性测试的主要程序是( )。
A. 审查资本溢价或股票溢价　　　　　B. 审查其他资本公积
C. 审查资本公积的使用　　　　　　　D. 审查资本公积的披露
6. 注册会计师在检查投入房地产类固定资产的真实性时,应当( )。
A. 检查是否已办理了验收手续并列具登记清单
B. 检查其所有权或使用权证明文件
C. 检查其采购发票
D. 检查是否已办理了法律手续,接收了有关技术资料

二、多项选择题

1. 下列各项中,属于实收资本实质性测试程序的有( )。
A. 观察负责资本投入交易事项的有关部门和人员的职责分工是否明确
B. 将实收资本明细表与实收资本总账核对
C. 审查实物投资的原始发票和投资协议,确认其所有权
D. 审阅账册、凭证,查明有无以借入资金顶替资本情况
2. 对盈余公积的审计,审计人员一般是由盈余公积账户追查至( )。
A. 资产负债表　　　　　　　　　　　B. 利润表
C. 利润分配表　　　　　　　　　　　D. 现金流量表
3. 所有者权益审计,就是在对资产负债表审计的基础上,进一步审计验证企业的净资产,包括( )。
A. 投入资本　　　　　　　　　　　　B. 资本公积
C. 盈余公积　　　　　　　　　　　　D. 未分配利润
4. 所有者权益的审计目标主要包括( )。
A. 确定被审计单位有关所有者权益内部控制是否存在、有效且一贯遵守
B. 确定投入资本、资本公积的形成、增减及其他有关经济业务会计记录的合法性与真实性
C. 确定盈余公积和未分配利润的形成和增减变动的合法性、真实性
D. 确保所有者权益项目的金额正确
5. 注册会计师对资本公积进行实质性测试的内容包括( )。
A. 检查拨款转入　　　　　　　　　　B. 检查公益金的使用
C. 检查外币资本折算差额　　　　　　D. 检查股权投资准备

三、案例分析题

1. 某企业接受其他单位投资转入固定资产,投出单位账面原值为 100 000 元,已提旧 33 000 元。审计人员在审查中发现,该投资转入固定资产经评估后确认价值为 80 000 元。该企业账面记录如下:

借:固定资产　　　　　　　　　　　　　　　　　　　　100 000
　　贷:累计折旧　　　　　　　　　　　　　　　　　　　　20 000
　　　　资本公积　　　　　　　　　　　　　　　　　　　　10 000
　　　　实收资本　　　　　　　　　　　　　　　　　　　　70 000

要求:审查该企业的投入资本业务,指出存在的问题,并加以改正。

2. 审计人员在对 C 公司进行审计时发现合同中规定投资方甲方投入的商标权 320 万元,经检查相关证据,甲方和其母公司 D 公司共同使用该商标,该 320 万元的商标权占 C 公司注册资本的 35%。

要求:请问该笔业务中存在哪些问题?

3. 审计人员在检查某企业"股本"总账时,发现借方发生额 20 万元,时间为企业设立后 8 个月。审计人员怀疑投资者随意抽回投资。

要求:如何实施进一步实质性测试?

4. 审计人员在检查某企业"盈余公积"总账下"法定盈余公积"明细账时,发现其中一借方记录显示的业务内容为"支付投资者利润"。调阅了该笔记账凭证,所显示的会计分录为:

借:盈余公积　　　　　　　　　　　　　　　　　　　　1 000 000
　　贷:银行存款　　　　　　　　　　　　　　　　　　　　1 000 000

摘要内容为"付给投资者利润"。接着,审计人员检查了该企业"本年利润"账户,发现该企业本年实现利润(税后)为 200 万元,提取了 20%,即 40 万元的盈余公积,剩余 160 万元全部转为未分配利润。

要求:请分析以上案例中存在的问题。

5. 审计人员李明在对 W 公司的盈余公积进行审计时,发现盈余公积明细账 4 月 7 日一笔业务摘要为"转增资本",金额为 100 000 元。该公司注册资本为 1 000 000 元,盈余公积账户余额为 100 000 元。

要求:该笔业务有没有异常?

6. 某企业接受其他单位投资转入固定资产,投出单位账面原值为 100 000 元,已提折旧 33 000 元。审计人员在审查中发现,该投资转入固定资产经评估后确认价值为 80 000 元。该企业账面记录如下:

借:固定资产　　　　　　　　　　　　　　　　　　　　100 000
　　贷:累计折旧　　　　　　　　　　　　　　　　　　　　20 000
　　　　资本公积　　　　　　　　　　　　　　　　　　　　10 000
　　　　实收资本　　　　　　　　　　　　　　　　　　　　70 000

要求:审查该企业的投入资本业务,指出存在的问题,并加以改正。

7. 审计人员张明审查美丰公司 2021 年的"盈余公积"账户时,查明盈余公积期初余额

500 000元,本年提取20 000元;审查"本年利润"账户,查明该公司2021年实现净利润为200 000元;审查"利润分配"账户,查明2020年亏损50 000元;审查"实收资本"账户,查明当年实收资本期末余额为1 000 000元。

要求: 根据以上资料说明企业盈余公积方面有何问题。

8. 审计人员李明在审验华兴公司(筹)接受张敏(自然人)房屋出资时,实施了以下程序:

(1) 查阅房屋建筑物评估报告,了解评估目的、评估范围与对象、评估基准日、评估假设等有关限定条件是否满足验资的要求,关注评估报告的特别事项说明、评估基准日至验资报告日期间发生的重大事项是否对验资结论产生影响,检查投入资产的价值是否经各出资者认可;

(2) 检查房屋、建筑物的平面图、位置图,验证其名称、坐落地点、建筑结构、竣工时间、已使用年限及作价依据是否符合协议、合同、章程的规定;

(3) 检查房地产证等产权证明,验证出资前的产权是否归出资者所有;

(4) 检查房屋建筑物是否办理交接手续,交接清单是否得到出资者及被审验单位的确认,实物的交付方式、交付时间、交付地点是否符合协议、合同、章程的规定;

(5) 获取并检查被审验单位及其出资者是否签署了在规定期限内办妥过户手续的承诺函。

当注册会计师在检查张敏提供的房地产证书时,发现该房屋属于张敏和其妻子购买的商品房,且已经被抵押。

要求: 审计人员李明该不该确认张敏的房屋出资?

项目 6　收入费用审计

了解营业收入、营业成本、营业税金及附加、期间费用的审计目标。
熟悉销售业务、成本核算的业务流程。
掌握营业收入、营业成本、营业税金及附加、期间费用的审计程序和内容。

能对主营业务收入、其他业务收入账户实施实质性程序。
能对主营业务成本、其他业务成本账户实施实质性程序。
能对营业税金及附加、销售费用、管理费用、财务费用等账户实施实质性程序。

任务 6.1　营业收入审计

雅百特业绩造假案：左右倒手，虚构利润

江苏雅百特科技股份有限公司（简称"雅百特"）于 2015 年借壳江苏中联电气股份有限公司在深圳证券交易所成功上市，自上市以来发展极其迅速，利润成倍增长。然而，事实却并非如此，2017 年 12 月 14 日，中国证监会出具了对雅百特的《行政处罚决定书》，认为雅百特于 2015 至 2016 年 9 月通过虚构巨额跨境订单、虚构建材进出口业务等手段，累计虚增营业收入约 5.8 亿元，虚增利润近 2.6 亿元，财务造假行为嚣张。

证监会对雅百特的造假行为开出罚单，顶格处罚公司及多名责任人，"对雅百特处以《证券法》规定的顶格罚款 60 万元，对直接负责的主管人员陆永处以 30 万元顶格罚款，并采取终身市场禁入措施，对其他有关责任人员依法分别予以行政处罚或采取市场禁入措施。对本案涉及中介机构涉嫌未勤勉尽责等违法行为，我会将严查到底，绝不姑息；对本案已涉嫌构成刑事犯罪的有关事实，我会将移送司法机关进一步追究刑事责任"。

从2015—2016年财务报表的蛛丝马迹中,我们可以寻找到财务造假的痕迹。

一、可疑的财务数据

雅百特主要从事金属屋面围护系统和分布式光伏业务。分业务看,雅百特金属屋面业务占总收入的比例远高于光伏业务,毛利率也高于光伏行业,比如2015年金属屋面的营业收入占比84.65%,毛利率45.01%高于光伏行业的33.48%。财务报表内在勾稽关系决定一个定理:凡是虚增收入的造假必涉及高毛利率和虚增资产。

1. 毛利率

雅百特2015年和2016年毛利率为45.01%、37.86%,均远高于同行业上市公司森特股份。分地域来看,2015年海外毛利率74.78%远高于国内31.45%,这海外2.2亿元收入对应的就是雅百特披露的与巴基斯坦的首都工程建设有限公司签订《木尔坦地铁公交工程建设工程施工合同》。

2. 存货资产

雅百特2015年和2016年存货几乎全是"建造合同形成的已完工未结算资产",也就是工程未交付的资产,存货资产项目明细完全没有在产品、库存商品和周转材料。2015年原材料只有100多万元,简直和存货总额极其不匹配。

2015年和2016年存货/营业收入的比例分别是60.80%和76.65%,这意味虚增收入可以放在存货特别是"建造合同形成的已完工未结算资产"科目里。

3. 现金流

2015—2016年的销售商品、提供劳务收到的现金/营业收入分别为65.69%、77.23%,远低于1。这导致经营现金流净额和净利润不匹配,2016年净利润为2.41亿元,但经营现金流净额为-1.62亿元。

4. 销售费用

被媒体质疑可能存在关联交易的公司往往销售费用极低,比如汉能薄膜、三聚环保、台海核电、神雾环保、神雾节能等。

同样,雅百特2015年和2016年销售费用率分别只有1.64%、2.25%,也是较低的,因为关联交易不需要实际发生太多营销费用。

二、造假手段

证监会在《行政处罚决定书》中显示,经查明,雅百特通过虚构海外工程粉饰业绩,虚增营业收入合计约5.8亿元,虚增利润约2.6亿元。

（1）虚构海外工程项目。雅百特利用我国跨境项目审核和控制的疏漏,谎称公司于2015年承接了巴基斯坦国木尔坦城市的快速公交项目,实现当年营业收入2.01亿元。为了让跨境交易显得更加真实,其通过伪造巴基斯坦信函以及工程建设合同来取得审计师的信任;其次,雅百特还特地向海关报关出口了一批建材,称这批建材将会用于巴基斯坦木尔坦的快速公交车站的建设,但经查,这些建材并未实际运往巴基斯坦,而是将报关出口的建材运至香港,再由其控制的关联公司将货物运回国内。

（2）虚假采购。根据证监会的调查,雅百特通过注册大量空壳公司来充当上下游,进行频繁的关联方交易,虚假采购,伪造资金循环,虚增营业收入。具体手段为:先将其自有资金以虚假采购的方式转入其控制的关联企业,然后再以销售回款的名义转回的方式虚构销售收入,其工程款大多来源于雅百特本身控制的关联公司,为了隐蔽资金循环,其还通过100多个银行账户进行资金划转和走账,运用银行票据和第三方支付划转,企图利用资金划转渠道的复杂性来瞒天过海。

由此可见,雅百特财务造假的逻辑链为:虚构海外和国内工程合同,通过采购原材料的名义预付账款给自己控制或安排的企业,再通过关联交易做现金流水账流入上市公司,虚增营收利润和存货资产。

三、审计失误

(1) 未保持职业怀疑态度。从以上对雅百特财务造假手段的分析来看,其造假行为也并非无迹可寻,但众华会计师事务所因常年为雅百特提供审计和评估服务,双方有着良好且密切的合作关系,因此,审计师在对雅百特进行风险评估和执行相关的审计程序时,未能保持应有的职业怀疑态度,在未对被审计单位及其环境以及内部控制有充分了解的情况下,对被审计单位过于信任,一时疏忽酿成大祸。

(2) 未执行充分的审计程序。雅百特通过大量的虚假采购和巨额的跨境建材贸易来虚增营业收入,其间,雅百特必须得有大量的实物周转才能"支撑"其谎言,但实际上,雅百特只持有极少量的实物资产,审计师如果对其仓库现存、购入以及发出的实物资产进行盘点核实,定能发现其中的猫腻。另外,雅百特通过注册空壳公司充当上下游进行频繁的虚假采购与销售,以粉饰经营业绩,审计师如果对其上下游公司进行实地察访,雅百特的财务造假也能被轻易识别,但是众华会计师事务所的审计师却没有执行实地考察这一审计程序,未执行充分的审计程序也是致使众华审计师审计失误的原因之一。

思考:营业收入审计常见的风险点有哪些?

一、营业收入审计概述

(一) 营业收入审计特点

营业收入项目核算企业在销售商品、提供劳务等主营业务活动中所产生的收入,以及企业确认的除主营业务活动以外的其他经营活动实现的收入,包括出租固定资产、出租无形资产、出租包装物和商品、销售材料等实现的收入。账务核算包括主营业务收入和其他业务收入。营业收入是利润表的主要项目,营业收入的错报直接影响企业的利润,同时也影响资产负债表相关账户,因此营业收入的审计总是与其他项目审计盘根错节地交杂在一起。

(二) 营业收入的审计目标

(1) 确定利润表中记录的营业收入是否已发生,且与被审计单位有关。
(2) 确定所有应当记录的营业收入是否均已记录。
(3) 确定与营业收入有关的金额及其他数据是否已恰当记录,包括对销售退回、销售折扣与折让的处理是否适当。
(4) 确定营业收入是否已记录于正确的会计期间。
(5) 确定营业收入是否已按照企业会计准则的规定在财务报表中做出恰当的列报。

营业收入常见错弊

（1）虚构客户，虚拟销售。公司虚拟销售对象及交易，伪造顾客订单、伪造发运凭证、伪造销售合同、开具税务部门认可的销售发票等。销售发票一般是真实的，虽然开具发票会多缴纳税金，但是为了达到增加利润这一更高的目标，公司认为多缴纳一些税金也是值得的。

（2）以真实客户为基础，虚拟销售。

公司对某些客户有一定的销售业务，为了粉饰业绩，在原销售业务的基础上虚构销售业务，人为扩大销售数量，使得公司在该客户名下的收入远远大于实际销售收入。

（3）利用关联交易制造销售收入。

如集团公司中，将由母公司制造的，但其子公司在生产过程需用的机床，先由母公司将机床按市场价销售给第三方，确认销售收入，再由其子公司按市场价从第三方手中购回，作为固定资产核算，并按预计使用年限计提折旧。这种做法避免了集团内部交易必须抵销的约束，达到了操纵收入和虚增当期利润的目的。

（4）对销售期间不恰当分割，调节销售收入。涉及销售收入在哪个会计期间予以确认的问题。公司为了调节各会计期间的经营业绩，往往对销售期间进行不恰当的分割，提前或延后确认收入。

（5）对有附加条件的发运产品全额确认销售收入。例如，附有销售退回条件的商品销售，应在售出商品退货期满时才能确认收入；附有回购协议的商品销售，不应当确认收入。企业往往在上述交易存有重大不确定性时确认收入，既违背了收入确认原则，也虚增了营业收入。

（6）利用销售特殊业务调整收入。例如，虚构或隐匿销售退回、销售折扣、销售折让等业务，以达到调整收入目的。

（7）在资产控制存在重大不确定性的情况下确认收入。如果企业将资产转移给购货方，却仍然保留与该资产所有权相联系的继续管理权，则不能确认该项收入。例如，公司出售房屋、土地使用权、股权等交易中，如果相关资产未办理交接过户手续，则相关收入不能确认，但许多公司在相关资产控制存在重大不确定性的情况下确认了收入。

（8）利用完工百分比法调整收入。在劳务交易或建造合同的结果能够可靠估计的情况下，应当在资产负债表日按完工百分比法确认收入，企业随意估计项目总成本及各期完工程度，确认收入和结转相应的成本费用，从而达到操纵收入的目的。

二、主营业务收入审计

（一）主营业务收入业务程序与会计资料

企业通过销售业务实现主营业务收入。主营业务收入审计应从销售业务环节审计入手。了解企业销售业务流程与内部控制,评估主营业务收入错报风险,如表6-1所示。

表6-1 销售业务流程与内部控制

主要业务活动	涉及凭证及记录	相关主要部门	相关认定	重要控制
1. 接受顾客订单	顾客订货单、销售单	销售部门	存在或发生	顾客名单已被授权审批
2. 批准赊销	销售单	信用部门	计价或分摊	降低坏账风险
3. 按销售单供货	销售单	仓库	存在或发生	防止未授权发货
4. 装运货物	销售单、发运凭证	装运部门	存在或发生 完整性	防止未授权发货
5. 向顾客开具账单	销售单、发运凭证、商品价目表、销售发票	开具账单部门	存在或发生 完整性 估价或分摊	确保销售发票的正确性
6. 记录销售	销售发票、收款凭证、转账凭证、收入、应收账款明细账、顾客月末对账单	会计部门	存在或发生 完整性 估价或分摊	主要关心销售发票是否记录正确,并归属适当会计期间
7. 办理和记录现金及银行存款收入	汇款通知书、收款凭证、现金日记账、银行存款日记账	会计部门	存在或发生 完整性 估价或分摊	防止货币资金失窃
8. 办理和记录销货退回	贷项通知书	会计部门 仓库	存在或发生 完整性 估价或分摊	必须授权批准,控制实物流和会计处理
9. 注销坏账	坏账审批表	赊销部门 会计部门	估价或分摊	应该获取货款无法收回的确凿证据,适当审批
10. 提取坏账准备	坏账准备总账	会计部门	估价或分摊	确保坏账准备计提方法、计提金额的正确性

(二) 主营业务收入实质性程序

(1) 取得或编制主营业务收入明细表。

(2) 必要时,实施以下实质性分析程序:

① 将本年度销售收入与上年度的进行比较,分析结构和价格变动是否正常,并分析异常变动的原因。

② 比较本年度各月各种主营业务收入、成本及毛利率的波动情况,分析其变动趋势是否正常,如表6-2所示。

③ 将本期重要产品的毛利率与同行业企业进行对比分析,检查是否存在异常。

④ 根据普通发票或增值税发票申报表,测算全年收入,与实际入账金额核对,并检查是否存在虚开增值税发票或销售而未开票情况。

表 6-2 主要品种年度毛利率变化分析

被审计单位：S公司　　　　　　　　索引号：6401-3-1
项　目：主要品种年度毛利率变化分析　　财务报表截止日/期间：2021年12月31日
编制：Wang　　　　　　　　　　　　复核：Li
日期：2022年1月6日　　　　　　　　日期：2022年1月16日

项目	2021年			2020年			单价变化百分比	成本变化百分比
	平均单价	平均成本	毛利率	平均单价	平均成本	毛利率		
内销								
煤油	4 789.86	4 802.61	−0.27	4 589.20	4 618.78	−0.64	4.37%	3.98%
柴油	4 414.03	4 387.70	0.60	4 183.00	4 299.68	−2.97	5.52%	2.05%
化工轻油	5 070.83	4 131.01	18.53	4 543.76	4 128.11	9.15	11.60%	0.07%
燃料油	4 144.97	3 997.14	3.57	3 975.06	3 825.60	3.76	4.27	4.48%
外销								
汽油	5 367.22	5 031.54	6.25	5 025.16	4 905.95	2.37	6.81%	2.56%
化工轻油	5 337.43	4 333.81	18.80	4 546.80	4 114.61	9.51	17.39%	5.33%

审计说明：

　　1. 样本选择说明：因为S公司产品品种比较多，各品种性质差异较大，不宜按照收入总体进行毛利率分析，所以只选择收入中比重较大的主要品种予以分析。
　　2. 对上表各品种毛利率变化情况说明如下：
　　(1) 化工轻油内外销毛利率都大幅提高，主要是因为本年该产品国际市场价格不断提高，销售单价提高幅度大于成本增长幅度。
　　(2) 内销柴油本期毛利率较上年有所提高，主要是受国内柴油销售价格提高影响，毛利率变动与价格变动趋势基本一致。
　　(3) 外销汽油和化工轻油毛利率较上年提高，主要因为本期外销汽油价格较去年同期相比价格提高幅度大于成本增长幅度，与本年实际市场价格一致。
　　3. 我们选择占收入比重高的油品(内销柴油、内销燃料油、内销煤油、外销汽油、外销化工轻油)进行月毛利率分析。
　　分析参见底稿6401-3-2。

　　(3) 审查主营业务收入的确认条件、方法是否符合企业会计准则，前后期是否一致。
　　按照《企业会计准则第14号——收入》的要求，了解公司收入确认原则，对企业的销售流程进行调查，进行收入的符合性测试。

【案例6-1】 某注册会计师对某企业2021年的"主营业务收入"进行审计时，抽查了12月份的有关账簿，发现了下列情况：

　　(1) 企业销售A产品，采用预收账款形式，12月5日收到货款67 800元，货物尚未发出。企业收到货款时的账务处理是：借记"银行存款"67 800元，贷记"主营业务收入"60 000元，贷记"应交税费——应交增值税(销项税额)"7 800元。

(2) 12月11日企业采用托收承付结算方式销售A产品100台,已到银行办妥结算手续,货物已发出,但企业未做账务处理。

(3) 12月15日企业领用本厂生产的B产品20台用于发放员工福利,主营业务收入明细账未做记录。

(4) 12月20日采用交款提货方式销售给某单位B产品200台,但仅在主营业务收入明细账中做了记录,库存商品明细账和主营业务成本明细账未记录。

(5) 12月15日,上月售出的B产品50台,由于质量问题全部退回。产品已入库,但企业未做账务处理。

A产品单位售价1 000元,单位成本500元。B产品单位售价1 200元,单位成本800元。增值税税率为13%。

要求:指出该厂在销售业务中存在的问题,并计算应调整的销售利润。

【案例分析】

(1) 企业预收款方式销售货物,以发出货物为收入入账时间。调整分录应为:

借:主营业务收入	60 000
应交税费——应交增值税(销项税额)	7 800
贷:合同负债	67 800

(2) 采用托收承付结算方式销售,收入确认为货物发出并办妥结算手续。故其应补记收入,结转成本:

借:应收账款	113 000
贷:主营业务收入	100 000
应交税费——应交增值税(销项税额)	13 000
借:主营业务成本	50 000
贷:库存商品	50 000

(3) 自产产品发放员工福利,视同销售。应补记分录为:

借:应付职工薪酬——员工福利	27 120
贷:主营业务收入	24 000
应交税费——应交增值税(销项税额)	3 120
借:主营业务成本	16 000
贷:库存商品	16 000

(4) 只有销售收入,未结转销售成本。应补记分录:

借:主营业务成本	160 000
贷:库存商品	160 000

(5) 质量问题退货,应由对方开退货证明,开红字发票,做以下退货账务处理。

借:主营业务收入	60 000
应交税费——应交增值税(销项税额)	7 800
贷:应收账款	67 800
借:库存商品	40 000
贷:主营业务成本	40 000

该企业应调整的销售利润＝－60 000＋100 000－50 000＋24 000－16 000－160 000－
60 000＋40 000
＝－182 000(元)

(4) 审查销货退回业务。检查手续是否符合规定，结合原始销售凭证检查其会计处理是否正确，结合存货项目审计关注其真实性。

把"主营业务收入"明细账与退货凭证、退货入库凭证进行核对，如果存在退货凭证，而在明细账中未予以记录，说明有可能存在虚增营业收入，调高利润水平的问题；如果明细账中有销售退回的记录，而无相关退货的原始凭证，则说明有可能存在隐匿营业收入、虚减利润、偷漏税金的问题。

还应当注意审查期末及下期期初发生的销售退回业务的真实性。有的企业为追求本期销售计划的完成，往往采用期末虚构销售，开出"空头发票"，下期期初再冲回的不当手法弄虚作假。结合应收账款函证程序，检查是否存在未经认可的大额销售。

(5) 审查销售折扣与折让业务。取得被审计单位有关折扣与折让的具体规定和其他文件资料，并抽查较大的折扣与折让发生额的授权批准情况；注意销售折让与折扣是否及时足额提交对方，有无虚设中介、转移收入、私设账外"小金库"等情况；会计处理是否正确。

【案例 6－2】 审计人员在对某公司年度会计报表进行审计时发现，该公司某类商品的标价为每件 100 元(不含税价)，若购买 100 件以上，可享受 10% 的折扣优惠，A 客户购买了该公司 1 000 件该商品。后由于该公司发货规格有误，不得不将发出的 100 000 元(不含税价)的货物按 8% 的折价返还给 A 客户。

该公司对上面两项业务所做的会计分录是：
借：银行存款　　　　　　　　　　　　　　　　　　　　90 000
　　财务费用　　　　　　　　　　　　　　　　　　　　10 000
　　贷：主营业务收入　　　　　　　　　　　　　　　　　　100 000
借：销售费用　　　　　　　　　　　　　　　　　　　　8 000
　　贷：银行存款　　　　　　　　　　　　　　　　　　　　8 000

要求：指出该公司账务处理的不当之处，并提出调账建议。

【案例分析】

该公司对上述两个事项的会计处理都有错误。

(1) 不应将销售折扣作为现金折扣处理，正确的会计分录为：
借：银行存款　　　　　　　　　　　　　　　　　　　　101 700
　　贷：主营业务收入　　　　　　　　　　　　　　　　　　　90 000
　　　　应交税费——应交增值税(销项税额)　　　　　　　　11 700

(2) 销售折让发生时应直接冲减当期收入，正确的会计分录为：
借：主营业务收入　　　　　　　　　　　　　　　　　　8 000
　　应交税费——应交增值税(销项税额)　　　　　　　　1 040
　　贷：银行存款　　　　　　　　　　　　　　　　　　　　9 040

调整分录请自行补充完整。

(6) 审查有无特殊销售。关注企业是否存在以下销售业务:附有销售退回条件的商品销售;售后回购;以旧换新销售;出口销售等。

(7) 抽取本期一定数量的销售发运凭证,审查存货出库日期、品名、数量等是否与销售发票、销售合同、记账凭证等一致。

(8) 抽取本期一定数量的记账凭证,审查入账日期、品名、数量、单价、金额等是否与销售发票、发运凭证、销售合同等一致。

(9) 实施销售的截止测试。

销售的截止测试是审查企业是否为了调节会计期间的经营业绩,对销售期间进行不恰当的划分,提前或延后确认收入。

通过比较资产负债表日前后几天的发货单日期、开票日期与记账日期,检查三者是否归属于同一适当会计期间,可以发现是否存在推迟或提前入账的情况。围绕上述三个重要日期,在审计实务中,注册会计师可以考虑选择三条审计路线实施主营业务收入的截止测试(见表6-3、表6-4)。

表 6-3 主营业务收入的截止测试路线

起点	审计线路	目的	优点	缺点
账簿记录	从资产负债表日前后若干天的账簿记录查至记账凭证(逆查法)	检查发票存根与发运凭证,防止高估营业收入	比较直观,容易追查至相关凭证记录	缺乏全面性和连贯性,只能查多记,无法查漏记
销售发票	从资产负债表日前后若干天的发票存根查至发运凭证与账簿记录(顺查法)	确定已开具发票的货物是否已发货并于同一会计期间确认收入,防止低估营业收入	较全面、连贯,容易发现漏记收入	较费时费力,难以查找相应的发货及账簿记录,不易发现多记收入
发运凭证	从资产负债表日前后若干天的发运凭证查至发票开具情况与账簿记录(顺查法)	确定已发货商品是否已开票并确认收入,防止低估营业收入	较全面、连贯,容易发现漏记收入	较费时费力,难以查找相应的发票及账簿记录,不易发现多记收入

表 6-4 主营业务收入截止性测试工作底稿

被审计单位:S公司　　　　　　　　索引号:6401-4-3
项目:主营业务收入截止性测试　　　财务报表截止日/期间:2021年12月31日
编制:Wang　　　　　　　　　　　　复核:Li
日期:2022年1月6日　　　　　　　　日期:2022年1月8日
从发货单到明细账
截止日前:

编号	发货单		发票内容					明细账				是否跨期(√、×)
	日期	号码	日期	客户名称	货的名称	销售额	税额	日期	凭证号	主营业务收入	应交税费	
1	12月31日	1987#	12.31	××加油站	柴油	5 982 304.98	1 016 991.85	12月31日	1231#	5 982 304.98	1 016 991.85	×
2	12月30日	1986#	12.30	××加油站	柴油	6 123 901.32	1 041 063.22	12月30日	1229#	6 123 901.32	1 041 063.22	×

续 表

编号	发货单		发票内容					明细账				是否跨期 (√、×)
	日期	号码	日期	客户名称	货的名称	销售额	税额	日期	凭证号	主营业务收入	应交税费	
3	12月29日	1985#	12.29	××加油站	煤油	2 390 128.23	406 321.80	12月29日	1217#	2 390 128.23	406 321.80	×
4	12月29日	1984#	12.29	××航空公司	煤油	2 590 012.29	440 302.09	12月29日	1217#	2 590 012.29	440 302.09	×
5	12月29日	1983#	12.29	××航空公司	煤油	2 307 650.12	392 300.52	12月29日	1217#	2 307 650.12	392 300.52	×

截止日期:2021年12月31日

截止日后:

编号	发货单		发票内容					明细账				是否跨期 (√、×)
	日期	号码	日期	客户名称	货的名称	销售额	税额	日期	凭证号	主营业务收入	应交税费	
1	1月1日	0001#	12.28	××公司	液化气	8 964 510.18	1 165 386.32	1月1日	0019#	8 964 510.18	1 165 386.32	×
2	1月1日	0002#	12.28	××公司	液化气	5 976 340.12	776 924.22	1月1日	0026#	5 976 340.12	776 924.22	×
3	1月1日	0003#	12.28	××公司	聚丙烯	532 764.96	90 570.04	1月1日	0038#	532 764.96	90 570.04	×
4	1月1日	0004#	12.27	××公司	硫磺	1 135 977.78	193 116.22	1月1日	0047#	1 135 977.78	193 116.22	×
5	1月1日	0005#	12.27	××公司	硫磺	820 784.62	139 533.79	1月1日	0058#	820.784.62	139 533.39	×
……												

审计说明:

> 1. 测试目的:检查S公司截止日前后发货的产品是否已经记录于恰当的会计期间。
> 2. 样本选择:分别抽取2021年12月31日前后10张发货单。
> 3. 检查方法:将抽取的发货单内容与销售发票、主营业务收入明细账进行核对,关注发货单日期与主营业务收入确认日期是否一致。
> 4. 经过测试,没有发现跨期事项。

(10) 调查向关联方销售的情况,审查其价格是否公允;集团内部销售情况应核实需在合并报表中抵销及应在附注中披露的事项。

【案例6-3】 中兴公司属于运输行业,注册会计师审计中对主营业务收入与非财务指标——运输能力进行分析性复核,注册会计师李浩注意到今年实现的主营业务收入显示今年公司运输能力可能闲置一半。询问运输部门,他们认为今年的运输任务非常繁重,甚至超负荷运输。

注册会计师马上意识到风险,就主营业务收入确认和公司运输能力的不协调向中兴公司询问,要求中兴公司提出合理的解释。一开始,中兴公司的财务经理再三强调这是今年中兴公司经济发展的现实,虽然运输任务多,但由于运费降低致使收入减少,中兴公司没有拿出证据证明今年的运费降低,而注册会计师却从运费的相关明细账中发现,今年运费没有降低却因油价的上升而上升。

因此,李浩就获取的证据进一步追问中兴公司。原来,公司为了少缴税,把没有开具正式发票的运输业务均不在账上反映,而是计入另外一套账。财务经理还告诉注册会计师:两套账、三套账在小规模企业中是普遍存在的现象。因此,他要求注册会计师就公司提供的会计账簿和报表发表意见,不要追查没有入账的经济业务。

【案例分析】

(1) 企业藏匿收入的原因通常有三个:为了避税;形成"小金库",谋取部门利益;舞弊,损公肥私。本案例中,企业藏匿收入的主要目的是为了避税。

(2) 在接受年度会计报表审计业务中,如果注册会计师发现被审计单位存在账外账,是否能够仅就被审计单位提供的会计账簿和报表发表意见?

年度会计报表审计是对会计报表整体是否公允反映被审计单位财务状况和现金流量发表意见,如果注册会计师知道被审计单位提供的报表仅仅是被审计单位经济活动的一部分,就不能对此年度会计报表发表无保留意见的审计报告。解决问题的途径有:① 注册会计师建议被审计单位在账外账并入账内后,对完整的会计报表发表审计意见。② 如果被审计单位拒绝把账外账并入账内,注册会计师应当视其对会计报表整体影响的程度,发表保留或否定意见审计报告。

(3) 在审计实务中,注册会计师对没有发现被审计单位存在的账外账负什么责任?

如果被审计单位刻意掩藏一些账项,不提供给注册会计师,注册会计师会很难发现被审计单位存在账外账。因此,如果注册会计师尽到审计关注责任,谨慎地关注被审计单位可能存在不入账的一切迹象,已经尽到了注册会计师应尽的职责,不应追究注册会计师责任。但如果存在明显的证据表明被审计单位会计报表与经济活动不协调,注册会计师却熟视无睹,不追查下去,则应当因此承担责任。

(4) 在审计实务中,注册会计师如何能够发现企业存在账外事项?

注册会计师仅仅重视对账簿的检查,是没有办法发现企业存在的账外事项的,只有综合运用如下程序,才能有效地发现企业是否存在账外事项:① 分析对比被审计单位生产经营情况与报表信息不协调的地方,追查下去;② 关注会计报表关键比率的变动是否异常,是否与一般或同行水平存在不协调,追查下去;③ 询问、观察和检查被审计单位特殊和重大业务,如债务重组、非货币性交易、边角余料、废旧物资及固定资产清理报废的情况、投资业务、在建工程项目等,追查下去;④ 关注咨询费、赞助费、办公用品费、设备租赁费、会议费和运输费等数额较大的不正常支出。

【案例6-4】 审计人员王军在审查海河公司收入业务时,发现它与裕华公司签订了来料加工合同。合同中规定,加工费9 000元,通过银行转账支付,剩余材料留归海河公司。审查海河公司银行存款凭证时,收款凭证的会计分录为:

借:银行存款　　　　　　　　　　　　　　　　　　　　9 000
　　贷:其他应付款　　　　　　　　　　　　　　　　　　　　9 000

后又发现加工多余的材料90千克,合同标价为每千克15元,被加工车间出售,共得1 350元收入,企业将此收入作为加工人员奖金私分。

【案例分析】

根据会计准则规定,加工费收入应作为主营业务收入,而企业将加工费收入记入"其他应付款"贷方,而不通过"主营业务收入"账户核算,必然虚减当年销售收入,偷漏销售税金,也必然虚减产品销售利润,偷漏所得税。该公司这样做的目的,除了偷漏税金外,也可能是为隐瞒收入或将当年的收入转移至下年。加工剩余材料也应视作加工费收入入账，该企业将剩余材料出售，作为加工人员奖金，不仅虚减收入，漏缴税金，而且直接构成了私分收入。因此，该公司存在的主要问题是违反规定，私分、转移或隐瞒收入，偷漏税金。

审计人员应提请该公司调整销售收入，补缴销售税金、所得税金及应交的滞纳金和罚款。

【技能操练6-1】 资料：2022年2月，审计组对ABC公司2021年度财务报表进行审计。有关资料和审计情况如下：

(1) 销售给C公司产品计1500万元。相关合同约定：该批货物直接发运至C公司的客户D公司，安装调试由C公司负责。实际执行情况是：ABC公司于2021年12月18日发货，发票日期为2021年12月18日，无安装验收报告。ABC公司确认2021年度该项销售收入1500万元。

(2) 负责销售与收款循环的审计人员在对相关内部控制进行测评时，了解到该业务循环部分职责分工如下：

① 销售部门负责人批准客户的赊销信用。
② 仓储部门负责发送货物，财务部门负责开票。
③ 出纳员负责记录应收账款总账和明细账。
④ 会计主管负责批准销售退回与折让。

(3) 该公司2021年12月主营业务收入有大幅增加，2022年2月发生多笔销售退回业务。2021年度财务报表将于次年3月15日对外报出。

(4) 审计人员取得了由被审计单位编制的应付账款明细表，审阅并确定表中无过期未付的债务，在与财务报表上应付账款的数额核对相符后，即确认该明细表正确无误。

(5) 该公司付款业务的内部控制较为混乱，无卖方对账单可供审核，审计人员决定选取有代表性的应付账款账户和函证对象进行函证。

要求：根据上述资料，从下列问题的备选答案中选出正确答案。

(1) 针对"资料(1)"中销售给C公司产品的销售业务，审计人员尚无法形成审计结论，应进一步实施的审计程序有（　　）。

A. 要求ABC公司提供经D公司认可的C公司收入确认时间的书面资料
B. 向C公司函证
C. 运用分析性复核
D. 要求ABC公司提供C公司收入确认的直接依据

(2) 针对"资料(2)"中的职责分工，符合内部控制要求的有（　　）。

A. 销售部门负责人批准客户的赊销信息
B. 发送货物与开票相互独立
C. 出纳员负责记录应收账款总账和明细账
D. 会计主管负责批准销售退回与折让

(3) 针对"资料(3)"中的情况，审计人员应实施的审计程序有（　　）。

A. 审查销售退回是否冲减了退回当月的主营业务收入和主营业务成本
B. 审查销售退回是否在2021年度财务报表附注中进行了充分披露

C. 审查销售退回的原因及批准手续

D. 结合应收账款函证程序,审查期末发生的销售业务的真实性

(4) 针对"资料(4)"中的情况,下列说法正确的有( )。

A. 审计人员可以直接确认应付账款明细表正确无误

B. 审计人员还应审核应付账款明细表的数字计算是否正确

C. 审计人员还应该将应付账款明细表与总账相核对,查明二者是否相符

D. 审计人员还应审核应付账款明细表的分类是否正确

(5) 针对"资料(5)"中的情况,下列说法中正确的有( )。

A. 通过函证不能查明未入账的应付账款,因此不必对应付账款进行函证

B. 为确定函证对象,审计人员应在函证前预先向公司采购部门取得本期供应商一览表

C. 对金额较大、欠账时间较长的应付账款应进行函证

D. 对应付账款期末余额为 0 的供应商,不必进行函证

三、其他业务收入审计

(一) 其他业务收入审计要点

其他业务收入是指企业主营业务收入以外的所有通过销售材料、提供劳务收入及让渡资产使用权等日常活动中所形成的经济利益的流入,如材料物资及包装物销售、无形资产转让使用权、固定资产出租、包装物出租、运输、废旧物资出售收入等。与"主营业务收入"相比,"其他业务收入"在企业业务收入中的比重较小或处于次要地位,但如果发生舞弊,往往会直接影响到税收。审查时应注意以下几个方面的查证:

(1) 账外账。企业生产销售的残次品、附产品、废产品、非独立核算的运输部门的对外运输收入、代购代销、固定资产出租、包装物出租收入等均属于其他业务收入的核算范畴。由于这些行为不是企业经常发生的行为,企业往往利用其进行舞弊。检查时应注意企业有无发生收入不入账、收入挂往来账或少记收入账的问题,如果不入账,就会少记增值税销项税额,少缴所得税。

(2) 少缴流转税。混淆其他业务收入和营业外收入的界限,将本应记入其他业务收入的事项记入营业外收入,从而少缴相关流转税。

(3) 对出租包装物押金的检查。税法规定,对逾期未收回的包装物不再退还的和已收取 1 年以上的押金,应并入应税货物的销售额,按照应税货物的适用税率征收增值税等流转税。应查证有无到期无法归还的包装物押金没有列入其他业务收入而挂在其他应付款的情况。

(二) 其他业务收入实质性程序

(1) 获取或编制其他业务收入明细表,复核加计是否正确,并与总账数和明细账合计数核对是否相符,结合主营业务收入科目与营业收入报表数核对是否相符。

(2) 检查其他业务收入内容是否真实、合法,收入确认原则及会计处理是否符合规定,择要抽查原始凭证予以核实。

(3) 对异常项目,应追查入账依据及有关法律文件是否充分。

(4) 抽查资产负债表日前后一定数量的记账凭证,实施截止测试,追踪到销售发票、收据等,确定入账时间是否正确,对于重大跨期事项作必要的调整建议。

【案例 6-5】 审计人员李浩在审计华兴公司年度会计报表时,发现企业将预收账款——预收工程款 5 634 万元全部结转为当期劳务收入。

【案例分析】

注册会计师李浩查阅了项目合同,观察了工程的进度并查验了收入、费用明细账和相关会计凭证、手续,审查中发现该工程项目受资金不能及时到位的影响,未完成合同所规定的进度。在对劳务交易不能可靠估计的情况下,不能将预收款 5 634 万元全部结转为当期劳务收入。《企业会计准则——14 号收入》规定,采用"产出法"或"投入法"对劳务收入进行确认。华兴公司的账务处理会导致本期收入虚增。华兴应按当期发生的合同成本数额确认为当期成本、费用,不能确认收入。如果华兴公司拒绝调整,注册会计师将根据这一事项的重要程度出具保留或否定意见的审计报告。

任务 6.2 营业成本审计

 案例导入

某企业主要根据产品订单进行生产,产品品种多而杂,也没有明显的主流产品,企业只有一个车间。除第一个投料工艺外,其他各生产工艺之间没有严格的前后加工顺序之分。在日常生产过程中,常常是好几批次产品同时在车间加工,各批次产品并没有按程序逐步进行加工生产。一般是根据工人工作紧张程度进行分工,哪个工艺工人有空,就让其先加工该道工序。一个工序的工人也可能在同一时间内加工不同批次的产品,导致工人的人工成本无法按产品批次进行分配。车间的其他辅助费用也无法一一细分至不同批次产品之间。因此,该企业按一定的成本系数结转人工成本。2021 年,企业为了实现盈利目标,利用成本系数人为调节成本。

审计人员在审计中对产品成本实施分析程序,发现以下疑点:

(1) 11、12 月份收入基本相等,产品结构也类似,但 11 月份结转的成本明显高于 12 月份,高出 30% 左右。

(2) 11 月份在产品单位成本系数明显比 12 月份低,平均相差大概在 25% 左右。

(3) 在全年生产规模缩小的情况下,年末在产品余额高于年初在产品余额。

审计结果:

该企业成本核算不规范,经营不理想情况下担心出现亏损。12 月份通过调节成本系数,少计完工产品生产成本,少转产品销售成本,虚增企业利润。

思考: 企业产品生产成本对企业利润有何影响?

一、营业成本审计概述

(一) 营业成本审计特点

营业成本是企业本期已实现销售的商品成本和已对外提供劳务的成本。营业成本与企业利润计算有着直接关系,是财务报表审计的一项重要内容。营业成本主要包括主营业务成本和其他业务成本。

营业成本应当与所销售商品或者所提供劳务而取得的收入进行配比,是已经确定了归属期和归属对象的各种直接费用。例如,制造业企业,其主营业务成本由制造成本及商品发出计价方法决定,制造成本主要由直接材料、直接人工和制造费用构成,核算内容比较繁杂。营业成本的审计涉及存货、应付职工薪酬、制造费用等项目,同时由于各企业的生产工艺流程、成本核算流程不尽相同,增加了审计的难度。因此,相对其他项目,营业成本审计更加复杂。

营业成本常见错弊

营业成本常见的错弊是人为调整营业成本,操纵利润和所得税。

(1) 混淆成本与期间费用,虚增或虚减营业成本。

(2) 成本核算方法不合理或前后不一致,如完工产品与在产品成本分配不合理,高估或低估在产品成本,导致完工产品成本不准确。

(3) 成本项目核算不准确,如人为调节直接材料计价或发出数量、多计或少计工人薪金、多提或少提折旧等调整产品成本。

(4) 利用存货发出计价方法调节发出商品成本。虚增或虚减库存商品成本,达到调节销售成本。

(5) 企业对已销产品或已提供劳务不作成本结转,即只记收入不记成本,或者相反,对未销产品视为销售,多转成本。

(二) 营业成本审计目标

(1) 确定本期记录的营业成本是否已发生,且与被审计单位有关。

(2) 确定本期营业成本的记录是否完整。

(3) 确定与营业成本有关的金额及其他数据是否已恰当记录。

(4) 确定营业成本是否已记录于正确的会计期间。

(5) 确定营业成本的内容是否正确。

(6) 确定营业成本与营业收入是否配比。

(7) 确定营业成本的披露是否恰当。

二、主营业务成本审计

(一)主营业务成本审计要点

主营业务成本是企业生产和销售与主营业务有关的产品或服务所必须投入的直接成本,主要包括原材料、人工成本(工资)和制造费用等。其审计和企业生产与存货循环环节密切相关,被审计单位的生产成本的核算方法不同,相应设计的内部控制制度就不同。一般制造企业的成本结转流程为"各项要素费用→生产成本→库存商品→主营业务成本"。对主营业务成本的审计应在了解企业生产工艺流程和成本结转流程的基础上,对各环节发生的各项成本费用进行确认,再审计各环节之间的结转的正确性,才能有效地对"主营业务成本"税前扣除金额进行审计确认。

主营业务成本审计的特点是料、工、费的归集和分配过程,涉及大量相互有勾稽关系的单证和账表,对于这些证据的收集和复核是实质性测试环节的重要程序;此外,审计人员应特别注意采用分析性复核程序,发现差异和异常波动以确定审计重点。

(二)主营业务成本实质性程序

(1) 获取或编制主营业务成本明细表,复核加计是否正确,并与总账数和明细账合计数核对是否相符,结合其他业务成本科目与营业成本报表数核对是否相符。

(2) 实质性分析程序:

① 比较当年度与以前年度不同品种产品的主营业务成本和毛利率,并查明异常情况的原因。

② 比较当年度与以前年度各月主营业务成本的波动趋势,并查明异常情况的原因。

③ 比较被审计单位与同行业的毛利率,并查明异常情况的原因。

④ 比较当年度及以前年度主要产品的单位产品成本,并查明异常情况的原因。

【案例 6-6】 审计人员对 A 企业产品成本的原材料项目与上一年度进行比较分析,分析结果显示原材料耗用量比上一年下降近 30%,但并未见产量下降及有关生产技术改造方面的资料。经仔细审查大宗原材料明细账,发现甲原材料共领用 300 吨,其中 100 吨用于在建工程,200 吨用于生产产品。该种材料的购入成本为每吨 5 000 元,但却按每吨 8 000 元计入在建工程成本;而同时,按每吨 3 500 元计入生产成本。本期投入生产产品全部完工,并且 80% 产品已出售。

要求: 企业的做法将对财务报表造成什么影响,应如何进行审计调整?

【案例分析】

上述事项属于企业负责人、会计人员故意舞弊行为。这种行为会造成企业资产虚增,产品成本虚减;在产品已售的情况下,会导致本期利润虚增。审计人员应计算因此虚增工程成本的数额及对主营业务成本影响的金额,提请企业做如下调整(暂不考虑增值税):

借:库存商品   60 000

  主营业务成本   240 000

贷：在建工程　　　　　　　　　　　　　　　　　　　　　　　　　300 000

（3）审查主营业务成本的内容和计算方法是否符合会计准则规定，前后期是否一致。

（4）复核主营业务成本明细表的正确性，编制生产成本与主营业务成本倒轧表，并与相关科目交叉索引。

（5）抽查主营业务成本结转明细清单，比较计入主营业务成本的品种、规格、数量和主营业务收入的口径是否一致，是否符合配比原则。

（6）针对主营业务成本中重大调整事项（如销售退回）、非常规项目，检查相关原始凭证，评价真实性和合理性，检查其会计处理是否正确。

（7）在采用计划成本、定额成本、标准成本或售价核算存货的条件下，应检查产品成本差异或商品进销差价的计算、分配和会计处理是否正确。

（8）结合期间费用的审计，判断被审计单位是否通过将应计入生产成本的支出计入期间费用，或将应计入期间费用的支出计入生产成本等手段调节生产成本，从而调节主营业务成本，如表6－5所示。

表6－5　制造费用明细表

被审计单位：S公司　　　　　　　　索引号：6109－7－1
项目：制造费用明细表　　　　　　　财务报表截止日/期间：2021年12月31日
编制：Zhao　　　　　　　　　　　　复核：Li
日期：2022年1月11日　　　　　　　日期：2022年1月15日

制造费用项目	本年未审数	调整数		本年审定数	上年审定数	年度间变动额	年度间变动率
		调增	调减				
工资	2 629 511.24			269 511.24	2 606 960.12	22 551.12	0.87%
折旧费	96 699 382.89			96 699 382.89	91 426 254.43	5 273 128.46	5.77%
修理费	52 740 874.70			52 740 874.70	20 074 518.99	32 666 355.71	162.73%
机物料消耗	1 410 183.82			1 410 183.82	1 088 544.49	321 639.33	29.55%
低值易耗品摊销	19 677.80			19 677.80	24 674.66	−4 996.86	−20.25%
劳动保护费	698 972.40			698 972.40	300 728.39	398 244.01	132.43%
差旅费	154 713.22			154 713.22	69 231.58	85 481.64	123.47%
运输费	40 333.32			40 333.32	4 863.72	35 469.60	729.27%
保险费	4 996 713.87			4 996 713.87	4 918 730.60	77 983.27	1.59%
劳务费	2 848 947.66			2 848 947.66	3 050 318.49	−201 370.83	−6.60%
日常维护费	5 586 652.48			5 586 652.48	5 344 135.03	242 517.45	4.54%
试验检验费	3 659 256.86			3 659 256.86	4 386 340.39	−727 083.53	−16.58%
环境保护费	1 147 393.00			1 147 393.00	1 570 895.26	−423 502.26	−26.96%
其他	3 075 663.19			3 075 663.19	2 009 942.95	1 065 056.16	53.10%
合计	175 708 276.45			175 708 276.45	136 876 139.12	38 832 137.33	28.37%

审计说明：

> 1. 我们取得制造费用明细表复核加计正确，并与明细账合计数、总账数核对一致。
> 2. 制造费用按照炼油装置设置明细（同生产成本明细），归集费用。
> 3. 将制造费用总额与生产成本各装置制造费用项目合计数核对相符。
> 4. 各装置制造费用分配至各产品成本中的方法见生产成本底稿。
> 5. 本年制造费用较上期增加3 883万元，主要系维修费增加导致，具体参见制造费用分析程序底稿。
> 6. 根据新会计准则的规定，生产车间发生的固定资产维修费应该在"管理费用"中核算，但该公司依然在制造费用中核算。鉴于维修费主要集中在3月和4月，而且该公司存货周转率较快（11次/年），所以该差异不会对当期损益造成较大影响，但会影响到报表项目的列报。鉴于此，我们对损益表中的项目进行重分类，借记"管理费用"，贷记"主营业务成本"。

（9）结合主营业务收入和存货项目实施的截止测试，检查是否存在已发货并确认收入但未结转主营业务成本，或未发货亦未确认收入但已结转主营业务成本的情况。

【案例6-7】 注册会计师审查某企业甲产品主营业务成本时，结合产品生产成本有关资料进行审查：该企业采用约当产量法计算甲在产品成本，甲产品本月完工480件，月末在产品240件，甲在产品的投料率为80%，完工率为50%。完工产品已全部售出。生产成本明细账如表6-6所示。

表6-6 生产成本明细账

产品名称：甲产品　　　　　　　　　　　　　　　　　　　单位：元

2021年		摘 要	直接材料	直接人工	制造费用	合 计
月	日					
12	1	月初在产品成本	144 000	36 000	54 000	234 000
	31	本月生产费用	662 400	90 000	23 400	775 800
	31	生产费用合计	806 400	126 000	77 400	1 009 800
	31	结转完工产品成本	456 000	84 000	41 920	581 920
	31	月末在产品成本	350 400	42 000	35 480	427 880

要求：(1) 说明审计方法；(2) 指出存在问题；(3) 提出处理意见。

【**案例分析**】

(1) 审计方法：审阅基本生产成本明细账，抽查有关会计凭证，核对账证数额，盘点在产品实物数量，验证在产品投料率和完工率。根据成本计算单，验证在产品成本如下：

直接材料=806 400÷(480+240×80%)×240×80%=230 400（元）

直接工资=126 000÷(480+240×50%)×240×50%=25 200（元）

制造费用=77 400÷(480+240×50%)×240×50%=15 480（元）

在产品成本合计=230 400+25 200+15 480=271 080（元）

在产品多留材料费=350 400-230 400=120 000（元）

在产品多留工资费＝42 000－25 200＝16 800(元)

在产品多留制造费用＝35 480－15 480＝20 000(元)

多留在产品成本合计＝120 000＋16 800＋20 000＝156 800(元)

(2) 存在问题:验算结果表明,该企业成本计算失误,多留在产品成本,少转完工产品成本 156 800 元。完工产品全部售出时,结转已售产品成本少记 156 800 元,利润多记 156 800 元。

(3) 处理意见:建议企业将少结转的已售产品成本予以补转。调账会计分录如下:

借:主营业务成本　　　　　　　　　　　　　　　　　　156 800

　　贷:生产成本——基本生产成本　　　　　　　　　　　　156 800

【案例 6-8】 注册会计师王军对三利公司的主营业务成本进行审计,通过审查该公司的主营业务成本明细表,并与有关明细账、总账核对,发现账表之间数字完全相符。有关数字如下:

材料期初余额	80 000元	本期购进材料	150 000元
材料期末余额	60 000元	本期销售材料	10 000元
直接人工成本	15 000元	制造费用	42 000元
在产品期初余额	23 000元	在产品期末余额	30 000元
产成品期初余额	40 000元	产成品期末余额	50 000元

该注册会计师通过对有关记账凭证和原始凭证的审计,发现以下问题:

(1) 本期已入库,但尚未收到结算凭证的材料 5 000 元尚未暂估处理;

(2) 已领未用的材料 1 000 元,未做假退料处理;

(3) 为在建工程发生的工人工资计入生产成本 2 000 元;

(4) 本期管理部门办公设备发生的折旧 6 000 元全部计入当期制造费用;

(5) 经对期末在产品的盘点发现,在产品的实际金额为 38 000 元。

要求: 根据以上资料填制"生产成本与销售成本倒轧表"(见表 6-7),计算结果并得出审计结论。

表 6-7　生产成本与销售成本倒轧表

被审计单位名称:三利公司　审计项目:主营业务成本

项　目	未审数	调整或重分类分录		审定数
		借	贷	
原材料期初余额	80 000			80 000
加:本期购进	150 000	5 000		155 000
减:原材料期末余额	60 000	1 000		61 000
其他发出额	10 000			10 000
直接材料成本	160 000	4 000		164 000

续表

项目	未审数	调整或重分类分录 借	调整或重分类分录 贷	审定数
加:直接人工成本	15 000		2 000	13 000
制造费用	42 000		6 000	36 000
生产成本	217 000		4 000	213 000
加:在产品期初余额	23 000			23 000
减:在产品期末余额	30 000	8 000		38 000
本期完工产品成本	210 000		12 000	198 000
加:库存商品期初余额	40 000			40 000
减:库存商品期末余额	50 000			50 000
主营业务成本	20 0 000		12 000	188 000
审计标识说明:(略)				
审计结论:由于多计产品生产成本12 000元,导致多计主营业务成本12 000元,将影响主营业务利润少计12 000元				

【案例6-9】 审计人员在审查"制造费用"账户时,发现12月份的制造费用比其他月份高出很多,审计人员应如何进一步追查?

【案例分析】

(1) 审计思路。

审计人员查阅"制造费用"明细账;重点检查发生额较大的明细科目;调阅相关会计凭证;确认本期制造费用的真实性。

审计人员查阅了"制造费用明细账",发现12月20日85#凭证记载车间管理人员奖金20万元并未支付。会计分录如下:

借:制造费用　　　　　　　　　　　　　　　　　　　　　　　　200 000
　　贷:应付职工薪酬　　　　　　　　　　　　　　　　　　　　　　200 000

记账凭证后未附任何原始凭证。

跟踪调查:审计人员询问了相关人员,得知该企业当年经济效益较好,为了给今后留有余地,调节当年利润,年终以车间管理人员奖金为名,虚构车间制造费用20万元,并作为应付职工薪酬入账。

(2) 存在问题。

该企业虚列费用并计入应付职工薪酬内,致使企业当年费用虚增,利润减少,偷漏所得税;资产负债表中负债虚增。

如果该企业12月份的产品全部完工入库,并已销售60%,全部结转了已销商品成本,企业所得税税率为25%,按10%提取法定盈余公积。应做如下调整分录:

(1) 调整应付职工薪酬。

借:应付职工薪酬　　　　　　　　　　　　　　　　　　　　　　200 000

贷:库存商品　　　　　　　　　　　　　　　　　　　　　　　　　80 000
　　　　以前年度损益调整——主营业务成本　　　　　　　　　　　120 000
(2) 调整所得税。
借:以前年度损益调整——所得税费用　　　　　　　　　　　　　　30 000
　　贷:应交税费——应交所得税　　　　　　　　　　　　　　　　　30 000
(3) 调整利润分配。
借:以前年度损益调整——主营业务成本　　　　　　　　　　　　　120 000
　　贷:以前年度损益调整——所得税费用　　　　　　　　　　　　　30 000
　　　　利润分配——未分配利润　　　　　　　　　　　　　　　　　90 000
(4) 补提盈余公积。
借:利润分配——未分配利润　　　　　　　　　　　　　　　　　　　9 000
　　贷:盈余公积　　　　　　　　　　　　　　　　　　　　　　　　　9 000

三、其他业务成本审计

(一) 其他业务成本审计要点

其他业务成本为核算企业除主营业务活动以外的其他经营活动所发生的成本,包括销售材料成本、出租固定资产折旧额、出租无形资产摊销额、出租包装物成本或摊销额。

(二) 其他业务成本实质性程序

(1) 获取或编制其他业务成本明细表,复核加计是否正确,并与总账数和明细账合计数核对是否相符,结合主营业务成本科目与营业成本报表数核对是否相符。
(2) 与上期其他业务成本比较,检查是否有重大波动,如有,查明原因。
(3) 检查其他业务成本内容是否真实,计算是否正确,会计处理是否正确,择要抽查原始凭证予以核实。
(4) 复核其他业务成本明细表的正确性,并与相关科目交叉核对。
(5) 检查除主营业务活动以外的其他经营活动发生的相关税费是否计入本科目。

【案例 6-10】 某公司出售原材料及包装物一批,其原材料账面价值为 6 000 元,包装物账面价值为 8 000 元,合计 14 000 元,售出合计为 16 000 元,对方开出转账支票 1 张,当即解入银行,但其在编制记账凭证时将销售与成本轧抵后入账,做如下账务处理:

借:银行存款　　　　　　　　　　　　　　　　　　　　　　　　　16 000
　　贷:原材料　　　　　　　　　　　　　　　　　　　　　　　　　6 000
　　　　包装物　　　　　　　　　　　　　　　　　　　　　　　　　8 000
　　　　其他业务收入　　　　　　　　　　　　　　　　　　　　　　2 000

要求: 请指出被审计单位账务处理的不当之处,以及注册会计师要做何审计处理?(假定不考虑税收因素)

【案例分析】

本案例的出现有两种原因：业务不熟悉；为减少麻烦将其他业务收入与其他业务成本轧抵后入账。无论哪种原因，都必须予以调整纠正。

按会计准则及相关制度规定，正确的会计分录应为：

(1) 售出时，做如下账务处理：

借：银行存款　　　　　　　　　　　　　　　　　　　　　　　　16 000
　　贷：其他业务收入　　　　　　　　　　　　　　　　　　　　　　16 000

(2) 结转成本时，做如下账务处理：

借：其他业务成本　　　　　　　　　　　　　　　　　　　　　　　14 000
　　贷：原材料　　　　　　　　　　　　　　　　　　　　　　　　　6 000
　　　　包装物　　　　　　　　　　　　　　　　　　　　　　　　　8 000

因此，注册会计师应做审计调整分录如下：

借：其他业务成本　　　　　　　　　　　　　　　　　　　　　　　14 000
　　贷：其他业务收入　　　　　　　　　　　　　　　　　　　　　　14 000

任务 6.3　税金及附加审计

案例导入

根据专项检查计划安排，北海市地方税务局稽查局于 2022 年 7 月起对广西铭天房地产有限责任公司 2021 年度涉税情况进行立案检查。检查中发现该公司 2021 年采取虚假申报手段少缴销售不动产营业税 1 550 201.90 元，城市维护建设税 108 514.13 元，少缴印花税 84 632.40 元，少预缴土地增值税 907 855.85 元，该局于 2022 年 11 月依法做出向该公司追缴税款、加收滞纳金的处理决定。

思考：企业哪些税项应通过"税金及附加"账户核算？

税金及附加项目核算企业经营活动发生的营业税、消费税、城市维护建设税、资源税和教育费附加等相关税费。房产税、车船税、土地使用税、印花税在"管理费用"科目核算，但与投资性房地产相关的房产税、土地使用税在本科目核算。审计人员主要依据税法规定，结合企业的生产销售、资产转让等业务测算各项营业税金的正确性。

一、税金及附加的审计目标

(1) 确定利润表中记录的税金及附加是否已发生，且与被审计单位有关。

(2) 确定所有应当记录的税金及附加是否均已记录。

(3) 确定与税金及附加有关的金额及其他数据是否恰当记录。

(4) 确定税金及附加是否已记录于正确的会计期间。

(5) 确定税金及附加中的交易和事项是否已记录于恰当的账户。
(6) 确定税金及附加已按照企业会计准则的规定在财务报表中做出恰当列报。

二、税金及附加的实质性程序

(1) 获取或编制税金及附加明细表,复核加计是否正确,并与报表数、总账数和明细账合计数核对是否相符。

(2) 确定被审计单位的纳税(费)范围与税(费)种是否符合国家规定。

(3) 根据审定的本期应纳营业税的营业收入和其他纳税事项,按规定的税率,分项计算、复核本期应纳营业税税额,检查会计处理是否正确。

(4) 根据审定的本期应税消费品销售额(或数量),按规定适用的税率,分项计算、复核本期应纳消费税税额,检查会计处理是否正确。

(5) 根据审定的本期应纳资源税产品的课税数量,按规定适用的单位税额,计算、复核本期应纳资源税税额,检查会计处理是否正确。

(6) 检查城市维护建设税、教育费附加等项目的计算依据是否和本期应纳增值税、营业税、消费税合计数一致,并按规定适用的税率或费率计算、复核本期应纳城建税、教育费附加等,检查会计处理是否正确。

(7) 结合应交税费科目的审计,复核其勾稽关系。

(8) 检查税金及附加是否已按照企业会计准则的规定在财务报表中做出恰当列报。

【案例 6-11】 恒久远珠宝有限公司以珠宝玉石为主要经营项目。其经营特点在于该公司自己并不生产应税消费品,而只是购进珠宝玉石后,经过简单的组合或加工,再将珠宝玉石销售出去,2021 年 7 月,该公司发生如下业务:

(1) 从商业企业购进价值 50 万元的珠宝玉石,该公司月初库存的外购珠宝玉石价值 10 万元,月末库存的外购珠宝玉石价值 30 万元。

(2) 销售珠宝玉石 45 万元,货款已收讫。

月末,该公司财务人员计算出应纳消费税 1.5 万元,其计算方法如下:

$45 \times 10\% - (50 + 10 - 30) \times 10\% = 1.5(万元)$

但有审计人员审查时,明确指出该公司外购的珠宝玉石已纳的消费税税款不能抵扣。对此,公司财务人员坚持认为自己的计算没有错误,并找来税法书,强调税法中有如下规定:外购的已税烟丝、已税酒及酒精、已税化妆品、已税护肤护发品、已税珠宝玉石、已税鞭炮焰火、已税汽车轮胎、已税摩托车等 8 种应税消费品用于连续生产应税消费品,在计税时准予根据生产的数量扣除外购的应税消费品已纳的消费税,但审计人员认为该企业的情况并不适用税法中这一税款抵扣条款。

【案例分析】

该公司适用了错误的税收条款。公司财务人员只注意到允许抵扣税款的规定,却忽略了税法中对该项条款的适用条件所做的一些具体规定。税法规定允许扣除已纳税款的应税消费品只限于从工业企业购进的应税消费品和进口环节已缴纳消费税的应税消费品,对从境内商业企业购进应税消费品的已纳税款一律不得扣除。

恒久远珠宝有限公司正属于这种情况,公司自己不生产珠宝玉石,只是购进后,经过进一步加工、包装、组合后出售,其外购珠宝已纳税款本应可以抵扣,但由于企业不了解具体有关规定,从商业企业而不是工业企业购进珠宝玉石,导致已纳的消费税无法抵扣。企业本月实际应纳消费税为4.5万元(=45×10%)。

任务6.4 期间费用审计

案例导入

广告费牵出利用假发票偷税百万元大案

2008年6月,江苏南通市国税局稽查局对某外资房地产开发公司进行审查,发现该公司2007年所得税年度申报表中所列的销售费用比企业会计报表少450万元,而营业成本比会计报表多450万元。此450万元系支付给A广告公司的一笔广告费用,已进行会计处理,但申报人员将本应列入销售费用的广告费填入营业成本栏。审查人员询问主管会计,对方只是轻描淡写地说了一句:"可能是在所得税汇算清缴填申报表时列错了。"

但审查人员对此却提出了疑问:开发公司列支的其他小额广告费(7份票共37万元)在纳税申报时仍填入销售费用栏,为什么却偏偏将这笔大额广告费错列为营业成本呢?审查人员上网查询A广告公司,确认为子虚乌有的广告公司。同时了解到该楼盘很热销,并不需要投入大量的广告费,且检查人员也没有在本地相关新闻媒体看到该楼盘的广告。

经协查,审查人员调阅该笔业务中地税局代为开具的发票存根,发现存根联列示的金额只有8万元,发票代开专用章7位编码与真实的专用章编码也有一位不同,检查人员初步断定这是一张典型的"克隆票"。

公司会计凭证中支票存根显示这笔广告费先后分三次汇入了A广告公司账户。但由于A广告公司根本不存在,该笔资金能汇过去吗?检查人员来到银行找出开发公司的相关转账存根一一核对,发现有两笔计405万元款项转给了该开发公司的两个客户,过后客户又转回开发公司。另45万元款项转入某经营部,其实是支付给假发票提供人的手续费。实际均未有资金转给A广告公司。显然,公司该笔450万元的广告费纯属虚构。

而公司之所以要在所得税申报表上将销售费用少列450万元、营业成本多列450万元,就是为了避免销售费用数字太大容易引起税务人员的注意而做的"精心安排"。

上述案件查补税款、滞纳金及罚款共计350余万元,并移交公安机关进一步追查供票人以及"克隆票"的来源。

一、期间费用审计概述

(一) 期间费用审计特点

期间费用是指企业为组织和管理企业生产经营、筹集生产经营所需资金以及销售商品等而发生的各项费用。期间费用应在发生当期直接计入损益,并在利润表中分项目列示,包括管理费用、财务费用和销售费用等。

期间费用亦称期间成本,是与一定期间相联系,直接从企业当期销售收入中扣除的费用。从企业的损益情况来看,期间费用与营业成本、营业税金及附加一起从营业收入中扣除后作为企业当期的营业利润。其发生额不影响下一个会计期间。审计重点在于费用支出是否合理,审批手续是否齐全,是否有有效的原始凭证等。

期间费用常见错弊

(1) 将不应该记入期间费用的费用支出记入期间费用。例如,将应记入生产成本项目的支出记入期间费用。

(2) 任意扩大开支范围,提高开支标准。例如,将旅游费用列入销售费用,超额开支业务招待费,扩大折旧摊销额,缩短摊销期限,凭借假发票报销费用等。

(3) 用期间费用隐匿销售收入,并将资金占为己有。有的企业存在部分管理者和财务人员相勾结,将销售收入或者其他收入不记为收入,而是将其记为期间费用,用这部分收入建立"小金库"或者私自占为己有。

(4) 延期确认期间费用,调节利润。例如,把当期费用进行资本化,以5年、10年进行摊销,这些费用包括研发费用、巨额的广告投入等。

(5) 企业通过操纵与关联方之间应各自分摊的销售和管理费用,实现调节利润的目的。

例如,我国上市公司大多采用部分改组的方式,上市公司与集团公司之间存在着千丝万缕的联系,上市公司与集团公司之间常常存在着关于费用支付和分摊的协议,集团公司代替承担上市公司各项费用,甚至退还以前年度缴纳的费用等,帮助上市公司提高利润。

(二) 期间费用审计目标

(1) 利润表中记录的期间费用已发生,且与被审计单位有关。
(2) 所有应当记录的期间费用均已记录。
(3) 与期间费用有关的金额及其他数据已恰当记录。
(4) 期间费用已记录于正确的会计期间。
(5) 期间费用已记录于恰当的账户。
(6) 期间费用已在财务报表中做出恰当列报。

二、销售费用和管理费用审计

销售费用是企业在销售过程中所发生的费用。对工业企业而言,销售费用是指企业在销售产品、自制半成品和工业性劳务等过程中发生的各项费用以及销售本企业产品而专设销售机构的各项费用。销售费用具体包括应由企业负担的运输费、装卸费、包装费、保险费、展览费、销售佣金、委托代销手续费、广告费、租赁费和销售服务费用,专设销售机构人员工资、福利费、差旅费、办公费、折旧费、修理费、材料消耗、周转材料摊销及其他费用。

企业管理费用是指企业行政管理部门为管理组织经营活动而发生的各项费用,包括工资、公司经费、工会经费、职工教育经费、劳动保险费、待业保险费、董事会费、咨询费、审计费、诉讼费、排污费、绿化费、税金、土地使用费、土地损失补偿费、技术转让费、技术开发费、无形资产摊销、开办费、业务招待费、存货盘亏、毁损和报废(减盘盈)损失,以及其他管理费用。

销售费用和管理费用具有内容广、名目多的特点,重要的是要划清与成本支出、资本性支出、营业外支出的界限。销售费用和管理费用的审计程序如下:

(1) 获取或编制销售/管理费用明细表,复核其加计数是否正确,并与明细账、总账及报表数核对是否相符。

(2) 将销售/管理费用中的工资、折旧等与相关的资产、负债科目核对,检查其勾稽关系的合理性。

(3) 对销售/管理费用进行分析。

① 计算分析各个月份销售/管理费用总额及主要项目金额占主营业务收入的比率,并与上一年度进行比较,判断变动的合理性。

② 计算分析销售/管理费用中各项目发生额及占销售/管理费用总额的比率,将本期、上期销售/管理费用各主要明细项目做比较分析,判断其变动的合理性。

③ 计算分析本期各月份销售/管理费用,并与上一年度进行比较,判断其变动的合理性,对有重大波动和异常情况的项目应查明原因。

④ 将销售/管理费用实际金额与预算金额进行比较,对有重大波动和异常情况的项目应查明原因。

(4) 检查各明细项目是否与被审计单位销售商品和材料,提供劳务以及专设销售机构发生的各种费用有关;检查管理费用明细项目的设置是否符合规定的核算内容与范围,结合成本费用的审计,检查是否存在费用分类错误,若有,应提请被审计单位调整。

(5) 选择重要或异常的销售/管理费用,检查费用的开支标准是否符合有关规定,计算是否正确,原始凭证是否合法,会计处理是否正确。

(6) 实施截止性测试,若存在异常迹象,考虑是否有必要追加审计程序,对于重大跨期项目,应做必要调整。

(7) 确定销售/管理费用是否已按照企业会计准则的规定在财务报表中做出恰当的列报。管理费用审定表如表6-8所示。

表 6-8　管理费用审定表

被审计单位:S公司　　　　　　　　索引号:6405-1
项目:管理费用审定表　　　　　　　财务报表截止日/期间:2021年12月31日
编制:Ma　　　　　　　　　　　　复核:Fu
日期:2022年1月9日　　　　　　　日期:2022年1月10日

项目名称	本期未定数	账项调整 借方	账项调整 贷方	本期审定数	上期审定数	索引号
1. 公司经费						
(1) 职工工资	7 667 033.90			7 667 033.90	7 405 939.64	6206
(2) 福利费	3 005 911.51			3 005 911.51	2 780 598.85	
(2) 物料消耗	217 738.35			217 738.35	212 765.61	
(3) 低值易耗品摊销	3 385.27			3 385.27	24 935.85	
(4) 办公费	780 994.64			780 994.64	1 517 418.62	
(5) 差旅费	395 626.94			395 626.94	214 047.16	
2. 工会经费	420 636.65			420 636.65	359 161.83	
3. 董事会	93 643.89			93 643.89	158 002.25	
……						
10. 劳务费	2 226 767.84			2 226 767.84	1 909 706.28	
11. 其他	3 117 095.92			3 117 095.92	3 562 948.09	6405-2
12. 维修费		52 740 874.70		52 740 874.70		6109-7-1
合计	28 693 048.42	52 740 874.70		81 433 923.12	26 207 137.77	

审计结论:

> 报表数经审计调整后,可以确认。
> 审计调整分录:
> 　借:管理费用——维修费　　　　　　　　　　　　　　52 740 874.70
> 　　贷:主营业务成本　　　　　　　　　　　　　　　　　　　　52 740 874.70
> 详见制造费用审计工作底稿6109-7-1。

【案例6-12】 审计人员在审查某企业销售费用明细账时,发现如下记录:

(1) 常设销售机构人员的工资及奖金7 300元;
(2) 计提管理部门设备折旧20 000元;
(3) 业务招待费2 500元;
(4) 支付产品的包装费3 000元。

要求:(1) 说明审计方法;(2) 指出存在的问题;(3) 提出处理意见。

【案例分析】

(1) 审计方法:审阅销售费用明细账,抽查有关记账凭证和原始凭证。
(2) 存在的问题:管理部门折旧应列入"管理费用"账户;业务招待费应列入"管理

费用"账户。

(3) 处理意见:上述已记入"销售费用"账户的各项支出,应按规定列支。其调账分录为:
借:管理费用   22 500
　　贷:销售费用   22 500

【案例6-13】 审计人员在审查某企业管理费用账户时,发现如下记录:

(1) 企业车间固定资产的修理费用1 200元;

(2) 为购货单位垫付运杂费8 300元;

(3) 支付车船使用税3 580元;

(4) 支付未完工程借款利息3 270元;

(5) 购入材料的外地运杂费2 560元;

(6) 支付财务部人员工资4 980元。

要求:(1) 说明审计的方法;(2) 指出存在的问题;(3) 提出处理意见。

【案例分析】

(1) 审计方法:审阅管理费用明细账,抽查有关记账凭证和原始凭证。

(2) 存在问题:费用分类错误,即为购货单位垫付运杂费应计入"应收账款";未完工程借款利息应计入"在建工程";购入材料的外地运杂费就计入材料成本。

(3) 处理意见:上述已计入"管理费用"账户的各项支出,应按规定列支。其调账分录为:
借:应收账款   8 300
　　在建工程   3 270
　　原材料   2 560
　　贷:管理费用   14 130

【技能操练6-2】 华兴公司是个小型的私营企业,注册会计师李浩审计华兴公司2021年会计报表,发现华兴公司几乎每月都有一定数量的采购办公用品支出,共计23万元,李浩询问会计人员这些办公用品的内容及其用途,会计人员回答说不知道,这些票据都是经理或经理夫人拿来报销入账的。李浩分析华兴公司职工人数、办公设施等,认为华兴公司不可能每月都需要采购那么多的办公用品,就向华兴公司的相关人员提出对此的疑问,华兴公司相关人员对此也无法解释,于是,李浩对此出具保留意见的审计报告,说明段披露"贵公司对于2021年度的管理费用中列入的费用23万元,不能提供相关证据与说明,其与企业经营无关"。

要求:

(1) 对于私营企业来讲,业主或经理把个人费用计入企业的账户中合理吗?

(2) 注册会计师如何判断费用与企业生产经营无关?

三、财务费用审计

财务费用是企业为进行资金筹集等理财活动而发生的各项费用。财务费用主要包括利息净支出、汇兑净损失、金融机构手续费和其他因资金筹集而发生的费用。利息净支出包括短期借款利息、长期借款利息、应付票据利息、票据贴现利息、应付债券利息、长期应付融资租赁款利息、长期应付引进国外设备款利息等,企业银行存款获得的利息收入应冲减上述利息支出;汇兑损失指企业在兑换外币时因市场汇价与实际兑换汇率的不同形成的损失或收益。财务费用的实质性程序如下:

(1) 获取或编制财务费用明细表,复核加计是否正确,并核对与总账、报表发生额及明细账合计数是否相符。

(2) 将本年度财务费用与上年度的财务费用及本年度各个月份的财务费用进行比较,如有重大波动和异常情况应查明原因,如表 6-9 所示。

表 6-9 财务费用审定表

被审计单位:S公司　　　　　　　　　索引号:6406
项目:财务费用审定表　　　　　　　　财务报表截止日/期间:2021 年 12 月 31 日
编制:Ma　　　　　　　　　　　　　　复核:Fu
日期:2022 年 1 月 15 日　　　　　　　日期:2022 年 1 月 16 日

月份	合计 ①=④+⑦+⑧	利息支出 ②	利息收入 ③	利息净支出 ④=②-③	汇兑损失 ⑤	汇兑收益 ⑥	汇兑净损失 ⑦=⑤-⑥	银行手续费 ⑧
1月	7 049 625.22	6 581 646.61	1 757.32	6 579 889.29	678 672.53	259 153.93	419 518.60	50 217.33
2月	4 721 607.38	3 864 265.00		3 864 265.00	946 344.85	95 332.71	851 012.14	6 330.24
……								
10月	8 374 453.11	7 391 342.82	121 160.59	7 270 182.23	1 439 521.36	339 673.54	1 099 847.82	4 423.06
11月	8 603 821.39	6 131 480.18		6 131 480.18	2 979 117.97	513 841.79	2 465 276.18	7 065.03
12月	10 759 051.64	8 089 802.13	341 907.42	7 747 894.71	4 371 619.29	1 373 706.75	2 997 912.54	13 244.39
合计	81 618 534.58	69 345 858.44	1 872 652.59	67 473 205.85	17 296 838.61	3 457 965.91	13 838 872.70	306 456.03
上期数	52 942 490.89	48 306 527.09	1 784 508.63	46 522 018.46	7 709 851.93	1 622 940.67	6 086 911.26	333 451.17
变动额	28 676 043.69	21 039 331.35	88 143.96	20 951 187.39	9 586 986.68	1 835 025.24	7 751 961.44	−27 105.14
变动比例	54%	44%	5%	45%	124%	113%	127%	−8%

审计说明:

> 通过实质性分析程序,可以看出:2021 年度财务费用比 2020 年度有增加。这主要体现在两个方面:一是利息支出,二是汇兑损失。
>
> 1. 利息支出的增加,主要是因为 2021 年度银行及非银行金融机构借款增加,以及流动资金借款利息率、固定资产专门借款利息率的提高。详见长、短期借款审计底稿。
>
> 2. 汇兑损失的增加,原因是 S 公司出口产品结算币种为美元,该公司持有的外币货币性项目——应收债权的 2021 年年末余额比 2020 年年末余额增加,而中国人民银行公布的外汇牌价呈现美元对人民币比率持续下跌。
>
> 实质性分析程序结论:由以上比较数据分析推断误差,并考虑 S 公司生产经营现状及国家金融环境等综合因素,我们认为该差异是可以接受的。
>
> 3. 审查利息支出明细账,复核借款利息支出应计数。
> 4. 审查利息收入明细账,复核借款利息收入应计数。
> 5. 审查利息费用化和资本化计算与会计处理是否正确。
> 6. 复核应收票据贴现息的计算与会计处理是否正确。
> 7. 对财务费用实施截止日测试,检查有无跨期入账的现象。
> 8. 审查汇兑损益明细账,检查汇兑损益计算方法是否正确,核对所用汇率是否正确。
> 9. 审查财务费用是否已在利润表中做出恰当披露。

【案例 6-14】 审计人员在审查某企业财务费用明细账时,发现如下记录:

(1) 财务部门人员的工资及奖金 6 500 元;

(2) 支付未完工工程借款利息 3 000 元;

(3) 支付短期借款利息 4 000 元;

(4) 支付金融机构的手续费 2 500 元。

要求:(1) 说明审计方法;(2) 指出存在问题;(3) 提出处理意见。

【案例分析】

(1) 审计方法:审阅财务费用明细账,抽查有关记账凭证和原始凭证。

(2) 存在问题:财务科人员的工资和奖金应列入"管理费用"账户;未完工工程借款利息应列入"在建工程"账户。

(3) 处理意见:上述已记入"财务费用"账户的各项支出,应按规定列支。其调账分录为:

借:管理费用　　　　　　　　　　　　　　　　　　　　　　　6 500
　　在建工程　　　　　　　　　　　　　　　　　　　　　　　3 000
　　贷:财务费用　　　　　　　　　　　　　　　　　　　　　　　　9 500

项目小结

收入费用审计包括对营业收入、营业成本、营业税金及附加、期间费用的审计,其审查主要涉及收入的存在性、成本费用计价、营业税金的计算及有关会计处理方法等内容,其中收入的存在性及成本计价方法的正确性是审查的重点,以防止和揭示企业虚增或虚减收入费用以调节利润的错弊行为。在本章内容中,主营业务收入、主营业务成本、期间费用审查是重点,其中收入存在性和完整性审查、成本测算、销售费用、管理费用、财务费用的审计程序是难点。通过本章学习,学生能够掌握收入费用审计的要点,掌握收入费用主要项目的审计程序和方法,具备一定的实践分析能力。

技能训练

一、单项选择题

1. 注册会计师计划测试 M 公司 2021 年度业务收入的完整性。以下各项审计程序中,通常难以实现上述审计目标的是(　　)。

A. 抽取 2021 年 12 月 31 日开具的销售发票,检查相应的发运单和账簿记录

B. 抽取 2021 年 12 月 31 日的发运单,检查相应的销售发票和账簿记录

C. 从业务收入明细账中抽取 2021 年 12 月 31 日的明细记录,检查相应的记账凭证发运单和销售发票

D. 从业务收入明细账中抽取 2022 年 1 月 1 日的明细记录,检查相应的记账凭证发运单和销售发票

项目 6 收入费用审计

2. 如果注册会计师怀疑被审计单位存在向虚构的顾客发货并作为销售业务入账,则应执行的最有效的交易实质性程序是(　　)。
   A. 复核业务收入总账、明细账以及应收账款明细账中的大额或异常项目
   B. 将业务收入明细账中的分录同销售单中的赊销审批和发运审批核对
   C. 将发运凭证与存货永续记录中的发运分录核对
   D. 将发运凭证与相关的销售发票和业务收入明细账及应收账款中的分录进行核对

3. 为验证收入业务记录是否发生,注册会计师应该采用的最有效的实质性程序为(　　)。
   A. 从收入明细账追查至发运凭证和销售发票
   B. 从发运凭证追查至收入明细账
   C. 从发运凭证追查至存货永续盘存记录
   D. 从销售发票追查至收入明细账

4. 对被审计单位的销售交易,注册会计师认为下列不属于产生高估销售的是(　　)。
   A. 向虚构的顾客发货并进行相应的账务处理
   B. 本期已经发生的销售交易均已入账
   C. 未曾发货却已将销售交易登记入账
   D. 销售交易重复入账

5. 注册会计师为了发现被审计单位是否存在多计收入的情况,所采取的最有效的审计程序是(　　)。
   A. 以账簿记录为起点做销售业务的截止测试
   B. 以销售发票为起点做销售业务的截止测试
   C. 以发运凭证为起点做销售业务的截止测试
   D. 向债务人函证

6. 被审计单位于2021年12月29日向A公司发出价值100万元的商品,2022年1月4日办妥托收手续,被审计单位在发出商品时,确认收入入账,则被审计单位2021年违反了(　　)。
   A. 完整性　　　　B. 分类　　　　C. 发生　　　　D. 准确性

7. 被审计单位销售时采用了现金折扣的方式,如果购货方实际享受了现金折扣,被审计单位对现金折扣应做的会计处理是(　　)。
   A. 冲减当期主营业务收入　　　　B. 增加当期财务费用
   C. 增加当期主营业务成本　　　　D. 增加当期管理费用

8. 检查开具发票或收款的日期、记账的日期、发货的日期(　　)是主营业务收入截止测试的关键所在。
   A. 是否在同一会计期间　　　　B. 是否临近
   C. 是否在同一天　　　　D. 相距是否不超过30天

9. 下列项目中,应计入其他业务收入的是(　　)。
   A. 包装物租金收入　　　　B. 保险赔款收入
   C. 出售固定资产的收入　　　　D. 罚款收入

10. 注册会计师接受委托审计Y公司2021年度的财务报表,在审计过程中发现Y公

司2022年1月15日主营业务收入明细账中有一笔红字记录,系冲销2021年12月26日记录的一笔大额收入,对此A注册会计师应采取的措施最不恰当的是( )。

　　A. 应检查相关的凭证确认退货的真实性
　　B. 如果认为退货是真实的,应提请Y公司调整2021年度的收入
　　C. 如果认为退货是真实的,可作为2022年度收入的抵减,无须调整
　　D. 如果没有发现退货的原始凭证,应实施追加审计程序,判断是否属于虚构收入

11. 采用分期收款方式销售商品,企业应以( )确认销售收入。

　　A. 本期实际收到的价款　　　　　　　B. 发出商品的全部价款
　　C. 商品发出　　　　　　　　　　　　D. 收回全部价款

12. 下列税金中,不通过"税金及附加"核算的有( )。

　　A. 增值税　　　　　　　　　　　　　B. 印花税
　　C. 车船使用税　　　　　　　　　　　D. 消费税

二、多项选择题

1. 在证实登记入账的销售是否真实这一目标而进行实质性程序时,注册会计师一般关心的错误有( )。

　　A. 未曾发货却已登记入账　　　　　　B. 销货业务重复入账
　　C. 向虚构的顾客发货并登记入账　　　D. 已经发货但未曾入账

2. 注册会计师在对主营业务收入进行审计时,如果认为必要,可能会实施分析程序,下列说法中正确的有( )。

　　A. 根据增值税发票申报表或普通发票,分析产品销售的结构和价格变动是否异常,并分析异常变动的原因
　　B. 将本期重要产品的毛利率与同行业进行对比分析,估算全年收入,与实际收入金额比较
　　C. 将本期重要产品的毛利率,与上期比较,检查是否存在异常,各期之间是否存在重大波动,查明原因
　　D. 比较本期各月各类主营业务收入的波动情况,分析其变动趋势是否正常,是否符合被审计单位季节性、周期性的经营规律

3. 财务费用的实质性程序一般包括( )。

　　A. 获取或编制财务费用明细表
　　B. 检查利息支出明细账
　　C. 检查汇兑损失明细账
　　D. 检查财务费用是否已在资产负债表上恰当披露

4. 其他业务收入的审计应依据其他业务收入的明细账资料,结合( )等账户进行对比审查。

　　A. 银行存款　　B. 其他货币资金　　C. 应收账款　　D. 材料

5. 收入是企业在日常活动中产生的经济利益的总流入。下列属于收入审查的有( )。

　　A. 销售商品收入　　　　　　　　　　B. 提供劳务收入
　　C. 销售原材料收入　　　　　　　　　D. 出售固定资产收入

6. 下列各项中,属于生产成本审查的有(　　)。
   A. 发生的生产工人工资　　　　　　B. 计提的生产工人福利费
   C. 支付的生产工人医药费　　　　　D. 支付的离退休人员医药费

7. 下列各项中,应计入财务费用的包括(　　)。
   A. 汇兑损失　　　　　　　　　　　B. 短期贷款利息支出
   C. 诉讼费　　　　　　　　　　　　D. 购货单位享受的现金折扣

8. 在对被审计单位的主营业务收入进行审计时,注册会计师应重点关注的与被审计单位主营业务收入的确认有密切关系的日期包括(　　)。
   A. 发票开具日期　　　　　　　　　B. 记账日期
   C. 资产负债表日　　　　　　　　　D. 发货日期或提供劳务日期

9. 注册会计师在对W公司营业收入的审计中,得出下列有关收入审计工作底稿的结论,其中不正确的有(　　)。

   A. 销售给M公司一批商品,成本60 000元,售价100 000元,商品已发出,并收到60%的货款,但当日M公司提出退货,双方未达成一致意见,建议被审计单位确认60 000元的收入并结转36 000元的成本

   B. 预收Y公司购货款500 000元;本月发出商品,商品成本320 000元,售价400 000元,建议确认销售收入400 000元,销售成本320 000元

   C. 销售给N公司一批商品,成本240 000元,售价300 000元,已经收到货款,并将提货单交给N公司;N公司要求一个月后提货,W公司已同意,建议确认销售收入300 000元,销售成本240 000元

   D. 委托×公司代销商品一批,×公司按销售价款的10%收取手续费。商品成本160 000元,价款200 000元,当月未收到代销清单,建议确认收入200 000元,结转成本160 000元

10. 在对主营业务收入进行截止测试时,注册会计师应该围绕的审计路线有(　　)。
    A. 从报表日前后若干天的发运凭证查至发票开具情况与账簿记录
    B. 从报表日前后若干天的账簿记录查至记账凭证,检查发票存根与发运凭证
    C. 从销售发票追查至发运凭证
    D. 从报表日前后若干天的发票存根查至发运凭证与账簿记录

11. 下列内容,属于成本会计制度的控制测试的有(　　)。
    A. 直接材料成本控制测试
    B. 直接人工成本控制测试
    C. 制造费用控制测试
    D. 生产成本在当期完工产品与在产品之间分配的控制测试

12. 注册会计师李明在检查ABC公司本期财务费用时,比较本期各月财务费用,发现下半年财务费用明显比上半年增加,下列情况能解释这一现象的有(　　)。
    A. ABC公司在当期6月份采用分期付款的方式购买了一批商品
    B. 在9月份公司账面显示为扩大生产线融资租入一台设备
    C. 由于下半年资金短缺,ABC公司不再享受供应商的现金折扣政策

D. 由于次年需要增加进口原料采购量,公司借入较多的外币

13. 为证实"营业收入的准确性"认定,注册会计师可以实施的审计程序有( )。

A. 复核营业收入明细表,并与总账数核对

B. 检查以非记账本位币结算的营业收入的折算汇率及折算是否正确

C. 抽查产品售价是否符合价格政策

D. 抽查营业收入明细账,并追查至销售发票、销售合同、发货单等

三、实务分析题

1. 审计人员对光明股份有限公司2021年度财务报表进行审计。该公司2021年度未发生购并、分立和债务重组行为,供产销形势与上年相当。该公司提供的未经审计的2020年度财务报表附注的部分内容如下:

主营业务收入和主营业务成本项目附注:

2021年度主营业务收入61 020万元,主营业务成本52 819万元(见表6-10)。

表6-10 主营业务收入和主营业务成本表　　　　　　单位:万元

品　名	主营业务收入		主营业务成本	
	2020年发生额	2021年发生额	2020年发生额	2021年发生额
X产品	40 000	41 000	38 000	33 800
Y产品	20 000	20 020	19 000	19 019
合　计	60 000	61 020	57 000	52 819

要求: 假定上述附注内容中的年初数和上年比较数均已审定无误,你作为审计人员,在审计计划阶段,请运用专业判断,运用分析程序方法,指出上述附注内容中可能存在的不合理之处,并简要说明理由。对疑问应采取什么审计程序获取证据?

2. 审计人员李亮正在就销货交易的实质性程序编制具体审计计划,制定了以下3个审计目标:(1)登记入账的销售业务是真实的;

(2)已发生的销货业务均以登记入账;

(3)登记入账的销货业务的计价准确性。

均拟以明细账为起点采用从明细账追查至有关凭证的审计路线。

要求:

(1) 从明细账追查至有关凭证的审计路线对测试是否均适用,为什么?如果不适用,应改为何种审计路线?

(2) 如果与上述审计目标(1)相关的内部控制薄弱,请简述实现审计目标(1)的具体实质性程序的方法。

(3) 为实现审计目标(3),李亮拟采用复算会计记录中的数字测试程序。请简述其具体做法。

3. 注册会计师对某工业企业的生产成本进行审计,获取12月份生产成本计算单如下(见表6-11):

项目 6 收入费用审计

表 6-11 生产成本明细账

完工产品 600 件　　　　在产品 300 件　　　　　　　　　　单位：元

摘　要	直接材料	直接人工	制造费用	合　计
月初在产品成本	16 000	5 800	2 350	24 150
本月生产成本	119 000	48 200	16 400	183 600
完工产品成本	90 000	43 200	15 000	148 200
期末在产品成本	45 000	10 800	3 750	59 550

该企业按约当产量法计算期末的在产品成本和产成品成本，原材料于生产开始时一次投入，在产品加工程度为 50%。审计中发现以下几个方面的问题：

(1) 经盘点测算核定完工产品入库 660 件，并非 600 件，瞒报产量 60 件。
(2) 在建工程领用材料 7 200 元误为生产产品耗用。
(3) 固定资产清理人的工资及福利费 2 520 元误计入直接人工。
(4) 将车间机器设备的折旧费 3 090 元误计入管理费用。
(5) 应分摊计入本月产品成本的材料成本节约差异 1 800 元，误作超支入账。

要求：重新核实期末产成品成本和在产品成本，并计算下列项目的金额。(列出计算过程，并得出审计结论)
(1) 本月完工产品的直接材料成本；
(2) 本月完工产品的直接人工成本；
(3) 本月完工产品的制造费用成本；
(4) 期末在产品成本。

4. 甲企业在 2021 年 10 月与乙企业签订销售合同，该合同规定：甲企业向乙企业销售 6 台机床，货款(暂不考虑增值税)共计 60 000 元。其中，2021 年 11 月，乙企业预付 20 000 元，12 月预付 20 000 元，余款 20 000 元于 2022 年 1 月支付。其中 2022 年 1 月交货 4 台，2022 年 2 月交货 2 台。上述业务发生后，甲企业的账务处理如下：

(1) 2021 年 11 月预收款项时：
借：银行存款　　　　　　　　　　　　　　　　　　　20 000
　　贷：主营业务收入　　　　　　　　　　　　　　　　　　　20 000

(2) 2021 年 12 月收到款项时：
借：银行存款　　　　　　　　　　　　　　　　　　　20 000
　　贷：主营业务收入　　　　　　　　　　　　　　　　　　　20 000

(3) 2022 年 1 月收到款项时：
借：银行存款　　　　　　　　　　　　　　　　　　　20 000
　　贷：主营业务收入　　　　　　　　　　　　　　　　　　　20 000

要求：请分析甲企业上述账务处理存在什么问题。如何进行账项调整？

5. 2022 年 1 月 20 日，审计人员对 Z 股份有限公司的营业收入明细账进行审计时发现：2021 年 12 月 25 日，Z 股份有限公司销售了一批商品给琼海公司，售价为 100 万元，增值税为 13 万元，销售成本为 80 万元，款未收。此笔销售业务在 2022 年 1 月 5 日发生全部退货。Z公司2021年度报表中确认了该笔销售收入并结转了销售成本。2022年1月进行退货账务处理,冲减收入。

要求: 请问针对该项业务,审计人员应执行什么审计程序确认销售与退货的真实性。如果退货业务真实存在,如何提出审计调整建议?

6. A注册会计师正在对×股份有限公司(以下简称×公司)2021年度财务报表进行审计。×公司为增值税一般纳税人,增值税税率为13%。为了确定×公司的销售业务是否记录在恰当的会计期间,决定对销售进行截止测试。截止测试的简化审计工作底稿如下(见表6-12):

表6-12

销售发票号	销售收入(万元)	入账日期	发运日	发票日	销售成本(万元)
7 891	10	2021年12月30日	12月27日	12月27日	6
7 892	15	2021年12月30日	1月2日	1月3日	9
7 893	8	2021年12月31日	1月5日	1月6日	4.8
7 894	20	2022年1月2日	12月31日	12月31日	12
7 895	10	2022年1月3日	1月2日	1月3日	6
7 896	5	2022年1月8日	1月7日	1月8日	3

要求:

(1) 根据上述资料,请指出A注册会计师所执行的截止测试的具体方法及其目的。

(2) 根据上述资料,请分析×公司是否存在提前入账的问题。如果有,请编制调整分录。

(3) 根据上述资料,请分析×公司是否存在推迟入账的问题,如果有,请编制调整分录。

项目7 利润表其他项目审计

知识目标

了解投资收益、营业外收入、营业外支出、所得税费用的审计目标。
掌握投资收益、营业外收入、营业外支出、所得税费用的审计程序和内容。

能力目标

能对投资收益、营业外收入、营业外支出、所得税费用实施实质性程序。

案例导入

东方电子利用投资收益虚构营业收入

2003年1月17日,由山东省烟台市检察院提起公诉的"东方电子"财务造假案,经烟台市中级人民法院在昌邑市异地审理后,公开宣判。法院审理查明,原"东方电子"董事长兼总经理隋元柏、原董事会秘书高峰、原总会计师方跃,自1997年4月至2001年6月,先后利用公司购买的1 044万股内部职工股的股票收益和投入资金6.8亿元炒股票,收益共计17.08亿元,通过虚开销售发票、伪造销售合同等手段,将其中的15.95亿元计入"主营业务收入",虚构业绩,使"东方电子"自1997年起成为绩优股,并4次实行送、配股方案,人为制造了"股市神话"。

法院判决书认定,被告人隋元柏、高峰、方跃身为"东方电子"的主管和责任人员,利用股票收益的资金虚构"主营业务收入",夸大公司业绩,向股东和社会公众提供虚假的财务会计报告,其行为均已构成提供虚假财务报告罪。法庭判处隋元柏有期徒刑2年,并处罚金5万元;判处高峰有期徒刑1年,并处罚金2.5万元;判处方跃有期徒刑1年,缓刑1年,并处罚金5万元。

任务7.1 投资收益审计

一、投资收益审计目标

(1)确定利润表中记录的投资收益已发生,且与被审计单位有关。

(2) 确定所有应当记录的投资收益均已记录。

(3) 确定与投资收益有关的金额及其他数据已恰当记录。

(4) 确定投资收益已记录于正确的会计期间。

(5) 确定投资收益已记录于恰当的账户。

(6) 确定投资收益已按照企业会计准则的规定在财务报表中做出恰当列报。

二、投资收益审计实质性程序

(1) 获取或编制投资收益明细表。

获取或编制投资收益明细表,复核加计是否正确,并与报表数、总账数和明细账合计数核对是否相符。

(2) 实施实质性分析程序。

与以前年度投资收益比较,结合本期投资的变动情况,分析本期投资收益是否合理,如有异常,应深入调查原因。

(3) 确定投资收益的记录是否正确。

与交易性金融资产、可供出售金融资产、持有至到期投资、长期股权投资、交易性金融负债等的相关审计结合,验证确定投资收益的记录是否充分、准确;对于重大的投资收益项目,审阅相关文件,复核其计算的准确性,并确定其应为投资收益。

(4) 结合投资和银行存款等的审计,确定投资收益被记入正确的会计期间。

(5) 检查投资收益是否已按照企业会计准则的规定在财务报表中做出恰当列报。

【案例 7-1】 审计人员在对 ABC 工业有限公司 2021 年度财务报表进行审计时,发现其 2021 年 6 月 20 日以每股 8 元的价格买入甲公司股票 10 万股并支付了 1 000 元的交易费,准备近期出售挣取差价。6 月 30 日,Y 公司股票价格为 7 元,9 月 20 日,将持有甲公司股票以每股 9 元的价格全部出售。对该项投资甲公司股票做了如下会计处理:

2021 年 6 月 20 日:

借:交易性金融资产——成本　　　　　　　　　　　　800 000
　　贷:投资收益　　　　　　　　　　　　　　　　　　1 000
　　　　银行存款　　　　　　　　　　　　　　　　　801 000

2021 年 6 月 30 日:

借:公允价值变动损益　　　　　　　　　　　　　　　100 000
　　贷:交易性金融资产——公允价值变动　　　　　　100 000

2021 年 9 月 20 日:

借:银行存款　　　　　　　　　　　　　　　　　　　900 000
　　交易性金融资产——公允价值变动　　　　　　　　100 000
　　贷:交易性金融资产——成本　　　　　　　　　　800 000
　　　　投资收益　　　　　　　　　　　　　　　　　200 000

要求: 分析 ABC 工业有限公司对该项投资的分类及会计处理是否正确,并提出处理意见。

【案例分析】　ABC工业有限公司买入甲公司股票,是为了出售挣取差价,划入交易性金融资产正确。2021年6月20日、2021年6月30日会计处理正确。2021年9月20日,出售股票业务的会计处理错误,应将股票出售价格与初始入账金额之间的差额确认为投资收益,并调整公允价值变动损益。应编制以下调整分录:

借:投资收益　　　　　　　　　　　　　　　　　　　　100 000
　　贷:公允价值变动损益　　　　　　　　　　　　　　　　　100 000

【案例7-2】　审计人员在对ABC工业有限公司进行审计时发现,该企业有一项以无形资产(土地使用权)向其他单位进行投资的业务。假定投资方的所得税税率为25%,被投资方的所得税税率为15%。

通过审阅"投资收益"及有关账户了解到,该企业于2021年12月4日收到被投资单位汇来的投资收入300 000元,并已记入"投资收益"账户。但是,在调阅该企业有关这项投资活动的文件资料时了解到,根据双方签订合同的规定,投资企业应收到的投资收益为348 000元,与账面记录的金额不符。

为了进一步证实情况并查清问题,审计人员重新审核了双方签订的合同等文件资料,并向有关人员进行调查询问,同时对"银行存款""其他应付款"等账户做了进一步的查证,调阅了有关记账凭证。通过查证、核实,表明被投资单位确实按照双方签订的合同规定,于2021年12月4日将投资利润348 000元划转到被审计单位,而该企业却在收到这笔款项时,将其中300 000元作为投资收益记入了"投资收益"账户,其余48 000元记入了"其他应付款"账户,从而隐瞒了投资收入,截留了有关税金。该企业在收到投资利润时所做的记账凭证的内容如下:

借:银行存款　　　　　　　　　　　　　　　　　　　　348 000
　　贷:投资收益　　　　　　　　　　　　　　　　　　　　300 000
　　　　其他应付款　　　　　　　　　　　　　　　　　　　48 000

通过上述查证及获取的充分证据,审计人员确认该企业以弄虚作假的手法,未按合同规定及时足额地将投资收入记入"投资收益"账户,并将少计部分截留于"其他应付款"账户,造成"投资收益"账户不真实,虚减了当年利润,截留了有关税金。审计人员提示该企业应对2021年损益进行调整,并及时清缴所欠税款。

应交所得税=[48 000÷(1−15%)]×(25%−15%)=5 647(元)

调整建议:

借:其他应付款　　　　　　　　　　　　　　　　　　　　48 000
　　贷:应交税费——应交所得税　　　　　　　　　　　　　　5 647
　　　　以前年度损益调整　　　　　　　　　　　　　　　　42 353

任务 7.2 营业外收入审计

营业外收入,是指企业发生的与其日常活动无直接关系的各项利得。营业外收入并不是企业经营资金耗费所产生的,不需要企业付出代价,实际上是经济利益的净流入,不可能也不需要与有关的费用进行配比。营业外收入包括非流动资产处置利得、盘盈利得、罚没利得、捐赠利得,以及确实无法支付而按规定程序经批准后转为营业外收入的应付账款等。营业外收入虽然与企业生产经营活动的收入没有多大的关系,但也是增加或减少利润的因素,对企业的利润总额及净利润产生较大的影响。

一、营业外收入审计目标

(1)确定营业外收入的记录是否完整。
(2)确定营业外收入的计算是否正确。
(3)验明营业外收入是否已在损益表上恰当披露。

二、营业外收入审计实质性程序

营业外收入审计的实质性程序通常包括以下方面:
(1)获取或编制营业外收入明细表,复核加计是否正确,并与报表数、总账数及明细账合计数核对是否相符。
(2)检查营业外收入的核算内容是否符合会计准则的规定。
(3)抽查营业外收入中金额较大或性质特殊的项目,审核其内容的真实性和依据的充分性。
(4)对营业外收入中各项目,包括非流动资产处理利得、盘盈利得、接受捐赠利得等相关账户记录核对相符,并追查至相关原始凭证。
(5)检查营业外收入的列报是否恰当。

【案例 7-3】 审计人员在审计 ABC 工业有限公司 2021 年营业外收入明细账时,发现有一笔收入,摘要是"销售 A 材料",审计人员抽查了该笔业务的记账凭证和原始凭证,其会计分录如下:

借:银行存款　　　　　　　　　　　　　　　　　　　　　234 000
　　贷:营业外收入　　　　　　　　　　　　　　　　　　　234 000

附件是一张银行收款凭证,没有销售发票。
要求:分析该笔会计处理的问题,并提出审计处理意见。

【案例分析】
审计人员通过向经办人员并向收款单位调查,查明这笔废旧材料销售款,企业未开出增值税发票,并计入"营业外收入",其目的是偷漏增值税。
会计账务调整建议:

借:营业外收入　　　　　　　　　　　　　　　　　234 000
　　　　贷:其他业务收入　　　　　　　　　　　　　　　200 000
　　　　　　应交税费——应交增值税(销项税额)　　　 34 000

【案例7-4】 审计人员在审阅ABC工业有限公司2021年6月的"银行存款"日记账时,发现有一项业务的摘要说明不清楚,决定进一步查证。审计人员调阅了相关的记账凭证,会计分录如下:

　　借:银行存款　　　　　　　　　　　　　　　　　 20 000
　　　　贷:应付职工薪酬　　　　　　　　　　　　　　　20 000

该凭证账户对应关系可疑,经进一步询问并查阅原始凭证,确认该企业将罚款收入记入了"应付职工薪酬"账户,并已在6月25日作为津贴分给了职工,会计分录如下:

　　借:应付职工薪酬　　　　　　　　　　　　　　　　20 000
　　　　贷:库存现金　　　　　　　　　　　　　　　　　20 000

【案例分析】

企业违反了会计制度的规定,将该项营业外收入作为应付职工薪酬核算,造成当期利润减少,少纳税款。

会计账务调整建议如下:

　　借:其他应收款　　　　　　　　　　　　　　　　　20 000
　　　　贷:营业外收入　　　　　　　　　　　　　　　　20 000

任务7.3　营业外支出审计

营业外支出,是指企业发生的与其日常活动无直接关系的各项损失,主要包括非流动资产处置损失、盘亏损失、罚款支出、公益性捐赠支出和非常损失等。营业外支出虽然与企业生产经营活动的收入没有多大的关系,但也是增加或减少利润的因素,对企业的利润总额及净利润产生较大的影响。

一、营业外支出核算的有关规定

(1) 非公益性捐赠支出、税收滞纳金、罚金、罚款支出、各种赞助费支出等应进行应纳税所得额调整。

(2) 在会计核算上,应按《企业会计制度》的规定设置营业外支出项目,严格划分营业外支出与生产经营成本及费用的界限。

二、营业外支出的审计目标

营业外支出的审计目标一般包括以下几点:
(1) 确定利润表中记录的营业外支出是否完整。
(2) 确定与营业外支出有关的金额及其他数据是否正确。

(3) 确定营业外支出是否已记录于正确的会计期间。
(4) 确定营业外支出是否已记录于恰当的账户。
(5) 确定营业外支出是否已按照企业会计准则的规定在财务报表中做出恰当的列报。

三、营业外支出实质性程序

(1) 获取或编制营业外支出明细表,复核其加计数是否正确,并与报表数、总账数和明细账合计数核对是否相符。

(2) 检查营业外支出明细项目的设置是否符合规定的核算内容与范围,是否划清营业外支出与其他费用的界限。

(3) 结合固定资产清理、无形资产等的审计,检查非流动资产处置损失的金额和有关会计处理是否正确。

(4) 结合非货币性资产交换的审计,检查非货币性资产交换损失金额和有关会计处理是否正确。

(5) 结合债务重组的审计,检查债务重组损失的金额和有关会计处理是否正确。

(6) 检查公益性捐赠支出的会计处理是否正确,注意公益性捐赠资产已计提的减值准备是否结转。检查公益救济性捐赠是否按税法规定进行企业所得税纳税调整。

(7) 对于非常损失,应详细检查有关资料、被审计单位实际损失和保险理赔情况及审批文件,检查会计处理是否正确。

(8) 检查营业外支出是否已按照企业会计准则的规定恰当列报。

【**案例 7-5**】 审计人员在审计 ABC 工业有限公司年度财务报表时,发现营业外支出比上一年增加了 28%,其中非常损失比上一年增加了将近 4 倍。审计人员进一步审查营业外支出明细账,发现 11 月增加 39 万元,其中一笔为 36 万元;于是审计人员调阅了该月份对应的记账凭证,其会计分录是:

借:营业外支出——非常损失　　　　　　　　　　　　　　360 000
　　贷:其他应付款　　　　　　　　　　　　　　　　　　　　　　360 000

该记账凭证后面未附任何原始凭证。会计人员解释是 11 月份因水灾导致产成品损失及长时间停工损失。审计人员经过实地调查,了解到 11 月份确实因水灾而导致了损失,但损失很小,也没有造成停工损失。

要求:分析该笔会计处理的问题,并提出处理意见。

【**案例分析**】

根据审计取证证实,水灾损失是虚假的,企业虚列营业外支出,截留利润,偷漏所得税。账务调整建议如下:

借:其他应付款　　　　　　　　　　　　　　　　　　　　360 000
　　贷:营业外支出——非常损失　　　　　　　　　　　　　　　　360 000

【**案例 7-6**】 审计人员在审计甲公司营业外支出明细账时,发现年度"营业外支出——罚款支出"明细账金额为 72 404.60 元。为了查验罚款支出的真实性,审计人员实

施了抽查会计凭证等审计程序,过程如下:

(1) 抽查 12 月 24 日"银—70 号"凭证。

借:营业外支出——罚款支出　　　　　　　　　　　　　　70 404.60
　贷:银行存款　　　　　　　　　　　　　　　　　　　　　70 404.60

后附:药品质量监督局开具的财政罚没收据,以及银行付款凭证、相关人员说明、总经理批准文件。

(2) 抽查 12 月 30 日"银—117 号"凭证。

借:营业外支出——罚款支出　　　　　　　　　　　　　　2 000
　贷:银行存款　　　　　　　　　　　　　　　　　　　　　2 000

后附:劳动监察局开具的财政罚没收据,以及银行付款凭证、相关人员说明、总经理批准文件。

(3) 追查药品质量监督局的"处理决定":甲公司生产经营的××药品因某项药品成分含量不足,违反国家药品法的规定,处以 70 404.60 元的罚款。

(4) 追查劳动监察局的"处理决定":甲公司因生产工人超时加班,违反国家劳动法的规定,处以 2 000 元的罚款。

【案例分析】

违法罚款支出不允许在所得税之前列支,但企业未予调整,请示项目负责人决定调整应纳税所得额(已与所得税审计人员沟通)。

审计结论:

罚款支出发生额 72 404.60 元可以确认。

任务 7.4　所得税费用审计

一、所得税费用审计目标

(1) 确定所得税费用是否存在。
(2) 确定所得税费用的记录是否完整。
(3) 确定所得税费用的计算是否正确。
(4) 确定所得税费用在会计报表上的披露是否恰当。

二、所得税费用实质性程序

(1) 获取或编制所得税费用明细表,复核其加计数是否正确,并与报表数、总账数和明细账合计数核对是否相符。

(2) 检查被审计单位所采用的会计政策是否为资产负债表债务法。

(3) 根据审计结果和税法规定,核实当期的纳税调整事项,确定应纳税所得额,结合应交税费——应交所得税的审计,计算当期所得税费用,检查会计处理是否正确;应纳税所得额为负数的,应检查形成负数的年份与金额,必要时,取得经税务机关审核的前5年应纳税所得额,以确定可以以当期利润弥补的亏损额。

(4) 根据资产及负债的账面价值与其计税基础之间的差异,以及未作为资产和负债确认的项目的账面价值与按照税法的规定确定的计税基础的差异,结合递延所得税资产和递延所得税负债的审计,计算递延所得税资产、递延所得税负债期末应有余额,并根据递延所得税资产、递延所得税负债期初余额,倒轧出递延所得税费用(收益),并检查会计处理是否正确。

(5) 检查被审计单位当期所得税和递延所得税作为所得税费用或收益计入当期损益中,是否包括下列不应计入当期损益的所得税。

(6) 将当期所得税费用与递延所得税费用之和与利润表上的"所得税"项目金额相核对。

(7) 根据评估的舞弊风险等因素增加的审计程序。

(8) 检查所得税费用是否已按照企业会计准则的规定在财务报表中做出恰当列报。

【案例7-7】 审计人员在审查某ABC工业有限公司本年所得税费用时,发现当年所得税费用和当年应交所得税相等,都是2 500 000元。

问题或疑点:审计人员觉得所得税费用可能有问题。

【案例分析】

经询问,得知该公司采用的不是应付税款法而是纳税影响法。在纳税影响法下,确认所得税费用应为当期所得税及递延所得税费用(或收益)之和,故应审查当期是否有应结转的递延所得税费用(或收益),以确定该公司是否存在少计或多计所得税费用,从而调整净利润的情况。经进一步查阅,发现该公司递延所得税负债年初数为500 000元,年末数为600 000元,递延所得税资产年初数为260 000元,年末数为210 000元。

调整建议:该公司所得税费用的计算如下:

递延所得税费用=(600 000－500 000)+(260 000－210 000)=150 000(元)

所得税费用=当期所得税+递延所得税费用=2 500 000+150 000=2 650 000(元)

建议该公司调整分录如下:

借:所得税费用	150 000
贷:递延所得税负债	100 000
递延所得税资产	50 000

项目小结

本项目对利润表中除营业收入、营业成本、期间费用之外的主要项目进行介绍,主要包括投资收益、营业外收入、营业外支出和所得税费用的审计。通过对本项目的学习,学生能够结合教学案例,掌握正确分析实际案例的程序和方法。

技能训练

一、单项选择题

1. 某企业将材料销售收入列入营业外收入，不会导致（　　）的结果。
   A. 主营业务利润增加　　　　　　　　B. 营业利润不变
   C. 少缴税款　　　　　　　　　　　　D. 其他业务利润减少

2. 在下列项目中，应当列入营业外支出的是（　　）。
   A. 固定资产清理损益　　　　　　　　B. 存货跌价准备
   C. 短期投资跌价准备　　　　　　　　D. 长期投资减值准备

3. 在审查税后利润分配合法性时，（　　）应作为重要的审计依据。
   A. 资产负债表　　　　　　　　　　　B. 营业外收支的批准条件
   C. 投资协议　　　　　　　　　　　　D. 长期投资账户

4. 在审查营业利润时，对代销手续费列入（　　）项目的，审计时应予以重视。
   A. 主营业务成本　　　　　　　　　　B. 管理费用
   C. 财务费用　　　　　　　　　　　　D. 其他业务成本

5. 在税金及附加的审计中，不包括对（　　）的审计。
   A. 印花税　　　B. 消费税　　　C. 营业税　　　D. 资源税

6. 当法定盈余公积达到注册资本的（　　）时，可以不再提取。
   A. 25%　　　　B. 30%　　　　C. 60%　　　　D. 50%

7. 被审计单位将营业外收入计入营业收入，可使产品的销售收入（　　）。
   A. 升高　　　　　　　　　　　　　　B. 不变
   C. 降低　　　　　　　　　　　　　　D. 可能升高也可能降低

二、多项选择题

1. 营业外收入审计目标有（　　）。
   A. 确定营业外收入的内容、数量是否合理、正确、完整
   B. 确定对销售退回、销售折扣与折让的处理是否适当
   C. 确定营业外收入的会计处理是否正确
   D. 确定营业外收入的披露是否恰当

2. 注册会计师张三在了解丙公司长期股权投资的内部控制时，一般应了解（　　）的内部控制制度。
   A. 投资项目是否经授权批准
   B. 是否与被投资单位签订投资合同、协议，是否获得投资证明
   C. 长期股权投资的会计记录与授权、执行和保管等方面是否有明确的分工
   D. 定期与债权人核对账目

3. 营业外收入审计包括（　　）。
   A. 无形资产出租收入的审计　　　　　B. 固定资产出售收入的审计
   C. 接收捐赠的审计　　　　　　　　　D. 运输劳务收入的审计

4. 所得税审计的要点有(　　)。
   A. 审查所得税计税依据　　　　　　B. 审查所得税计税税率
   C. 审查所得税减免　　　　　　　　D. 审查应纳税所得额的计算和会计处理

5. 被审计单位可以将(　　)计入营业外支出。
   A. 罚款支出　　　　　　　　　　　B. 罚款支出
   C. 非常损失　　　　　　　　　　　D. 固定资产处置损失

6. 审查投资收益时，应与(　　)账户相结合以确定投资收益记录是否正确。
   A. 固定资产　　　　　　　　　　　B. 无形资产
   C. 长期股权投资　　　　　　　　　D. 交易性金融资产

三、实务分析题

1. 审计人员在2022年2月16日审查A公司时，发现A公司2021年度有一项无形资产投资活动。该公司当年从被投资公司收到96 000元利润，做了以下会计处理：

   借：银行存款　　　　　　　　　　　　　　　　　　　　　96 000
   　　贷：投资收益　　　　　　　　　　　　　　　　　　　56 000
   　　　　其他应付款　　　　　　　　　　　　　　　　　　40 000

   要求：该公司这样的会计处理是否存在疑问？请提出查证方法和会计处理意见。

2. 注册会计师于2022年2月18日审查某企业2021年度"利润表""资产负债表"时，将投资收益与长期投资账面价值对比后，发现投资报酬偏低，决定做进一步查询。经查，该企业"投资收益"账户记录表明债券利息收入为200 000元，其会计分录如下：

   借：银行存款　　　　　　　　　　　　　　　　　　　　　400 000
   　　贷：投资收益　　　　　　　　　　　　　　　　　　　200 000
   　　　　预收账款　　　　　　　　　　　　　　　　　　　200 000

   经向被投资方调查并核对投资协议，确认该企业收到的400 000元均为投资收益。但该企业为了达到调节利润的目的，将其中的200 000元作为预收账款处理。同时，在审阅长期投资明细账时，发现有一笔2 000 000元的联营投资，投资期已满4年仍未获得收益。经核对投资协议并询问被投资方，确认该企业将投资收益600 000元长期存放在被投资方。

   假定该企业适用的所得税税率为25%，被投资方适用的所得税税率为15%。

   要求：
   (1) 指出上述业务中存在的问题的性质。
   (2) 如何按相关规定进行调整？

3. 某公司2021年利润表列示的利润总额为180万元，该公司2021年度曾遭台风灾害，固定资产损失原价为45万元，损失部分资产已提折旧20万元，原材料损失15万元，该公司计入"营业外支出——非常损失"账户的数额为40万元。注册会计师经审查发现，保险公司曾对该公司支付过20万元的保险理赔，公司将此笔赔偿计入了"资本公积"账户。

   要求：
   (1) 指出上述业务的错弊性质。
   (2) 如何按相关规定进行调整？

项目 8　企业财务报表审计

了解财务报表的审计目标。
掌握资产负债表、利润表、现金流量表的审计程序和方法。

能对财务报表执行重新计算程序。
能运用分析程序分析财务报表项目的变化动态,以确定重点审计领域。

康美药业舞弊案

2018年有网络媒体发文质疑康美药业货币资金过高、存贷双高、大股东股票质押比例过高、中药材毛利率较同行业过高、其关联公司深圳博益投资发展有限公司涉嫌内幕交易炒作康美股票等问题。12月底,康美药业涉嫌披露信息违法违规,受到中国证监会调查,证监会对康美药业进行核查并要求其进行自查。

2019年4月,康美药业公布2018年年报及2019年一季报的前一天,公司发布更正公告称,2017年的财务数据出现会计处理上的错误。同时发布《关于前期会计差错更正的公告》,对2017年财务报告做出重大调整。

2019年4月30日当晚,上交所向康美药业发布问询函。

2019年5月17日,证监会通报康美药业2016—2018年度的财务报告具有重大虚假的事实。2019年8月17日,证监会对康美药业财务舞弊案件做出处罚决定,对公司和个人共罚款595万元。

一、证监会立案调查的基本依据

1. 存贷双高现象分析

(1)为何康美药业账上流动资金十分充足,但是仍然进行大规模举债?

康美药业2017年未修正的年报中显示,其货币资金的期末余额有341亿元,其中银行存款占比99.74%,银行存款中可以随时支取的比例为99.95%。公司近几年一直在进行大量的短期或长期的债务融资活动,但是除了短期债务支出,康美药业仍有充足的货币资金,若有资金需求则可以支取企业银行存款,没有必要再对外进行债务融资。因此,康美药业有虚增存款的嫌疑。

(2) 经营现金流量净额远低于净利润?

康美药业在2015—2017年间净现比只有0.39,这说明康美药业的利润存在虚增嫌疑,利润质量并不高,大部分都是纸面财富。

2. 应收账款分析

对于康美药业的应收账款,2017年未修正的财务报告中仅披露了应收账款按单项金额重大单独列示的上海世纪联华超市发展有限公司,且该公司所产生的应收账款全部计提了坏账准备。在2018年年报披露的其他应收款中,对普宁康都药业有限公司所占的56.29亿元其他应收款,计提60.63%的坏账准备;对普宁市康淳药业有限公司所占的32.5亿元其他应收款计提了35.01%的坏账准备。同时,我们还发现在2018年调整后的年报当中其他应收款被关联公司占用,用于购买公司股票,这违反了股票上市规则。

3. 存货分析

康美药业对存货进行了195亿元的调增。通过观察康美药业2017年未调整的财务报表,可以发现存货计提了约2%的跌价准备,这说明2017年存货的价格不会存在增加的可能,因此存货调增的原因大部分来自存货数量的增加。2016年以来,康美药业的存货周转率逐年下降,分别为1.35次、0.45次、0.39次。流动性变差,存货变现速度降低,企业的存货管理压力递增。

二、康美药业舞弊动机分析:舞弊三角理论

1. 压力

偿债压力:康美药业存在着非常严重的存贷双高现象,其中筹资活动现金流比经营活动现金流更为活跃。由于康美药业前十大股东的股权存在质押现象,上市以来多次进行债券融资和股权融资。通过分析康美药业2015—2018年的短期偿债能力指标和长期偿债能力指标,更正后的偿债能力逐渐下降,这也导致财务舞弊的压力急剧加大。

融资压力:由于康美药业前十大股东的股权存在质押现象,上市以来多次进行债券融资和股权融资,因此我们判断康美药业账面上300亿元的货币资金质量不高,表明其账面上的货币资金充足仅仅是表面繁荣而已。在资金需求巨大的压力下,康美药业的舞弊动机十分强烈。

保市压力:对营业收入、营业利润的虚增可以帮助康美药业避免强制退市的可能性。

2. 借口

对于证监会以及各方媒体的质疑,康美药业却将自身财务舞弊的实质归因为会计差错,为舞弊提供合理化借口,为财务舞弊行为开脱。

3. 机会

康美药业的内部控制存在着诸多缺陷,实际控制人等内部人凌驾于内部控制之上,而

且外部审计机构的独立性也较差,这为康美药业的舞弊提供了很好的机会。2018年正中珠江会计师事务所才对康美药业的内控出具否定意见审计报告,披露康美药业内控流程不完善、制度执行不到位、会计核算不规范等缺陷。

公司的治理结构也不甚完善。康美药业的股权结构过于集中,实际控制人马兴田及其配偶共直接和间接持有公司37.64%的股权。马兴田及其配偶还曾分别担任公司董事长、副董事长、总经理和常务副经理等职位,这种多职兼任的情况,也会导致舞弊机会的产生。

三、康美药业舞弊手段分析:会计差错还是故意舞弊

1. 虚增收入

以虚假记载、伪造业务凭证,仿造、变造增值税发票等方式虚增营业收入:在2016—2018年,虚增营业收入总计291.17亿元,多计利息收入总计6.75亿元,虚增营业利润总计39.36亿元。

2. 虚增资产

虚增货币资金:以伪造、变造大额定期存单等方式虚增货币资金,配合营业收入造假伪造销售回款,虚增货币资金886亿元。

虚增固定资产:将不满足会计确认和计量条件的工程项目纳入报表,虚增固定资产。2018年,康美药业将六处不满足会计确认和计量条件的工程项目纳入表内,虚增在建工程4.01亿元、固定资产11.89亿元和投资性房地产20.15亿元。

虚增现金流:多计销售商品、提供劳务收到的现金103亿元,购买商品、接受劳务支付的现金73亿元等;少计构建固定资产、无形资产和其他长期资产支付的现金项目3.52亿元等。多计现金收入、少计现金支出。

在公告当中,这些差异都被归为会计处理的错误,但是当多处会计差错同时发生且涉及金额巨大的时候,我们必须要对财务数据的真实可靠性产生怀疑。

3. 未披露控股股东及关联方非经营性占用资金情况

2016年1月1日至2018年12月31日,康美药业在未经过决策审批或授权程序的情况下,累计向控股股东及其关联方提供非经营性资金116.2亿元用于购买股票、替控股股东及其关联方偿还融资本息、垫付解质押款或支付收购溢价款等用途。

四、审计失败原因分析

1. 审计独立性缺失

自康美药业上市以来,就一直由正中珠江会计师事务所为其提供审计业务,尽管财经媒体等外部各方都对康美药业财务报告真实性提出了质疑,但是承接业务后的19年内,正中珠江会计师事务所均未对财务报告提出质疑,对于2017年财务报告中的重大会计差错也未能识别。

2. 存货盘点

通过审计报告得知,正中珠江会计师事务所对康美药业的存货的盘点,仅采用聘请专家协助监盘的方式,注册会计师并未对监盘的结果的准确性和合理性进行职业判断,对于存货金额占比较大的康美药业来说,这种处理方法是非常不合理的。

对于虚增的存货,由于大部分金额的增加是来源于存货数量的增加,因此注册会计师

在审计过程当中理应更容易发现存货的准确性存在重大问题,这也使我们对正中珠江会计师事务所审计人员的能力专业性以及独立性产生怀疑。

3. 银行存款

康美药业的银行存款占资产总额的净资产比例如此之大,银行存款必定会成为正中珠江会计师事务所审计过程当中所要重点关注的对象,除了实施函证程序之外,会计师事务所还应该实施其他的审计程序。

4. 应收账款核查

全额计提坏账准备说明了康美药业在应收账款信用政策方面存在重大问题,内部控制制度存在重大缺陷,但是在对应报告期内的审计报告中并没有发现审计人员执行了必要的审计程序。

5. 分析程序的实施

审计人员对于存货和销售收入之间的关系,存货跌价准备的计提、周转率、毛利率与同行业其他公司的比较,都没有进行充分的考虑。通过查看公司近几年年报,注意到康美药业2012—2016年中药材贸易收入平均每年在60亿元左右,但2017、2018年该项收入仅有7.9亿元、6亿元,波动如此之大。对此审计人员应在了解被审计单位及其环境的行业状况时做出解释,但审计人员并没有解释清楚。

思考:财务指标与非财务指标分析在财务报表审计中的作用。

企业财务报表是全面反映企业财务状况、经营成果和现金流量情况的会计信息资料。财务报表审计的目的是注册会计师通过执行审计工作,对财务报表的合法性与公允性发表审计意见:

(1) 财务报表是否按照适用的会计准则和相关会计制度的规定编制;

(2) 财务报表是否在所有重大方面公允反映被审计单位的财务状况、经营成果和现金流量。

任务8.1 资产负债表审计

一、资产负债表审计重点与常见错弊

资产负债表反映的是被审计单位某一特定时点财务状况的报表,它是一种静态会计报表。审计人员在审计时,首先通过对资产负债表格式的审计,以确认资产负债表外在的形式是否符合要求;其次对资产负债表格式的年初数、期末数进行审查。审查年初数的目的在于了解前后会计期间财务资料的连续性,使本年度资产负债表的审计建立在可靠的基础上。通过对上期会计信息的比较、分析,以确定异常变动项目,为后续审计确定重点。对其期末数的审计,是资产负债表审计的重点和主要工作,期末数主要是依据总分类账和明细分类账的期末余额填列。

资产负债表的错弊表现包括有关报表格式不符合规定,报表项目不齐全、不完整,资产负债表的各个项目分类不正确,补充资料不正确,资产负债表数据与账簿数据不一致;报表之间勾稽关系不正确。

二、资产负债表审计内容与程序

对资产负债表审计,可先对资产负债表外观形式和编制技术进行审计,然后对表内各项目内容的真实性、合法性及一致性进行审计。

（一）资产负债表外观形式和编制技术的审计

主要利用核对法对编表技术的正确性进行审计,同时利用审阅法分析审计表内各项目有无不正常情况或疑点,以确定进一步审计的重点。

（1）根据"资产＝负债＋所有者权益"的恒等式,核对资产负债表中资产金额合计和负债及所有者权益金额总计是否正确,双方金额是否相等。

（2）根据编报要求,查明资产负债表内各项目填写是否齐全,有无漏填或错行、错格。

根据表与表之间的勾稽关系,核对资产负债表中的未分配利润与利润分配表中的年末未分配利润数额是否一致等。

（3）根据编表技术审查资产负债表内各项目数据是否填列正确。

① 对需要根据有关总账的期末余额直接填列的项目,与各有关总账账户期末余额进行一一核对。例如,应收票据、坏账准备、其他应收款、固定资产清理、在建工程、无形资产、递延资产等资产项目;短期借款、应付票据、其他应付款、应付职工薪酬、应交税费、应付利润等负债项目;实收资本、资本公积和盈余公积等所有者权益项目应与相应的总账期末余额核对。

② 对需要根据有关明细账的期末余额或期末余额的合计数填列的项目,应与各有关明细账户的期末余额及其合计数相核对。例如,应收账款应与应收账款各明细账的借方余额及预收账款各明细账借方余额之和相核对,预收账款应与预收账款各明细账贷方余额及应收账款各明细账贷方余额之和核对;应付账款应与应付账款各明细账贷方余额及预付账款各明细账贷方余额之和相核对,预付账款应与预付账款各明细账借方余额及应付账款各明细账借方余额之和相核对。

③ 对需要根据总账或明细账汇总、抵销、分析才能填列的项目,应将各有关总账、明细账余额相加、相抵或分析后一一核对。例如,货币资金项目应与库存现金、银行存款、其他货币资金三个总账账户的余额之和相核对;存货项目应与材料采购、原材料、包装物、周转材料、材料成本差异、委托加工材料、自制半成品、库存商品、分期收款发出商品、生产成本等总账期末借方余额相加或相抵后的余额核对。

④ 资产负债表内有关项目相加或相抵减的核对。例如,流动资产小计等于所有流动资产项目相加之和;长期投资项目应与长期投资期末借方余额扣除一年内到期的长期债券投资后的差额相核对;长期借款、应付债券、长期应付款应与有关账户期末贷方余额扣除一年内到期的长期负债后的差额相核对。

⑤ 资产负债表年初数栏内各数字,应与上年资产负债表期末数栏内所列数额相核对,如果本年度资产负债表规定的各项目名称和内容与上年度不一致,应查明被审计单位

对上年年末资产负债表各项目名称及其数字是否按本年度的规定进行调整后填入本表年初数栏内。

(4) 对资产负债表中的重点项目实施分析性复核方法,从财务指标与非财务指标分析入手,查明有无异常或可疑之处,如发现某些项目的比重偏大或偏小,或与前期相比发生了较大变化,或与会计制度规定不符,或与企业的生产经营活动不相符等情况,应把这些项目作为进一步审计的重点。

(二) 资产负债表各项目真实性、合法性和一致性的审计

该审计程序通常是在外观形式和编制技术审计的基础上,着重对重点的资产、负债、所有者权益各项目做进一步的审计。主要在前面账表相核对的基础上,再进一步进行账账、账证、账实核对,查明账簿记录与其入账的会计凭证和经济业务事实是否一致,审计登记账簿的数字和内容是否真实、正确。同时,还应采用审阅法、查询法、盘点法、函证法等方法,审计会计凭证、账簿所记载经济事项的真实性与合法性。具体的审计技术方法请查阅前面有关项目的内容。

【案例 8-1】 资产负债表审查——中天公司资产负债表审计案例

中天股份公司为满足对外发行债券的需要,委托唯证会计师事务所的注册会计师刘红、李斌对本公司的财务报表进行审计。中天公司是唯证会计师事务所的老客户,企业的内控制度也比较健全、有效。中天公司资产负债表如表 8-1 所示。

表 8-1 资产负债表

编制单位:中天公司　　　　　　2021 年 12 月 31 日　　　　　　　　　　　单位:元

资产	年初数	期末数	负债和所有者权益	年初数	期末数
流动资产:			流动负债:		
货币资金	1 406 300.00	820 745.00	短期借款	300 000.00	50 000.00
交易性金融资产	15 000.00	0	交易性金融负债	0	0
应收票据	246 000.00	46 000.00	应付票据	200 000.00	100 000.00
应收账款	299 100.00	598 200.00	应付账款	953 800.00	953 800.00
预付款项	100 000.00	100 000.00	预收款项	0	0
应收利息	0	0	应付职工薪酬	116 600.00	186 600.00
应收股利	0	0	应交税费	30 000.00	205 344.00
其他应收款	5 000.00	5 000.00	应付利息	1 000.00	0
存货	2 580 000.00	2 574 700.00	其他应付款	50 000.00	50 000.00
一年内到期的非流动资产	0	0	一年内到期的非流动负债	1 000 000.00	
其他流动资产	100 000.00		其他流动负债	0	0

续 表

资 产	年初数	期末数	负债和所有者权益	年初数	期末数
流动资产合计	4 751 400.00	4 144 645.00	流动负债合计	2 651 400.00	1 545 744.00
非流动资产：			长期负债：		
可供出售金融资产	0	0	长期借款	600 000.00	1 160 000.00
持有至到期投资	0	0	应付债券	0	0
长期应收款	0	0	长期应付款	0	0
长期股权投资	250 000.00	250 000.00	专项应付款	0	0
固定资产	1 100 000.00	2 231 000.00	预计负债	0	0
在建工程	1 500 000.00	728 000.00	递延所得税负债	0	0
工程物资	0	0	其他非流动负债	0	0
固定资产清理	0	0	负债合计	3 251 400.00	2 705 744.00
无形资产	600 000.00	540 000.00	所有者权益：		
开发支出	0	0	实收资本	5 000 000.00	5 000 000.00
商誉	0	0	资本公积	0	0
长期待摊费用	200 000.00	200 000.00	减：库存股	0	0
递延所得税资产	0	0	盈余公积	150 000.00	185 685.15
其他非流动资产	0	0	未分配利润		202 215.85
非流动资产合计	3 650 000.00	3 949 000.00	所有者权益合计	5 150 000.00	5 387 901.00
资产合计	8 401 400.00	8 093 645.00	负债和所有者权益合计	8 401 400.00	8 093 645.00

要求：

(1) 分析资产负债表整体结构的合理性，即是否符合现行会计准则和会计制度的规定，报表项目填列是否齐全。

(2) 分析资产负债表主要项目填报的合规性。

资产负债表中项目的分析，除考虑各项目的自身特性外，还应充分运用分析性复核的方法，审查有关项目期末数与年初数差异变动是否异常。

(3) 对于资产负债表中的疑点项目，进一步追踪审查相关账簿、凭证，以取得相关的审计证据。

【案例分析】

(1) 通过对中天股份公司资产负债表的审阅，可以看出该公司所编报的资产负债表的结构符合现行会计准则和会计制度的规定，各项目填列齐全。

(2) 重要性项目的分析。

①"应收账款"项目。应收账款期末数为 598 200 元，年初数为 299 100 元，差异数为＋299 100 元。应进一步审阅应收账款明细账和预收账款明细账，并采用函询的方法证实其真实性，有无通过虚构该项目以虚增利润的现象。另外，还应审查中天公司销售策略的合理性，有无盲目赊销现象。

②"预付账款"项目。预付账款期末数为 100 000 元，年初数为 100 000 元，差异数为 0。应进一步审阅预付账款明细账和应付账款明细账，并采用函询的方法证实其真实性，尤其应注意年初至期末是否一直未发生增减变动的合理性，是否与对方单位存在纠纷，还是人为的虚挂。

③"其他应收款"项目。其他应收款期末数为 5 000 元，年初数为 5 000 元，差异数为 0。尽管该项目的数额较小，但是由于差异数为 0，则应重点审查其他应收款明细账（尤其是备用金业务），以证实是否存在长期挂账现象。

④"存货"项目。存货期末数为 2 574 700 元，年初数为 2 580 000 元，差异数为－5 300 元。尽管存货期末较年初的资金占用额减少 5 300 元，但是总体数额还是非常高的，因此，应进一步审查产成品、材料等项目，审查其储备数额的合理性，是否存在着超储积压现象。

⑤"长期股权投资"项目。长期股权投资期末数为 250 000 元，年初数为 250 000 元，差异数为 0。对于该项目的审查，主要应从核算方法入手，审查各投资项目是否对被投资单位构成控制、共同控制或重大影响。若存在共同控制或重大影响，应采用权益法核算；对被投资企业实施控制则采用成本法核算。只有遵循这一审查思路，运用复算、审阅等方法，才能证实期末数的合规性。

⑥"固定资产"项目。固定资产期末数为 2 231 000 元，年初数为 1 100 000 元，差异数为＋1 131 000 元。对于 1 131 000 元的增加额，应重点审阅固定资产明细账与累计折旧明细账，以证实增减变动的真实性、合规性、合法性及合理性，是否存在违规、违法购建固定资产，以及存在盲目购建现象。

⑦"长期待摊费用"项目。长期待摊费用期末数为 200 000 元，年初数为 200 000 元，差异数为 0。应从其明细账入手，证实其是否遵循了权责发生制，是否存在为虚增利润而长期挂账现象。

⑧"应付账款"项目。应付账款期末数为 953 800 元，年初数为 953 800 元，差异数为 0。应付账款项目差异数为 0，这是一种不正常的现象，对此应进一步追踪审查应付账款明细账和预付账款明细账，重点业务须向债权人函询，以确认应付账款的真实性，有无长期挂账、隐瞒负债等现象。

⑨"应付职工薪酬"项目。应付工资期末数为 186 600 元，年初数为 116 600 元，差异数为＋70 000 元。对此应进一步审查应付工资明细账以及工资结算单，以证实工资核算的合规性，有无长期拖欠工资的现象。

⑩"应交税费"项目。应交税费期末数为 205 344 元，年初数为 30 000 元，差异数为＋175 344 元。对于应交税费项目的审查，应重点放在各明细账上，尤其是增值税、消费税、所得税等税种的审查，查证企业欠税的原因，有无长期欠税的现象。

⑪"长期借款"项目。长期借款期末数为 1 160 000 元,年初数为 600 000 元,差异数为＋560 000 元。对于该项目应以其明细账为重点,从如下两个方面加以审查:一方面,审查借款的合规性。例如,基建借款的条件一般为:投资项目用地和设备已有妥善规划、生产所需资源已经落实、产品的工艺经论证已经过关等。另一方面,审查借款的合理性。查证企业取得借款前是否进行了充分的可行性分析,是否存在盲目借款、挪作他用的现象。此外,应查明借款本息偿还的及时性,有无长期拖欠借款本息的现象。

(3) 问题探讨。

资产负债表是静态反映企业财务状况的重要报表,通过此表可计算出资产负债率、流动比率、速动比率等债权人极为关心的财务指标。鉴于此,某些个别企业为粉饰自身的偿债能力,常常在相关项目上做手脚。一般情况下,审计不能简单地审查数据计算、项目填列的正确性,应从一些重要项目入手,综合运用分析性复核、核对、审阅、查询、盘点等审计方法,深入追踪审查账簿、会计凭证,揭下其伪装,以反映其真实面目。

任务 8.2 利润表审计

案例导入

2019 年年初,一个惊雷炸响 A 股市场。1 月 15 日,康得新公告称公司资金周转出现暂时性困难,2018 年度第一期超短期融资券未按期兑付本息构成实质性违约。一个账面资金约 200 亿元的公司,却付不起 15 亿元的短融券,如此自相矛盾的现象引发了市场高度关注,证监会也随即介入调查。

2019 年 7 月 5 日,证监会行政处罚出炉。虽然早已预料到财务造假,但市场仍远远低估了康得新的大胆。证监会报告称,2015—2018 年期间,康得新通过虚构销售业务等方式虚增营业收入,累计虚增利润 119 亿元(康得新过去四年累计利润总额才 72.03 亿元。扣除虚增利润,康得新四年是连续亏损的)。和康得新一同被市场高度关注的,还有瑞华会计师事务所,作为审计机构,瑞华 2014—2017 年均给予康得新标准无保留的审计意见。

一、利润表审计重点与常见错弊

利润表审计是指注册会计师对企业一定会计期间内收入、费用和利润的合规性、合法性、正确性进行审查,验证企业所反映的在这一期间内的经营成果是否真实、可靠,为报表使用者进行分析和决策提供有效的财务信息。

利润表的错弊表现:各项内容不真实、数字填列不正确、编制报表依据不准确。

审查"利润表"时应重点考核企业的资本利润率,以反映所有者投资的盈利水平。对相关明细表的审查,主要看实现利润的真实性。同时,还应注意利润的分配,是否按法定比例提取资本公积和盈余公积;利润分配的顺序是否按规定程序进行;利润表与所有者权益变动表的有关科目是否一致。

二、利润表审计内容和程序

(一)利润表外观形式和编制技术审计

(1)根据有关计算公式,审计表内各项目的填列是否完备,有无漏填错填之处,核对其计算是否正确。例如,企业有关利润形成的计算公式如下,应逐一加以复算:

营业利润＝营业收入－营业成本－税金及附加－销售费用－管理费用－财务费用－资产减值损失＋公允价值变动收益＋投资收益＋资产处置收益＋其他收益

利润总额＝营业利润＋营业外收入－营业外支出

净利润＝利润总额－所得税费用

(2)根据利润表与其他报表之间的勾稽关系,核对表与表之间相关项目的金额是否相符。例如,以企业利润表所列营业收入、营业成本、销售费用、税金及附加的本年实际数与其附表主营业务收支明细表中相关项目的金额相核对;以利润表中所列净利润与利润分配表中所列净利润相核对;以利润分配表中的利润分配数与现金流量表中利润分配数相核对;以利润分配表中的未分配利润项目与资产负债表中的未分配利润相核对。通过表与表之间相关项目的核对,审查利润表和利润分配表的编制是否正确。

(3)以利润表各项目的本年实际数,与其相关的总账账户及明细账的全年发生额相核对,对编表的正确性做进一步审计。

① 由于利润表中大多数项目是根据账簿中的有关发生额填列的,所以主要用核对的方法进行复查。企业在年底进行年度决算时,有关损益类账户的全年发生额,已全部结转记入"本年利润"账户,因而核对时,可先以表列各项目的本年实际数,与转入"本年利润"账户借贷方的相关数字相核对,查明其转账金额是否正确。

② 其余那些不能直接与有关账户发生额相核对的项目,应通过计算后相互核对。例如,营业收入应是"主营业务收入"与"其他业务收入"两个账户合计数,营业成本是"主营业务成本"与"其他业务成本"两个账户合计数。可核对以上账户与转入"本年利润"账户金额是否相符。

③ 核对利润表中的本年累计数栏的各项数字,与上月该表的本年累计数加本月数后的合计相核对。

(二)利润表项目的真实性、合法性审计

对利润表进行外观形式和编制技术的审计后,应进一步对企业全年利润总额的真实性、合法性进行审计,即以国家颁布的有关法规及会计准则和行业会计制度为准绳,鉴定利润表所反映内容是否真实、合法。特别应着重审查企业利润的形成是否真实合法,利润分配是否符合规定。

【案例8-2】 审计人员在为A公司2021年度财务报表审计制定总体审计策略时,

计划运用分析程序初步确定该公司利润表的重点审计领域。审计人员计算出了与该公司2021年度、2020年度利润表相关的比率,如表8-2所示。

表8-2 2020年度、2021年度利润表相关的比率

比率指标	计算公式	2020年	2021年	增减幅度
利息保障系数	(税前利润+利息支出)÷利息支出	1.11	0.62	−44%
经营效率比率				
1. 存货周转率	销售成本÷平均存货	1.30	1.03	−20%
2. 应收账款周转率	销售成本÷平均应收账款	1.87	1.2	−35%
3. 总资产周转率	销售收入净额÷总资产	0.47	0.34	−27%
获利能力比率				
1. 销售利润率	利润总额÷营业收入	0.008	−0.006	−175%
2. 资产报酬率	净利润÷平均净资产	0.014	−0.003	−121%
3. 总资产报酬率	净利润÷平均总资产	0.003	−0.002	166%

要求:对上述比率趋势进行分析,并初步确定重点审计领域。

【案例分析】

(1) 应收账款周转率减少了35%,有两个可能的原因:销售收入同比有较大幅度减少,平均应收账款余额有较大增加,审计时要关注销售收入和应收账款变动对企业经营的影响;

(2) 利息保障系数减少了44%,经分析,主要是利润盈亏逆转所致,要关注影响利润亏损的因素;

(3) 存货、应收账款和总资产的周转率均有大幅度下降,审计时要关注影响存货、应收账款变动对企业经营的影响;

(4) 获利能力比率显示2021年度盈利能力比2020年度有大幅度下降,出现了亏损。审计时应关注企业出现亏损的原因。

【技能操练8-1】 注册会计师陈海、王大为接受委托,于2022年2月1日至15日对日通股份公司2021年度的利润表进行审计,日通股份公司2021年度编制的利润表如表8-3所示。

表8-3 利润表

编制单位:日通股份公司　　　　2021年12月　　　　　　　　单位:元

项目	行次	本月数	本年累计数
一、营业收入	1		1 400 000
减:营业成本	2		750 000

续 表

项 目	行 次	本月数	本年累计数
税金及附加	4		2 000
管理费用	10		341 502
财务费用	11		79 500
销售费用			20 000
加:投资收益	15		31 500
二、营业利润	16		238 498
加:营业外收入	17		50 000
减:营业外支出	18		254 300
加:以前年度损益调整	20		100 000
三、利润总额	25		134 198
减:所得税费用	26		37 685
四、净利润	30		96 513

经审计发现以下问题：

（1）"营业收入"项目。

"营业收入"项目数为 1 400 000 元，主营业务收入与其他业务收入总账发生净额合计为 1 400 000 元，该项目账表相符。但在审查"其他业务收入"明细账时发现这样一笔业务的相关会计处理：

日通公司于 2021 年 7 月 1 日将一台不需用车床租赁给 B 公司，租赁合同规定，该车床租赁期一年，租出保证金 20 000 元，每月末 B 公司向日通公司支付租金 1 000 元。B 公司于 2021 年 7 月 1 日已将押金以支票形式付给了日通公司，但每月租金因资金较为紧张尚未支付。日通公司就此业务于 2021 年 7 月 1 日收到押金时做了如下会计处理：

借:银行存款　　　　　　　　　　　　　　　　　　　　　20 000
　　贷:其他业务收入　　　　　　　　　　　　　　　　　　　20 000

（2）"营业成本"项目。

"营业成本"项目数额为 750 000 元，主营业务成本与其他业务成本总账发生净额合计 750 000 元，该项目账表相符。但在审查"主营业务成本"明细账时发现这样一笔业务的相关会计处理：

2021 年 12 月 10 日，曾经于 2021 年 10 月 7 日销售给 A 公司的乙产品因质量问题退货，日通已将所收取的货款 50 000 元、增值税 8 500 元退还给了 A 公司，退回的乙产品已验收入库。日通公司在 2021 年 12 月 10 日就此业务只做了这样的会计处理:(该批乙产品的生产成本为 30 000 元)

借:库存商品——乙产品　　　　　　　　　　　　　　　　　　　　30 000
　　贷:主营业务成本　　　　　　　　　　　　　　　　　　　　　　30 000

(3)"管理费用"项目。

"管理费用"项目数额为 341 502 元,管理费用总账发生额净额为 341 502 元,该项目账表相符。但在审阅管理费用明细账时发现下列疑点:

① 按税法规定,该企业本年度业务招待费超标 98 000 元,但在计算企业所得税时未做任何调整。

② 2021 年 12 月 15 日一车间一台刨床因生产事故提前报废,日通公司将提前报废的净损失 50 000 元,作为补提折旧计入"管理费用"账户。

③ 2021 年 10 月 29 日支付 2022 年度财产保险费 12 000 元,全部计入"管理费用"。

(4)"营业外支出"项目。

"营业外支出"项目数额 254 300 元,营业外支出总账发生额净额为 254 300 元,该项目账表相符,但在审计"营业外支出"明细账时,发现以下情况:

① 新产品研制开发损失 50 000 元,计入"营业外支出"账户。

② 产成品因管理不善形成的净损失 40 000 元,计入"营业外支出"账户。

③ 企业违反税法规定,支付罚款 20 000 元,计入"营业外支出"账户,在计算所得税时未做任何调整。

要求:

(1) 针对上述情形,注册会计师应提出什么审计调整建议?

(2) 分析上述情形对利润表相关项目的影响。

(3) 假定该公司所得税税率为 25%,请重新编制利润表。

问题探讨:

1. 若"投资收益"项目为负值,且数额很大,是否应作为重要性项目?

2. 若"营业外收入"或"营业外支出"项目的数额很大,是否应作为重要性项目?

任务 8.3　现金流量表审计

一、现金流量表审计重点与常见错弊

现金流量表是沟通资产负债表和利润表的桥梁,它将企业的收益、损失同企业资产、权益的变化结合在一起,用动态的现金流动量说明了企业现金变动的全貌。所以,现金流量表审计能弥补资产负债表审计和利润表及利润分配表审计的不足,特别是要查明企业的一些重大财务事项是否已在现金流量表中做充分适当的披露。

现金流量表常见的错弊包括现金流量表的格式错误、不正确划分现金流量表各个项目、报表与账簿完全脱节、人为调节现金流量。

二、现金流量表审计内容和程序

现金流量表是一张调整报表,是根据资产负债表、利润表及其有关附表和有关账簿资料编制而成的。因此,审计人员在对资产负债表、利润表及其有关附表审计的基础上,可重点对现金流量表的编制技术和编制正确性进行审计。如果在资产负债表或利润表审计中发现错误,该表也应随之调整。

(一) 对现金流量表有关数据计算的准确性及勾稽关系的正确性进行审计

(1) 审查现金流量表正表与补充资料中有关数据之间的相等关系。现金流量表正表是用直接法编制的,其中将现金净流量分为四个不同的部分,即经营活动产生的现金净流量、投资活动产生的现金净流量、筹资活动产生的现金净流量及汇率变动对现金的影响额。现金流量表补充资料中包括三部分内容:不涉及现金收支的重要财务事项、以间接法编制的经营活动产生的现金净流量及从现金静态结存量角度反映的现金净流量。审计人员在审计过程中应审计用直接法和间接法编制的经营活动产生的现金净流量两者是否相等;正表中的现金净流量与补充资料中的现金净流量是否相等。

(2) 以现金流量表各项目与有关财务报表的相应项目核对,从编制技术上审查其编制是否正确,是否符合有关法规规定。例如,资产负债表中的现金及现金等价物年初余额与年末余额是否等于现金流量表中的现金及现金等价物年初余额与年末余额;利润表中的税后净利润与现金流量表中的税后净利润是否相等;应交增值税明细表中的有关数据是否与现金流量表中支付的增值税款、收到的增值税销项税额和退回的增值税款、增值税增减净额相符。

(二) 现金流量表中各项目填列的完整性和数据来源的可靠性审计

(1) 现金流量表内的项目较多,在审计时,应注意审查各项目是否都按规定填列完整齐全,特别是那些重大财务事项。

(2) 对现金流量表各项目可靠性的审查,主要应采取分析、复核的方法进行。有些项目应与相应的总账发生额分析核对;有些项目应与相应的明细账发生额分析核对;有些项目则应与相关总账及明细账发生额分析核对。

支付的所得税款与应交所得税明细账借方发生额分析复核。

支付的与经营活动有关的其他现金是否与管理费用、销售费用、制造费用、营业外支出、其他应收款等账户发生的现金支付相符。

收回投资所收到的现金与短期投资、长期投资贷方发生额及现金、银行存款的借方发生额核对相符。审查购买商品、接受劳务支付的现金是否等于本期购买商品、接受劳务支付的现金,加前期购买商品或接受劳务于本期支付现金的应付账款及应付票据,再加上本期支付现金的预付账款减去本期购货退回收到的现金。

审查销售商品、提供劳务收到的现金是否等于本期销售商品、提供劳务实际收到的现金(不包括收到的增值税款),加上前期销售或提供劳务于本期实际收到现金的应收账款及应收票据,加上本期实际收到现金的预收账款,加上本期收回前期核销的坏账损失,减去前期销售本期退回而支付的现金,减去前期销售本期实际收到现金的应收账款、应收票据中含的增值税税额。

审查支付的股利或利润是否等于本期宣告发放的现金股利,加上应付股利期初余额,减去应付股利期末余额。

审查融资租赁支付的现金是否等于本期融资租入固定资产应付款,加上长期应付款中应付融资租赁费的期初余额,减去长期应付款中应付融资租赁费的期末余额。

(三)审查企业增删的项目是否合理

企业为了如实和全面地反映现金流入流出情况,可能会在表中增加或减少某些项目,应主要审查其是否符合企业需要,项目的设置是否科学,是否因增加、减少项目而破坏了该表的平衡关系;在向外报出该表时,是否对增加或减少的项目进行调整,从而保证报表指标的统一。

项目小结

财务报表主要包括资产负债表、利润表和现金流量表。财务报表的审计目标是对财务报表的合法性和公允性发表审计意见。对财务报表审计一般包括三个方面:对财务报表执行重新计算程序,审查财务报表的编制是否正确;制定总体审计策略时,运用分析程序分析财务报表项目的变化动态,结合对非财务数据的了解和分析,确定重点审计领域;审计结束阶段,运用分析程序对财务报表进行总体复核。

技能训练

一、单项选择题

1. 注册会计师将被审计单位某一会计年度的毛利率与上年度进行比较,可以发现该年度被审计单位盈利能力是否正常,从而找出夸大或缩减经营业绩的原因,以下不影响毛利率变动的原因是( )。

    A. 单位销售价格发生变动   B. 单位产品成本发生变动
    C. 管理费用发生变动   D. 销售产品总体结构发生变动

2. 如果应付账款所属明细科目出现借方余额,审计人员应提请在资产负债表的( )项目表示。

    A. 应收账款   B. 应付账款
    C. 预收账款   D. 预付账款

3. 分析程序是注册会计师执行财务报表审计业务时运用的一种重要的审计程序。这种程序通常适合于审计( )。

    A. 连续三年中各年营业成本占营业收入的比例
    B. 连续三年中各年预付账款与当年年末应收账款的比例

C. 被审计期间实际发生的坏账损失占当年年末应收票据的比例

D. 相邻两个会计期间营业外支出中包含的无形资产的损失情况

4. 编制虚假财务报告,可能源于管理层通过操纵利润来影响财务报表使用者对被审计单位业绩和盈利能力的看法而造成的。编制虚假财务报告的方式不包括(　　)。

A. 对编制财务报表所依据的会计记录或支持性文件进行操纵、弄虚作假(伪造)或篡改

B. 对交易、事项或其他重要信息在财务报表中进行不真实表达或故意遗漏

C. 将被审计单位资产挪为私用

D. 对与确认、计量、分类或列报有关的会计政策和会计估计的故意误用

5. 审计人员在对财务报表编制的正确性进行审计时,通常执行的审计程序是(　　)。

A. 重新计算程序　　　　　　　　B. 重新执行程序
C. 控制测试程序　　　　　　　　D. 分析程序

6. 在审计结束或临近结束时,运用分析程序对财务报表进行(　　)。

A. 实质性测试　　　　　　　　　B. 总体复核
C. 审计总结　　　　　　　　　　D. 重点审计领域的再确认

7. 下列有关会计估计审计的提法中,不恰当的是(　　)。

A. 获取充分、适当的审计证据,评价被审计单位做出的会计估计是否合理、披露是否充分,是注册会计师的责任

B. 注册会计师在针对会计估计实施风险评估程序时,无须了解其内部控制

C. 由于会计估计的主观性、复杂性和不确定性,管理层做出的会计估计发生重大错报的可能性较大,注册会计师应实施风险评估程序,确定会计估计的重大错报风险是否属于特别风险

D. 管理层为达到预期结果,可能会滥用会计估计,注册会计师应当注意识别和评估与会计估计相关的舞弊行为导致的重大错报风险

8. 丙注册会计师在对销售费用实施分析程序时,下列程序中效果最差的是(　　)。

A. 计算分析本年各月销售费用总额占主营业务收入的比率

B. 计算分析本年各月销售费用中主要项目发生额占销售费用总额的比率

C. 计算分析本年各月销售费用总额占生产成本的比率

D. 计算分析本年各月销售费用变化幅度

9. 下列财务比率反映企业获利能力的是(　　)。

A. 资产负债率　　　　　　　　　B. 流动比率
C. 应收账款周转率　　　　　　　D. 资产报酬率

10. 下列各项的变动不会影响企业营业利润的有(　　)。

A. 主营业务收入增加　　　　　　B. 其他业务成本增加
C. 投资收益减少　　　　　　　　D. 营业外收入增加

二、多项选择题

1. 下列各项均发生于决算日后但在签发审计报告之前的时期内,需要在财务报表中公开披露的事项是(　　)。

A. 大火烧毁厂房

B. 发行股票或公司债券

C. 公司股价大跌

D. 索赔的诉讼案已于结算日后宣告和解

2. 以下审计业务中,属于合规性审计业务的有(　　)。

A. 审查与银行签订的合同,确定被审计单位是否遵守法定要求

B. 对计算机信息系统进行审计,并向被审计单位管理层提出经营管理建议

C. 检查工资是否符合工资法规定的最低限额

D. 执行审计工作,对财务报表是否按照规定的标准编制发表审计意见

3. 为了应对被审计单位对与收入相关的财务报表项目做出虚假报告,注册会计师应采取(　　)针对性应对程序。

A. 按照月份或业务分别比较当期与往期的收入

B. 在销售及发货现场如发现退货情形或待处理的退回货物,观察被审计单位的处理与相关记录

C. 检查运货与付款条件、售后服务、顾客退货权等条款细节记录的真实、完整性

D. 向销售人员和内部法律顾问询问临近期末的异常销量变化及异常交易条款

4. 注册会计师在进行财务报表审计时,发现被审计单位临近期末的销售业务中存在严重的错报,则应当考虑的有(　　)。

A. 错报是否表明被审计单位存在舞弊

B. 将错误作为孤立的事项

C. 获取的管理层声明是可靠的

D. 错报是否涉及被审计单位较高级别人员

5. 以下行为中,属于错误行为的有(　　)。

A. 对一项特殊交易,误用了不恰当的会计政策

B. 由于误解导致对坏账准备的计提金额估计不当

C. 故意推迟确认费用

D. 由于抄写错误导致原始凭据数据与会计分录的数据不一致

6. 关于期初余额审计的目标,下列说法正确的有(　　)。

A. 确定期初余额是否含有对本期财务报表产生重大影响的错报

B. 会计政策的变更是否已按照适用的财务报表编制基础做恰当的会计处理和充分的列报与披露

C. 确认对会计估计变更做出正确的会计处理和充分的披露

D. 期初余额反映的恰当的会计政策是否在本期财务报表中得到一贯运用

7. 财务报表的审计目标包括(　　)。

A. 财务报表的公允性　　　　　　　　B. 财务报表的合法性

C. 财务报表的一贯性　　　　　　　　D. 财务报表的可比性

8. 在评价财务报表是否做出公允性反映时,审计人员应当考虑(　　)。

A. 经管理层调整后的财务报表是否与注册会计师对被审计单位及其环境的了解

一致

  B. 财务报表的列报、结构和内容是否合理

  C. 财务报表是否真实地反映了交易和事项的经济实质

  D. 管理层做出的会计估计是否合理

 9. 在对年度会计报表进行审计时，注册会计师应当对被审计单位会计处理方法选用的一贯性发表意见。下列情形中不违背一贯性原则的有（　　）。

  A. 会计处理方法的选用前后各期保持一致

  B. 经税务主管部门批准变更会计处理方法

  C. 依照有关法规的规定变更会计处理方法，并在会计报表附注中披露

  D. 为提供更可靠、更相关的会计信息而变更会计处理方法，并在会计报表附注中披露

 10. 适用的财务报告编制基础除了会计准则和法律法规，还可能包括（　　）文件。

  A. 与企业经营事项相关的法律法规、司法判决和职业道德要求

  B. 准则制定机关发布的具有不同权威的会计解释

  C. 准则制定机关针对新出现的会计问题发布的具有不同权威性的意见

  D. 得到广泛认可和普遍使用的一般惯例和行业惯例

三、实务分析题

 1. 审计人员对某企业年度利润表实施重新计算审计程序。该企业该年度利润表中营业利润、利润总额和净利润分别为 1 000 000 元、1 060 000 元和 888 400 元。

 截至当年 12 月 31 日，该企业的"主营业务收入"科目发生额为 1 990 000 元，"主营业务成本"科目发生额为 630 000 元，"其他业务收入"科目发生额为 500 000 元，"其他业务成本"科目发生额为 150 000 元，"税金及附加"科目发生额为 780 000 元，"销售费用"科目发生额为 60 000 元，"管理费用"科目发生额为 50 000 元，"财务费用"科目发生额为 170 000 元，"资产减值损失"科目发生额为 50 000 元，"公允价值变动损益"科目借方发生额为 450 000（无贷方发生额），"投资收益"科目贷方发生额为 850 000 元（无借方发生额），"营业外收入"科目发生额为 100 000 元，"营业外支出"科目发生额为 40 000 元，"所得税费用"科目发生额为 171 600 元。

 要求：该企业该年度利润表中营业利润、利润总额和净利润的计算是否正确？

 2. 立信会计师事务所注册会计师张兰和赵明对 A 股份有限公司 2021 年度会计报表进行审计，于 2022 年 3 月 6 日完成了审计外勤工作，按审计业务约定书要求于 3 月 15 日出具审计报告，审计人员在审计过程中发现了如下事项：(A 公司 2021 年度净利润 3 600 万元，报表层重要性水平 260 万元)

 (1) A 公司的重要经销商甲公司，因 2021 年其董事长去世，导致股权纠纷，于 2022 年 1 月 15 日宣告倒闭，已进行清算，2021 年年底应收甲公司账款 300 万元，已提坏账准备 6 万元，该应收账款收回的可能性较小，对此，A 公司不愿在 2021 年度会计报表中做任何披露。

 (2) A 公司为 B 公司向银行借款 7 000 万元提供担保，2021 年 11 月，B 公司因经营严重亏损，进行破产清算，无力偿还已到期的该笔银行借款，银行因此向法院起诉，要求 A 公司承担担保连带责任，支付借款本息 8 000 万元。2022 年 2 月 10 日法院终审判决银行

胜诉,并于 2 月 25 日执行完毕,A 公司未在 2021 年度会计报表中做出相应处理。

(3) 2022 年 1 月,A 公司发生火灾,损失达 3 000 万元,公司已就此事项在会计报表附注中做了披露。

(4) A 公司 2021 年为一项技术开发投入 150 万元,A 公司将其计入无形资产,至资产负债表日,该项技术尚在研究阶段。

要求:(1) 分别针对上述事项,是否应提出处理建议,如需调整,列出调整分录。

(2) 分别针对上述事项,若 A 公司拒绝接受建议,应出具何种类型审计意见?

项目 9　审计报告

了解审计报告的概念、基本内容。
了解关键审计事项。
熟悉审计意见类型。
了解在审计报告中增加强调事项段的情形。

能够合理确定审计意见。
能够独立出具审计报告。

2020年1月1日—2020年7月1日,40家事务所共为3 810家上市公司出具了财务报表审计报告。其中,沪市主板1 506家,深市主板470家,中小板946家,创业板797家,科创板91家。从审计报告意见类型看,3 639家上市公司被出具了无保留意见审计报告(其中,41家被出具带强调事项段的无保留意见,55家被出具带持续经营事项段的无保留意见),126家被出具保留意见,45家被出具无法表示意见。

出具非无保留意见审计报告的情况(举例)

ST康美:立信会计师事务所(特殊普通合伙)出具审计报告,形成保留意见的基础内容如下:

(1) 2019年12月31日,康美药业应收其关联方普宁市康淳药业有限公司和普宁康都药业有限公司(实际控制人均为马兴田)非经营性占用资金的款项余额合计为948 112.62万元。如财务报表"附注十三、其他重要事项"所述,康美药业实际控制人马兴田承诺将在2020年至2022年期间拟以现金分期代偿还资金占用方非经营性占用的全部资金及相应利息。因涉及分期偿还,我们无法就该代偿方案的可执行性获取充分、适当的审计证据。

(2) 2019年12月31日,康美药业在建工程账面余额中包含康美梅河口医疗健康中心医疗园区、康美梅河口医疗健康中心医养园区、康美梅河口医疗健康中心教学园区、康美梅河口医疗健康中心中医药产业园区及物流园区、康美华南总部大厦、通辽医投医院建设、开原市中心医院有限公司综合楼等7个项目的账面余额合计335 511.29万元，相关应付账款账面余额为11 060.30万元。截至审计报告日，康美药业尚未提供上述工程项目的完整财务资料，因此，我们无法就上述在建工程及相关应付账款余额的准确性和完整性获取充分、适当的审计证据。

（3）2019年12月31日，康美药业医疗器械存货账面余额为256 322.47万元（包括发出商品43 917.86万元），相应存货跌价准备账面余额为20 566.29万元，医疗器械销售业务相关应收账款账面余额为80 141.17万元。康美药业大部分医疗器械的销售代理权已于2019年12月31日之前到期，且截至审计报告日仍未就代理权续期与授予方达成一致。截至审计报告日，康美药业尚未就相关存货确定后续处置安排，因此，我们无法就相关存货跌价准备的充分性获取充分、适当的审计证据。此外，因未能通过函证予以确认，也未能实施有效的替代程序，我们无法就上述发出商品、应收账款余额及对应的营业收入获取充分、适当的审计证据。

（资料来源：中国注册会计师协会官网）

思考：什么是无保留意见审计报告？审计报告的类型是如何划分的？

任务9.1　认识审计报告

【案例9-1】　2018年12月23日，财政部印发《在审计报告中沟通关键审计事项》等12项中国注册会计师审计准则（新审计报告准则）。

本次发布的12项审计准则，最为核心的一项是新制定的《中国注册会计师审计准则第1504号——在审计报告中沟通关键审计事项》，该准则要求在上市公司的审计报告中增设关键审计事项部分，披露审计工作中的重点难点等审计项目的个性化信息。

对于A+H股公司供内地使用的审计报告，应于2017年1月1日起执行本批准则；对于A+H股公司供境外使用的审计报告，如果选择按照中国注册会计师审计准则出具审计报告，应于2017年1月1日起执行本批准则。

2017年2月18日，作为A+H股的上市公司ABC公布2018年度报告，瑞华会计师事务所为公司出具了采用新审计报告准则的审计报告。

审计报告正文告别统一模板形式，审计报告正文个性化信息考验注册会计师文字功底的时候到了。

2008年，美国发生的金融危机波及全球，无论是发达国家，还是发展中国家，经济均遭受重创。政府部门、监管机构和利益相关者，除了分析金融危机爆发的直接原因外，也在反思金融危机中审计的不足，探讨如何改革现行审计制度，改进审计报告模式，提高审计报告的信息含量和时效性，以进一步发挥注册会计师在促进经济发展和金融稳定中的作用。2014年，欧盟出台新的审计指令和公众利益实体审计监管要求，规定在对公众利益实体财务报表出具的审计报告中，还应指出最重要的重大错报风险以及注册会计师应对措施等内容。2015年,国际审计与鉴证准则理事会(IAASB)发布新制定和修订的审计报告系列准则,改革现行审计报告模式,增加审计报告要素,丰富审计报告内容。

特别是引进关键审计事项部分,使得财务报表使用者可以了解与被审计单位和财务报表审计更为相关、决策有用的信息。这些信息可能包括注册会计师评估的重大错报风险较高的领域或识别出的特别风险、涉及管理层判断的重大不确定性事项和重大审计判断、当期重大交易或事项对审计的影响。2018年,我国借鉴国际审计报告改革的最新成果,结合行业实际情况和审计环境,对审计报告相关准则进行修订,对审计报告模式做出改革。改革后的审计报告模式,提高了审计报告的相关性和决策有用性,缩小了"信息差距"。

一、审计报告的含义

审计报告是指注册会计师根据审计准则的规定,在执行审计工作的基础上,对财务报表发表审计意见的书面文件。

注册会计师应当根据由审计证据得出的结论,清楚表达对财务报表的意见。注册会计师一旦在审计报告上签名并盖章,就表明对其出具的审计报告负责。

审计报告是注册会计师对财务报表是否在所有重大方面按照财务报告编制基础编制并实现公允反映发表审计意见的书面文件。因此,注册会计师应当将已审计的财务报表附于审计报告之后,以便于财务报表使用者正确理解和使用审计报告,并防止被审计单位替换、更改已审计的财务报表。

二、审计报告编制的步骤

编制审计报告是一项严格而细致的工作,为确保审计报告的质量,审计人员应掌握编制审计报告的步骤和要求,认真做好审计报告的编制工作。审计报告一般由审计项目负责人编制。编制审计报告时,审计项目负责人应当仔细查阅审计人员在审计过程中形成的审计工作底稿,并要检查审计人员的审计是否严格遵循了审计准则的要求;检查被审计单位是否按照会计准则、国家其他有关财务会计法规的规定以及有关协议、合同、章程的要求编制财务报表,进行会计核算等,使审计人员能够在按照审计准则要求进行审计并形成一整套审计工作底稿的基础上,根据被审计单位对国家有关规定和经济关系人有关要求的执行情况,提出客观、公正、实事求是的审计意见。一般来说,编制审计报告需要经过以下几个步骤。

(一)整理和分析审计工作底稿

在外勤审计过程中,审计工作底稿是分散的、不系统的。编制审计报告时,审计项目负责人应根据委托审计的内容、范围和要求,对审计工作底稿进行整理和分析,全面总结审计工作。审计人员及其助理人员都应整理好自己的工作底稿,回顾是否有遗漏的环节,着重列举审计中发现的问题。审计项目负责人应对全部审计工作底稿进行综合分析,并对审计人员及其助理人员在审计过程中是否遵循了审计准则要求进行检查,对审计工作底稿做出综合结论,形成书面记录。

(二) 被审计单位财务报表的调整

审计人员在整理和分析审计工作底稿的基础上,向被审计单位通报审计情况、初步结论、应调整财务报表的事项以及应在财务报表附注中予以披露的事项,提请被审计单位加以调整和披露;对于被审计单位会计记录或会计处理方法上的错误,审计人员应提请被审计单位改正,并相应调整财务报表有关项目。审计人员对于被审计单位会计处理不当和或有事项,有的应提请被审计单位调整财务报表,有的应提请被审计单位在财务报表附注中加以披露,有的应在审计报告中予以说明。审计报告用于对外公布的,除被审计单位报表不需调整者外,审计人员应在致送审计报告时附列被审计单位调整后的财务报表。

(三) 确定审计意见的类型

审计人员以经过整理和分析的审计工作底稿为依据,并根据被审计单位是否接受其提出的调整和披露意见以及是否已做了调整和披露等情况,确定审计报告的类型和措辞。如果被审计单位财务报表已根据调整和披露意见做了调整,其合法性和公允性予以确认后,除专门要求说明外,审计报告不必将被审计单位已调整和披露的事项再做说明;如果被审计单位未接受调整和披露建议,审计人员应当根据需要调整和披露事项的性质和重要程度,确定审计报告的类型。对于被审计单位资产负债表日与审计报告日之间发生的日后事项,审计人员应当根据其性质和重要程度,确定审计报告的类型。对于被审计单位截至报告日止仍然存在的未确定事项,审计人员应当根据其性质、重要程度和可预知的结果,以对财务报表反映的影响程度来确定审计报告的类型。

(四) 编制和出具审计报告

审计项目负责人在整理、分析审计工作底稿和要求被审计单位调整财务报表、对财务报表附注做出适当披露,并根据被审计单位对审计建议的采纳情况确定审计报告的类型和措辞后,应拟定审计报告提纲,概括和汇总审计工作底稿所提供的资料。标准的审计报告可以只拟定简单的提纲,根据提纲进行文字加工就可以编制出审计报告。审计报告一般由审计项目负责人编制,如由其他人员编制时,须由审计项目负责人复核、校对。

标准审计报告应按前述规定的审计报告类型、措辞和结构来表述,以便为各财务报表使用者所理解。审计报告完稿后,应经会计师事务所的主任会计师或其授权的副主任会计师进行复核,并提出修改意见。如审计证据不足以发表审计意见时,则应要求审计项目负责人追加审计程序,以确保审计证据的充分性和适当性。审计报告经复核、修改定稿,应当由两名具备相关业务资格的审计人员(如注册会计师)签章并加盖审计机构(如会计师事务所)公章后致送委托人。

三、审计报告的内容

审计报告的基本要素包括如下几个方面:标题;收件人;审计意见段;形成审计意见的

基础;管理层对财务报表的责任段;审计人员的责任段;按照相关法律法规的要求报告的事项(如适用);审计人员的签名及盖章;审计机构(如会计师事务所)的名称、地址及盖章;报告日期。

(一)标题

审计报告的标题应统一规范为"审计报告"。

(二)收件人

审计报告的收件人,是指审计人员按照业务约定书的要求致送审计报告的对象,一般是指审计业务的委托人。审计报告应当载明收件人的全称。

(三)审计意见

审计意见由两部分构成。第一部分应当包括以下方面:指出被审计单位的名称;说明财务报表已经审计;指出构成整套财务报表的每一财务报表的名称;提及财务报表附注;指明构成整套财务报表的每一财务报表的日期或涵盖的期间。

为体现上述要求,审计报告可说明:"我们审计了被审计单位的财务报表,包括财务报告编制基础规定的构成整套财务报表的每一财务报表的名称、日期或涵盖的期间以及财务报表附注,包括重大会计政策和会计估计。"审计意见涵盖由适用的财务报告编制基础所确定的整套财务报表。例如,在许多通用目的编制基础中,财务报表包括资产负债表、利润表、现金流量表、所有者权益变动表和相关附注(通常包括重大会计政策和会计估计以及其他解释性信息)

第二部分应当说明注册会计师发表的审计意见。如果对财务报表发表无保留意见,除非法律法规另有规定,审计意见应当使用"我们认为,财务报表在所有重大方面按照适用的财务报告编制基础(如企业会计准则)编制,公允反映了……"的措辞。审计意见说明财务报表在所有重大方面按照适用的财务报告编制基础编制,公允反映了财务报表旨在反映的事项。

(四)形成审计意见的基础

审计报告应当包含标题为"形成审计意见的基础"的部分。该部分应当紧接在审计意见部分之后,并包括下列方面:

(1)说明注册会计师按照审计准则的规定执行了审计工作。
(2)提及审计报告中用于描述审计准则规定的注册会计师责任的部分。
(3)声明注册会计师按照与审计相关的职业道德要求独立于被审计单位,并履行了职业道德方面的其他责任。声明中应当指明适用的职业道德要求,如中国注册会计师职业道德守则。
(4)说明注册会计师是否相信获取的审计证据是充分、适当的,为发表审计意见提供了基础。

(五) 管理层对财务报表的责任

审计报告应当包含标题为"管理层对财务报表的责任"的部分,其中应当说明管理层负责下列方面:

(1) 按照适用的财务报告编制基础的规定编制财务报表,使其实现公允反映,并设计、执行和维护必要的内部控制,以使财务报表不存在由于舞弊或错误导致的重大错报;

(2) 评估被审计单位的持续经营能力和使用持续经营假设是否适当,并披露与持续经营相关的事项(如适用)。对管理层评估责任的说明应当包括描述在何种情况下使用持续经营假设是适当的。

(六) 注册会计师对财务报表审计的责任

首先,注册会计师责任段中应当包括下列内容:

(1) 说明注册会计师的目标是对财务报表整体是否不存在由于舞弊或错误导致的重大错报获取合理保证,并出具包含审计意见的审计报告。

(2) 说明合理保证是高水平的保证,但并不能保证按照审计准则执行的审计在某一重大错报存在时总能发现。

(3) 说明错报可能由于舞弊或错误导致,注册会计师应当从下列两种做法中选取一种:

① 描述如果合理预期错报单独或汇总起来可能影响财务报表使用者依据财务报表做出的经济决策,则通常认为错报是重大的;

② 根据适用的财务报告编制基础,提供关于重要性的定义或描述。

其次,注册会计师对财务报表审计的责任部分还应当包括下列内容:

(1) 说明在按照审计准则执行审计工作的过程中,注册会计师运用职业判断,并保持职业怀疑;

(2) 通过说明注册会计师的责任,对审计工作进行描述。这些责任包括以下方面:

① 识别和评估由于舞弊或错误导致的财务报表重大错报风险,设计和实施审计程序以应对这些风险,并获取充分、适当的审计证据,作为发表审计意见的基础。由于舞弊可能涉及串通、伪造、故意遗漏、虚假陈述或凌驾于内部控制之上,未能发现由于舞弊导致的重大错报的风险高于未能发现由于错误导致的重大错报的风险。

② 了解与审计相关的内部控制,以设计恰当的审计程序,但目的并非对内部控制的有效性发表意见。当注册会计师有责任在财务报表审计的同时对内部控制的有效性发表意见时,应当略去上述"目的并非对内部控制的有效性发表意见"的表述。

③ 评价管理层选用会计政策的恰当性和做出会计估计及相关披露的合理性。

④ 对管理层使用持续经营假设的恰当性得出结论。同时,根据获取的审计证据,就可能导致对被审计单位持续经营能力产生重大疑虑的事项或情况是否存在重大不确定性得出结论。如果注册会计师得出结论认为存在重大不确定性,审计准则要求注册会计师在审计报告中提请报表使用者关注财务报表中的相关披露;如果披露不充分,注册会计师应当发表非无保留意见。注册会计师的结论基于截至审计报告日可获得的信息。然而,未来的事项或情况可能导致被审计单位不能持续经营。

⑤ 评价财务报表的总体列报、结构和内容（包括披露），并评价财务报表是否公允反映相关交易和事项。

再次，注册会计师对财务报表审计的责任部分还应当包括下列内容：

（1）说明注册会计师与治理层就计划的审计范围、时间安排和重大审计发现等事项进行沟通，包括沟通注册会计师在审计中识别的值得关注的内部控制缺陷。

（2）对于上市实体财务报表审计，指出注册会计师就已遵守与独立性相关的职业道德要求向治理层提供声明，并与治理层沟通可能被合理认为影响注册会计师独立性的所有关系和其他事项，以及相关的防范措施（如适用）。

（3）对于上市实体财务报表审计，以及决定按照中国注册会计师审计准则的规定沟通关键审计事项的其他情况，说明注册会计师从与治理层沟通过的事项中确定哪些事项对本期财务报表审计最为重要，因而构成关键审计事项。注册会计师应当在审计报告中描述这些事项，除非法律法规禁止公开披露这些事项，或在极少数情形下，注册会计师合理预期在审计报告中沟通某事项造成的负面后果超过在公众利益方面产生的益处，因而确定不应在审计报告中沟通该事项。

（七）按照相关法律法规的要求报告的事项

除审计准则规定的注册会计师对财务报表出具审计报告的责任外，相关法律法规可能对注册会计师设定了其他报告责任。例如，如果注册会计师在财务报表审计中注意到某些事项，可能被要求对这些事项予以报告。此外，注册会计师可能被要求实施额外的规定的程序并予以报告，或对特定事项（如会计账簿和记录的适当性）发表意见。

在某些情况下，相关法律法规可能要求或允许注册会计师将对这些其他责任的报告作为对财务报表出具的审计报告的一部分。在另外一些情况下，相关法律法规可能要求或允许注册会计师在单独出具的报告中进行报告。

这些责任是注册会计师按照审计准则对财务报表出具审计报告的责任的补充。

（八）注册会计师的签名和盖章

审计报告应当由项目合伙人和另一名负责该项目的注册会计师签名和盖章。在审计报告中指明项目合伙人有助于进一步增强对审计报告使用者的透明度，有利于增强项目合伙人的个人责任感。因此，对上市实体整套通用目的财务报表出具的审计报告应当注明项目合伙人。

（九）会计师事务所的名称、地址和盖章

审计报告应当载明会计师事务所的名称和地址，并加盖会计师事务所公章。

注册会计师在审计报告中载明会计师事务所地址时，标明会计师事务所所在的城市即可。

（十）报告日期

审计报告应当注明报告日期。审计报告日不应早于注册会计师审计报告应当注明报告日期。审计报告日不应早于注册会计师获取充分、适当的审计证据(包括管理层认可对财务报表的责任且已批准财务报表的证据),并在此基础上对财务报表形成审计意见的日期。在确定审计报告日时,注册会计师应当确信已获取下列两方面的审计证据:构成整套财务报表的所有报表(包括相关附注)已编制完成;被审计单位的董事会、管理层或类似机构已经认可其对财务报表负责。

审计报告的日期向审计报告使用者表明,注册会计师已考虑其知悉的、截至审计报告日发生的事项和交易的影响。注册会计师对审计报告日后发生的事项和交易的责任,在《中国注册会计师审计准则第1332号——期后事项》中做出了规定。审计报告的日期非常重要。

注册会计师对不同时段的财务报表日后事项有着不同的责任,而审计报告的日期是划分时段的关键时点。由于审计意见是针对财务报表发表的,并且编制财务报表是管理层的责任,所以,只有在注册会计师获取证据证明构成整套财务报表的所有报表(包括相关附注)已经编制完成,并且管理层已认可其对财务报表的责任的情况下,注册会计师才能得出已经获取充分、适当的审计证据的结论。在实务中,注册会计师在正式签署审计报告前,通常把审计报告草稿随附管理层已按审计调整建议修改后的财务报表提交给管理层。如果管理层批准并签署已按审计调整建议修改后的财务报表,注册会计师即可签署审计报告。注册会计师签署审计报告的日期通常与管理层签署已审计财务报表的日期为同一天,或晚于管理层签署已审计财务报表的日期。

【案例 9-2】 无保留意见审计报告参考格式

审计报告

ABC 股份有限公司全体股东:

一、对财务报表出具的审计报告

(一)审计意见

我们审计了 ABC 集团股份有限公司(以下简称"ABC 公司")的财务报表,包括 2021 年 12 月 31 日合并及公司的资产负债表,2021 年度合并及公司的利润表、合并及公司的现金流量表和合并及公司的股东权益变动表以及财务报表附注。

我们认为,后附的财务报表在所有重大方面按照企业会计准则的规定编制,公允反映了 ABC 公司 2021 年 12 月 31 日合并及公司的财务状况以及 2021 年度合并及公司的经营成果和现金流量。

(二)形成无保留审计意见的基础

我们按照中国注册会计师审计准则的规定执行了审计工作。审计报告的"注册会计师对财务报表审计的责任"部分进一步阐述了我们在这些准则下的责任。按照中国注册会计师职业道德守则,我们独立于 ABC 公司,并履行了职业道德方面的其他责任。我们相信,我们获取的审计证据是充分、适当的,为发表审计意见提供了基础。

(三)与持续经营相关的重大不确定性(不影响审计意见类型,某次审计业务中可能没有此部分)

(四)关键审计事项(不影响审计意见类型,某次审计业务中很可能包含此部分)

关键审计事项是根据我们的职业判断,认为对本期财务报表审计最为重要的事项。这些事项的应对以对财务报表整体进行审计并形成审计意见为背景,我们不对这些事项单独发表意见。

(五)强调事项(不影响审计意见类型,某次审计业务中可能没有此部分)

(六)其他事项(不影响审计意见类型,某次审计业务中可能没有此部分)

(七)其他信息(不影响审计意见类型,某次审计业务中可能没有此部分)

ABC公司管理层对其他信息负责。其他信息包括年度报告中除财务报表和本审计报告以外的信息。

我们对财务报表发表的审计意见不涵盖其他信息,我们也不对其他信息发表任何形式的鉴证结论。

结合我们对财务报表的审计,我们的责任是阅读其他信息,在此过程中,考虑其他信息是否与财务报表或我们在审计过程中了解到的情况存在重大不一致或者似乎存在重大错报。

基于我们已经针对审计报告日前获取的其他信息执行的工作,如果我们确定该其他信息存在重大错报,我们应当报告该事实。在这方面,我们无任何事项需要报告。

(八)管理层和治理层对财务报表的责任

ABC公司管理层负责按照企业会计准则的规定编制财务报表,使其实现公允反映,并设计、执行和维护必要的内部控制,以使财务报表不存在由于舞弊或错误导致的重大错报。

在编制财务报表时,管理层负责评估公司的持续经营能力,披露与持续经营相关的事项(如适用),并运用持续经营假设,除非管理层计划清算ABC公司、停止营运或别无其他现实的选择。治理层负责监督ABC公司的财务报告过程。

(九)注册会计师对财务报表审计的责任

我们的目标是对财务报表整体是否不存在由于舞弊或错误导致的重大错报获取合理保证,并出具包含审计意见的审计报告。合理保证是高水平的保证,但并不能保证按照审计准则执行的审计在某一重大错报存在时总能发现。错报可能由舞弊或错误所导致,如果合理预期错报单独或汇总起来可能影响财务报表使用者依据财务报表做出的经济决策,则通常认为错报是重大的。在按照审计准则执行审计的过程中,我们运用了职业判断,保持了职业怀疑。同时,我们也执行以下工作:

(1)识别和评估由于舞弊或错误导致的财务报表重大错报风险;设计和实施审计程序以应对这些风险,并获取充分、适当的审计证据,作为发表审计意见的基础。由于舞弊可能涉及串通、伪造、故意遗漏、虚假陈述或凌驾于内部控制之上,未能发现由于舞弊导致的重大错报的风险高于未能发现由于错误导致的重大错报的风险。

(2)了解与审计相关的内部控制,以设计恰当的审计程序。

(3)评价管理层选用会计政策的恰当性和做出会计估计及相关披露的合理性。

(4)对管理层使用持续经营假设的恰当性得出结论。同时,根据获取的审计证据,就可能导致对ABC公司持续经营能力产生重大疑虑的事项或情况是否存在重大不确定性得出结论。如果我们得出结论认为存在重大不确定性,审计准则要求我们在审计报告中提请报表使用者注意财务报表中的相关披露;如果披露不充分,我们应当发表非无保留意见。我们的结论基于截至审计报告日可获得的信息。然而,未来的事项或情况可能导致ABC公司不能持续经营。

(5) 评价财务报表的总体列报、结构和内容(包括披露),并评价财务报表是否公允反映相关交易和事项。

(6) 就ABC公司中实体或业务活动的财务信息获取充分、适当的审计证据,以对财务报表发表意见。我们负责指导、监督和执行集团审计。我们对审计意见承担全部责任。

我们与治理层就计划的审计范围、时间安排和重大审计发现等事项进行沟通,包括沟通我们在审计中识别出的值得关注的内部控制缺陷。

我们还就已遵守与独立性相关的职业道德要求向治理层提供声明,并与治理层沟通可能被合理认为影响我们独立性的所有关系和其他事项,以及相关的防范措施。

从与治理层沟通过的事项中,我们确定哪些事项对本期财务报表审计最为重要,因而构成关键审计事项。我们在审计报告中描述这些事项,除非法律法规禁止公开披露这些事项,或在极少数情形下,如果合理预期在审计报告中沟通某事项造成的负面后果超过在公众利益方面产生的益处,我们确定不应在审计报告中沟通该事项。

二、按照相关法律法规的要求报告的事项(略)

××会计师事务所
(特殊普通合伙)
地址

中国注册会计师(项目合伙人):×××
中国注册会计师:×××
二〇二二年二月十七日

任务9.2 在审计报告中增加关键审计事项

一、关键审计事项的定义

关键审计事项,是指注册会计师根据职业判断认为对当期财务报表审计最为重要的事项,如图9-1所示。

二、关键审计事项的适用范围

(1) 对上市实体整套通用目的财务报表进行审计,以及注册会计师决定或委托方要求在审计报告中沟通关键审计事项的其他情形。

(2) 法律法规要求注册会计师在审计报告中沟通关键审计事项的情形。

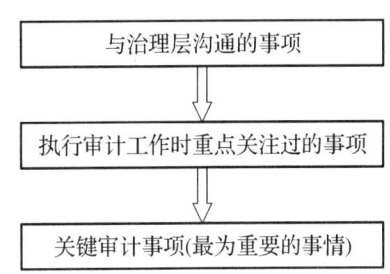

图9-1 关键审计事项决策框架

【提示】除非法律法规另有规定,当对财务报表发表无法表示意见时,注册会计师不得在审计报告中包含关键审计事项部分。

三、关键审计事项的作用

（1）可以提高已执行审计工作的透明度,从而提高审计报告的决策相关性和有用性。

（2）能够为财务报表使用者提供额外的信息,以帮助其了解注册会计师根据职业判断认为对当期财务报表审计最为重要的事项。

（3）能够帮助财务报表使用者了解被审计单位已审计财务报表中涉及重大管理层判断的领域。

（4）能够为财务报表预期使用者就与被审计单位已审计财务报表或已执行审计工作相关的事项进一步与管理层和治理层沟通提供基础。

四、在审计报告中单设关键审计事项部分

（一）单设关键审计事项部分

为达到突出关键审计事项的目的,注册会计师应当在审计报告中单设一部分,以"关键审计事项"为标题,并在该部分使用恰当的子标题逐项描述关键审计事项。

（二）关键审计事项部分的引言

关键审计事项部分的引言应当同时说明下列事项:

（1）关键审计事项是注册会计师根据职业判断,认为对本期财务报表审计最为重要的事项。

（2）关键审计事项以对财务报表整体进行审计并形成审计意见为背景,注册会计师对财务报表整体形成审计意见,而不对关键审计事项单独发表意见。

（三）不在关键审计事项部分披露

（1）导致非无保留意见的事项、可能导致对被审计单位持续经营能力产生重大疑虑的事项或情况存在重大不确定性等,虽然符合关键审计事项的定义,但这些事项在审计报告中专门的部分披露,不在关键审计事项部分披露。

（2）在关键审计事项部分披露的关键审计事项必须是已经得到满意解决的事项,既不存在审计范围受到限制,也不存在注册会计师与被审计单位管理层意见分歧的情况。

导致保留意见的事项、导致否定意见的事项不在关键审计事项部分披露,但是需要在关键审计事项的引言中增加说明,可参考【案例9-3】中关键审计事项引言中的画线部分。

【案例 9-3】

审计报告

ABC 股份有限公司全体股东：

一、对财务报表出具审计报告

（一）保留意见（或否定意见）（略）

（二）形成保留意见的基础（或形成否定意见的基础）（略）

（三）关键审计事项

关键审计事项是我们根据职业判断，认为对本期财务报表审计最为重要的事项。这些事项的应对以对财务报表整体进行审计并形成审计意见为背景，我们不对这些事项提供单独的意见。除"形成保留意见的基础"（或"形成否定意见的基础"）部分所述事项外，我们确定下列事项是需要在审计报告中沟通的关键审计事项。（具体事项，此处略）

（四）其他信息（略）

（五）管理层和治理层对财务报表的责任（略）

（六）注册会计师对财务报表审计的责任（略）

二、按照相关法律法规的要求报告的事项（略）

××会计师事务所	中国注册会计师（签名、盖章）
（地址）	中国注册会计师（签名、盖章）
	年 月 日

可能导致对被审计单位持续经营能力产生重大疑虑的事项或情况存在重大不确定性的事项，不在关键审计事项部分披露，但是需要在关键审计事项的引言中增加说明，可参考【案例 9-4】中关键审计事项引言中的画线部分。

【案例 9-4】

审计报告

ABC 股份有限公司全体股东：

一、对财务报表出具审计报告

（一）审计意见（略）

（二）形成审计意见的基础（略）

（三）与持续经营相关的重大不确定性

我们提醒财务报表使用者关注，如财务报表附注×所述，ABC 公司 2021 年发生净亏损×元，且于 2021 年 12 月 31 日，ABC 公司流动负债高于资产总额×元。如财务报表附注所述这些事项或情况，连同财务报表附注×所示的其他事项，表明存在可能导致对 ABC 公司持续经营能力产生重大疑虑的重大不确定性。该事项不影响已发表的审计意见。

（四）关键审计事项

关键审计事项是我们根据职业判断，认为对本期财务报表审计最为重要的事项。这些事项的应对以对财务报表整体进行审计并形成审计意见为背景，我们不对这些事项提供单独的意见。除"形成保留意见的基础"（或"形成否定意见的基础"）部分所述事项外，

我们确定下列事项是需要在审计报告中沟通的关键审计事项。(具体事项,此处略)

(五)其他信息(略)

(六)管理层和治理层对财务报表的责任(略)

(七)注册会计师对财务报表审计的责任(略)

二、按照相关法律法规的要求报告的事项(略)

××会计师事务所　　　　　　　　　　中国注册会计师(签名、盖章)

(地址)　　　　　　　　　　　　　　中国注册会计师(签名、盖章)

年　月　日

任务9.3　审计报告意见类型

案例导入

大信会计师事务所对*ST华讯出具无法表示意见的审计报告,形成无法表示意见的基础内容如下:

(一)收入确认

报告期内,贵公司全资子公司南京华讯方舟通信设备有限公司(简称"南京华讯")向富申实业公司销售商品,确认营业收入2.09亿元,毛利3 452.38万元。我们实施了检查、函证、访谈等程序,取得了富申实业公司交易和应收账款询证函回函,但与货物验收单、访谈等相关信息存在不一致,我们无法判断交易的真实性,以及相应的收入确认与成本结转是否恰当。

(二)往来款项及减值认定

(1)截至2019年12月31日,南京华讯应收账款中应收富申实业公司、南京第五十五所技术开发有限公司、南京华脉信息产业集团有限公司余额分别为33 691.75万元、13 010.06万元、7 317.24万元,对富申实业公司应收账款,因前述无法判断收入真实性,报告期相应形成的应收账款及余额亦无法判断;我们对南京第五十五所技术开发有限公司和南京华脉信息产业集团有限公司实施了函证程序,但未收到回函,也无法实施其他替代程序,无法判断账面余额的恰当性及可收回性。

(2)截至2019年12月31日,南京华讯预付款项中,预付上海星地通通信科技有限公司、江苏北康动力科技发展有限公司、南京微平衡信息科技有限公司、中国科学院信息工程研究所余额分别为4 817 329.31万元、929.42万元、608万元、115.99万元。我们对该等单位实施了函证、检查等程序,虽然收到上海星地通通信科技有限公司回函,但与其他信息未能相互印证,其他单位未能取得回函,或回函不符,我们也无法实施其他替代程序,无法判断上述预付款项余额的恰当性。

(3)南京华讯与江苏翰迅通讯科技有限公司、南京艾普龙通信有限公司以采购货物等名义发生大额资金往来,截至报告期末,其他应收款中应收上述公司余额分别为 36 688.31 万元、6 078 万元,分别计提减值准备 26 476.05 万元、30.39 万元。2019 年 11 月,南京华讯与江苏翰迅通讯科技有限公司签订《债权转让合同书》,江苏翰迅通讯科技有限公司将应收通化葡萄酒股份有限公司债权 23 585 万元转给南京华讯,并冲抵其欠南京华讯款 20 585 万元,南京华讯未进行账务处理。我们未能获取充分适当的审计证据,无法判断该等资金往来的性质和实际用途,是否可收回和减值计提的合理性,以及对前期财务报表的影响。

(三)存货的存在性

截至 2019 年 12 月 31 日,南京华讯账面存货余额为 6 337.22 万元,主要为原材料及库存商品,控股子公司深圳市华讯方舟雷达技术装备有限公司存货余额为 151.66 万元,主要为原材料,全资子公司国蓉科技有限公司发出商品余额 781.34 万元。贵公司未能安排我们对上述存货实施监盘;对国蓉科技有限公司执行发出商品函证程序,回函金额为 375.13 万元,剩余 406.21 万元未收到回函,函证不符金额 59.59 万元。我们无法判断上述存货的存在性及账面价值。此外,南京华讯预收账款中某装备部 1 886.13 万元,我们无法判断未能实施监盘的存货是否已经发货,并应当确认收入和结转预收账款。

(四)内部控制失效的可能影响

2018 年 9 月 18 日,贵公司签署《保证担保书》,为天浩投资有限公司与朗奇通讯科技有限公司之间意向总金额 4.8 亿美元的《产品销售意向协议》及其分合同履行提供连带责任担保,该对外担保未履行董事会和股东大会相关审议程序,也未及时披露。2020 年 5 月 29 日,贵公司收到天浩投资有限公司发来的告知函:"本公司就贵公司为朗奇通讯科技有限公司向我公司提供担保一事,我公司豁免贵公司的担保责任,承诺不再追究贵公司的担保责任。同时,我公司将在 7 日内撤回(2019)深国仲涉外受 7319 号仲裁一案中对贵公司的仲裁申请。"截至审计报告日,天浩投资有限公司尚未撤回仲裁申请,贵公司也未计提预计负债,我们无法判断该事项对财务报表的可能影响。此外,报告期内贵公司人员大量流失,管理失控,经营活动处于非正常状态,内部控制存在重大缺陷,我们无法判断或有事项及关联方关系和交易披露的完整性,也无法判断因内部控制失效可能对财务报表产生的其他影响。

(五)财务报表按照持续经营假设编制的恰当性

贵公司 2019 年度发生净亏损 152 102.96 万元,截至 2019 年年末累计亏损金额 214 200.34 万元,归属于母公司的净资产—48 088.23 万元,营运资金为负数。重要子公司业务停止经营,报告期出现流动性困难,银行借款、供应商货款逾期,多个银行账户因诉讼被冻结。2020 年 3 月 26 日,贵公司收到债权人广州市沐阳产权经纪有限公司的《重整申请通知书》,以贵公司不能清偿到期债务且明显丧失清偿能力为由,向深圳市中级人民法院提出重整申请。如财务报表附注"二、财务报表编制基础(二)"所述,虽然贵公司披露了拟采取的改善措施,但我们仍无法判断该等措施的有效性,以及基于持续经营假设编制的 2019 年度财务报表是否恰当。

思考: 注册会计师为什么要对 *ST 华讯出具无法表示意见的审计报告?

注册会计师根据前述审计步骤,结合审计结果和被审计单位对有关问题的处理情况,形成不同的审计意见,通常会出具四种基本类型的审计报告,即无保留意见的审计报告、保留意见的审计报告、否定意见的审计报告和无法表示意见的审计报告。

一、无保留意见的审计报告

经过审计后,如果认为财务报表符合下列条件时,审计人员应当出具无保留意见的审计报告:

第一,财务报表已经按照适用的会计准则和相关会计制度的规定编制,在所有重大方面公允反映了被审计单位的财务状况、经营成果和现金流量。

第二,审计人员已经按照审计准则计划和实施了审计工作,在审计过程中未受到限制。

第三,不存在应当调整或披露而被审计单位未予调整或披露的重要事项。

审计人员出具无保留意见的审计报告时,一般以"我们认为"的术语作为意见段的开头,以表明本段内容为审计人员提出的意见,并表示承担对该审计意见的责任。不能使用"我们保证"等字样,因为审计人员发表的是自己的判断或意见,不能对财务报表的合法性和公允性做出绝对保证,以避免财务报表使用人产生误解,同时也可明确审计人员仅仅承担审计责任,而并不减除被审计单位对财务报表所承担的会计责任。在对财务报表的反映是否公允提出审计意见时,应使用"在所有重大方面公允反映了"的术语,因为人们已普遍认识到财务报表不可能做到完全正确和绝对公允,所以审计报告中不应使用"完全正确""绝对公允"等词汇,但也不能使用"大致反映""基本反映"等模糊不清、态度不明确的术语。

二、非无保留意见的审计报告

(一)确定非无保留意见类型

导致发表非无保留意见的事项的性质	这些事项对财务报表可能产生影响的广泛性	
	重大但不具有广泛性	重大且具有广泛性
财务报表存在重大错报	保留意见	否定意见
无法获取充分、适当的审计证据	保留意见	无法表示意见

(二)保留意见的审计报告

审计人员通过审计,对被审计单位的财务报表存有异议,或审计范围受到限制,就不应签发无保留意见的审计报告。审计人员应视被审计单位的实际情况及所掌握的审计证据,签发保留意见、否定意见或无法表示意见的审计报告。

保留意见,是指审计人员对财务报表的反映有所保留的审计意见。一般是由于某些事项的存在,使无保留意见的条件不完全具备,影响了被审计单位财务报表的表达,因而审计人员对无保留意见加以修正,对影响事项提出保留意见,并表示对该意见负责。

经过审计后,如果认为财务报表就其整体而言是公允的,但还存在下列情形之一时,审计人员应当出具保留意见的审计报告:

其一,会计政策的选用或财务报表的披露不符合适用的会计准则和相关会计制度的规定,虽影响重大,但不至于出具否定意见的审计报告;

其二,因审计范围受到限制,无法获取充分、适当的审计证据,虽影响重大,但不至于出具无法表示意见的审计报告。

上述条件要求审计人员在遇到可能对被审计单位财务报表产生重大影响的个别事项时,应在审计意见中加以保留;如果性质严重,应出具否定意见或无法表示意见的审计报告。这是审计人员提出审计意见时必须注意的。

上述保留事项可归纳为以下两类。

1. 未调整事项

即被审计单位的会计处理方法与审计人员的看法不一致,又不愿按照审计人员的意见进行调整,而且这种不一致所产生的差异能够准确地计量。一般来说,审计人员在审计过程中提出的应予以调整的项目或应在财务报表附注中披露的事项,被审计单位已经采纳的,审计报告中就不再表示保留,只在相应的审计工作底稿中列示。但被审计单位对于审计人员认为比较重要的审计调整事项或附注披露建议不予采纳的,审计人员应将这些对审计意见有较大影响的内容在审计报告中明确提出,并说明理由,指出这些调整或披露事项对被审计单位提供的财务报表可能产生的重大影响。

2. 审计范围受到局部限制

即审计人员在审计过程中应实施的审计程序,由于审计范围受到局部限制而无法实施,也难以实施必要的替代审计程序,而且无法实施的审计程序对被审计单位的财务报表可能产生重大影响。

当出具保留意见的审计报告时,审计人员应当在意见段之前增加导致保留意见事项段,并说明导致保留意见的理由。

【案例 9-5】 因财务报表存在重大错报而发表保留意见的审计报告

ABC 股份有限公司全体股东:

(一)保留意见

我们审计了 ABC 股份有限公司(以下简称"ABC 公司")财务报表,包括 2021 年 12 月 31 日的资产负债表,2021 年度的利润表、现金流量表、股东权益变动表以及相关财务报表附注。

我们认为,除"形成保留意见的基础"部分所述事项产生的影响外,后附的财务报表在所有重大方面按照企业会计准则的规定编制,公允反映了 ABC 公司 2021 年 12 月 31 日的财务状况以及 2021 年度的经营成果和现金流量。

(二)形成保留意见的基础

ABC 公司 2021 年 12 月 31 日资产负债表中存货的列示金额为×元。管理层根据成本对存货进行计量,而没有根据成本与可变现净值孰低的原则进行计量,这不符合企业会计准则的规定。ABC 公司的会计记录显示,如果管理层以成本与可变现净值孰低来计量存货,存货列示金额将减少×元。相应地,资产减值损失将增加×元,所得税、净利润和股东权益将分别减少×元、×元和×元。

我们按照中国注册会计师审计准则的规定执行了审计工作。审计报告的"注册会计师对财务报表审计的责任"部分进一步阐述了我们在这些准则下的责任。按照中国注册会计师职业道德守则,我们独立于ABC公司,并履行了职业道德方面的其他责任。我们相信,我们获取的审计证据是充分、适当的,为发表保留意见提供了基础。

(三)关键审计事项(略)

(四)管理层和治理层对财务报表的责任(略)

(五)注册会计师对财务报表审计的责任(略)

××会计师事务所　　　　　　　　　　中国注册会计师:×××(项目合伙人)

(盖章)　　　　　　　　　　　　　　　　　　　　　　(签名并盖章)

　　　　　　　　　　　　　　　　　　中国注册会计师:×××

　　　　　　　　　　　　　　　　　　　　　　　　　(签名并盖章)

　　　　　　　　　　　　　　　　　　　　　年　月　日

(三)否定意见的审计报告

无论是审计人员还是被审计单位都不希望发表此类意见的审计报告。所谓发表否定意见是指与无保留意见相反,提出否定财务报表公允地反映被审计单位财务状况、经营成果和现金流量的审计意见。

当未调整事项、未确定事项等对财务报表的影响程度在一定范围内时,审计人员可以发表保留意见。但是,如果其影响程度超出一定范围,以致财务报表无法被接受,被审计单位的财务报表已失去其价值,审计人员就不能发表保留意见,而只能发表否定意见。

经过审计后,如果认为财务报表存在重大错报会误导使用者,以至于财务报表的编制不符合适用的会计准则和相关会计制度的规定,未能从整体上公允反映被审计单位的财务状况、经营成果和现金流量,审计人员应当出具否定意见的审计报告。

当出具否定意见的审计报告时,审计人员应当在意见段中使用"由于上述问题造成的重大影响""由于受到前段所述事项的重大影响"等专业术语。

(四)无法表示意见的审计报告

无法表示意见,是指审计人员说明对被审计单位的财务报表不能发表意见,即对财务报表不发表包括肯定、否定和保留的审计意见。

审计人员出具无法表示意见的审计报告,不同于拒绝接受委托,它是审计人员实施了必要的审计程序后发表审计意见的一种方式。审计人员出具无法表示意见的审计报告,也不是不愿发表意见。如果审计人员已能确定应当出具保留意见或否定意见的审计报告,不得以无法表示意见的审计报告来代替。保留意见或否定意见是审计人员在取得充分、适当的审计证据后形成的,由于被审计单位存在某些未调整事项或未确定事项等,按其影响的严重程度而表示保留或否定的意见,并不是无法判断使用的措辞或问题的归属。无法表示意见是由于某些限制而未对某些重要事项取得证据,没有完成取证工作,使得审计人员无法判断问题的归属。

审计人员在审计过程中,如果审计范围受到限制可能产生的影响非常重大和广泛,不能获取充分、适当的审计证据,以至于无法对财务报表发表意见,审计人员应当出具无法表示意见的审计报告。

当出具无法表示意见的审计报告时,审计人员应当删除审计人员的责任段,并在意见段中使用"由于审计范围受到限制可能产生的影响非常重大和广泛""我们无法对上述财务报表发表意见"等专业术语。

【案例 9-6】 由于注册会计师无法针对财务报表多个要素获取充分、适当的审计证据而无法表示意见的审计报告

审计报告

ABC 股份有限公司全体股东:

一、无法表示意见

我们接受委托,审计 ABC 股份有限公司(以下简称"ABC 公司")财务报表,包括 2021 年 12 月 31 日的资产负债表,2021 年度的利润表、现金流量表、股东权益变动表以及相关财务报表附注。

我们不对后附的 ABC 公司财务报表发表审计意见。由于"形成无法表示意见的基础"部分所述事项的重要性,我们无法获取充分、适当的审计证据以作为对财务报表发表审计意见的基础。

二、形成无法表示意见的基础

我们于 2022 年 1 月接受 ABC 公司的审计委托,因而未能对 ABC 公司 2021 年年初金额为×元的存货和年末金额为×元的存货实施监盘程序。此外,我们也无法实施替代审计程序获取充分、适当的审计证据。并且,ABC 公司于 2021 年 9 月采用新的应收账款电算化系统,由于存在系统缺陷导致应收账款出现大量错误。截至报告日,管理层仍在纠正系统缺陷并更正错误,我们也无法实施替代审计程序,以对截至 2021 年 12 月 31 日的应收账款总额×元获取充分、适当的审计证据。因此,我们无法确定是否有必要对存货、应收账款以及财务报表其他项目做出调整,也无法确定应调整的金额。

三、管理层和治理层对财务报表的责任

按照《中国注册会计师审计准则第 1501 号——对财务报表形成审计意见和出具审计报告》的规定报告。

四、注册会计师对财务报表审计的责任

我们的责任是按照中国注册会计师审计准则的规定,对 ABC 公司的财务报表执行审计工作,以出具审计报告。但由于"形成无法表示意见的基础"部分所述的事项,我们无法获取充分、适当的审计证据以作为发表审计意见的基础。

按照中国注册会计师职业道德守则,我们独立于 ABC 公司,并履行了职业道德方面的其他责任。

××会计师事务所　　　　　　　　　　　　中国注册会计师(签名、盖章)
(地址)　　　　　　　　　　　　　　　　中国注册会计师(签名、盖章)
　　　　　　　　　　　　　　　　　　　　　　　　　　　年　月　日

任务 9.4　强调事项段

强调事项段是指审计报告中含有的一个段落,该段落提及已在财务报表中恰当列报或披露的事项,根据注册会计师的职业判断,该事项对财务报表使用者理解财务报表至关重要。

一、增加强调事项段的条件

在同时满足下列条件时,注册会计师应当在审计报告中增加强调事项段:
(1) 按照《中国注册会计师审计准则第 1502 号——在审计报告中发表非无保留意见》的规定,该事项不会导致注册会计师发表无保留意见。
(2) 当《中国注册会计师审计准则第 1504 号——在审计报告中沟通关键审计事项》适用时,该事项未被确定为在审计报告中沟通的关键审计事项。

二、增加强调事项段的情形

某些审计准则对特定情况下在审计报告中增加强调事项段提出具体要求。这些情形包括以下方面:
(1) 法律法规规定的财务报告编制基础不可接受,但其是由法律或法规做出的规定。
(2) 提醒财务报表使用者注意财务报表按照特殊目的编制基础编制。
(3) 注册会计师在审计报告日后知悉了某些事实(即期后事项),并且出具了新的审计报告或修改了审计报告。

除上述审计准则要求增加强调事项的情形外,注册会计师可能认为需要增加强调事项段的情形举例如下:
(1) 异常诉讼或监管行动的未来结果存在不确定性。
(2) 提前应用(在允许的情况下)对财务报表有广泛影响的新会计准则。
(3) 存在已经或持续对被审计单位财务状况产生重大影响的特大灾难。

三、增加强调事项段时采取的措施

如果在审计报告中增加强调事项段,注册会计师应当采取下列措施:
(1) 将强调事项段作为单独的一部分置于审计报告中,并使用包含"强调事项"这一术语的适当标题。
(2) 明确提及被强调事项以及相关披露的位置,以便能够在财务报表中找到对该事项的详细描述。强调事项段应当仅提及已在财务报表中列报或披露的信息。
(3) 指出审计意见没有因该强调事项而改变。

四、强调事项段不能代替的情形

在审计报告中包含强调事项段不影响审计意见。

包含强调事项段不能代替下列情形：

(1) 根据审计业务的具体情况，按照《中国注册会计师审计准则第1502号——在审计报告中发表非无保留意见》的规定发表非无保留意见。

(2) 适用的财务报告编制基础要求管理层在财务报表中做出的披露，或为实现公允列报所需的其他披露。

(3) 按照《中国注册会计师审计准则第1324号——持续经营》的规定，当可能导致对被审计单位持续经营能力产生重大疑虑的事项或情况存在重大不确定性时做出的报告。

【案例9-7】 强调事项段

强调事项——火灾的影响

我们提醒财务报表使用者关注，财务报表附注×描述了火灾对ABC公司的生产设备造成的影响。本段内容不影响已发表的审计意见。

项目小结

审计报告是指审计人员按照审计准则的要求，在实施了必要的审计程序后就审计实施情况和审计结果向派出机关或委托人所做的书面报告。审计报告是审计工作的最终成果。审计人员签发的审计报告，主要具有鉴证、保护和证明的作用。审计报告编制的步骤包括整理和分析审计工作底稿；被审计单位财务报表的调整；确定审计意见的类型；编制和出具审计报告。审计报告的基本内容包括标题；收件人；审计意见段；形成审计意见的基础；管理层对财务报表的责任段；审计人员的责任段；按照相关法律法规的要求报告的事项（如适用）；审计人员的签名及盖章；审计机构（如会计师事务所）的名称、地址及盖章；报告日期。审计报告按不同的标准有不同的分类结果。注册会计师根据审计的具体情况，往往会出具四种基本类型的审计报告，即无保留意见的审计报告、保留意见的审计报告、否定意见的审计报告和无法表示意见的审计报告。

技能训练

一、单项选择题

1. 关于审计报告日，以下说法中，错误的是（　　）。

A. 注册会计师签署审计报告的日期与管理层签署已审计财务报表的日期可以是同一天

B. 注册会计师签署审计报告的日期可以早于管理层签署已审计财务报表的日期

C. 注册会计师在正式签署审计报告前，通常把审计报告草稿和管理层已按审计调整建议修改后的财务报表一同提交给管理层

D. 如果管理层批准并签署已按审计建议修改后的财务报表，注册会计师即可签署审计报告

2. 以下有关审计报告意见类型的说法中，错误的是（　　）。

A. 如果注册会计师无法获取充分、适当的审计证据以作为形成审计意见的基础，但

认为未发现的错报对财务报表可能产生的影响重大但不具有广泛性,则应当出具保留意见的审计报告

B. 如果注册会计师无法获取充分、适当的审计证据以作为形成审计意见的基础,但认为未发现的错报对财务报表可能产生的影响重大且具有广泛性,则应当解除业务约定或出具无法表示意见的审计报告

C. 如果注册会计师无法获取充分、适当的审计证据以作为形成审计意见的基础,但认为未发现的错报对财务报表可能产生的影响重大且具有广泛性,则应当出具保留意见加强调事项段的审计报告

D. 如果注册会计师在获取充分、适当的审计证据后认为错报单独或汇总起来对财务报表的影响重大且具有广泛性,则应当出具否定意见的审计报告

3. 下列各项中,注册会计师应当在审计报告中增加强调事项段的是(　　)。

A. 该事项未被确定为关键审计事项

B. 该事项未被确定为其他事项

C. 该事项未被确定为导致注册会计师发表非无保留意见的事项

D. 财务报表未按照通用目的编制基础编制,而是按照特殊目的编制基础编制

4. 注册会计师在对华清公司 2021 年度财务报表进行审计时,下列情况中,注册会计师应出具带强调事项段无保留意见审计报告的是(　　)。

A. 资产负债表日的一项未决诉讼,律师认为胜负难料,一旦败诉对企业将产生重大影响,被审计单位拒绝在财务报表附注中进行披露

B. 资产负债表日的一项未决诉讼,律师认为胜负难料,一旦败诉对企业将产生重大影响,被审计单位已在财务报表附注中进行了披露

C. 2021 年 10 月份转入不需用设备一台,未计提折旧金额为 2 万元(假定重要性水平为 10 万元),华清公司未调整

D. 华清公司对于一项以公允价值计量的投资性房地产计提了 500 万元的折旧(假定重要性水平为 10 万元,不考虑其他因素)

5. 强调事项段是在(　　)之后增加的对重大事项予以强调的段落。

A. 引言段　　　　　　　　　　　B. 管理层对财务报表的责任段

C. 注册会计师的责任段　　　　　D. 审计意见段

6. 如果被审计单位财务报表就其整体而言是公允的,但因审计范围受到重要的局部限制,无法按照审计准则的要求取得应有的审计证据时,注册会计师应发表(　　)。

A. 带强调事项段的无保留意见　　B. 保留意见

C. 无法表示意见　　　　　　　　D. 否定意见

7. 管理层对财务报表的责任段应当说明,按照适用的会计准则和相关会计制度的规定编制财务报表是管理层的责任,下列说法中不属于管理层责任的是(　　)。

A. 做出合理的会计估计

B. 监督被审计单位建立和维护内部控制

C. 设计、实施和维护与财务报表编制相关的内部控制,以使财务报表不存在由于舞弊或错误而导致的重大错报

D. 选择和运用恰当的会计政策

8. 审计报告的收件人应该是( )。

A. 审计业务的委托人　　　　　　　B. 社会公众
C. 被审计单位的治理层　　　　　　D. 被审计单位管理层

9. 以下关于审计报告的叙述中,正确的是( )。

A. 审计报告应该由两位注册会计师签名盖章,但其中一名必须是主任会计师

B. 注册会计师如果出具非无保留意见的审计报告时,应在意见段之后增加形成审计意见基础段

C. 审计报告的日期是指编写完审计报告的日期

D. 审计报告的收件人是指被审计单位

10. 注册会计师在确定审计报告日期时,以下不属于确认审计报告日条件的是( )。

A. 应当提请被审计单位调整的事项已经提出,被审计单位已经做出调整或拒绝做出调整

B. 管理层已经正式签署财务报表

C. 应当提请被审计单位调整的事项已经提出,但被审计单位还未进行调整

D. 应当实施的审计程序已经完成

二、多项选择题

1. 以下事项中,注册会计师在确定关键审计事项时可能需要重点关注的事项有( )。

A. 管理层凌驾于控制之上的行为导致的舞弊风险

B. 长期合同收入与费用的确认

C. 重大投资事项

D. 商誉减值测试

2. 审计报告必有的内容包括( )。

A. 审计人员的责任段　　　　　　　B. 审计意见段
C. 管理层对财务报表的责任段　　　D. 关键审计事项

3. 下列情况中,注册会计师应当发表保留意见或无法表示意见的有( )。

A. 因审计范围受到被审计单位限制,注册会计师无法就可能存在的对财务报表产生重大影响的错误与舞弊,获取充分、适当的审计证据

B. 因审计范围受到被审计单位限制,注册会计师无法就对财务报表可能产生重大影响的违反或可能违反法规行为,获取充分、适当的审计证据

C. 注册会计师无法确定已发现的错误与舞弊对财务报表的影响程度

D. 被审计单位管理层拒绝就对财务报表具有重大影响的事项,提供必要的书面声明,或拒绝就重要的口头声明予以书面确认

4. 下列情况中,注册会计师应在审计报告的意见段之后增加强调事项段的有( )。

A. 资产负债表日后被审计单位发生火灾,损失重大,已在财务报表中进行了适当的披露

B. 可能无法偿还将要到期的重大债务,已有相应的措施,且已在财务报表中进行了适当的披露

C. 可能无法偿还将要到期的重大债务,已有相应的措施,但未在财务报表中进行适当的披露

D. 涉及其他注册会计师的工作,但无法复核

5. 注册会计师应针对下列事项出具带强调事项段审计报告的有(　　)。

A. 可能导致对持续经营能力产生重大疑虑的事项或情况,但不影响已发表的审计意见

B. 以前针对上期财务报表出具的审计报告为非无保留意见的审计报告时,如果导致非无保留意见的事项虽已解决,但对本期仍很重要

C. 由于董事会未能达成一致,难以确定未来的经营方向和战略

D. 存在已经对被审计单位财务状况产生重大影响的特大灾难

6. 同时符合(　　)条件时,注册会计师应当出具无保留意见的审计报告。

A. 注册会计师已经按照中国注册会计师审计准则的规定计划和实施审计工作,在审计过程中未受到限制

B. 财务报表已经按照适用的会计准则和相关会计制度的规定编制,在所有方面公允反映了被审计单位期末的财务状况、经营成果和现金流量

C. 注册会计师已经按照中国注册会计师独立审计准则的要求计划和实施审计工作,在审计过程中未受到限制

D. 财务报表已经按照适用的会计准则和相关会计制度的规定编制,在所有重大方面公允反映了被审计单位的财务状况、经营成果和现金流量

7. 遇到(　　)情况时,注册会计师可能对A公司的财务报表出具无法表示意见的审计报告。

A. 在存在疑虑的情况下,注册会计师不能就A公司持续经营假设的合理性获取必要的审计证据

B. 未能就影响A公司财务报表公允反映的重大关联方交易事项获取充分、适当的审计证据

C. A公司财务报表整体上没有按照企业会计准则进行编制

D. A公司管理层拒绝向注册会计师出具管理层声明书

8. 下列属于标准无保留意见的审计报告应该包括的基本内容的有(　　)。

A. 财务报表批准报出日　　　　B. 注册会计师的责任段

C. 注册会计师的签名和盖章　　D. 强调事项段

9. 在审计报告中,下列属于管理层对财务报表责任段内容的有(　　)。

A. 在实施审计工作的基础上对财务报表发表审计意见

B. 已获取的审计证据是充分、适当的,为其发表审计意见提供了基础

C. 设计、实施和维护与财务报表编制相关的内部控制,以使财务报表不存在由于舞弊或错误而导致的重大错报

D. 做出合理的会计估计

10. 注册会计师在评价财务报表是否按照适用的会计准则和相关会计制度的规定编制时,应考虑的内容有(　　)。

A. 选择和运用的会计政策是否符合适用的会计准则和相关会计制度,并适合于被审

计单位的具体情况

B. 财务报表反映的信息是否具有相关性、可靠性、可比性和可理解性

C. 管理层做出的会计估计是否合理

D. 财务报表是否做出充分披露,使财务报表使用者能够理解重大交易和事项对被审计单位财务状况、经营成果和现金流量的影响

11. 审计报告分为标准审计报告和非标准审计报告。非无保留意见审计报告包括( )。

A. 否定意见的审计报告

B. 带强调事项段的无保留意见审计报告

C. 无法表示意见的审计报告

D. 带强调事项段的保留意见审计报告

三、简答题

1. ABC 会计师事务所的 A 注册会计师负责审计多家上市公司 2021 年度财务报表,遇到下列与审计报告相关的事项:

(1) A 注册会计师对甲公司关联方关系及交易实施审计程序并与治理层沟通后,对是否存在未在财务报表中披露的关联方关系及交易仍存有疑虑,拟将其作为关键审计事项在审计报告中沟通。

(2) ABC 会计师事务所首次接受委托,审计丙公司 2021 年度财务报表。A 注册会计师拟在审计报告中增加其他事项段,说明上期财务报表由前任注册会计师审计及其出具的审计报告的日期。

(3) 丁公司 2021 年发生重大经营亏损。A 注册会计师实施审计程序并与治理层沟通,认为可能导致对持续经营能力产生重大疑虑的事项或情况不存在重大不确定性。因在审计工作中对该事项进行过关注,A 注册会计师拟将其作为关键审计事项在审计报告中沟通。

(4) 戊公司管理层在 2021 年度财务报表附注中披露了当年 1 月份发生的一项重大收购。A 注册会计师认为该事项对财务报表使用者理解财务报表至关重要,拟在审计报告中增加其他事项段予以说明。

(5) A 注册会计师认为,己公司财务报表附注中未披露其对外提供的多项担保,构成重大错报,因拟就己公司持续经营问题对财务报表发表无法表示意见,不再在审计报告中说明披露错报。

要求: 针对上述(1)~(5)项,逐项指出 A 注册会计师的做法是否恰当,如不恰当,简要说明理由。

2. A 注册会计师作为 ABC 会计师事务所审计项目负责人,在审计以下单位 2021 年度财务报表时分别遇到以下情况:

(1) 甲公司拥有一项长期股权投资,账面价值 500 万元,持股比例 30%。2021 年 12 月 31 日,甲公司与 K 公司签署投资转让协议,拟以 350 万元的价格转让该项长期股权投资,已收到价款 300 万元,但尚未办理产权过户手续,甲公司以该项长期股权投资正在转让之中为由,不再计提减值准备。

(2) 乙公司于2020年5月为L公司1年期银行借款1 000万元提供担保,因L公司不能及时偿还,银行于2021年11月向法院提起诉讼,要求乙公司承担连带清偿责任。2021年12月31日,乙公司在咨询律师后,根据L公司的财务状况,计提了500万元的预计负债。对上述预计负债,乙公司已在财务报表附注中进行了适当披露。截至审计工作完成日,法院未对该项诉讼做出判决。

　　(3) 丙公司于2021年11月20日发现,2019年漏记固定资产折旧费用200万元。丙公司在编制2021年度财务报表时,对此项会计差错予以更正,追溯重述了相关财务报表项目,并在财务报表附注中进行了适当披露。

　　(4) 丁公司于2021年年末更换了大股东,并成立了新的董事会,继任法定代表人以刚上任不了解以前年度情况为由,拒绝签署2021年度已审计财务报表和提供管理层声明书。原法定代表人以不再继续履行职责为由,也拒绝签署2021年度已审计财务报表和提供管理层声明书。

　　要求:假定上述情况对各被审计单位2021年度财务报表的影响都是重要的,且各被审计单位均拒绝接受A注册会计师提出的审计处理建议(如有)。在不考虑其他因素影响的前提下,请分别针对上述4种情况,判断A注册会计师应对各被审计单位2021年度财务报表出具何种类型的审计报告,并简要说明理由。

参考文献

[1] 中国注册会计师协会.审计[M].北京:中国财政经济出版社,2021.
[2] 周经纬,李艳丽,吴梅.审计实务[M].2版.南京:南京大学出版社,2018.
[3] 刘雪清,封桂芹.财务报表审计模拟实训[M].大连:东北财经大学出版社,2018.
[4] 孙含晖,王苏颖,阎歌.让数字说话:审计,就这么简单[M].北京:机械工业出版社,2016.